邵毅平 著

論衡研究

第二版

内容提要

东汉王充的《论衡》,不仅是中国思想史上,也是世界思想史上的一部巨著。本书以文献学、考据学等传统研究方法与阐释学、接受理论、比较文学、原始思维理论等现代研究方法相结合,在关于《论衡》的成书时间和过程、《论衡》篇目排列的内在联系、《论衡》颂汉诸篇的写作动因、《论衡》与王充其他各书的关系、《论衡》的早期流传影响史、《论衡》的评论史、《论衡》的思想和文论等各个方面都取得了突破性进展,以实事求是的新说廓清了长期笼罩于《论衡》的各种偏见和迷雾。

本书的韩国版(繁体字版)出版于1995年,国内修订版(简体字版)出版于2009年。这次由作者再度精心修订,并增加一篇论文,是为重修版,以供海内外研究者参考。

目 录

韩国版自序 ·· 1

第一编 《论衡》的成书
第一章 《论衡》造于永平末定于建初之年考 ·············· 3
第二章 王充三次撰集《论衡》说平议 ···················· 23
第三章 《论衡》篇目排列内在联系考 ···················· 36
第四章 《论衡》颂汉诸篇写作动因考 ···················· 59

第二编 《论衡》与王充其他各书
第一章 论王充《讥俗》《节义》《政务》《养性》等书
不在今本《论衡》之中 ··························· 79
第二章 王充《讥俗》《节义》《政务》《养性》等书考 ········ 94

第三编 《论衡》的流传
第一章 蔡邕入吴始得《论衡》说献疑 ···················· 117
第二章 《论衡》早期流传影响考 ························ 127
附 章 《论衡》在东亚的流传及和刻本《论衡》 ·········· 166

第四编 《论衡》的评论
第一章 近两千年来《论衡》评价综论 ···················· 179
第二章 《论衡》评论中所反映的历代文章观的变迁 ······ 212
第三章 《论衡》评论中所反映的理性精神与非理性
精神的冲突 ····································· 231

第五编 《论衡》的思想
第一章 《论衡》与《原始思维》比较阅读札记 ············ 249

第二章　论王充的悲观主义人生观 …………… 270
　　第三章　论王充文论的立说基准的多重性与
　　　　　　统一性 ………………………………… 301
　　第四章　论王充的功利主义文章观 …………… 322
　　附　章　宋时烈与王充:功利主义文学观的普遍性
　　　　　　问题 …………………………………… 334

主要征引文献目录 ………………………………… 355

韩国版后记 ………………………………………… 369
国内版后记 ………………………………………… 373
重修版后记 ………………………………………… 375

附录:邵毅平著译目录 …………………………… 377

韩国版自序

王充的《论衡》,不仅是中国思想史上,也是世界思想史上的一部巨著。对于《论衡》及其作者的研究,历来受到海内外学者的高度重视。

自1980年代初起,我便开始从事《论衡》的研究,至今已历十余年之久。在这期间,陆续写成了十五篇论文,总计二十五万字左右,先后发表在中国、日本和韩国的各学术刊物上。现在将它们结集为一书,以对此研究作一初步总结。

大多数《论衡》研究者的研究重点,是《论衡》的思想;但是本书的研究重点,则是关于《论衡》的成书、与王充其他各书的关系、流传、评论等方面的问题。因为我认为这些问题不研究清楚,便无法正确地开展对于《论衡》的思想的研究;而长期以来这些问题却一直没有受到应有的重视,以致在关于《论衡》的思想的研究方面也出现了种种问题。当然,本书也并不忽略对于《论衡》的思想的研究,只是所取角度大抵与一般流行的研究有所不同。

本书的第一编"《论衡》的成书",旨在探讨《论衡》成书方面的若干问题。第一章《〈论衡〉造于永平末定于建初之年考》,通过若干重要史料的分析与考证,否定了长期以来人们认为的"《论衡》的写作经历了自明帝永平初至章帝章和时或和帝永元初的三十余年间"的旧说,提出了"《论衡》作于自明帝永平末至章帝建初末的十余年间"的新说。第二章《王充三次撰集〈论衡〉说平议》,对在中国的《论衡》研究界甚有影响的"王充三次撰集《论衡》说"提出了异论,认为王充是一次而不是三次撰成他的《论衡》的。第三章《〈论衡〉篇目排列内在联系考》,通过对于《论衡》八十五篇之间关系的考察,揭示了王充当初写作与编排《论衡》的基本原则:既是按时代先后的,又是有计划的。第四章《〈论衡〉颂汉诸篇写作动因考》,通过对于王充写作从《齐世》到《佚文》这组颂汉之文的隐秘动机与时代背景的考察,揭示了王充的具体写作环境的一个侧面以及东汉前期文坛的严峻状况。

本书的第二编"《论衡》与王充其他各书",旨在探讨《论衡》与王充其他各书的关系方面的若干问题。第一章《论王充〈讥俗〉〈节义〉〈政务〉〈养性〉等书不在今本〈论衡〉之中》,对在中国的《论衡》研究界甚有影响的"今本《论衡》之中已经混合了王充的其他各书,所以王充的其他各书均未亡佚"的说法提出了异论,重新确认了认为王充其他各书均已亡佚的传统说法。第二章《王充〈讥俗〉〈节义〉〈政务〉〈养性〉等书考》,根据现在所能见到的有关王充其他各书的只言片语,考察了它们的写作顺序、写作时间、写作宗旨、文章风格和亡佚情况等方面的问题,澄清了它们与《论衡》之间的关系。

本书的第三编"《论衡》的流传",旨在探讨《论衡》早期流传史上的若干问题。第一章《蔡邕入吴始得〈论衡〉说献疑》,通过一条新的史料的发现与考证,否定了流传了一千多年的"蔡邕入吴始得《论衡》"的旧说,提出了蔡邕早在入吴之前即已读过《论衡》的新说。第二章《〈论衡〉早期流传影响考》,通过对若干史料的钩稽与分析,描述了《论衡》从成书到第一个版本出现这一千多年间的早期流传影响的状况。

本书的第四编"《论衡》的评论",旨在探讨《论衡》评论史上的若干问题。第一章《近两千年来〈论衡〉评价综论》,考察了从《论衡》成书到近代近两千年间有关《论衡》的评价的变迁历史,并揭示了这种变迁与各个时期的思想意识的演化的密切关系。第二章《〈论衡〉评论中所反映的历代文章观的变迁》和第三章《〈论衡〉评论中所反映的理性精神与非理性精神的冲突》,分别从文章观和思想史的侧面,考察了围绕《论衡》的评论的变迁与各个时期思想意识的演化的密切关系。

本书的第五编"《论衡》的思想",旨在探讨《论衡》的思想方面的若干问题。第一章《〈论衡〉与〈原始思维〉比较阅读札记》,通过将《论衡》与法国社会学家列维-布留尔的名著《原始思维》作比较阅读,提出了对于《论衡》中所记载的种种"迷信陋俗"的新的解释,并试图重新评价《论衡》的理性精神的划时代意义。第二章《论王充的悲观主义人生观》,对于王充的悲观主义人生观的内容和意义作了较为全面的分析,并探讨了它与王充自己的人生遭遇、他所处的时代环境、他整个的思想体系的密切关系。第三章《论王充文论的立说基准的多重性与统一性》,揭示了王充文论的九种立说基准,以及其背后的自我中心主义,试图借此解决历来让学者们感到头疼的王充文论的自相矛盾的问题,并进而全面而系统地把握王充文论的各个方面和基本精神。第四章《论王充的功利主义文章观》,分析了王充文论中的一个核心观念,指出了王充文论在中国功利主义文论史上的重要影响和地位。

虽然在《论衡》的研究方面,本书取得了若干新的收获,开拓了若干新的领域,但是我对此仍深感不足,觉得尚有许多工作要做。如果本书的出版能够引起海内外《论衡》研究者的兴趣,对于他们的研究提供些微的帮助,并得到来自他们的宝贵意见,那将是我所深为盼望和不胜愉悦的。

邵毅平
1995 年 4 月 9 日识于蔚山大学校
2009 年 4 月 9 日修改于复旦大学

第一编

《论衡》的成书

第一章 《论衡》造于永平末 定于建初之年考

　　《论衡》究竟作于何时？这是一个非常重要而又很难回答的问题。前人对此曾有过各种说法，但或失之错误，或失之含混，尚未能有明确而可信的结论。钱大昕《潜研堂文集》卷二七《跋〈论衡〉》云："《论衡》八十五篇，作于汉永平间。"仅为臆断之说，与事实相去甚远。朱谦之《王充著作考》[①]认为，王充曾三次撰集《论衡》，定本《论衡》则为其最后之撰集，三次撰集历时约三十年。本编第二章《王充三次撰集〈论衡〉说平议》对此说提出了质疑，认为王充未曾三次撰集《论衡》。胡适《王充的〈论衡〉》[②]认为："《论衡》著作的时期很可研究……据此可见《论衡》不是一个时代做的。大概这书初起在永平初年，当西历六十余年……后来随时增添修改，大部分当是章帝时的著作。直至和帝初年还在修改。故有称孝章的地方。此书最后的修正当在西历九十年左右……此书的著作与修正，前后共需三十年……但《论衡》大体是西历六十年至九十年之间做的。这是大概可以无疑的。"胡适此说，受到后来的

[①] 载《文史》第一辑，北京，中华书局，1962年；又收入蒋祖怡《王充卷》，郑州，中州书画社，1983年。本书所引据《文史》第一辑。
[②] 连载《现代学生》第一卷第四、六、八、九期，上海，现代学生社，1931年；又收入黄晖《论衡校释》附编四，长沙，商务印书馆，1938年；北京，中华书局，1990年。本书所引据《现代学生》第一卷第四、六、八、九期。

学者的祖述。如黄晖《王充年谱》[①](以下简称"黄《谱》")认为:"盖永平初,已属草,时辍时作,至永平末,方专精一志也。""总上所考,则知《论衡》大半作于章帝时……至和帝永元中,还改定旧稿。则仲任于此书致力前后凡三十年,亦云勤矣。"钟肇鹏《王充年谱》[②](以下简称"钟《谱》")认为:"永平初开始写,以后时作时辍,至建初后乃专精致力于此书之写作,边作边改,至章帝末乃完全定稿,前后近三十年。""盖自永平初草创《论衡》,至永平末建初中乃集中精力专致意于此书之撰述,故《论衡》大部分成于建初之年。然最后定稿直至章和之时,全书创作将近三十年。"此说盖糅合两条材料而成:其一是《太平御览》卷六〇二引《论衡·自纪篇》语:"《论衡》造于永平末,定于建初之年耳。"(此语为《论衡·自纪篇》佚文,自黄《谱》以来一直被误认作《会稽典录》语,至钟《谱》始获纠正。[③])其二是《论衡·讲瑞篇》末的"为此论草于永平之初……至元和、章和之际……此篇已成,故不得载"一段话。两条材料似乎具有若干"矛盾"之处:一是《自纪篇》语说《论衡》"造于永平末",而《讲瑞篇》却说本文"草于永平之初";二是《自纪篇》语说《论衡》"定于建初之年",而《讲瑞篇》这段话却显然是和帝永元间的笔墨。对于第一个矛盾,黄《谱》和钟《谱》是这样解决的,即或作调停之说,认为永平初是"开始写"之时,永平末才是"正式写"之时;或如钟《谱》,径将"《论衡》造于永平末"的"末"字作为"初"字之误,因此,认为《论衡》是"永平初开始写"的。对于第二个矛盾,黄《谱》和钟《谱》是这样解决的,即将"定稿"(而不是"写作")的时间往后移至"章帝末"或"和帝初"。这样,这两条有关

---

① 收入其《论衡校释》附编二。
② 济南,齐鲁书社,1983年。
③ 此前张宗祥已指出此语为《论衡·自纪篇》佚文,其在《自纪篇》"乃作《养性》之书,凡十六篇"后案云:"《御览》六百二引此句下有'《论衡》造于永平末,定于建初之年耳'二句。"(见其《论衡校注》,上海,上海古籍出版社,2010年,第585页)唯《论衡校注》虽成稿于1959年(见该书卷首《校注论衡序言》),然出版已是2010年,故本章仍作如上表述。

《论衡》作年的似乎"矛盾"的材料,便被糅合在一起,构成了《论衡》作年的依据,《论衡》作年遂由自"永平末"至"建初之年"的十余年,延长到自"永平初"至"章和、永元之时"的"近三十年"。这是目前具有代表性的说法,持之者甚多。对此,我的看法是,两条材料其实并不矛盾。《太平御览》卷六〇二引《论衡·自纪篇》语,是确定《论衡》作年的铁证;而《讲瑞篇》末的一段文字,则是确定《论衡》作年的旁证(详下文)。蒋祖怡《王充年谱》①(以下简称"蒋《谱》")云:"《会稽典录》云:'《论衡》造于永平末,定于建初之年。'其言可信。王充《论衡》之书,在永平、建初之际,成篇甚多。"其说甚是,惜未贯彻。本章即试图从理解《讲瑞篇》末附记的确切含义,探讨王充元和以后的生活经历,推测《论衡》各篇的大致作年,确定各篇之间的相互关系等方面入手,来证成《论衡》"造于永平末,定于建初之年"之说。

一、元和以后王充未作《论衡》

《太平御览》卷六〇二引《论衡·自纪篇》语既曰《论衡》"定于建初之年",那么显而易见,元和以后王充未作《论衡》。关于这一点,有三方面的事实可为佐证。首先,《讲瑞篇》末的一段话非常值得注意:

> 为此论草于永平之初,时来有瑞,其孝明宣惠,众瑞并至。至元和、章和之际,孝章耀德,天下和洽,嘉瑞奇物,同时俱应,凤皇骐驎,连出重见,盛于五帝之时。此篇已成,故不得载。

这段话显然作于和帝永元年间,有学者据此认为,《讲瑞篇》乃至《论衡》至章帝章和末或和帝永元中方始定稿。如黄《谱》于和帝

---

① 收入其《王充卷》。

永元元年（89）王充六十三岁条下系云："续《讲瑞篇》稿。按：《讲瑞篇》云：'至元和、章和之际，孝章耀德。'则其续稿，已在章帝殁后，故志于此。"蒋《谱》云："《论衡·讲瑞篇》虽属草于永平之初，而成篇则在章和、元和之际，此篇在和帝永元中又加修改。"又云："其中称章帝为'孝章'，具见此篇之成，在章帝死后，或在章帝死后修改。"黄《谱》和蒋《谱》所说，尚只就《讲瑞篇》而言；钟《谱》则更据此认为《论衡》"边作边改，至章帝末乃完全定稿"。这就牵涉到对《讲瑞篇》这段话该如何理解的问题了。《讲瑞篇》这段话作于和帝永元年间，这是毫无疑问的；但其是否向我们表明《讲瑞篇》乃至《论衡》至和帝永元中（或章帝章和末）方始定稿（或又加修改）呢？我觉得完全不能得出这样的结论。我认为《讲瑞篇》的这段话，恰恰证明《讲瑞篇》乃至《论衡》已于建初年间定稿，而不是到章帝章和末或和帝永元初才定稿。为什么这么说呢？因为，《讲瑞篇》这段话的意思，是说章帝元和、章和之际嘉瑞奇物、凤皇骐驎甚多，但因为《讲瑞篇》乃至《论衡》已经定稿，所以不能载入了（请注意"此篇已成，故不得载"这八个字）。这说明章帝元和以后至和帝永元年间，王充并没有写作或修订《讲瑞篇》乃至《论衡》。因为王充如果在元和以后还在写作或修订《讲瑞篇》乃至《论衡》的话，他为什么不能将元和、章和之际的嘉瑞奇物、凤皇骐驎载入《讲瑞篇》或《论衡》的其他各篇呢？所谓"不得载"，就是"不能载"；之所以"不能载"，是因为"此篇已成"——这个"成"字，不仅是指《讲瑞篇》的"写成"，而且也是指《讲瑞篇》在《论衡》全书中的"编定"，进而也可以认为是指《论衡》全书的已经"定稿"。（黄《谱》云："按：《会稽典录》云：'《论衡》造于永平末，定于建初之年。'故至元和、章和之际，《讲瑞篇》稿已成。"其释《讲瑞篇》末附记"元和、章和之际……此篇已成"之含意，甚为妥帖。）所以，王充只能于永元年间在《讲瑞篇》末添个"附记"，而不能加以"补写"。尽管《论衡》全书中有这种"附记"的只有《讲瑞篇》一处，但是，"此篇已成，故不得载"

的态度，应视作是王充晚年对《论衡》全书的态度，是传达《论衡》已完成于元和以前的一个重要信息。此外，在这个"附记"中，王充说的是章帝"元和、章和之际"的嘉瑞奇物、凤皇骐驎未能载入《讲瑞篇》，却并没有提到同为章帝在位时期的"建初"的嘉瑞奇物、凤皇骐驎是否载入《讲瑞篇》，显而易见，"建初"的嘉瑞奇物、凤皇骐驎当然应该是载入《讲瑞篇》的。然而奇怪的是，《讲瑞篇》中却并没有提到建初年间的嘉瑞奇物、凤皇骐驎，这又是为什么呢？原来，这是因为在《论衡》的其他各篇中，建初年间的嘉瑞奇物、凤皇骐驎已被载入，所以在《讲瑞篇》的"附记"中，王充就没有再提到建初。这启示我们，《讲瑞篇》的这个"附记"，确实和《论衡》全书有关。既然建初年间的嘉瑞奇物、凤皇骐驎已在《论衡》其他各篇中作了记载，元和、章和以后的嘉瑞奇物、凤皇骐驎则"不得载"入（事实上，如下文将要谈到的，《论衡》各篇谈及当代嘉瑞奇物、凤皇骐驎，都只谈到建初为止），那么，这只能说明《论衡》在建初年间已经定稿了。而且《讲瑞篇》末的这段话，只能看作是王充在和帝永元年间重读《讲瑞篇》乃至《论衡》时所作的"附记"，而不能看作是王充在和帝永元年间对《讲瑞篇》乃至《论衡》所作的"修改"，更不能据此就认为《讲瑞篇》乃至《论衡》至此时方才定稿。因为"附记"毕竟和正文有别，"附记"的作年也绝不等于正文的作年。

其次，从《自纪篇》的写法中，也可看出元和以后王充未作《论衡》。《自纪篇》是一篇《史记·太史公自序》和《汉书·叙传》式的自传文字（翟灏《四书考异》下编《条考》二二《论语·尧曰》按云："《自纪》一篇，则附传也。"其说甚是）。汉代的文人，有作自传以供史官采用的风气。如《史记》的《司马相如列传》，据说就是用了司马相如的自传写成的。王充作《自纪篇》，恐怕也有同样的目的。后来史家撰《后汉书》，也正是采用《自纪篇》而作成《王充传》的。这种文章的写法，有一定的格式。传主著作的插入，往往按照这些著作的大致作年，而不是胡乱排列的。《自纪篇》可以分成三大部分,从开头到"处卑与尊齐操,位贱与贵比德,斯可矣"为第一部分,王充介绍了自己的家世、游学、仕宦、操行、交游等;从"俗性贪进忽退,收成弃败"到"更禀于元,故能著文"为第二部分,王充介绍了自己三部著作的写作动机与内容特征;从"充以元和三年徙家避难"到最后为第三部分,王充介绍了自己元和三年以后十余年间的生活、思想及最后一部著作《养性》之书的写作。从这三部分的安排来看,王充明确地将《论衡》等书的介绍置于元和三年徙家避难的叙述之前。《自纪篇》的这种安排,不能认为是无意的。可以认为,《自纪篇》将《论衡》等书放在元和三年徙家避难之前加以介绍,充分表明《论衡》是作于元和以前的。

在此有必要加以说明的,是《自纪篇》的作年与《论衡》的作年的关系问题。除了《讲瑞篇》末一段文字之外,《自纪篇》也是使人容易把《论衡》的定稿延至和帝永元年间的一大依据,因为《自纪篇》作于永元年间,是王充的最后一篇文字,又收于《论衡》之末。但是我认为,《论衡》的作年与《自纪篇》的作年是两个应该区别对待的不同性质的问题。《自纪篇》是独立于王充的《讥俗》、《节义》、《政务》、《论衡》、《养性》等书而又附丽于《论衡》的自传,其在《论衡》中的地位,相当于现在的作家自传在作家文集中的地位。只不过古人不像今人这么缜密,明明是全书的附录,却成了全书的一篇。(古人自有这种做法,翟灏《四书考异》下编《条考》二二《论语·尧曰》按云:"《周易·序卦》与《诗》、《书》之序,旧俱列篇第数中,而退居于策尾。今《诗》、《书》序分题于各篇章,传注家所移置耳。周秦两汉书籍,如《庄子·天下篇》、《史记·自序》、《淮南子·要略》、《越绝书·叙外传记》、《潜夫论·叙录》、《盐铁论·大论》、《文心雕龙·序志篇》,皆属斯列。若《汉书》之《叙传》、《华阳国志》之《序志》后语,大序后复有小序也。《论衡》以《对作篇》为序,其后更有《自纪》一篇,则附传也。")因此,在考证《论衡》的作年时,我们应撇开《自纪篇》的作年,正如在考证《讲瑞篇》的作年时,应撇开《讲瑞篇》末附记的作年一样。不少学者正是因为不加区别地对待《论衡》作年与《自纪篇》作年这两个不同性质的问题,故而才得出了《论衡》定稿于和帝永元年间的结论。

第三,从《自纪篇》所述元和以后王充的生活经历来看,元和以后王充也不可能有作《论衡》之事。《自纪篇》说:"充以元和三年徙家,辟诣杨州部丹阳、九江、庐江。"关于此事,《意林》引《自纪篇》作:"充章和二年徙家避难。"《太平御览》卷六〇二引《自纪篇》作:"以章和二年徙家,避难杨州丹阳。"据《自纪篇》下文谈到的"章和二年,罢州家居"来看,类书引文的"章和二年"显然是"元和三年"之误;但是,类书引文中的"避难"二字,却透露了王充这次徙家的原因(今本《论衡》作"辟诣",较为含糊,或为《论衡》流传过程中之讹误;黄晖、刘盼遂等据类书引《论衡》文,皆认为"辟"下当有"难"字,其说可从)。据王充自己介绍,他的祖父、父亲和伯父都是"任气"之人,曾多次徙家。他的祖父王汎"恐为怨仇所擒","举家担载,就安会稽,留钱唐县"。至其父王诵和伯父王蒙,又以"勇势凌人,末复与豪家丁伯等结怨",而徙家上虞。王充元和三年的"徙家避难杨州部丹阳、九江、庐江",盖出于同样原因。《自纪篇》说自己"俗材因其微过,蜚条陷之",则他的性格脾气,也是容易惹是生非的。《自纪篇》又分别说:"入州为从事","后入为治中"。《后汉书》充本传记载稍连贯:"刺史董勤辟为从事,转治中。"其辟为从事、转为治中之具体年月虽不可知,但其罢在章和二年,则其辟、转当在元和三年至章和元年间(黄《谱》和钟《谱》均系"入州为从事"、"辟为从事"于元和三年;黄《谱》、钟《谱》和蒋《谱》均系"后入为治中"、"转治中"于章和元年)。则王充为了避难,带着家属,在元和三年(或至章和元年)这一年(或一年多)时间里,从上虞出发,辗转丹阳、九江、庐江等郡,又到扬州(杨州)刺史部治所历阳。可以想象,在这样的条件下,他是不可能写作任何东西的。他辟为从事、转为治中以后,据《自纪篇》说:"材小任大,职在刺割,笔札之思,历年寝废。"由此可见,在元和三年(或章和元年)至章和二年这两年左右任从事、治中的时期内,王充因为公务繁冗,也是不可能写作任何东西的,以致有"笔札之思,历年寝废"之叹。当然,这两句话,也可理解为从元和三年徙家避难到章和二年罢州家居这两三年间的实录。总之,不管怎么说,王充在这数年间没能写作什么东西,这一点是可以肯定的。《自纪篇》又说:"章和二年,罢州家居。"《后汉书》充本传说是"自免还家",可见,王充这次"罢州"乃是出于自请。他为何要求"自免"呢?这恐怕和他的健康状况有关。《后汉书》充本传说他罢州后:"友人同郡谢夷吾上书荐充才学,肃宗特诏公车征,病不行。"①王充是一个很想有所作为的人,像"公车征"这样的事,是他一辈子梦寐以求的,因此,他的"病不行",盖是实情,而绝非推诿。联系这件事来看,则王充的"自免还家",出于健康原因的可能性是很大的。他自元和三年徙家避难,辗转各地,不久又担任"主财谷簿书"(《宋书·百官志下》)、"主众曹文书"(《通志·职官略六》)的治中职务,这都会给他的健康带来不利的影响。考虑到他是时已六十岁左右了,则更可以相信他的"自免"是出于健康原因。因此,他"自免还家"以后的一段时间内,也不可能写作什么东西。《自纪篇》又说:"年渐七十,时可悬舆。仕路隔绝,志穷无如。事有否然,身有利害。发白齿落,日月逾迈,俦伦弥索,鲜所恃赖。贫无供养,志不娱快。"这盖是他罢州家居以后数年间生活状况的真实写照。身体的衰落,朋友的日稀,家境的窘迫,心情的孤独,这一切都使他的晚景显得非常落寞凄凉。在这生命的黄昏,他的兴趣自然而然地开始转向"养生"问题。于是,经历了两年多的孤独生活之后,他于永元二、三年间(90、91),作了《养性》之书十六篇,即

---

① 《后汉书·方术列传上·谢夷吾传》云:"谢夷吾字尧卿,会稽山阴人也。少为郡吏,学风角占候。太守第五伦擢为督邮……举孝廉,为寿张令。稍迁荆州刺史,迁巨鹿太守。所在爱育人物,有善绩。及伦作司徒,令班固为文荐夷吾曰……"毅平按:其为寿张令在明帝时,章帝时迁荆州刺史、巨鹿太守,后以劾左迁下邳令,豫刻死日,如期果卒。则其上书荐王充,应以在荆州刺史或巨鹿太守任上之可能性为大,唯确切年份不详,推测当在88年左右,王充刚过花甲之年。

《自纪篇》所说的:"历数冉冉,庚辛域际,虽惧终徂,愚犹沛沛,乃作《养性》之书,凡十六篇。"①六十四五岁的王充,已经感到了死亡的阴影,这从"惧终徂"一语可以看出来;但"犹沛沛",则显示了他与死亡抗争的勇气。《养性》之书乃是他的最后一部著作。写完《养性》之书以后,他就写下了《自纪篇》,对自己一生的生活与著述作了全面的总结。《自纪篇》是王充的绝笔之作,可能写于永元四、五年间(92、93)。此后不久,王充可能即去世了。由此可见,《自纪篇》最后一段文字,乃是王充晚年六十岁至六十五六岁时生活经历的精确详尽的写照,其脉络非常清楚。从中我们看不到王充在元和以后曾写作《论衡》的任何线索或暗示,但却可以知道王充在晚年是没有条件、精力和兴趣再写作《论衡》的。这有力地证明了《论衡》是早在元和以前就已经完成了的。

由以上三方面的佐证可以看出,元和以后王充未作《论衡》,《论衡》只能作于元和以前。

二、《论衡》各篇多作于永平后期至建初年间

上面,我们以三方面的佐证来证明元和以后王充未作《论衡》;下面,我们想从《论衡》本文中寻出证据,证明《论衡》"造于永平末,定于建初之年"的说法是可信的。要考证《论衡》的作年,首先要考证《论衡》各篇的作年。只有把《论衡》各篇的大致作年弄清楚了,我们才能得到《论衡》作年的总的印象。考证《论衡》各篇的作年,我想有两个方法是可以运用的:一是寻求直接的时间标

---

① 刘盼遂解释"庚辛域际"道:"'庚辛'者,和帝永元十二年庚子,十三年辛丑,时王君年七十四五。盖章和二年,王君年渐七十。明此'庚辛',当和帝晚年矣。"(见其《论衡集解》,附黄晖《论衡校释》,北京,中华书局,1990年,第四册,第1208页)张宗祥解释"庚辛域际"道:"此为和帝永元十二年庚子,十三年辛丑,仲任年约七十四五。"(见其《论衡校注》,第585页)然王充上文明云"年渐七十",则其时尚未到七十可知,"庚辛域际"紧随其后,故其所谓"庚辛域际",应是和帝永元二年庚寅,三年辛卯,时王充六十四五岁。

记,二是确定各篇之间的相互关系。由前者我们能知道某些篇大致作于什么时候,由后者我们能由已知的推出未知的。令人遗憾的是,我们还不能确定《论衡》所有篇目的大致作年。但是我想,只要我们能把《论衡》中相当一部分篇目的作年大致确定,而其他各篇中又无与此作年相矛盾的反证,则我们可以据此认为这就是《论衡》全书的大致作年。

在考证《论衡》各篇的作年时,我想以《齐世》、《宣汉》、《恢国》、《验符》、《须颂》、《佚文》等一组颂汉之文作为基点。这一组颂汉之文的写作顺序,盖同于它们在今本《论衡》中的排列顺序。《须颂篇》云:

> 今上即命,未有褒载,《论衡》之人,为此毕精,故有《齐世》、《宣汉》、《恢国》、《验符》。

《须颂篇》作于《齐世》等篇之后,所以,其依次提到了在其之前的四篇颂汉之文。在《对作篇》中,也依同样次序提到了这一组颂汉之文:

> 《齐世》、《宣汉》、《恢国》、《验符》,盛褒(须)颂之言,无诽谤之辞。

这四篇之间,有时也互相提及,同样依照上述次序。如《恢国篇》云:

> 《宣汉》之篇,高汉于周,拟汉过周,论者未极也。恢而极之,弥见汉奇。

这段话,显示了《宣汉篇》与《恢国篇》的相互关系,即《宣汉篇》作于《恢国篇》之前,《恢国篇》进一步发挥《宣汉篇》的观点("恢而极之")。其他各篇的相互关系也可作如是观。《佚文篇》云:

> 造论之人,颂上恢国,国业传在千载,主德参贰日月。

"恢国"盖指《恢国篇》,这几句话,盖指《齐世》等五篇文章而言,可见《佚文篇》是这组文章中作于最后的。由于它作于《须颂篇》之后,所以《须颂篇》才没有提及。由以上四条材料可以看出,这六篇颂汉之文乃是一组依次而作的有系统的文字。那么,它们大致作于什么时候呢?《齐世篇》有三处称明帝为"孝明",一处称章帝为"方今圣朝";《宣汉篇》有七处称明帝为"孝明",三处称章帝为"今上";《恢国篇》有五处称明帝为"孝明",三处称章帝为"今上";《须颂篇》有两处称明帝为"孝明",一处称章帝为"今上";《佚文篇》有四处称明帝为"孝明",一处称章帝为"今上"。由此可见,它们肯定作于章帝在位时。不过,章帝在位时有建初、元和、章和三个年号,以上各篇到底作于什么年间呢?蒋《谱》认为它们作于章和二年(88),其《王充卷·前言》云:"在《论衡》里,有几篇歌颂汉朝,特别是歌颂章帝的文章,这几篇就是在元和避难以后写成的。"蒋文把它们和王充元和三年徙家避难一事联系起来考虑,因而得出了它们作于章和二年左右的结论。关于这一组颂汉之文的写作背景,我将在本编第四章《〈论衡〉颂汉诸篇写作动因考》中加以探讨,在此先不涉及;我想要指出的是,从这组颂汉之文本身来看,是难以得出它们作于章和二年的结论的。(《恢国篇》有"第五司空,股肱国维"之语,考第五伦为司空在永平十八年,元和三年致仕,则《恢国篇》等肯定作于其致仕之前,所以,再晚也不会晚于元和三年。)我觉得,它们以作于建初六年(81)左右的可能性为大。《恢国篇》云:

> 孝明天崩,今上嗣位。元二之间,嘉德布流。三年,零陵生芝草五本。四年,甘露降五县。五年,芝复生六本,黄龙见,大小凡八。

其言符瑞,仅至建初五年而止。无独有偶,《验符篇》列举建初年间之符瑞,亦仅至建初五年而止。这说明了什么呢?这说明这组颂汉之文作于建初六年左右的可能性是很大的。因为如作于元和以后乃至章和年间,则完全可以将符瑞载到建初八年乃至元和年间。再联系《讲瑞篇》末附记所云元和、章和以后符瑞因"篇已成"而"不得载"的情况,更可使我们确信这组颂汉之文应作于建初年间(《宣汉篇》有"况至今且三百年"之语,"且三百年"为"将近三百年"之意,是约数而非确数,自汉初至建初六年为二百八十七年,完全可说"且三百年")。钟《谱》以上述六篇为一个单元,云:"《恢国》《验符》言章帝建初五年事(芝草生六本,黄龙见),而其篇名已见于《须颂》中,则《须颂》更当成于数篇之后,大抵诸篇均系建初中期、末期之作。"其说甚是。

这组颂汉之文的作年既已初步确定,我们再来看和它们前后有联系的其他文章。《须颂篇》曾提到九虚三增:

> 汉有实事,儒者不称;古有虚美,诚心然之。信久远之伪,忽近今之实。斯盖三增九虚所以成也,能圣实圣所以兴也。

九虚三增,即《书虚》、《变虚》、《异虚》、《感虚》、《福虚》、《祸虚》、《龙虚》、《雷虚》、《道虚》、《语增》、《儒增》、《艺增》等十二篇文章。这十二篇文章,也是一组有系统的文字。九虚中,除了《龙虚》、《雷虚》外,其余七虚的写法完全相同,都是列举典籍中王充认为是虚妄的传说——加以批判,《龙虚》、《雷虚》则围绕龙和雷反复加以论述。三增的写法与九虚的主要七虚完全相同。值得注意的是,除了《书虚篇》以外,其他各虚与各增篇首并无提纲挈领之语。《书虚篇》是九虚三增的第一篇,其开宗明义云:

> 世信虚妄之书,以为载于竹帛上者,皆贤圣所传,无不然之事,故信而是之,讽而读之。睹真是之传与虚妄之书相违,则并谓短书不可信用。夫幽冥之实尚可知,沉隐之情尚可定,显文露书,是非易见,笺总并传非实事,用精不专,无思于事也。

这一段话,可以看作是《书虚篇》的小序,也可以看作是九虚三增的总序(《福虚篇》、《祸虚篇》、《艺增篇》都有小序,但仅贯穿于本文)。其实,除了《龙虚篇》和《雷虚篇》以外,其余七虚三增都是"书虚";之所以分成各种名称,只是为了叙述方便而已。因此,把

九虚三增看作是一个比较完整的整体,推测其作于一个比较集中的时期,恐怕还是可以的。而这个时期,据《雷虚篇》所说的:

> 建初四年夏六月,雷击会稽鄞县羊五头,皆死。

可以推定是在建初四年(79)左右。它们曾为颂汉诸篇所提及,颂汉诸篇作于建初六年左右,它们应作于颂汉诸篇之前,现在我们推定的作年,正与之相符。钟《谱》云:"《雷虚篇》记雷击杀羊五头,事在建初四年,则诸篇当同为建初时之作。"其说甚是。

《须颂篇》又曾提到《顺鼓篇》和《明雩篇》:

> 治有期,乱有时。能以乱为治者优,优者有之。建初孟年,无妄气至,圣世之期也。皇帝执德,救备其灾。故《顺鼓》、《明雩》,为汉应变。

《顺鼓篇》与《明雩篇》是姐妹篇。《顺鼓篇》认为,水患不能用击鼓来消除,而应加以治理,然而击鼓作为安定人心的手段,还是可以用的。《明雩篇》认为,以雩求雨无济于事,而雩祭有安定人心的作用,故出于政治考虑,尚可举行。据上引《须颂篇》的话来看,这两篇文章盖是建初年间为自然灾害及救灾措施而作的。《明雩篇》云:

> 建初孟年,北州连旱,牛死民乏,放流就贱。圣主宽明于上,百官共职于下,太平之明时也。

与《须颂篇》所说指的是同一件事(《恢国篇》、《对作篇》提到此事也均作"建初孟年")。由此可知,《顺鼓篇》与《明雩篇》应作于建初年间。钟《谱》认为《顺鼓篇》与《明雩篇》"当系章帝建初中之作",甚是。

《须颂篇》又曾提到《治期篇》:

> 儒者称圣过实,稽合于汉,汉不能及。非不能及,儒者之说使难及也。实而论之,汉更难及。谷熟岁平,圣王因缘以立功化。故《治期》之篇,为汉激发。

则《治期篇》亦当作于颂汉诸篇之前。《治期篇》之主旨在于论述"命期自然,非德化也"的思想,这一思想,在《异虚篇》中也有所反映:

> 故人之死生,在于命之夭寿,不在行之善恶;国之存亡,在期之长短,不在于政之得失。

是即《治期篇》的中心思想。这是否可以说明《治期篇》的作年与九虚三增的作年接近,我还不能肯定。姑拈出这条材料,以俟再考。不过不管怎么说,有一点是可以肯定的,即《治期篇》之作年也不会迟于建初。

《须颂篇》又曾提到《是应篇》:

> 俗儒好长古而短今,言瑞则渥前而薄后。《是应》实而定之,汉不为少。

则《是应篇》亦当作于颂汉诸篇之前,不会迟于建初。蒋《谱》把《治期》、《是应》、《顺鼓》、《明雩》等篇与上述颂汉之文一起系于章和二年条下,其理由盖是它们都有颂汉的成分,且都为《须颂篇》所提及。既然颂汉诸篇不可能作于元和以后,那么《治期》、《是应》等篇就更不可能作于元和以后了。不过,《治期篇》和《是应篇》的上限我们一时尚不能确定。钟《谱》认为这两篇"当为永平、建初间之作",其说或是。

最后,《须颂篇》还曾提到《讲瑞篇》:

> 古今圣王不绝,则其符瑞亦宜累属。符瑞之出,不同于前,或时已有,世无以知,故有《讲瑞》。

关于《讲瑞篇》的作年,由于牵涉到《论衡》作年的上限问题,所以留待下节再讨论。

综上所述,作于建初六年左右的颂汉诸篇之一的《须颂篇》中,提到并介绍了九虚三增和《讲瑞》、《是应》、《治期》、《顺鼓》、《明雩》等十七篇文章,这些文章都作于颂汉诸篇之前,除《讲瑞篇》外,大抵作于建初年间。

颂汉之文的另一篇《恢国篇》,则曾经提到《初禀篇》:

《论衡·初禀》以为:"王者生禀天命。"……如审《论衡》之言,生禀自然,此亦汉家所禀厚也。

《论衡》自开首第一篇《逢遇篇》至第十五篇《奇怪篇》,内容皆有关人的性命,为一组有系统的文字,以作于同一时期的可能性为大。《初禀篇》为其中的一篇。由《恢国篇》曾提到《初禀篇》可以看出,这十五篇性命之文的作年应在颂汉诸篇之前,不会迟于建初年间。《吉验篇》云:"虞子大,陈留东昏人也……位至司徒公。"钟《谱》引《后汉书·虞延传》永平"八年代范迁为司徒",《明帝纪》永平八年"三月辛卯太尉虞延为司徒",证《吉验篇》"必作于明帝永平八年之后",其说甚是。由此推测,其他各篇也不会早于永平中期,盖为永平后期和建初初期所作的可能性较大。钟《谱》以《逢遇篇》至《本性篇》等十三篇为一个单元,认为"大概本单元十三篇均系永平时之作";又以《物势篇》与《奇怪篇》两篇为一个单元,认为"其中驳五行相贼害,乃系批判《白虎通义》之说。故知此两篇当作于建初四年以后",其前说可参而后说可商。

《答佞》、《程材》、《量知》、《谢短》、《效力》、《别通》、《超奇》、《状留》等八篇为一组有系统的文章,它们的写作顺序,盖同于它们在今本《论衡》中的排列顺序(参见本编第三章《〈论衡〉篇目排列内在联系考》和第二编第一章《论王充〈讥俗〉〈节义〉〈政务〉〈养性〉等书不在今本〈论衡〉之中》),因此,它们应该作于同一个时期。《别通篇》有一处称明帝为"孝明",可见它们应作于章帝时。《别通篇》又云:

是以兰台之史班固、贾逵、杨终、傅毅之徒,名香文美,委积不绁,大用于世。

按《后汉书·文苑上·傅毅传》:"建初中,肃宗博召文学之士,以毅为兰台令史,拜郎中,与班固、贾逵共典校书。"则傅毅为兰台令史在建初年间。可见《别通篇》之作,亦应在傅毅为兰台令史以后。钟《谱》以上述八篇为一个单元,认为"此诸篇必作于建初七八年之后,盖建初末,元和中所作",实以作于建初中的可能性为最大。

《书解篇》亦应作于建初年间,其中云:

> 或曰:"……试使庸人积闲暇之思,亦能成篇八十数。"

"成篇八十数",盖指《论衡》,意谓作《书解篇》时,《论衡》已经完成八十篇左右。尽管有的学者主张《论衡》原本有百余篇之多,但一般认为今本《论衡》八十五篇(一篇有目无文)保存了原本面貌,并无残缺。那么,作《书解篇》时,《论衡》显然已经接近完成,则《书解篇》之作当在建初末年。

《案书篇》亦应作于建初年间,其中云:

> 广陵陈子廻、颜方,今尚书郎班固,兰台令史杨终、傅毅之徒,虽无篇章,赋颂记奏,文辞斐炳。

如上所说,傅毅为兰台令史在建初年间,则《案书篇》亦应作于建初年间傅毅为兰台令史之后,盖亦为建初末年之作。

《对作篇》似乎是《论衡》之书的最后一篇,也是总结性的文章,因而,人们很自然地倾向于把《对作篇》看成是《论衡》的总叙。(翟灏《四书考异》下编《条考》二二《论语·尧曰》按:"《论衡》以《对作篇》为序。"张宗祥:"《对作》一篇,详论著书之旨,实为后序。"①蒋《谱》:"盖《论衡》中以《对作篇》为全书总叙。"钟《谱》:"本篇为《论衡》全书之叙,叙《论衡》造作之旨。")在《对作篇》中,王充提到了颂汉诸篇和九虚三增,可见《对作篇》作于颂汉诸篇之后,应是建初末年所作。

《对作篇》还提到了《论死》、《死伪》、《订鬼》等篇:

---

① 见其《论衡校注》,第622页。

>《论死》、《订鬼》,所以使俗薄丧葬也……今著《论死》及《死伪》之篇,明死无知,不能为鬼,冀观览者将一晓解约葬,更为节俭。

可见这几篇文章,应作于《对作篇》之前。黄《谱》认为:"《论死》以下等篇,必成于《宣汉》、《验符》诸篇之后。"如是,则亦应是建初后期所作。

以上,我们以颂汉之文为中心,考察了《论衡》八十五篇中约五十篇的大致作年。其中有些是能寻出大致的时间标记的,有些则能根据相互关系来确定其先后位置;有些能确定上下限,有些则难以确定上限。但是上述考察给我们的总的印象,是和《自纪篇》语"《论衡》造于永平末,定于建初之年"的说法相一致的。

此外,还有一些篇目,既没有时间标记,也不明相互关系,有的学者大致推测它们作于建初年间。如钟《谱》以《问孔》、《非韩》、《刺孟》等三篇为一个单元,认为它们"大抵继三《增》九《虚》而作,当亦在建初之年";以《谈天》、《说日》等两篇为一个单元,认为它们"大概作于建初之时"(《谈天》、《说日》盖与永平、建初年间的历日之争有关,故作于其时的可能性很大);以《寒温》、《谴告》、《变动》、《招致》、《乱龙》、《遭虎》、《商虫》加《明雩》、《顺鼓》共九篇为一个单元,认为"诸篇皆当系章帝建初中之作"(《遭虎篇》云:"楚王英宫楼未成,鹿走上阶,其后果薨。"乃永平十四年事,则这一组文章最早不会早于永平十四年);以《自然》、《感类》等两篇为一个单元,认为它们"当系建初末之作";以《言毒》至《祭意》等十二篇为一个单元,认为"诸篇皆章帝时之作";以《实知》、《知实》、《定贤》等三篇为一个单元,认为"当为章帝时之作",等等,基本上都把它们定为建初之作。如其说能获证实,则将更有力地支持《论衡》"造于永平末,定于建初之年"的说法。

最后,我想附带提一下《论衡》书名的确定时间问题。

《论衡》书名定于何时?这是确定《论衡》成书时间的重要依据。今本《论衡》八十五篇中,有几篇曾提到《论衡》。根据这些提到《论衡》的篇目的作年,便大致可以知道《论衡》书名的确定时间。在考察《论衡》书名的确定时间时,我们主要应该寻求其出现的上限,而不是下限。因此提到《论衡》最多的《自纪篇》,我们应暂且置于一边。因为《自纪篇》作于王充晚年,其时《论衡》早已完成,而书名也早已确定。《论衡》中提到《论衡》书名的,《乱龙篇》有一处,《佚文篇》有一处,《恢国篇》有两处,《须颂篇》有五处,《对作篇》有多处。上述各篇,均作于建初年间,由此可见,《论衡》书名亦大致确定于建初年间。蒋《谱》说:"《论衡》书名,亦定于建初之时。"其说甚是。我想古人的思想方法不如今人缜密,故可以一面在具体篇章中提及总书名,一似这些篇章在全书之外者,一面又将提到总书名的篇章收入全书;而今人的一般做法,则只是在全书的前序后跋中才提及总书名,而在具体篇章中则一般不会提及总书名。不过,这种不够缜密之处,正好为我们探求《论衡》书名的确定时间提供了线索,从而也为考察《论衡》的作年提供了旁证。

三、《讲瑞篇》末附记与"《论衡》造于永平末"说并不矛盾

上面,我们试着解决了本章开头所提出的《讲瑞篇》末附记与《太平御览》卷六〇二引《自纪篇》语的两个矛盾中的第二个矛盾,即《自纪篇》语说《论衡》"定于建初之年",而《讲瑞篇》末附记却显然作于和帝永元年间;下面,我们试着来解决其中的第一个矛盾,即《自纪篇》语说《论衡》"造于永平末",而《讲瑞篇》末附记却说"此论草于永平之初"。从《论衡》全书来看,除了《讲瑞篇》末附记以外,没有什么地方是和"《论衡》造于永平末"说相矛盾的。因此,第一个矛盾的解决,可以使我们进一步确认《论衡》作年的上限是"永平末"而不是"永平之初"。《讲瑞篇》末附记云:

> 为此论草于永平之初,时来有瑞,其孝明宣惠,众瑞并至。

永平有十八年,"永平之初"究指何年?蒋《谱》引《后汉书·明帝纪》"永平六年二月,王雒山出宝鼎,庐江太守献之"语,认为《讲瑞篇》中的"鼎见"即指此事:"《讲瑞篇》为《论衡》中属草最早之篇,则此篇当起草于永平六年之后,或在其前,后加修改。"据此,则所谓"永平之初",盖指永平六年以后不久,而非永平元年、二年。现在一般《王充年谱》均系此篇于永平二、三年左右,失之过早。但不管《讲瑞篇》是作于永平二、三年还是永平六年稍后,却都符合"草于永平之初"的说法,而与"《论衡》造于永平末"的说法显相"矛盾"。为此,钟《谱》试图加以弥合:"疑《御览》'末'字当初为'初'字之误。"然而,他并没有提出版本上的根据。不过,一种折中的说法却是为大家所接受的,如黄《谱》云:"盖永平初,已属草,时辍时作,至永平末,方专精一志也。"钟《谱》说:"永平初开始写,以后时作时辍,至建初后乃专精致力于此书之写作。"都是折中两造的意见。我的看法是,《讲瑞篇》与《自纪篇》语的说法未必矛盾,这里同样存在着一个全书与单篇之间的关系问题。不错,《讲瑞篇》是草于永平之初的,但草《讲瑞篇》时,王充是否认为自己是在写《论衡》呢?是时,王充是否即已有《论衡》全书的写作计划呢?也许情况是这样的,当王充在永平初年草《讲瑞篇》时,他尚无《论衡》全书的写作计划,到永平末年开始写作《论衡》时,他才把《讲瑞篇》也列入书中,作为《论衡》之一篇。古人著书,自有先以单篇别行,后又收入全书之例,可参考余嘉锡《古书通例》卷三《论编次第三》之《古书单篇别行之例》[①]。而且,我们不要忘记,王充在《论衡》写作以前写的单篇文章,除了《讲瑞篇》以外,还有《六儒论》(一作《大儒论》,见范晔《后汉书》充本传李贤注引袁山松《后汉书》,学者多认为其作于永平初二年间)。《六儒论》与《讲瑞篇》的区别,也许不过在于《讲瑞篇》后来被收入了《论衡》,而《六儒论》则没有收入。即使今天的学者,也往往在编某一时期的论

---

① 上海,上海古籍出版社,1985年。

文集时,把不属于这时期的个别论文也附入,而我们并不能把这个别论文的作年作为这部论文集的作年。《论衡》与《讲瑞篇》的关系,未尝不可作如是观。因为《论衡》是一部由单篇文章汇成的"论文集",所以,我们要时刻注意全书与单篇之间的关系,而不能把其当作一个浑不可分的整体来看,将全书与单篇混为一谈。如从这一假说来看,则黄《谱》和钟《谱》的说法只要改变一下角度,就仍是可通的。比如,我们可以说,王充自永平初年就开始写一些单篇文章,后来,到永平末,始立意写一部系统的"疾虚妄"的著作,这就是《论衡》。在写作《论衡》时,王充把早年写的一些单篇文章也收了进去。这样,就形成了一方面说"《论衡》造于永平末",一方面说《讲瑞篇》"草于永平之初"的似乎矛盾的说法,而其实是并不矛盾的。

四、小　　结

　　以上,我们从若干方面探讨了《论衡》的作年问题。其实,有了《太平御览》卷六〇二引《论衡·自纪篇》语"《论衡》造于永平末,定于建初之年耳",《论衡》的作年本来是不成其为问题的,即《论衡》应作于永平末至建初末的十余年间。但是,由于人们对《讲瑞篇》末附记的性质和意义有了一些误解,所以就在承认《论衡》主要作于永平末建初中的同时,把《论衡》作年的上下限各往前后推了若干年,以致成了自永平初至章和末或永元初的近三十年。本章试图通过具体论证,重新确认《太平御览》引《论衡·自纪篇》语在确定《论衡》作年方面的权威性,并希望引起人们对这条佚文的进一步重视。

第二章　王充三次撰集《论衡》说平议

——朱谦之《王充著作考》商兑一

由于时代的久远和史料的缺乏,我们今天对《论衡》的编撰情况以及其和王充其他各书的关系等都已不甚了然了。近几十年来,这方面较有新意的文章,是朱谦之的《王充著作考》(以下简称"朱《考》")。朱《考》认为,王充的著作,除在汉明帝永平年间所作的《六儒论》不传之外,他如《讥俗》之书、《节义》之书、《政务》之书、《养性》之书,实均已包括在今本《论衡》之内。[①] 蒋祖怡《论王充的〈政务〉之书》[②]、《论王充的〈养性〉之书》[③]对此提出了不同看法,本书第二编第一章《论王充〈讥俗〉〈节义〉〈政务〉〈养性〉等书不在今本〈论衡〉之中》亦反对其说。朱《考》又提出王充三次撰集《论衡》说,认为《论衡》一书曾经过三次撰集,定本《论衡》则为王充最后之撰集,三次撰集把王充所有著作都包括进去了。本来,王充其他各书既已被证明不在今本《论衡》之中,则王充三次撰集《论衡》说也已失去存在基础,可不攻而破,但考虑到此说有其相对独立性,故本章想对此说稍作分析,以见其之不可信。

---

① 吴则虞《〈论衡〉的构成及其唯物主义的特点》(载《哲学研究》1962年第4期)也持类似看法,详见本书第二编第一章《论王充〈讥俗〉〈节义〉〈政务〉〈养性〉等书不在今本〈论衡〉之中》相关各脚注。
② 载《杭州大学学报》1963年10月号;后收入其《王充卷》。本书所引据《王充卷》。
③ 收入其《王充卷》。

一、关于"第一次撰集"

朱《考》认为《论衡》的第一次撰集是在汉明帝永平元年至章帝建初元年(58—76),王充三十二岁至五十岁时。朱《考》据《太平御览》卷六〇二引《论衡·自纪篇》语"《论衡》造于永平末,定于建初之年"(此语历来被误认为是《会稽典录》之语,朱《考》亦同误),《须颂篇》的"《论衡》之人,在古荒流之地"二语,认为《论衡》作于归乡里时,二语即指《论衡》单独成书之时代。又据《佚文篇》"《论衡》篇以十数,亦一言也,曰疾虚妄",认为《论衡》第一次撰集时仅十九篇,而以《佚文篇》为总序,即:

> 《书虚》、《变虚》、《异虚》、《感虚》、《福虚》、《祸虚》、《龙虚》、《雷虚》、《道虚》、《语增》、《儒增》、《艺增》、《问孔》、《非韩》、《刺孟》、《论死》、《死伪》、《纪妖》、《订鬼》、《佚文》

等二十篇,构成《论衡》初次撰集的全部内容。对此,我想提出五点质疑。

甲、《太平御览》卷六〇二引《论衡·自纪篇》语不仅不能证明朱《考》之说,而且正好是朱《考》之说的反证。

《太平御览》卷六〇二引《论衡·自纪篇》语明云"《论衡》造于永平末","造"者,创始之谓也,而朱《考》却据此认为王充"第一次撰集"《论衡》始于永平元年;该语又云《论衡》"定于建初之年",建初有八年,朱《考》却据此将王充第一次撰集《论衡》的下限定在建初元年。由此可见,朱《考》的立说与立说所据的材料之间本身即有矛盾。至于《太平御览》卷六〇二引《论衡·自纪篇》语本身是否可信,那是另外一个问题(可参看本编第一章《〈论衡〉造于永平末定于建初之年考》)。

乙、《须颂篇》之语该作何解?

朱《考》又以《须颂篇》的"《论衡》之人,在古荒流之地"一语,来证明王充"第一次撰集"《论衡》之时间与地点。但王充这句话其实只是就《齐世》、《宣汉》、《恢国》、《验符》、《须颂》等一组颂汉之文的写作情况而说的,并非指九虚三增等文的写作情况而言。我们可以看一下与此语有关的前后文:

> 是故《春秋》为汉制法,《论衡》为汉平说。从门应庭,听堂室之言,什而失九;如升堂窥室,百不失一。《论衡》之人,在古荒流之地,其远非徒门庭也……圣者垂日月之明,处在中州,隐于百里。遥闻传授,不实;形耀不实,难论。得诏书到,计吏至,乃闻圣政。是以褒功失丘山之积,颂德遗膏腴之美。使至台阁之下,蹈班、贾之迹,论功德之实,不失毫厘之微。

王充认为自己远在南方,即使想歌颂汉德非常,但因离得太远,所以知道的既不多,也不实,表达了希望能"至台阁之下,蹈班、贾之迹"的进仕愿望。《齐世》等篇作年不早于建初五年(详本节丁项与第二节甲项),上距朱《考》推定的王充"第一次撰集"《论衡》的下限建初元年至少有四年之久。所以,"《论衡》之人,在古荒流之地"一语,只能用来说明王充写作《齐世》等篇的时间与地点,而不能用来说明朱《考》所说的建初元年之前王充"第一次撰集"《论衡》的时间与地点。更何况朱《考》是把《齐世》等篇当作《政务》之书的,如按朱《考》的主张,则更不能以此来说明《论衡》写作的时间与地点了。

由甲乙两点可知,朱《考》据《太平御览》卷六〇二引《论衡·自纪篇》语及《须颂篇》语所作的"此认《论衡》作于归乡里时,即指《论衡》之单独成书时代"的推论是靠不住的,并且也是和朱《考》推定的王充"第一次撰集"《论衡》的时间自相矛盾的。

丙、"《论衡》篇以十数"语之理解。

《佚文篇》云:

> 诗三百,一言以蔽之,曰思无邪;《论衡》篇以十数,亦一言也,曰疾虚妄。

朱《考》以九虚三增等十九篇为"《论衡》初次撰集的全部内容",推论道：

> 由此内容我们更可以断定了《佚文》篇所说"《论衡》篇以十数"意思是说《论衡》之书有十余篇,或以十为单位计算,也不过一十、二十而已。这个数字在初撰集时是极正确的。

朱《考》其实是祖述了张右源《王充学说的梗概和治学方法》①一文的观点：

> 就今本《论衡》的篇数说来,名为八十五篇。但是他在《佚文》篇说："《诗》三百,一言以蔽之,曰'思无邪'；《论衡》篇以十数,亦一言也,曰'疾虚妄。'"他一不说《论衡》篇将近百,二不说《论衡》篇以数十,却说《论衡》篇以十数。可见原本《论衡》的篇数,决没有今本《论衡》篇数多。

但是,首先,"以数十"的说法是不通的(根本就不会有这种说法)。其次,所谓"以十数",并不是说只有十余篇,也并不是说不过一十、二十篇,而是说以十为计算单位,则自一十、二十至八十、九十,都在"以十数"的范围之内。《自纪篇》云：

> 韩非之书,一条无异,篇以十第,文以万数。

"以十第"即"以十数",今《韩非子》有五十五篇,何为"不过一十、二十"？"文以万数",也是说《韩非子》有几万字,而不是说一万多字或一二万字。由此可见,王充作《佚文篇》时,《论衡》并不一定如朱《考》所说的只有十几、二十篇,而完全可能多得多。(刘盼遂《论衡集解》云："'十数'二字疑误。《论衡》今存八十四篇,合诸阙佚当近百篇,则此'十数'疑当为'百数'二字。'百数'者,一百内外也,今山东犹行此语法。《自纪篇》云：'吾书亦才出百,而云泰

---

① 载东南大学、南京高师国学研究会编《国学丛刊》第二卷第三期,上海,商务印书馆,1924年。

多。'此亦《论衡》百篇之证。"其《王充〈论衡〉篇数残佚考》[①]亦云："百数各本皆误作十数,今正。百数者百许也,百所也,今山东言千之左右曰千数,百之左右曰百数,其遗语也。此本由后人误认八十四篇为足本,故妄改百数为十数,而不顾其欠通也。"黄晖《论衡校释·自序》亦云："《佚文篇》'十数'为'百数'之误。"两人之说其实并无版本依据,仅是为了证成其《论衡》原本百余篇之说而已,因此并不可信。)

丁、《雷虚篇》、《佚文篇》作于建初元年以后,与朱《考》推定的王充"第一次撰集"《论衡》的时间不合。

朱《考》认为王充"第一次撰集"《论衡》的时间是从永平元年至建初元年,然而,被朱《考》列入"第一次撰集"的《论衡》中的《雷虚篇》却云:

> 建初四年夏六月,雷击会稽鄞县羊五头,皆死。

是《雷虚篇》肯定作于建初四年或以后。由此推测九虚盖作于建初中。此与朱《考》推定的王充"第一次撰集"《论衡》的时间显相矛盾。又,朱《考》以《佚文篇》为王充"第一次撰集"《论衡》时的总序,则《佚文篇》也应当作于建初元年之前,然而《佚文篇》中屡称"孝明"、"今上",则《佚文篇》不会早于章帝建初元年。《佚文篇》又云:

> 周秦之际,诸子并作,皆论他事,不颂主上,无益于国,无补于化。造论之人,颂上恢国,国业传在千载,主德参贰日月,非适诸子书传所能并也。

"颂上"盖指《须颂篇》,"恢国"盖指《恢国篇》,"造论之人,颂上恢国"以下数语,即指《齐世》、《宣汉》、《恢国》、《验符》、《须颂》等一

---

① 载《学文》第一卷第五期,北平,1932年5月;又收入《古史辨》第四册,北平,朴社,1933年;又收入黄晖《论衡校释》附编五、蒋祖怡《王充卷》。本书所引据《古史辨》第四册。

组颂汉之文而言。《恢国篇》《验符篇》举章帝时符瑞,自元年、二年一直数到五年,可见《恢国》等篇之作,不会早于建初五年;而《佚文篇》既提及《恢国》等篇,则当更稍晚于它们。此又与朱《考》推定的王充"第一次撰集"《论衡》的时间显相矛盾,而《佚文篇》为王充"第一次撰集"《论衡》时的总序之说,更大可怀疑。

戊、《论死》《死伪》《纪妖》《订鬼》诸篇作年盖亦晚于建初元年。

《对作篇》总结《论衡》的写作,提到了九虚三增和《齐世》《宣汉》《恢国》《验符》《须颂》等篇,是《对作篇》作年晚于《须颂篇》。值得注意的是,《对作篇》中出现了《论死》《死伪》《订鬼》等一组在《须颂篇》中没有提到的新篇目:

> 《论死》《订鬼》,所以使俗薄丧葬也。孔子径庭丽级,被棺敛者不省;刘子政上薄葬,奉送藏者不约;光武皇帝草车茅马,为明器者不奸。何也?世书俗言不载信死之语汶浊之也。今著《论死》及《死伪》之篇,明死无知,不能为鬼,冀观览者将一晓解约葬,更为节俭。斯盖《论衡》有益之验也。

《须颂篇》曾提到三增九虚和《讲瑞》《治期》《顺鼓》《明雩》等篇,亦有总结前一阶段《论衡》写作的意义,却未提到《论死》《死伪》《订鬼》,可见这几篇是作于《须颂》等篇之后的,故《须颂篇》未提及,而到《对作篇》中才出现。《须颂篇》既作于建初五年之后,则《论死》等篇作年亦当更晚。这与朱《考》推定的王充"第一次撰集"《论衡》的时间亦不合。

由以上五个方面的分析可以看出,朱《考》的王充"第一次撰集"《论衡》说是不能成立的,亦即王充并未曾在永平年间第一次撰集《论衡》之书。

二、关于"第二次撰集"

朱《考》认为《论衡》的"第二次撰集"在汉章帝建初二年至元

和三年(77—86),王充五十一岁至六十岁时。在作《论衡》之书前(即王充"第一次撰集"《论衡》前),王充已作《政务》之书,至"第二次撰集"时,王充将二书合并;又以当时四分历与太初历之争为背景,增入《谈天》、《说日》二篇,又可能增入《奇怪》一篇,《正说》、《书解》、《案书》三篇;最后,以《对作篇》为总序,因为"对作"云云,或即把《论衡》和《政务》对举的意思。对此我想提出三点质疑。

甲、朱《考》所推定的《政务》之书的作年与朱《考》指为《政务》之书的各篇的实际作年之间存在着矛盾。

朱《考》认为《政务》之书作于《论衡》之书前(朱《考》所谓的《论衡》之书,即指未与王充其他各书合并时的"单独成书"的《论衡》,亦即建初元年前"第一次撰集"的《论衡》),故一再说:

> 王充在写《论衡》之书以前,曾作《讥俗》、《节义》之书,《政务》之书。

> 写《讥俗》之书时,王充年约二十余岁……《政务》之书则作于其后。

> 《论衡》之书是继《政务》之书而作。

果如朱《考》之说,则《政务》之书至少无论如何当作于朱《考》所谓王充"第一次撰集"《论衡》的下限建初元年之前。然而,在朱《考》指为《政务》之书的十九篇中,却有相当一部分作于建初元年以后。如《明雩篇》云:

> 建初孟年,北州连旱,牛死民乏,放流就贱。

是《明雩篇》当作于建初元年以后(《恢国篇》云:"建初孟年,无妄气至,岁之疾疫也。比旱不雨,牛死民流,可谓剧矣。"《对作篇》云:"建初孟年,中州颇歉,颍川、汝南,民流四散。"与《明雩篇》所指为一事)。又《齐世》、《宣汉》、《恢国》、《验符》、《须颂》等篇,均称明帝为"孝明",称章帝为"今上",又数章帝时符瑞直至建初五年,显作于建初五年以后。凡此,都与朱《考》的"《政务》作于《论衡》之前"的立说自相矛盾。所以,朱《考》指为《政务》之书的十九篇根本就不是《政务》之文,而所谓《政务》与《论衡》的合并亦显无其事。

乙、《对作篇》的"对作"该如何理解?是否为王充"第二次撰集"的《政务》、《论衡》合订本的总序?

朱《考》认为"对作"即对举《政务》、《论衡》二书之义,并以此推论《对作篇》为《政务》与《论衡》合订本的总序:

> 把《论衡》和《政务》对举,或即《对作》篇之原来意义,而此时所撰集的《论衡》则为《论衡》与《政务》二书的合订本,《对作》篇即为此合订本之自序。

但这样解释"对作"的含义是错误的。"作"乃是"述而不作"之作,"圣人作,贤者述"之作,"对"是动词"答对"之意,而非副词"并对"之意。"对作",回答别人以《政务》、《论衡》为"作"的疑问,与《答客难》、《解嘲》、《答宾戏》等词语结构相似。《对作篇》云:

> 或曰:"圣人作,贤者述。以贤而作者,非也。《论衡》、《政务》,可谓作者?"曰:非作也,亦非述也,论也。论者,述之次也。五经之兴,可谓作矣;太史公书、刘子政序、班叔皮传,可谓述矣;桓君山《新论》、邹伯奇《检论》,可谓论矣。今观《论衡》、《政务》,桓、邹之二论也,非所谓作也。

所谓"对作",即此问答是也。《对作篇》盖《政务》、《论衡》写成之后,王充总结性之作。《史记·太史公自序》云:

> 余所谓述故事,整齐其世传,非所谓作也,而君比之于《春秋》,谬矣!

此盖《对作篇》立意所本,且王充更自谦不敢称"述"。这一方面是客气,一方面也有避祸之意,故下文云:

> 古有命使采诗,欲观风俗,知下情也。诗作民间,圣王可云:"汝民也,何发作!"因罪其身,殁灭其诗乎?今已不然,故

诗传至今。《论衡》、《政务》,其犹诗也,冀望见采,而云有过。斯盖《论衡》之书所以兴也。且凡造作之过,意其言妄而谤诽也。《论衡》实事疾妄,《齐世》、《宣汉》、《恢国》、《验符》,盛褒(须)颂之言,无诽谤之辞。造作如此,可以免于罪矣!

惧祸之情,溢于言表。王充一向自视甚高,常常将自己和孔子相比,要不是因为惧祸,他是很乐意把自己的著作抬高到"作"的地位的。所以他在《对作篇》中又曾说过"言苟有益,虽作何害","《论衡》诸篇,实俗间之凡人所能见,与彼作者无以异也"之类的话。"对作"既非对举《论衡》、《政务》二书之义,则以《对作篇》为《政务》、《论衡》合订本之总序的说法,也就显得证据薄弱了。

丙、从《对作篇》中,无法看出《政务》与《论衡》是合订本的痕迹。

王充在《对作篇》中,于《论衡》、《政务》之宗旨,皆分别论之,与合论《讥俗》、《节义》之宗旨的情况全然不同。如论《政务》之宗旨则云:

> 其《政务》言治民之道。

> 《政务》为郡国守相、县邑令长陈通政事所当尚务,欲令全民立化,奉称国恩。

论《论衡》之宗旨则云:

> 是故《论衡》之造也,起众书并失实,虚妄之言胜真美也。

> 故《论衡》者,所以铨轻重之言,立真伪之平,非苟调文饰辞为奇伟之观也,其本皆起人间有非,故尽思极心,以讥世俗。

> 今《论衡》就世俗之书,订其真伪,辩其实虚。

> 况《论衡》细说微论,解释世俗之疑,辩照是非之理,使后进晓见然否之分。

>《论衡》九虚三增,所以使俗务实诚也;《论死》、《订鬼》,所以使俗薄丧葬也。

凡此皆可见二书宗旨大不一样,王充不可能将它们合成一书。《对作篇》中并举二书者有四处:

>或曰:……《论衡》、《政务》,可谓作者?

>今观《论衡》、《政务》,桓、邹之二论也,非所谓作也。

>由此言之,唐林之奏,谷永之章,《论衡》、《政务》,同一趋也。

>《论衡》、《政务》,其犹诗也,冀望见采,而云有过。

从中也并不能看出任何足以说明二书为一合订本的证据。所以,我认为朱《考》的王充"第二次撰集"《论衡》说是不能成立的,亦即王充并未曾在建初、元和年间将《政务》与《论衡》编成一合订本。

三、关于"第三次撰集"

朱《考》认为《论衡》的第三次撰集在章帝元和四年至和帝永元八年(87—96),王充六十一岁至七十岁时。王充此时把《讥俗》、《节义》之书、《政务》之书、《论衡》之书、《养性》之书等一生所有著作合起来,集成约百篇多之定本《论衡》,以《自纪篇》作为定本《论衡》的总跋。因为定本《论衡》是撰集各书而成,故《自纪篇》历叙生平,将所有著作作了一次思想大总结。

关于王充"第三次撰集"《论衡》说,我们可说的话就比较少了。因为朱《考》提出的唯一证据,是《自纪篇》提到了王充《六儒论》外的所有著作。既然《自纪篇》附在《论衡》之后,它就应该只谈《论衡》,不谈王充的其他各书;现在《自纪篇》却谈到王充其他各书,就说明《自纪篇》不仅是《论衡》的总序,而且也是王充所有著作的总序;作为王充所有著作的总序而又置于《论衡》之后,可见《论衡》已包括了王充的其他著作,成为一合订本了。朱《考》的推论盖即如此。这里的关键是朱《考》仅仅把《自纪篇》看作是一篇总序,而未同时也把它看作是自传和序录。王充在《自纪篇》里总结了自己一生的生活经历与创作道路,并非为《论衡》一书而作;但因王充的主要著作是《论衡》,所以将《自纪篇》置于《论衡》之后,这是很自然的。翟灏《四书考异》下编《条考》二二《论语·尧曰》按云:"《论衡》以《对作篇》为序,其后更有《自纪》一篇,则附传也。"其说甚是。如依朱《考》之说,王充既然将一生所有著作合在一起,则作为合并后之总序的《自纪篇》,不当于此不置一言,以说明合并的动机与过程。今细按全篇,并不能看出任何合并的痕迹。此外,朱《考》的王充"第二次撰集"《论衡》说认为,《论衡》与《政务》于章帝建初、元和年间已合并成一书,总名曰《论衡》。如果真是这样,那么《自纪篇》中就不应该再并举《政务》、《论衡》,而只应单举《论衡》,因为在王充晚年"第三次撰集"《论衡》时,已无所谓《政务》之书,仅有《政务》与《论衡》合并后的合订本《论衡》。可是王充在《自纪篇》中却并举《政务》、《论衡》,似全然不知自己曾有合并《政务》、《论衡》之事者。由此可见,朱《考》的王充"第二次撰集"《论衡》说与"第三次撰集"《论衡》说之间本身也扞格难通。凡此,皆足以说明朱《考》的王充"第三次撰集"《论衡》说是不能成立的,亦即王充并未在晚年将自己的所有著作合编成百余篇的"定本《论衡》"。

四、"王充三次撰集《论衡》"说形成的原因

朱《考》王充三次撰集《论衡》说的形成,盖与《论衡》篇数的争论密切相关。《论衡》篇数的争论,源于史籍记载与王充自己的话之间的一个矛盾。《论衡》一书,从谢承《后汉书·王充传》开始,古今著录均为八十五篇,并无异辞(元韩性《〈论衡〉序》说王充"著《论衡》六十一篇",当是误记)。但是,王充自己在《自纪篇》中却

说"世无一卷,吾有百篇","吾书亦才出百",虞翻也提到王充"著书垂藻,骆驿百篇"(《三国志·吴书·虞翻传》裴松之注引《会稽典录》),这就引起了人们的不同的猜测与解释。四库馆臣首创《论衡》原本百余篇之说:"然则原书实百余篇,此本目录八十五篇,已非其旧矣。"(《四库全书总目》卷一二〇子部杂家类《论衡》提要)。刘盼遂《王充〈论衡〉篇数残佚考》、黄晖《论衡校释·自序》等张其说。其说大要以为,《论衡》原本有一百多篇,后佚去十五六篇,故今本《论衡》八十五篇为不全之本。余嘉锡《四库提要辨证》①、蒋祖怡《〈论衡〉篇数考》②对此提出不同看法,认为王充的"吾书亦才出百"与史籍记载的《论衡》八十五篇并不矛盾,因为《自纪篇》原是王充所有著作的总序,故文中"吾书亦才出百"实包括王充其他各书而言(唯余嘉锡认为《养性》之书又在"百余篇"之外),《论衡》只是"吾书"中的一个主要部分,其他各书均已亡佚,而《论衡》则除《招致篇》外尚属完整。③ 我们倾向于同意余、蒋之说,认为《四库提要辨证》、《〈论衡〉篇数考》出而关于《论衡》篇数的史籍记载与《自纪篇》语的矛盾已获解决。在此,我想补充一条有利于余、蒋的《论衡》原本八十五篇说的材料。《书解篇》云:

或曰:"著作者思虑闲也,未必材知出异人也。居不幽,

---

① 北京,中华书局,1980年。
② 载《中华文史论丛》第二辑,北京,中华书局,1962年;后收入其《王充卷》。本书所引据《王充卷》。
③ 张宗祥则有点举棋不定,一则说:"此云'亦才出百',当指仲任一生所著之书而言,若《讥俗》、《节义》十二篇,《养性》之书十六篇及《备乏》、《禁酒》诸篇是也。倘专指《论衡》篇数,则所佚多矣。"一则说:"《论衡》篇数,自蔚宗以及稚川,或言八十五,或言八十余,无超溢九十之言。而仲任《自纪》则云……是篇当过百,不止八十余也。然自唐以前所记篇数,无出九十者,岂当时所见已非全书? 或后人据所存篇数,自《后汉书》以至《抱朴子》,一一追改其数乎? 是可疑也。"一则说:"夫仲任所作,佚者颇多,《论衡》之篇,或可出百。然而稽之往籍,有据者四(毅平按:指他认为的《论衡》佚篇《觉伪》、《能圣》、《实圣》、《盛褒》),他皆未定。且成书在永平、建初之间,距其殁时,将逾十载,删节改造,亦有可能。出百之言,我故有疑于举其一生所著而言也。"(见其《论衡校注》,第583页,第589页,第590页)

思不至。使著作之人,总众事之凡,典国境之职,汲汲忙忙,何暇著作?试使庸人积闲暇之思,亦能成篇八十数。"

所谓"成篇八十数",即指《论衡》。当然,"八十数"不一定即八十五篇,因为作《书解篇》时,《自纪篇》肯定尚未作。然而,不管怎么说,这总是一个与今本《论衡》八十五篇最为接近的数目。这一条重要材料,讨论《论衡》篇数的学者好像尚未注意到,故在此拈出,以证成余、蒋之说。

朱《考》提出王充三次撰集《论衡》说,当然赞成《论衡》原本百余篇说。也许,朱《考》的王充三次撰集《论衡》说的形成,本身即曾受《论衡》原本百余篇说的影响。朱《考》盖注意到"《论衡》篇以十数"与"吾书亦才出百"之间的矛盾,试图用王充三次撰集《论衡》说来解决这个矛盾。所以,朱《考》的赞成《论衡》原本百余篇说,与四库馆臣、刘盼遂、黄晖等是不完全一样的,也许可以说,是一种更精致的《论衡》原本百余篇说。然而,在解释原本百余篇之《论衡》为何到今天只剩八十五篇的原因时,朱《考》却一本黄晖《论衡校释·自序》的说法,相信《抱朴子》的记载,认为"定本《论衡》"因被或人从蔡邕处捉取数卷持去,故只剩了八十五篇。其实,《抱朴子》有关蔡邕入吴始得《论衡》的记载,只是小说家言,并不可信,我们将在第三编第一章《蔡邕入吴始得〈论衡〉说献疑》中讨论此事,故在此不予置辩。

五、小　　结

如上所述,朱《考》的王充三次撰集《论衡》说是不能成立的。我的看法是:《论衡》主要写成于明帝永平末至章帝建初末的十余年间;在此前后,王充还曾穿插写了《讥俗》、《节义》、《政务》、《养性》等书;今本《论衡》是一个有机的整体,与王充其他各书的宗旨迥然有别,故今本《论衡》不可能包括王充的其他各书;王充的其他各书,在他身后均已失传,唯《论衡》尚流传天壤。

第三章 《论衡》篇目排列内在联系考

今本《论衡》的篇目排列是否保存了王充编集《论衡》时的原貌？如是，则《论衡》的篇目排列是根据什么原则进行的？换言之，《论衡》的篇目排列是否具有某种内在联系？这两个问题，对于《论衡》全书的结构、《论衡》写作的过程乃至王充思想的发展的研究都是非常重要的。

对于前一个问题，一般都持肯定看法，即认为今本《论衡》的篇目排列是保存了王充编集《论衡》时的原貌的。如黄晖《论衡校释·自序》（以下简称"黄《序》"）认为："至于各篇的先后排列，大致保存本来面目……那么，这部书传到现在，好像是没有经过后人的改编……保存当时篇章排列顺次的本来面目。"朱谦之《王充著作考》（以下简称"朱《考》"）虽说对于《论衡》的成书过程自有其不同于众的看法，但在认为今本《论衡》的篇目排列保存了王充编集《论衡》时的原貌这一点上，却并无不同意见。北京大学历史系《论衡》注释小组的《论衡注释》[①]的《前言》，在采纳朱《考》观点的基础上也提出："从内容的编排很有条理和历来著录亦无异言这两点看来，它的篇目次第却大致保存了王充整编后的面目。"由此可见，在这个问题上，人们的意见较为一致。

然而，对于后一个问题，人们的看法却不尽相同。不少学者在研究《论衡》时，几乎没有意识到这个问题的存在。他们或者笼而统之地看待《论衡》八十五篇，将它们放在同一层面上来考虑，

[①] 北京，中华书局，1979年。

或者根据某些外加的原则（如"思想成熟"或"思想不成熟"），来随心所欲地认定哪几篇是"早年之作"，哪几篇是"晚年之作"。另外有些学者，意识到了这个问题的存在，并且作了比较深入的研究，但遗憾的是其研究的结果却不能令人首肯。如朱《考》先认定今本《论衡》曾经过王充三次撰集，已包括王充的所有著作在内，然后提出"可将今本《论衡》八十四篇，以《自纪》、《对作》冠首，为总序，其余略按著作年代次序"，重加编定，并且还列出了重排后的目次。由于他的这个结论的前提是靠不住的，所以，所谓"按著作年代次序"重加编定，便也就没有了实际意义。而且，即便他的重编方案是合理可行的，其中所体现的也只是他自己对于《论衡》的看法，而还是没有揭示王充关于《论衡》篇目排列的原则。

显然，对于《论衡》研究来说，更为重要的是要弄清楚王充关于《论衡》篇目排列的原则。在这方面，黄晖的《王充年谱》（以下简称"黄《谱》"）提出了值得注意的看法。黄《谱》认为："通览全书，可知其先后顺序之例。如《初禀》、《寒温》、《谴告》等篇属稿在先，则居于《自然》、《恢国》等篇之前。（《初禀篇》目见《恢国篇》，《初禀》第十二，《恢国》第五十八。《寒温篇》目见《自然篇》，《寒温》第四十一，《自然》第五十四。可证。）"此外，黄《序》在说明其认为《论衡》的篇目排列保存了本来面目的理由时云："据今本各篇的排列与全书理论的体系，及篇中所载的史事的先后，并相符合，可以为证。"由此可见，黄《序》认为《论衡》篇目乃是按照写作时间的先后排列的，这是一个极为重要的看法。后来，钟肇鹏《王充年谱》（以下简称"钟《谱》"）所附《〈论衡〉八十五篇，篇目提要》也祖述了黄《序》的这一看法，认为"《论衡》各篇次序大抵与完成先后次序相符"。从上述引文来看，黄《序》提出这一看法，理由盖有三条：其一是《论衡》各篇若相互提及，则必定是被提及的排列在前，提的排列在后；其二是"今本各篇的排列"与"全书理论的体系"相符；其三是"今本各篇的排列"与"篇中所载的史事的先后"相符合。这三条理由，牵涉到黄《序》的看法能否成立，因而有必要稍加检讨。首先,关于第一条理由,黄《序》举了几个例子来证明,本章后面还将举更多的例子来证明,因而,可以认为它是站得住脚的。关于第二条理由,黄《序》的意思显然是说,由于《论衡》的写作是有计划地进行的,所以,《论衡》的篇目排列不仅与各篇写作的先后,而且也与《论衡》的理论体系保持了一致。这一点,有待于进一步的详细探讨来证明。关于第三条理由,要加以具体证实比较困难。因为《论衡》各篇所提到的史事,并不一定篇目较前的就早,篇目在后的就后,因此,这一条并不能支持黄《序》的看法。但是,这种不一致现象,也并不足以动摇黄《序》的看法。因为《论衡》各篇提及史事,完全是出于论证的需要,和写作时间的先后没有什么必然的联系。因此,也许有些篇目写作在前,但却提到了最近发生的史事,有些篇目写作在后,但却提到了较早发生的史事,于是,就产生了前者所提到的史事或许反而在后者所提到的史事之后的现象。因此,《论衡》各篇所提到的史事的先后,既不足以支持黄《序》的看法,也不能推翻黄《序》的看法。毋宁说,它并不能成为一条理由。当然,即便根据第一、第二条理由,黄《序》的看法也是能够成立的。不过遗憾的是,黄《序》对于自己的看法没有展开具体的论证。

本章撰写的目的,便是要对黄《序》的看法展开具体论证。本章所用的具体方法,是先将《论衡》八十五篇根据排列顺序和内容特征分为七组(完全按照今本《论衡》的篇目排列,不作任何变动),分别探讨各组文章内部的相互联系,从相互提及与思想脉络这两个方面,指出它们在写作时先后相承的痕迹;然后,再进而探讨各组文章之间的相互联系,也从相互提及与思想脉络这两个方面,指出它们在写作时先后相承的痕迹。这样,庶几能揭示《论衡》篇目排列的内在联系,使《论衡》以井然有序的面貌展现在人们之前。

一

从《逢遇》第一至《奇怪》第十五等十五篇,是《论衡》的第一组文章:

《逢遇》、《累害》、《命禄》、《气寿》、《幸偶》、《命义》、《无形》、《率性》、《吉验》、《偶会》、《骨相》、《初禀》、《本性》、《物势》、《奇怪》

这十五篇文章,是一组系统地论述性命问题的文章。黄《序》"把《论衡》全书,就他的思想体系,列为六组",将除《奇怪》外的上述各篇都列入第一组中:"第一组是说性命的。甲、性命说所依据的理论:《物势》。乙、说性的:《本性》、《率性》。丙、说命的:《初禀》、《无形》、《偶会》、《命禄》、《气寿》、《命义》、《逢遇》、《累害》、《幸偶》、《吉验》。丁、性和命在骨体上的表征:《骨相》。"《奇怪篇》则被收入了第四组,与九虚三增放在一起。朱《考》承黄《序》,将《逢遇》至《物势》等十四篇归入一类(朱《考》将这十四篇归入《养性》之书是不对的,但将它们看作一类则无疑是正确的)。此外,朱《考》又将《奇怪篇》归入《论衡》之书。钟《谱》则以《逢遇》至《本性》等十三篇为一个单元,认为它们"皆发挥定命论之说";以《物势篇》和《奇怪篇》为另一个单元,认为它们"论证人和万物皆自然而生"。其实,《物势篇》与《奇怪篇》和上述十三篇的性质一样,都是以命定论批判目的论或感应论的,故本章将它们归入一组。①

在这一组文章中,王充首先探讨了"遇"、"不遇"的问题。第

---

① 张宗祥没有明确说这十五篇是一组,但论述中将它们联系在一起,似认为还是有内在联系的:"《论衡》自《逢遇篇》至《率性篇》,皆守身安命之理。自《吉验篇》至《初禀篇》,则言贵贱出于偶会,非难符瑞之说。《本性》,论性之善恶不一定,亦承上文《偶会》之说。《物势》、《奇怪》二篇,驳变复五行之说。"(见其《论衡校注》,第623页)

一篇《逢遇篇》是探讨佞人的"逢遇"的,第二篇《累害篇》是探讨贤者的"不遇"的,因此,这开头的两篇,可以说是姐妹篇。接着的《命禄篇》,则进而探讨"遇不遇"的原因,认为遇不遇都是由"命"决定的:

> 凡人遇偶及遭累害,皆由命也。

"遇偶"指《逢遇篇》,"累害"指《累害篇》,由此可见,这两篇都作于《命禄篇》之前,《命禄篇》则是继之而作的。钟《谱》说:"首《逢遇》,次《累害》,三《命禄》。而前两篇之名即见于《命禄》中。"其说甚是。由"命"的问题,王充进而论述了"命"的"二品",这就转入了接着的《气寿篇》:

> 凡人禀命有二品:一曰所当触值之命,二曰强弱寿夭之命。所当触值,谓兵烧压溺也;强弱寿夭,谓禀气渥薄也。

《气寿篇》是专门论述"二品"中的"正命",即"强弱寿夭之命"的;接着的《幸偶篇》,则是专门论述二品中的"遭命",即"所当触值之命"的。可见《气寿篇》与《幸偶篇》是一对姐妹篇,是对《命禄篇》所提出的"命"的问题的进一步分别论述。接着的《命义篇》,总结论述了"命"的含义,其中说道:

> 人有命,有禄,有遭遇,有幸偶。

"命"、"禄"指《命禄篇》(或许也包括《气寿篇》),"遭遇"指《逢遇篇》(或许也包括《累害篇》),"幸偶"指《幸偶篇》。由此可见,上述各篇皆作于《命义篇》之前,《命义篇》则是继之而作的,并且对于"命"的含义有总结的意义。接着的《无形篇》,则在《气寿篇》的基础上,论述了"命禄"与人的形体的关系,其开头云:

> 人禀元气于天,各受寿夭之命,以立长短之形。

所谓"各受寿夭之命",正是《气寿篇》的中心议题;所谓"以立长短之形",则是《无形篇》的中心议题,可见《无形篇》是上承《气寿篇》而作的。接着的《率性篇》,则由"命"的问题转向了与之密切相关

的"性"的问题。接着的《吉验篇》,则又回到了《无形篇》的议题上来,认为:

> 凡人禀贵命于天,必有吉验见于地。

《无形篇》是论人所禀之命会在形体上表现出来,这是内在的显现;《吉验篇》则说人所禀之命会在吉验上表现出来,这是外在的显现,可见二篇之间的内在联系。接着的《偶会篇》,则在《逢遇篇》、《幸偶篇》的基础上,进一步论述了偶然巧合在人事物象方面的作用,可以说是它们的延续,其开头说:

> 命,吉凶之主也。

由此又可见《偶会篇》与上述论"命"诸篇的继承关系。接着的《骨相篇》,又回到了"命禄"与"形体"的关系上面来,其开头云:

> 人曰命难知,命甚易知。知之何用?用之骨体。人命禀于天,则有表候于体。察表候以知命,犹察斗斛以知容矣。表候者,骨法之谓也。

可见此篇是上承《无形篇》、《吉验篇》而作的。盖"长短之形"、"吉验"、"骨体"等,都是人所禀之命的表候。接着的《初禀篇》,则进一步发挥《气寿篇》所说的"人禀元气于天"的思想,其开头曰:

> 人生性命当富贵者,初禀自然之气;养育长大,富贵之命效矣。

所谓"初禀自然之气",即是《气寿篇》的"禀气渥薄"的"禀气"之意,两者都是谈"禀气"问题的。接着的《本性篇》,又回到了"性"的问题上来,进一步讨论了"昔儒旧生"关于"性"的各种说法,重申了自己在《率性篇》中已经提出的"性有善恶"之说。《物势篇》则将上述《逢遇》、《幸偶》、《偶会》等篇已经发挥过的"偶然"的概念引申到人的发生这个问题上来,正面提出了"天地不故生人,人偶自生"的观点。《奇怪篇》与《物势篇》为姐妹篇,从反面否定了作为"天地故生人"论之表现的"圣人之生,不因人气,更禀精于天"的儒者之论。

综上所述,从《逢遇》第一至《奇怪》第十五等十五篇,都是讨论性命问题的。虽说在写作时王充的思路经常跳跃变化,从人事到自然,自偶然到性命,但总起来看,这组文章却构成了一个完整的整体,其中的联系和过渡的脉络还是比较清楚的。

二

从《书虚》第十六至《说日》第三十二等十七篇,是《论衡》的第二组文章:

> 《书虚》、《变虚》、《异虚》、《感虚》、《福虚》、《祸虚》、《龙虚》、《雷虚》、《道虚》、《语增》、《儒增》、《艺增》、《问孔》、《非韩》、《刺孟》、《谈天》、《说日》

这十七篇文章,是一组系统地论述虚妄之言的文章。黄《序》将它们归入"论书传中关于感应之说违自然之义和虚妄之言"的"第四组",认为除《书虚》、《道虚》外的七虚是"评书传中关于天人感应说的",此外则是"评书传中虚妄之言"的。朱《考》则将九虚三增与《问孔》、《非韩》、《刺孟》等十五篇归入《论衡》之书,又说后来又"以当时四分历与太初历之争为背景,增入《谈天》、《说日》二篇"。虽然其关于《论衡》的编撰经过的说法是可以商榷的,但将上述文章归入一类则还是正确的。张宗祥以九虚三增十二篇为一个单元,"皆驳传记之不可信者";以《问孔》、《非韩》、《刺孟》三篇为一个单元,"则指三家之失";"天日不经之谈,古记至多,故又著《谈天》、《说日》二篇"。① 钟《谱》以三增九虚为一个单元,认为它们都是"批判虚妄不实之言,主张实事求是之论"的;又以《问孔》、《非韩》、《刺孟》为一个单元,认为它们"大抵继三《增》九《虚》

---

① 见其《论衡校注》,第623页。

而作";又以《谈天》、《说日》为一个单元。他们都将上述文章分成三个单元,认为它们的性质比较接近。本章则倾向于将它们统统看成是一组文章,不再细分。

这组文章的基本宗旨,是批判书传中的虚妄之言,也就是其中第一篇《书虚篇》的开头所说的:

> 世信虚妄之书,以为载于竹帛上者,皆贤圣所传,无不然之事,故信而是之,讽而读之。睹真是之传与虚妄之书相违,则并谓短书不可信用。夫幽冥之实尚可知,沉隐之情尚可定,显文露书,是非易见,笼总并传非实事,用精不专,无思于事也。

这段开场白,可以看作是《书虚篇》的小序,也可以看作是九虚的小序,还可以看作是这组文章的总序。这组文章可以说是从各个角度阐述这个宗旨的。我们先来看九虚。《书虚篇》首先批判了古书中的各种虚妄之事。《变虚篇》则从"书虚"中举出"宋景公之时荧惑守心"一事,着重从"变虚"的角度加以批判;《异虚篇》则从"书虚"中举出"殷高宗之时桑谷俱生于朝"一事,着重从"异虚"的角度加以批判。这两篇,可以说都是《书虚篇》的某一局部的放大。不过,《变虚篇》和《异虚篇》所批判之事,都与天人感应论有关,因此,王充的思路自然而然地转向了天人感应论,为此写了《感虚篇》。《变虚篇》和《异虚篇》因而又可以看作是《感虚篇》的某一局部的放大。《感虚篇》批判了十五件虚妄之事,其中十四件是"传书言",只有一件是"世称",可见"感虚"也是"书虚"的一个方面;但《书虚篇》所讨论的大都不是天人感应论方面的内容,所以"感虚"又不完全等于"书虚"。在写成《感虚篇》以后,王充觉得有必要将"祸"、"福"方面的天人感应论加以重点论述,于是就写了《福虚篇》与《祸虚篇》。《福虚篇》的开头云:

> 世论行善者福至,为恶者祸来。福祸之应,皆天也,人为之,天应之。

这是"祸"、"福"方面的天人感应论。《福虚篇》然后说:

> 阳恩,人君赏其行;阴惠,天地报其德。无贵贱贤愚,莫谓不然。

可见《福虚篇》是论述"福"方面的天人感应论的。《祸虚篇》的开头云:

> 世谓受福祐者,既以为行善所致;又谓被祸害者,为恶所得。以为有沉恶伏过,天地罚之,鬼神报之。天地所罚,小大犹发;鬼神所报,远近犹至。

可见《祸虚篇》是论述"祸"方面的天人感应论的,并且是承《福虚篇》而写的,和《福虚篇》是姐妹篇。王充然后又将"感虚"从观念领域引向习俗领域,于是便写了《龙虚篇》与《雷虚篇》。这两篇文章,旨在就"龙"与"雷"这两个具体事例说明"感虚",也可以看作是姐妹篇。《龙虚篇》的主旨,是关于天龙的"感虚";《雷虚篇》的主旨,是关于天人的"感虚"。比较二者,可以看出"雷虚"和"感虚"直接有关,"龙虚"和"感虚"却没有直接关系,只是因为"雷虚"而牵连及之的。从"感虚"引申到"龙虚"和"雷虚",似乎首先应该想到"雷虚",而后再由"雷"及"龙",而现在却正好相反,其中缘故不太清楚。从《龙虚篇》,王充很自然地转到了《道虚篇》的写作。它们的共同点是某类生物可以升天,在龙是借雷雨,在人是靠神仙(即从这种过渡也使人觉得《龙虚》如在《雷虚》后更为合适)。它们的不同点是《道虚篇》不是谈天人感应论的。由此可见其与上述"感虚"各篇的联系与区别。《道虚篇》中,三分之一引了"儒书言",三分之一引了"世"言,三分之一引了"道"言,这显示了其与《书虚》的联系与区别。

虽说九虚着眼于"虚"而三增着眼于"增",但其实"增"只是"虚"的一种。"虚"是属概念,"增"是种概念。王充把"增"从"虚"中单独列了出来,于是就有了三增的写作。《艺增篇》的开头云:

> 世俗所患,患言事增其实,著文垂辞,辞出溢其真,称美

过其善,进恶没其罪。何则?俗人好奇,不奇,言不用也。故誉人不增其美,则闻者不快其意;毁人不益其恶,则听者不惬于心。闻一增以为十,见百益以为千。使夫纯朴之事,十剖百判;审然之语,千反万畔。墨子哭于练丝,杨子哭于歧道,盖伤失其本,悲离其实也。蜚流之言,百传之语,出小人之口,驰闾巷之间,其犹是也。

由于上面的《语增篇》和《儒增篇》都没有小序,所以,这既可以看作是《艺增》的小序,也可以看作是三增的小序(奇怪的只是其没有放在三增的第一篇的开头,却放在最后一篇的开头)。《艺增篇》接着又云:

诸子之文,笔墨之疏,人贤所著,妙思所集,宜如其实,犹或增之,倘经艺之言,如其实乎?言审莫过圣人,经艺万世不易,犹或出溢,增过其实。增过其实,皆有事为,不妄乱误,以少为多也。然而必论之者,方言经艺之增与传语异也。经增非一,略举较著,令恍惑之人,观览采择,得以开心通意,晓解觉悟。

其中提到了"诸子"之增与"传语"之增,可见《语增篇》与《儒增篇》都作于《艺增篇》之前,《艺增篇》则是继之而作的。《语增篇》所处理的,是"传语"之"增",共有十一条;《儒增篇》所处理的,是"儒书"(毅平按:王充所谓"儒书",非尽指儒家之书)之"增",共有十六条;《艺增篇》所处理的,是"经艺"之"增",共有八条。王充写作三增,盖是由一般的传语及于儒书又进而及于经书的,这样可以使文章造成一种逐渐深入的气势。

《问孔篇》、《非韩篇》、《刺孟篇》是姐妹篇。盖王充在写九虚三增以后,尤其是在写三增以后,自然而然地就注意到了"儒书"中最有名的一些贤圣如孔子、韩非子和孟子书中的"虚"、"增"问题。虽说九虚三增中也有关于这三家的论述,但因为他们比较重要,且可以评论之处甚多,所以王充把这三家单独列了出来,以"问"、"非"、"刺"名之。表面看来与九虚三增不一样,但其宗旨是

一脉相承的。《问孔篇》的开头云:

> 世儒学者,好信师而是古,以为贤圣所言皆无非,专精讲习,不知难问。夫贤圣下笔造文,用意详审,尚未可谓尽得实,况仓卒吐言,安能皆是? 不能皆是,时人不知难;或是,而意沉难见,时人不知问。案贤圣之言,上下多相违,其文,前后多相伐者,世之学者不能知也。

由于下面的《非韩篇》和《刺孟篇》都没有小序,所以,这一段话,不仅可以看作是《问孔篇》的小序,也可以看作是这三篇文章的小序。所谓"贤圣",即指孔子、韩非子、孟子三人而言。王充写作这三篇,盖是根据三子在当时人心目中的地位而定先后的。在当时,孟子还没有直接孔子的地位,那是宋代以后的事。①

《谈天篇》和《说日篇》为姐妹篇。《谈天篇》批判了关于天的两种说法,一种是"儒书言",一种是"邹衍之书言";《说日篇》批判了"儒者"有关日月星辰的种种说法。从写作方法和基本宗旨来看,它们显然是九虚三增等篇的延伸。王充盖是将书传中有关"天"和"日"的"虚"、"增"单独列出加以评论,因而写了《谈天篇》与《说日篇》的。

综上所述,从《书虚》第十六至《说日》第三十二等十七篇,都是就书传和传说中的各种各样的"虚"、"增"加以评论的,它们之间具有不同种属不同层次的分类关系,但基本宗旨则是一致的,构成了一个完整的整体,其中的联系和过渡的脉络也是清楚的。

三

从《答佞》第三十三到《状留》第四十等八篇,是《论衡》的第三组文章:

---

① 张宗祥云:"此篇(《非韩》)列于《刺孟》之前,以时代论,恐失其序;或者仲任视韩非重于孟轲。"(见其《论衡校注》,第 611 页)其或说可参。

《答佞》、《程材》、《量知》、《谢短》、《效力》、《别通》、《超奇》、《状留》

这八篇文章,是一组系统地论述人才问题的文章。黄《序》将这八篇归为"程量贤佞才知"的"第五组"。朱《考》将这八篇加《定贤篇》归入《节义》之书,这是可以商榷的,但将这八篇视为一类,则是正确的。钟《谱》以这八篇为一个单元,认为它们都"为辨识贤佞,校量才能知操,学问高下,衡量人才之作"。这说明人们对这组文章的性质认识还是较为一致的。

这一组文章在今本《论衡》中的排列顺序,盖完全同于当时的写作顺序。《量知篇》的开头说:

> 《程材》所论,论材能行操,未言学知之殊奇也。

明谓《量知篇》是继《程材篇》而作的。《谢短篇》开头又云:

> 《程材》、《量知》,言儒生文吏之材不能相过。

更明确地告诉我们《程材篇》之后、《谢短篇》之前还有《量知篇》。《效力篇》也提到了《程材篇》和《量知篇》:

> 《程材》、《量知》之篇,徒言知学,未言才力也。

可见《效力篇》之作是在这两篇之后的。这样,虽说《效力篇》没有提到《谢短篇》,但可以相信其是在《谢短篇》之后的。《状留篇》云:

> 论贤儒之才,既超、程矣。

"超"谓《超奇》,"程"谓《程材》,可见《超奇篇》之作是在《状留篇》之前的。这样,虽说《状留篇》没有提到《别通篇》,但可以相信其是在《状留篇》之前的。以上各条材料,虽然没有谈到全部八篇的排列顺序,但参互观之,可以确信它们在今本《论衡》中的排列顺序,盖完全同于当时的写作顺序。王充盖首先以《答佞篇》论述"佞人"问题,然后用以下七篇论述"才人"问题。在论述才人时,王充的思路盖循着才人的"材"、"知"、"短"、"力"等四个方面前进,即先以《程材篇》论其才能行操,次以《量知篇》论其知识学问,次以《谢短篇》论其短处,次以《效力篇》言其效用,接着又以《别通篇》和《超奇篇》特别称赞了才人中的鸿儒通人。各种才人的优劣既已判定,王充转而以《状留篇》探讨贤儒稽留难进的原因。至此,完成了关于才人的论述。由此可见,这八篇文章乃是一组非常有系统的文字,它们之间的思想脉络非常清楚。

四

从《寒温》第四十一到《感类》第五十五等十五篇,是《论衡》的第四组文章:

《寒温》、《谴告》、《变动》、《招致》、《明雩》、《顺鼓》、《乱龙》、《遭虎》、《商虫》、《讲瑞》、《指瑞》、《是应》、《治期》、《自然》、《感类》

这十五篇文章,是一组系统地论述天人感应问题的文章。黄《序》将这十五篇文章加上接着的《宣汉》等五篇文章列为一组,说:"第二组是说天人的关系。甲、天人关系说所依据的理论:《自然》。乙、评当时儒家阴阳灾异天人感应诸说违天道自然之义:《寒温》、《谴告》、《变动》、《招致》、《感类》。丙、论当时灾异变动:《明雩》、《顺鼓》、《乱龙》、《遭虎》、《商虫》。丁、论当时瑞应:《治期》、《齐世》、《讲瑞》、《指瑞》、《是应》、《宣汉》、《恢国》、《验符》、《须颂》、《佚文》。"朱《考》承黄《序》之说,除《佚文篇》外,将上述文章都列入《政务》之书。我认为,《齐世》以下六篇文章应该另列一组,因为它们都是歌功颂德之文,与前十五篇的性质不一样;至于黄《序》和朱《考》都把前十五篇看成是一类,则完全是正确的。钟《谱》将这十五篇分成三个单元,即从《寒温》至《商虫》为一个单元,认为它们"皆讨论汉代灾变之作";以《讲瑞》至《治期》为一个单元,认为它们"讲明瑞应之来,国之安危治乱皆属自然,并非天人感应";以《自然》与《感类》为一个单元。亦即是将黄《序》的乙(除《感类》)和丙列为一个单元,丁(除《齐世》等篇)为一个单元,甲的《自然》与乙的《感类》为一个单元。

《寒温》至《招致》等四篇的排列次序,盖同于王充当时的写作顺序,《自然篇》末的话显示了这一点:

> 夫寒温、谴告、变动、招致,四疑皆已论矣。谴告于天道尤诡,故重论之。

不仅如此,从内容上,我们也可看出它们之间的联系。《寒温篇》开头说:

> 说寒温者曰:"人君喜则温,怒则寒。"

可见《寒温篇》的宗旨是评论人君喜怒决定气候寒温的天人感应论的。《谴告篇》的开头说:

> 论灾异者,谓古之人君为政失道,天用灾异谴告之也。灾异非一,复以寒温为之效。人君用刑非时则寒,施赏违节则温。天神谴告人君,犹人君责怒臣下也。

可见《谴告篇》的宗旨是评论人君为政失道天用灾异(尤其是以寒温)谴告之的天人感应论的。其中的"寒温",和上篇的"寒温"概念完全一样。但是两篇写作的角度不一样,《寒温篇》是从君主的角度论述的,《谴告篇》是从上天的角度论述的,可见《谴告篇》是《寒温篇》的补充之作。《变动篇》的开头说:

> 论灾异者,已疑于天用灾异谴告人矣,更说曰:"灾异之至,殆人君以政动天,天动气以应之。"

可见《变动篇》是继承上两篇而作的。而其中所论述的"变动"的主要现象,仍是"寒温"。《招致篇》自明以后有目无文,然从其题目即可知其内容与《寒温》、《谴告》、《变动》诸篇相同,《自然篇》将四篇归入一类,可为明证。谭献《复堂日记》卷四"阅《论衡》"条云:"《招致篇》阙,大都亦言灾祥,无关人事。"其说良是。《招致篇》盖是承上述三篇而作的。(谭献甚至还看到过《招致篇》原文,紧接上文他说:"闽陈氏有足本,未录副,忘其大意矣。"这是个很可重视的信息。不过别人都未能看到的《招致篇》,何独他能看到?这也仍是一个谜。)

如果说上述四篇论述了"寒温"方面的天人感应论,那么《明雩》以下三篇就是关于求雨方面的天人感应论的论述。《明雩篇》是关于以雩求雨的论述,《顺鼓篇》是关于击鼓求雨的论述,《乱龙篇》是关于设龙招雨的论述。容肇祖《〈论衡〉中无伪篇考》①说:"《明雩》、《顺鼓》、《乱龙》三篇相连接,都为董仲舒辩护……这三篇见解有姊妹相连属的关系。"其说甚是。

"云从龙,风从虎",通过"龙"、"虎"之间的联系,王充自然而然地从关于旱灾求雨的论述转向关于"虎灾伤人"的论述,这样就有了《遭虎篇》。《遭虎篇》的宗旨,是评论老虎吃人乃是天降灾异以谴告奸官的天人感应论的。从"虎灾伤人",王充又自然地转向"虫灾伤人",于是就有了《商虫篇》。《商虫篇》的宗旨,是评论虫食谷物象征地方官吏侵渔人民的天人感应论的,可见其和《遭虎篇》是姐妹篇。

如果说从《寒温篇》到《商虫篇》等九篇是从"灾异"的角度来论述天人感应论的,那么,从《讲瑞》到《治期》等四篇,就是从"瑞应"的角度来论述天人感应论的。从"龙"到"虎"、"虫",是同方向的衔接,而从"虎"、"虫"到"凤皇"、"骐骥",则是逆方向的衔接。前者是"凶物",后者是"吉物",这是一种基于对立关系的衔接。这样,就不难理解为何在《遭虎篇》和《商虫篇》后突接《讲瑞篇》至《治期篇》等四篇了。严格地说,如从思想脉络来看,《商虫篇》其

---

① 载天津《大公报·史地周刊》第九十一期,1936 年 6 月 26 日;又收入黄晖《论衡校释》附编五、蒋祖怡《王充卷》。本书所引据黄晖《论衡校释》附编五。

实应该接《指瑞篇》，而不是接《讲瑞篇》。因为《指瑞篇》的宗旨，是评论天人感应论在瑞应方面的表现，而《讲瑞篇》则讨论瑞应的真假等问题，与天人感应论无关。从《讲瑞篇》末的"为此论草于永平之初，时来有瑞，其孝明宣惠，众瑞并至"一语来看，《讲瑞篇》应作于明帝永平之初；而其前后的文章，却有证据表明作于永平建初之交或建初年间。因而，《讲瑞篇》不仅在内容上，而且也在作年上，与前后文不太协调。其中的原因，我在本编第一章《〈论衡〉造于永平末定于建初之年考》中曾加以推测："当王充在永平初年写《讲瑞篇》时，他尚无《论衡》全书的写作计划，到永平末年开始写作《论衡》时，他才把《讲瑞篇》也列入书中，作为《论衡》之一篇。"那么，王充为何会将《讲瑞篇》收入《论衡》之中？又为何会将其列入《指瑞篇》与《商虫篇》之间？原来，《讲瑞篇》是因为《指瑞篇》而被牵进《论衡》的，其与前后文的联系，主要是在"瑞应"方面，而不是在天人感应论方面。（现在，我们很容易把《讲瑞篇》和《指瑞篇》看作是姐妹篇，其实，在《讲瑞篇》被插入《论衡》以前，《指瑞篇》和《是应篇》才是姐妹篇，它们的标题也是"瑞"、"应"对应，正是明证。）因而，其被插入《指瑞篇》之前，使得《论衡》这一组文章的排列次序在内容与作年方面都产生了不协调之感，也使人们产生了《论衡》的篇目排列是不依时间顺序的这样一种错觉。如果我的想法有点道理，那么，这种不协调之感便会得到较为圆满的解释，《论衡》"造于永平末，定于建初之年"的说法也可获得一个新的佐证。

　　王充从吉凶两个方面论述了天人感应论以后，又写了《自然篇》和《感类篇》加以总结。《自然篇》认为，天地都是自然之物，与人事没有关系，所以不可能有天人感应之事；《感类篇》认为，圣人感灾变而自戒惧，并非天以灾变谴告人。这两篇实际上是从"天"（《自然篇》）和"人"（《感类篇》）两个方面否定了天人感应论，为以上十三篇的论述作了总结。《自然篇》末说：

　　　　夫寒温、谴告、变动、招致，四疑皆已论矣。谴告于天道尤诡,故重论之。

可见《自然篇》还有补充《谴告篇》之意,当然是作于较后的。

综上所述,从《寒温》第四十一到《感类》第五十五等十五篇,或从自然现象,或从生物现象,或从灾异角度,或从祥瑞角度,评论了天人感应论的各种表现,构成了一个完整的整体,其中的联系和过渡的脉络也是清楚的。

五

从《齐世》第五十六到《佚文》第六十一等六篇,是《论衡》的第五组文章:

> 《齐世》、《宣汉》、《恢国》、《验符》、《须颂》、《佚文》

这六篇文章,是一组系统地论述汉代功德的文章。黄《序》将它们与上一组合在一起,归入"说天人的关系"的"第二组"的"论当时瑞应"类,这是可以商榷的,但是,将它们看作是性质相近的一类,则是完全正确的。朱《考》将前面五篇归入《政务》之书,是可以商榷的,但将它们看作是一类,则无疑是正确的;将《佚文篇》归入《论衡》之书,认为后者是《论衡》之书的总序,则是忽略了《佚文篇》与《须颂篇》的联系。钟《谱》以这六篇为一个单元,认为它们"皆称颂汉代,高汉于周",其说甚是。

这一组文章在今本《论衡》中的排列顺序,盖完全同于当时的写作顺序。《须颂篇》曾提到了前面四篇:

> 今上即命,未有褒载,《论衡》之人,为此毕精,故有《齐世》、《宣汉》、《恢国》、《验符》。

可见这四篇作于《须颂篇》之前,《须颂篇》则是继之而作的。而且,其中所提到的这四篇的排列次序,也完全反映了当时的写作顺序,因为《对作篇》也曾提到这四篇文章:

>《齐世》、《宣汉》、《恢国》、《验符》,盛褒(须)颂之言,无诽谤之辞。

其顺序与《须颂篇》完全相同,可为明证。此外,这四篇之间,有时相互提及,也完全是符合上述顺序的。如《恢国篇》云:

>《宣汉》之篇,高汉于周,拟汉过周,论者未极也。恢而极之,弥见汉奇。

所谓"恢而极之",即指《恢国篇》,可见《宣汉篇》作于《恢国篇》之前,《恢国篇》则是继之而作的。《佚文篇》云:

> 造论之人,颂上恢国,国业传在千载,主德参贰日月。

"恢国"盖指《恢国篇》,这几句话,盖指《齐世》等五篇文章而言,可见《佚文篇》是这组文章中作于最后的。由于它在《须颂篇》之后,故《须颂篇》没有提及。参观以上几条材料,可以使我们确信它们在今本《论衡》中的排列顺序,是完全同于当时的写作顺序的。王充盖先以《齐世篇》批评厚古薄今思想,次以《宣汉篇》称颂汉代功德,次以《恢国篇》进一步"恢而极之",次以《验符篇》证明汉代在符瑞方面超越前代,次以《须颂篇》说明汉代的功德有待鸿笔之臣称颂,最后,从鸿笔之臣引申到汉代文化,于是有《佚文篇》。《佚文篇》说:

> 汉氏浩烂,不有殊卓之声。文人之休,国之符也。

> 鸿文在国,盛世之验也。

> 国君圣而文人聚。

可见《佚文篇》是从文化方面称颂汉代的,乃是承《须颂篇》而作的。朱《考》将《佚文篇》归入另一类,乃是因为没有看出《佚文篇》和前面几篇的内在联系之故。

六

从《论死》第六十二到《祭意》第七十七等十六篇,是《论衡》的第六组文章:

《论死》、《死伪》、《纪妖》、《订鬼》、《言毒》、《薄葬》、《四讳》、《䶱时》、《讥日》、《卜筮》、《辨祟》、《难岁》、《诘术》、《解除》、《祀义》、《祭意》

这十六篇是一组系统地论述迷信陋俗的文章。黄《序》将它们归入"论人鬼关系及当时禁忌"的"第三组",以《论死》至《薄葬》及《祀义》、《祭意》为"论人鬼关系"的甲类,以《四讳》至《解除》为"论当时禁忌"的乙类。朱《考》将《论死》、《死伪》、《纪妖》、《订鬼》等四篇归入《论衡》之书,将其余十二篇归入《讥俗》之书,这都是可以商榷的,唯将前四篇和后十二篇各看作是一类,则无疑是正确的。钟《谱》分类同朱《考》,以前四篇为一个单元,以后十二篇为一个单元,认为它们"皆批判当时一切迷信忌讳之作"。朱《考》与钟《谱》除将这一组分为两个单元以外,与黄《序》一致。我认为,这一组文章都是评论迷信陋俗之作。《论死》诸篇,讨论了人们关于死亡的迷信,这是许多迷信的根源,因此,应该如黄《序》将它们与后面十二篇归入一组。

王充自己在《对作篇》里说:"《论死》、《订鬼》,所以使俗薄丧葬也。"又说:"今著《论死》及《死伪》之篇,明死无知,不能为鬼,冀观览者将一晓解约葬,更为节俭。"参互观之,可见从《论死篇》到《订鬼篇》,乃是一组很有系统的文章,其在今本《论衡》中的排列顺序,盖完全同于当时的写作顺序。从思想脉络来看,《论死篇》先从理论上阐述了"人死不为鬼,无知,不能害人"的无神论思想,然后,以《死伪篇》对史书所载世上所传的十四个人死后变鬼有知害人的事例逐个加以批驳,又以《纪妖篇》考订史书所载八种离奇古怪的迷信传说。《死伪》和《纪妖》可以说是姐妹篇,它们的特点都是对于具体事例的考订评论。具体事例考订以后,王充又作《订鬼篇》,从理论上对世上所传各类鬼说进行评论,同时系统地阐述了《死伪篇》、《纪妖篇》中关于鬼神的观点。① 从结构来看,这四篇文章有纲领,有例证,有总结,很有体系。在写了这四篇评论关于死亡的迷信的文章之后,王充又转向了对于其他的迷信陋俗的评论。《薄葬篇》评论了关于厚葬的迷信,在思想上与《论死》诸篇一脉相承,《四讳篇》评论了关于四种世俗忌讳的迷信,《䜣时篇》评论了关于岁、月、日禁忌的迷信,《讥日篇》评论了关于择时日定吉凶的迷信,《卜筮篇》评论了关于卜筮的迷信,《辨祟篇》评论了关于凶神恶鬼害人的迷信,《难岁篇》评论了关于迁徙忌岁的迷信,《诘术篇》评论了关于推算住宅吉凶的迷信,《解除篇》评论了关于祭祀驱邪的迷信,《祀义篇》与《祭意篇》为姐妹篇,评论了关于祭祀的迷信。只有《言毒篇》,在这一组文章中较为特殊,盖是王充在写这组文章时有感于人情险恶而写的愤世疾俗之作,因写作时间关系而插入其中。总之,除《言毒篇》外,这组文章都是有关迷信陋俗的评论,内在联系非常清楚。

七

从《实知》第七十八到《自纪》第八十五等八篇,是《论衡》的第七组文章:

> 《实知》、《知实》、《定贤》、《正说》、《书解》、《案书》、《对作》、《自纪》

这一组文章比较特殊,可以说是王充对于《论衡》已完成的七十七篇文章的补充和总结之作,而相互间的联系则不如前面六组文章那样紧密。因此,对于这一组文章,学者们在归类上分歧较多。

---

① 张宗祥云:"仲任以鬼为妖之一类,故附《纪妖》之后。"(见其《论衡校注》,第618页)其说可参。

黄《序》将这组文章的前面六篇归入"论书传中关于感应之说违自然之义和虚妄之言"的"第四组"的"评书传中虚妄之言"的乙项,和九虚三增等放在一起,将后面两篇单独列为"当作自序和自传"的"第六组"。朱《考》将《实知》、《知实》两篇归入《养性》之书,与本章所说的关于性命问题的第一组放在一起;将《定贤》归入《节义》之书,与本章所说的关于人才问题的第三组放在一起;将《正说》、《书解》、《案书》归入《论衡》之书,与本章所说的关于虚妄之言的第二组放在一起;将《对作》与《自纪》归入"序篇"。钟《谱》以《实知》、《知实》、《定贤》为一个单元,认为它们都"属于哲学的认识论范畴";又以《正说》、《书解》、《案书》、《对作》为一个单元,认为它们"皆系批评汉代儒者及汉世著作的文章";"最后《对作》一篇述《论衡》造作之旨为本书之序",以《自纪篇》为王充自传和"全部著作的总叙"。

综合以上各家之说,似乎可以这样来认识这组文章:《实知》与《知实》为姐妹篇,在认识论问题上补充以前文章之未备(有的学者据其中称"庄襄王"为"严襄王",均系避明帝讳,认为它们当作于明帝时;有的学者则据此避讳认为它们当作于章帝时。从避讳学的角度来看,二说都可成立;但从全书的篇目安排来看,似后说较为可信)。《定贤篇》乃补充《答佞》至《状留》等八篇《论衡》第三组文章之未备,评论了十九种识别贤人的标准,提出了自己的标准。《正说篇》是关于五经的篇数、时代、书名、流传、内容、史实、训诂等问题的论述,《书解篇》是关于当时受到冷遇的诸子书的论述,《案书篇》是关于此外一些重要著作的论述,可见这三篇是关于"书"或文献的姐妹篇,也是补以前之未备的。《对作篇》是全书的总序,阐明了写作《论衡》的动机等问题。《自纪篇》则是王充晚年写成的自传,对自己一生的生活、思想和著述作了总结,原本不属于《论衡》之书而后来附入的。总之,这组文章有拾遗补阙和总结归纳的作用。

八

以上,我们将《论衡》全书分为七组文章,考察了每组文章内部的篇目排列的内在联系。下面,我们再来看一下这七组文章之间的内在联系。

首先,我想指出的是,正如每组文章内部的篇目排列一样,这七组文章之间也完全是按照写作时间的先后排列的。关于这一点,正如本章引言中所说的,黄《序》已经有所注意。《论衡》的各组文章之间,经常互相提及,一般都是排列在后的各组文章提到排列在前的各组文章,绝没有相反的现象。如第五组的《恢国篇》,曾经提到第一组的《初禀篇》;《须颂篇》曾经提到第二组的九虚三增和第四组的《顺鼓》、《明雩》、《讲瑞》、《是应》、《治期》等篇;第七组的《对作篇》,曾经提到第二组的九虚三增,第五组的《齐世》、《宣汉》、《恢国》、《验符》等篇,第六组的《论死》、《死伪》、《订鬼》等篇。从二组提及其他篇目的差异来看,正因为第六组的《论死》等篇在第五组之后,在第七组之前,所以第五组没有提及而第七组提及了。黄《谱》说:"据此,则《论死》以下等篇,必成于《宣汉》、《验符》诸篇之后。"其推论甚是。由此可见,《论衡》的七组文章,不仅其内部是依写作时间的先后排列的,而且组与组之间也是依写作时间的先后排列的。换言之,可以认为《论衡》全书是依写作时间的先后排列的。

其次,《论衡》的每组文章内部,都有较为一致的中心议题,但是,每组文章之间,却往往既有联系又有区别(当然,从宏观的角度来看,又可以看到全书建立在"疾虚妄"精神上的统一性)。比如,第一组文章是论性命问题的;第二组文章是论书传中的天人感应论之虚妄的;第三组文章转而论述政治与人事;第四组文章则回到了第二组文章评论天人感应论的方向上来;第五组文章又一次离开了对于天人感应论的评论而转向歌功颂德;第六组文章又回到"疾虚妄"

的主题上来,但中心议题是社会习俗方面的迷信现象;第七组文章则对上述各组进行补遗与总结。总的来说,每一组文章都有相对独立的议题,但彼此之间在精神上又保持一致。第三组文章与第五组文章,在独立性上显得更明显一些。① 究其原因,盖是因为《论衡》的篇幅比较巨大,前后大概写了十来年时间,其间王充的兴趣不能没有转移,而社会生活本身也会对他产生影响。比如,第三组文章的写作,盖和王充的仕宦生涯有关;第五组文章的写作,盖和东汉明、章二帝时期的歌功颂德之风有关。这样,在《论衡》中就出现了各组文章之间既相互独立又互有联系的现象。

九

综上所述,我认为今本《论衡》八十五篇的篇目排列,保存了王充当时编集《论衡》时的原貌;其所依据的排列原则,是写作时间的先后(其中偶尔也有个别插入的原本不属于《论衡》之书的单篇文章,如《讲瑞篇》,不是按照写作时间的先后排列的,但那是特例);由于王充是有计划地写作《论衡》的,所以,全书各组文章的内部大致显示了连贯性与统一性,其衔接和过渡的脉络相当清楚;又由于在写作《论衡》时王充的兴趣时有转移,所以《论衡》的各组文章之间也就具有了相对的独立性;由于《论衡》的篇目排列显示了王充写作时的思路,对于《论衡》写作的过程、《论衡》全书的结构和王充思想的发展的研究有着重要价值,所以,必须受到尊重而不能随便加以改编;但是,由于王充的兴趣和思路时有大的变化,所以,有必要区别对待处理《论衡》的各组文章,不能一概而论。也就是说,我们对于《论衡》全书的连贯性、统一性及各组文章之间的相对独立性都不能忽视。这是本章的大致结论。

---

① 张宗祥认为,《答佞》至《状留》等八篇文章(即本章所说的"第三组文章"),"论人才长短,既与上文《谈天》、《说日》)不连,又与下文《寒温》、《谴告》等篇异趣,颇疑篇第有错误之处"(见其《论衡校注》,第 623 页)。说"不连"、"异趣"没错,说"篇第错误"不确。

第四章 《论衡》颂汉诸篇写作动因考

我在本编第三章《〈论衡〉篇目排列内在联系考》中曾经指出，《论衡》全书根据王充写作的先后和不同时期的兴趣所在，可以分为若干组，这若干组既互相独立，又互相联系，构成一个呈现出差别的整体，而其总的精神则是基本一致的，即"疾虚妄"。同时又指出，在这各组文章中，从《齐世》到《佚文》这组颂汉之文显示出较大的独立性，与《论衡》其他各组文章有着明显的差异。之所以会出现这一现象，与王充写作颂汉诸篇时所处的政治环境有关。在当时的文坛上，由于明帝和章帝的政治压力，弥漫着一股歌功颂德之风，《论衡》颂汉诸篇，便是当时这股歌功颂德之风的产物。不过由于主题不同，所以在那一章中没有对《论衡》颂汉诸篇作过多的考察。在本章中，我打算专门就《论衡》颂汉诸篇的写作动因作一探讨，以求得对颂汉诸篇的特点和背景以及《论衡》的写作环境有一个更深入的认识，同时也对东汉前期明帝、章帝时的文坛特点和背景有一个更广泛的了解。

一、关于颂汉诸篇的各家之说

《论衡》颂汉诸篇，在整个近代以前的《论衡》评论史上，都没有被作为问题提出来过。这说明在近代以前，《论衡》颂汉诸篇的存在是理所当然的，即使不能说是什么优点，也不能说是什么缺点。唯一的例外是明代的谢肇淛，他曾对《验符篇》提出过疑问，《文海披沙》卷一"《论衡》相背"条说："《论衡》一书，掊击世儒怪诞之说不遗余力,虽词芜而俚,亦称卓然自信矣!至《验符》一篇,历言瑞应奇异:黄金先为酒尊,后为盟盘,动行入渊;黄龙身大于马,举头顾望;凤皇芝草,皆以为实。前后之言,自相悖舛。此岂足为帐中秘哉!"他敏锐地感到《验符篇》与《论衡》全书的宗旨有矛盾。不过,不知为什么,他只是以《验符篇》为说,而没有顾及充满着同样内容的《齐世》等篇;而且,他只指出了矛盾的现象,却没有试图去解释其原因。这也足以说明,即使像谢肇淛这样的能够提出《验符篇》问题的人,也未能进一步以颂汉诸篇的产生原因作为问题。至于宋代黄震《黄氏日抄》卷五七《读诸子》三"《论衡》"条所不满于《宣汉》、《恢国》的"抑殷周而夸大汉",乃是基于厚古薄今历史观而作的批评,清代钱大昕《潜研堂文集》卷二七《跋〈论衡〉》所说的"而《宣汉》、《恢国》诸作,谀而无实,亦为公正所嗤",也不是以颂汉诸篇的产生原因为问题的。由此可见,颂汉诸篇的存在,在近代以前是被视作当然的。顺便说一句,在近代以前成为问题的,主要是《问孔》、《刺孟》等批评传统文化中被视作圣人的孔、孟的文章,其原因我已在别处作过探讨,兹不赘述。

到了现代,《论衡》颂汉诸篇开始被作为问题提了出来。其中原因其实非常简单,这是因为和近代以前认为歌颂封建王朝乃是理所当然之事的看法相反,现代的观点认为歌颂封建王朝是不合理的。基于这个原因,现代的《论衡》研究者纷纷提出了《论衡》颂汉诸篇的问题,并尝试作出不同的评价与解释。一种最趋极端的否定看法,旨在通过否定《论衡》颂汉诸篇而否定《论衡》全书。如童默庵的《王充是农民阶级的思想家吗》[①]一文认为,王充"狂热地、无条件地歌颂汉王朝","在王充看来,东汉王朝是完好无缺,必须歌颂的"。他认为,《论衡》的写作动机,一是"歌颂汉帝,宣扬汉'德',论证汉统治的合理性",二是"为汉统治献计出谋"。这可以说是现代关于《论衡》颂汉诸篇乃至《论衡》全书的最严厉的否

---

① 载《光明日报》1964年2月21日。

定意见。不过,他没有将颂汉诸篇和《论衡》全书区别对待,而是以偏概全,以点概面,其思想方法既带有众所周知的时代特征,也带有像历代以《问孔》、《刺孟》否定《论衡》全书那样的传统特征。而且,这种看法只是简单地否定《论衡》颂汉诸篇乃至《论衡》全书,而没有对《论衡》颂汉诸篇的写作动因作出合理的解释。

除了上述这样的趋于极端的否定意见外,现代对《论衡》颂汉诸篇的看法,虽说基本上也是否定性的,但却要宽容得多。这无疑是因为现代对于《论衡》的整体肯定,制约了人们对于《论衡》颂汉诸篇的评价基调,使人们在处理这组文章时,不得不小心从事。一般的学者,都倾向于把对《论衡》颂汉诸篇的评价与对《论衡》全书的评价区别开来,并在大力肯定后者的同时,把前者视为王充思想局限性的一种表现。如孔繁《关于王充思想的评价问题——与童默庵同志商榷》[1]一文认为:"王充毕竟还是地主阶级思想家,他的进步是有局限性的,他在政治上是软弱的,因而给他的学说带来不少不彻底性。"这种"局限性"和"不彻底性"的具体表现之一,就是诸如颂汉诸篇之类的文章。又如任继愈主编的《中国哲学史》认为:"他对汉朝统治者所作的歌颂则是过分的……这是为统治者粉饰。在《宣汉》、《恢国》等篇甚至说汉代符瑞之多也是胜过前代。这就背离了他反对谶纬迷信的立场了。这些说明王充的历史观的进步性是有很大局限性的。"[2]蒋祖怡《王充卷·前言》认为:"王充的盲目颂汉……有他的阶级原因……他的这种思想上的矛盾,正是王充所处的社会阶级地位的矛盾在他思想上的反映。"以上这些说法,与童氏之说不同,都看到了颂汉诸篇与《论衡》全书之间的差异,并肯定了《论衡》全书;但在否定颂汉诸篇这一点上,却与童氏之说并无不同,这说明对封建王朝歌功颂德在现代乃是深受非议的。不过,一般都认为这是王充阶级地位的局

---

[1] 载《光明日报》1964年3月27日。
[2] 任继愈主编《中国哲学史》第二册,北京,人民出版社,1979年,第132—133页。

限性的表现,是与《论衡》全书的宗旨相矛盾的。这种看法,比起全盘否定《论衡》的看法来,自然要更为合理一些。不过,假如歌功颂德果真仅仅是王充的阶级局限性的表现的话,则这种局限性也应该反映在《论衡》其他各篇中,不应该以断裂的方式仅仅存在于颂汉诸篇中。而且作为一种解释,所谓"阶级局限性"也似嫌过于空泛,不足以作出明确的判断。

由于受对《论衡》整体肯定态度的影响,试图连颂汉诸篇也一起肯定,或至少肯定其中有合理因素的看法也不是没有。一种比较普遍的看法认为,王充是为宣扬厚今薄古的历史观而作颂汉诸篇的,或至少颂汉诸篇中包含了厚今薄古的历史观,所以值得肯定。如张宗祥认为:"《齐世篇》专为尊古轻今而发,故接以《宣汉》、《恢国》、《验符》、《须颂》诸篇。不信古,不薄今,此仲任最出色之处。"① 孔繁同上文认为,王充"高汉于周"的观点,"并不仅仅是为汉王朝歌功颂德,而是包含有与当时占统治的复古主义历史观作斗争的意义的"。《中国哲学史》认为:"当时的崇古非今论者,宣传历史倒退,今不如古……王充和这种观点进行了斗争,提出了'高汉于周'的发展进化思想。""和崇古非今论者相反,王充反对一代不如一代,今不如古的历史倒退论。""两汉时期我国社会生产力和科学水平的发展,疆域的开拓,都超过了前代。王充说汉代胜过周代,这也是符合历史事实的。"② 朱谦之《王充著作考》认为:"《论衡》之人本有今代胜前代的思想",这些文章中"实包含着历史的进化观"。钟肇鹏《王充年谱·引言》认为:"在社会历史观上,王充进步的地方是反对复古主义……所以他作《宣汉篇》就在论证'高汉于周,拟汉过周'(《恢国篇》),这就具有历史进化论思想的萌芽。他还极力称颂东汉王朝,这里面还夹杂了好些吉验祥瑞等不科学的成分,但他的主要目的在于证明'今胜于

---

① 见其《论衡校注》,第615页。
② 任继愈主编《中国哲学史》第二册,第130—132页。

古'。"蒋祖怡《王充卷·前言》认为:"王充根据他历史进化的观点,提出'周不如汉'论点。他说:'夫实德化则周不能过汉,论符瑞则汉盛于周,度土境则周狭于汉。'(《论衡·宣汉篇》)他所举的三点之中,前两点,分明是错误的,后一点,却是有理的,总的来说,处于上升时期的封建社会的汉代,比之处于奴隶制没落时期的周代,在历史上是进步的。"上述这些说法,都对颂汉诸篇的写作原因提出了旨在宣扬厚今薄古的历史观之说。与阶级局限性说相比,这种说法对颂汉诸篇持肯定态度,或至少持部分肯定态度。不过,在这种说法中也存在着某种混乱,即或认为宣扬厚今薄古的历史观是王充写作颂汉之文的目的,或认为厚今薄古的历史观只是颂汉诸篇中所包含的进步因素。这其实是完全不同的两码事。如果是前者的话,则无法解释厚今薄古为什么一定要歌功颂德;如果是后者的话,则颂汉诸篇的写作动因仍未能揭示出来。

除此之外,关于颂汉诸篇的写作动因,还存在着另一种解释,即认为王充是为避祸而作颂汉诸篇的。孔繁同上文认为:"他害怕遭到政治迫害,害怕他的著作遭到禁毁,也使他采用某些自相矛盾的说法。"朱谦之《王充著作考》认为,"这为着免罪而作的几篇","是在专制主义统治之下,不得不作褒颂之文"。钟肇鹏《王充年谱·引言》认为:"另一方面,由于王充批判的战斗精神,同当时的统治思想及时俗矛盾很大,他在《宣汉》《恢国》中讲些符瑞也可免于在政治上的迫害。"蒋祖怡《王充卷·前言》认为:"在《论衡》里,有几篇歌颂汉朝,特别是歌颂章帝的文章……很清楚,他颂汉主要是为了'免罪'。他希望自己用毕生精力来批判'天人感应'和谶纬迷信之说的、以及对孔、孟有所抨击的著作能够不被禁止而流传下去。"以上这些说法,都着眼于王充的避祸动机,是关于颂汉诸篇写作动因的第四种说法。相比之下,作为写作动因,避祸说恐怕是最接近事实真相的说法。不过,关于王充究竟要避什么祸,则上述解释大都失诸抽象空泛,似乎都没有说到点子上。

这主要是由于对于王充写作颂汉诸篇时所处的具体环境还缺乏比较明确的了解之故。

总而言之,在近代以前从未成为过问题的《论衡》颂汉诸篇,因其宗旨与现代观念有所歧异,而引起了现代学者的关注,并诱使现代学者对其产生原因作出如上所述的各种解释。但这些解释,或简单地全盘否定,或笼统地归诸阶级局限性,或误将因素视作目的,或空泛地强调避祸,总之,都不能尽如人意。

二、自相矛盾的说法

尽管现代学者在说明颂汉诸篇与《论衡》全书的不同时所持的理由不都能令人首肯,但把颂汉诸篇与《论衡》其他各篇区别开来,视作一组相对独立的文章,则是不无道理的,这自然是因为颂汉诸篇在内容上与其他各组文章之间呈现出较大差异之故。除此之外,还有一个值得注意的现象,可以说明王充写作颂汉诸篇时的动机与写作《论衡》其他部分时有所不同,这就是王充在颂汉诸篇中所阐述的《论衡》及其他各篇的宗旨,与他在《论衡》其他部分所阐述的它们的宗旨及这些文章或《论衡》的实际情况不符。具体而言,《论衡》其他部分所谈到的《论衡》全书或具体各篇的宗旨,以及这些文章和《论衡》之书的实际情况,都与歌功颂德无关;但是,在颂汉诸篇中,它们却都被重新作了符合歌功颂德目的的解释。这就是说,颂汉诸篇中所提到的《论衡》全书和其他各篇的宗旨,都是写颂汉诸篇时为歌功颂德目的而改换过的,与王充原先的本意及它们的实际情况是不相干的。

这方面最引人注目的例子,是《须颂篇》对于《讲瑞》、《指瑞》、《是应》、《治期》、《明雩》、《顺鼓》和九虚三增等《论衡》其他各篇宗旨所作的改换。这些文章,原本王充都不是作为歌功颂德之文来写的,但是在颂汉诸篇的《须颂篇》中,却都被说成是为歌功颂德而作的了。如九虚三增的宗旨,据《对作篇》说:"《论衡》九虚三增,所以使俗务实诚也。""若夫九虚三增、《论死》、《订鬼》,世俗所久惑,人所不能觉也。"据《书虚篇》说:"世信虚妄之书,以为载于竹帛上者,皆贤圣所传,无不然之事,故信而是之,讽而读之。睹真是之传与虚妄之书相违,则并谓短书不可信用。夫幽冥之实尚可知,沉隐之情尚可定,显文露书,是非易见,笼总并传非实事,用精不专,无思于事也。"可见其宗旨是批判古今所有书记传说中的虚妄之事,而并不是歌功颂德。但在《须颂篇》中,它们的宗旨却被归结为歌功颂德:"汉有实事,儒者不称;古有虚美,诚心然之。信久远之伪,忽近今之实。斯盖三增九虚所以成也。"认为九虚三增是批判"古有虚美"和"久远之伪",以称扬"汉有实事"和"近今之实"的。这完全不合事实。因为一方面,九虚三增并无称扬"汉有实事"和"近今之实"的内容,另一方面,其中所批判的传书,原本是包括《史记》、《淮南子》等当代著作在内的。由此可见,《须颂篇》所说的九虚三增的宗旨,是王充在写颂汉诸篇时临时改换的,既不符合它们的实际,也违背了王充的本意。

《讲瑞篇》作于永平初,后收入《论衡》,其主要内容是批评"儒者之论,自说见凤皇骐驎而知之"的说法,并从各个方面指出儒者所谓识别凤皇的手段方法,其实都是有问题的和靠不住的。概而言之,"《讲瑞》谓凤皇骐驎难知,世瑞不能别",可见其宗旨也是"疾虚妄",而并非是歌功颂德。但在《须颂篇》中,它的宗旨却被归结为歌功颂德:"古今圣王不绝,则其符瑞亦宜累属。符瑞之出,不同于前,或时已有,世无以知,故有《讲瑞》。"竟然将"凤皇骐驎难知,世瑞不能别"的宗旨,改换成了汉代"符瑞亦宜累属",只是"世无以知",这真可谓风马牛不相及。由此可知,《须颂篇》所说的《讲瑞》的宗旨,亦是王充写颂汉诸篇时临时改换的,既不符合其实际,又违背了王充的本意。

《是应篇》的宗旨,在于对儒者所鼓吹的古代瑞应逐一进行考察并加以驳斥,也不是关于歌功颂德的。但《须颂篇》却说:"俗儒好长古而短今,言瑞则渥前而薄后。《是应》实而定之,汉不为少。"把《是应篇》的宗旨改换为反对在瑞应方面的厚古薄今思想,且《是应篇》中根本没有"汉不为少"的内容。因此,这也同样只是王充写颂汉之文时的想法,既不符合《是应篇》的实际,亦不合王充的本意。

《治期篇》的宗旨,在于论述治有时,命有期,"命期自然,非德化也",即自然力量决定社会历史的治乱变化的历史观。其中说:"故世治非贤圣之功,衰乱非无道之致。国当衰乱,贤圣不能盛;时当治,恶人不能乱。世之治乱,在时不在政;国之安危,在数不在教。贤不贤之君,明不明之政,无能损益。"而反驳"世谓古人君贤则道德施行,施行则功成治安;人君不肖则道德顿废,顿废则功败治乱"的历史观,并不是以歌功颂德为内容的。但《须颂篇》却说:"儒者称圣过实,稽合于汉,汉不能及。非不能及,儒者之说使难及也。实而论之,汉更难及。谷熟岁平,圣王因缘以立功化。故《治期》之篇,为汉激发。"把"命期自然,非德化也"的宗旨换成了"为汉激发",显然与王充本意及此文实际完全不合。

《顺鼓篇》和《明雩篇》的宗旨,是认为水灾旱灾不能用雩鼓之类祭祀来消除,而是应该加以治理;但雩鼓之类祭祀在政治上能起到安定人心的作用,因而作为手段可以运用。可见是讨论雩鼓之类祭祀的有用与无用的,而不是以歌功颂德为内容的。但《须颂篇》却说:"治有期,乱有时。能以乱为治者优,优者有之。建初孟年,无妄气至,圣世之期也。皇帝执德,救备其灾。故《顺鼓》、《明雩》,为汉应变。是故灾变之至,或在圣世。时旱祸湛,为汉论灾。"又把这两篇文章的宗旨改换成了"为汉应变"和"为汉论灾",这也显然是不符合二文实际与王充本意的。

综上所述,颂汉诸篇所论其他各篇宗旨,都既不合于它们的实际,又违背了王充当初写作时的本意,可以认为是王充在作颂汉诸篇时临时改换的,反映的只是王充写颂汉诸篇时的心情。有一点可以证成上述推测,即王充在后来写的《对作篇》中,提到《论衡》的"盛褒(须)颂之言,无诽谤之辞"的若干篇时,只提到了颂汉诸篇,而完全没有提到九虚三增和《讲瑞》、《是应》、《治期》、《顺鼓》、《明雩》诸篇,可见在后来写作《对作篇》时的王充的心目中,也并没有把它们算作是歌功颂德之文。

不仅对于具体篇目的宗旨,颂汉诸篇作出了与它们的实际及王充的本意不相一致的论述,而且对于《论衡》全书的宗旨,颂汉诸篇也作出了不同于其他部分提法和全书实情的论述。在其他地方,王充一再强调《论衡》是一部"疾虚妄"之书。如《对作篇》说:"是故《论衡》之造也,起众书并失实,虚妄之言胜真美也。""故《论衡》者,所以铨轻重之言,立真伪之平,非苟调文饰辞为奇伟之观也,其本皆起人间有非,故尽思极心,以讥世俗。""今《论衡》就世俗之书,订其真伪,辩其实虚。""况《论衡》细说微论,解释世俗之疑,辩照是非之理,使后进晓见然否之分。"《自纪篇》说:"又伤伪书俗文多不实诚,故为《论衡》之书。"都没有提到《论衡》是一部歌功颂德之书。但《须颂篇》中却说:"是故《春秋》为汉制法,《论衡》为汉平说。""汉家著书,多上及殷周,诸子并作,皆论他事,无褒颂之言,《论衡》有之。""故不树长竿,不知深浅之度;无《论衡》之论,不知优劣之实。""汉家功德,颇可观见。今上即命,未有褒载,《论衡》之人,为此毕精,故有《齐世》、《宣汉》、《恢国》、《验符》。"这些说法,尽管是仅就颂汉诸篇而言的,但难免给人以《论衡》全书都是如此的印象,而这种印象,则是此前或此后的其他各文中所未曾有过的。这颇足以说明,其时在王充的心目中,《论衡》也已经成了一部歌功颂德之书了。

上述这种颂汉诸篇的提法与其他地方的提法不一致的现象,足以说明颂汉诸篇的写作动因与《论衡》其他各篇之间存在着较大差异,透露了王充是在完全不同的环境和心情中写作这组文章的消息。因此,我们有必要把它们单独加以考察,以弄清究竟是什么原因促使他一方面写了颂汉诸篇,另一方面又把《论衡》全书和其他各篇的宗旨换成歌功颂德的。

三、避祸与进取

如上所述,颂汉诸篇是在与其他部分完全不同的动因下写成的,那么,促使王充违背自己的本意去写颂汉诸篇的动因究竟是什么呢?我想从在诸家之说中较接近事实真相的避祸说入手来进行考察。写于颂汉诸篇之后的、被视为《论衡》全书之序的《对作篇》的下述这段话,是一般学者都注意到的:

> 古有命使采诗,欲观风俗,知下情也。诗作民间,圣王可云:"汝民也,何发作!"因罪其身,殁灭其诗乎?今已不然,故诗传至今。《论衡》、《政务》,其犹诗也,冀望见采,而云有过。斯盖《论衡》之书所以兴也。且凡造作之过,意其言妄而谤诽也。《论衡》实事疾妄,《齐世》、《宣汉》、《恢国》、《验符》,盛褒(须)颂之言,无诽谤之辞。造作如此,可以免于罪矣!

这段话告诉我们这样两个事实:首先,在当时人的心目中,只有圣人才能"作",而王充的《论衡》和《政务》给人以"作"的感觉,所以是"有过"的,可能因此而遭到"因罪其身,殁灭其诗"的对待。其次,在当时的社会中,不仅存在着上述这种认为著书立说"有过"而"因罪其身,殁灭其诗"的现象,也存在着以"言妄而谤诽"的"造作之过"来罪人的现象。所以王充才反复声明,《论衡》中不仅没有这样的内容,而且还有"盛褒(须)颂之言,无诽谤之辞"的颂汉诸篇,有"实事疾妄"的全书宗旨(由此亦可见颂汉诸篇的宗旨与《论衡》全书是不同的);而有了这样的篇目和宗旨,则即使是"造作",也就可以"免于罪"了。也就是说,在王充看来,颂汉诸篇是可以在上述情况下保护自己和《论衡》的护身符。因而在上述这段话中,已隐隐透露了王充为避祸而作颂汉诸篇的写作动因。

那么,王充究竟是为了避什么祸才写颂汉诸篇的呢?所谓"造作之过,意其言妄而谤诽也",是否实有所指呢?在当时是否有什么实际的政治压力使他不得不写这些文章呢?只有回答了这些问题,才能真正解开《论衡》颂汉诸篇写作动因之谜,才能真正理解这一组"成问题"的文章。我想,《须颂篇》为解决这个问题提供了线索。《须颂篇》中,反复谈到文人有责任歌功颂德:"古之帝王建鸿德者,须鸿笔之臣褒颂纪载,鸿德乃彰,万世乃闻。""夫以人主颂称臣子,臣子当褒君父,于义较矣……由此言之,臣子当颂,明矣!""圣国扬妙异之政,众臣不颂,将顺其美,安得所施哉!"又批评汉儒未能尽到歌功颂德的职责:"方今天下太平矣,颂诗乐声,可以作未?传者不知也,故曰拘儒。""汉家著书,多上及殷周,诸子并作,皆论他事,无褒颂之言。""涉圣世不知圣主,是则盲者不能别青黄也;知圣主不能颂,是则喑者不能言是非也。然则方今盲喑之儒,与唐击壤之民同一才矣!""如千世之后,读经书不见汉美,后世怪之……汉德不及六代,论者不德之故也。""论好称古而毁今,恐汉将在百代之下,岂徒同哉!""国德溢炽,莫有宣褒,使圣国大汉有庸庸之名,咎在俗儒不实论也。""汉德不休,乱在百代之间,强笔之儒不著载也。"又表扬当时的文学侍从之臣能够歌功颂德:"高祖以来,著书非不讲论汉:司马长卿为《封禅书》,文约不具,司马子长纪黄帝以至孝武,杨子云录宣帝以至哀、平,陈平仲纪光武,班孟坚颂孝明,汉家功德,颇可观见。"这里概述了汉代文人的歌功颂德史,并把几位历史学家也扯了进来,自有勉强之感。但值得注意的是,"班孟坚颂孝明",乃是发生在王充当时的事,而且是真正的歌功颂德之举,也是王充表彰的重点之所在,所以他又一再提到此事:"又诗颂国名《周颂》,与杜抚、班固所上汉颂相依类也。""孝明之时,众瑞并至,百官臣子,不为少矣,唯班固之徒称颂国德,可谓誉得其实矣。颂文谲以奇,彰汉德于百代,使帝名如日月,孰与不能言,言之不美善哉!"在《佚文篇》中说得更详细:"永平中,神雀群集,孝明诏上《神爵颂》。百官颂上,文皆比瓦石,唯班固、贾逵、傅毅、杨终、侯讽五颂金玉,孝明览焉。夫以百官之众,郎吏非一,唯五人文善,非奇何哉?"王充表示,他的颂汉诸篇,便是踵武班固等人的歌功颂德之文而作的,在"班孟坚颂孝明,汉家功德,颇可观见"后,他接着说:"今上即命,未有褒载,《论衡》之人,为此毕精,故有《齐世》、《宣汉》、《恢国》、《验符》。"也就是说,《论衡》颂汉诸篇,乃是踵武班固等人对明帝的歌功颂德,而接着对章帝歌功颂德的。

那么,"班孟坚颂孝明"云云又到底是怎么回事呢?王充为什么要踵之颂章帝,同时后来又在《对作篇》中说是为了免罪而作颂汉诸篇的呢?这盖和东汉明、章二帝对文人施加政治压力,要求他们歌功颂德的背景有关。明帝在位末期的永平十七年,曾把班固等文学侍从之臣召到云龙门,借贬司马迁《史记》的"微文刺讥"和褒司马相如《封禅文》的歌功颂德来教训班固等人,要他们向司马相如学习,不要向司马迁学习,要歌功颂德,不要微文刺讥,这就是著名的永平十七年诏书事件。在这次召见时,班固也把司马迁和《史记》批评了一通,并批评了司马迁关于秦汉之际历史的看法。事后,又以《典引》对章帝歌功颂德,并在《汉书·叙传》中将《汉书》的宗旨说成是歌功颂德。永平十七年班固等人上《神爵颂》,便是在明帝召见前后所发生的一次大规模的歌功颂德活动。要言之,班固等文学侍从之臣受制于明帝强大的政治压力,因此而写了许多歌功颂德之文。① 而且这种强大的政治压力,一直延续到了王充写《论衡》的章帝时期。王充《论衡》(包含颂汉诸篇)的写作,据《太平御览》卷六〇二引《论衡·自纪篇》语,是"造于永平末,定于建初之年"的,也就是作于永平十七年诏书事件前后至章帝建初年间的,和班固上《神爵颂》及作《典引》约略同时。由此不难想见,其时政治环境是多么险恶,君主的政治压力甚至波及远在"古荒流之地"的王充身上,使他为保护自己和《论衡》而写下了颂汉诸篇。在写作的当时,他信誓旦旦地保证是踵武班固的歌功颂德之文而作的(如《宣汉篇》说自己之所以歌颂汉朝,"非以身

---

① 参见拙文《汉明帝诏书与班固》,载《复旦学报》1985 年第六期;后收入拙著《中国古典文学论集》,韩国蔚山,蔚山大学校出版部,1996 年;初集、二集合集版,上海,上海古籍出版社,2013 年。

生汉世,可褒增颂叹,以求媚称也",便有此地无银三百两的味道);而在此后回顾这组文章时,又不知不觉地在《对作篇》中流露了这组文章是为"免于罪"而作的意思了。刘盼遂《论衡集解》附录云:"充著《验符》等篇,以颂东汉,佛家所谓顺世论也。岂著三增、九虚之人,而信任此等事乎。"其说甚能洞幽烛微。概而言之,东汉明、章二帝时君主要求文人歌功颂德的政治压力,是王充写作颂汉诸篇的直接动因。如果王充不这么写,确有可能遭遇不测之祸。

如更全面地透视王充写作这组颂汉之文的动因,则我们可以发现,王充不仅有以之免罪的消极意识,或许还有想凭之进身的积极意识。之所以这么说,是因为在称扬班固等人的歌功颂德行为时,王充对他们因此而得到的好处不无羡慕之意,并希望自己也能跻身于他们的行列。《须颂篇》的最后一段话,便透露了其中的消息:

> 从门应庭,听堂室之言,什而失九;如升堂窥室,百不失一。《论衡》之人,在古荒流之地,其远非徒门庭也。日刺径千里,人不谓之广者,远也。望夜甚雨,月光不暗,人不睹曜者,隐也。圣者垂日月之明,处在中州,隐于百里。遥闻传授,不实;形耀不实,难论。得诏书到,计吏至,乃闻圣政。是以褒功失丘山之积,颂德遗膏腴之美。使至台阁之下,蹈班、贾之迹,论功德之实,不失毫厘之微。

王充在这段话中表示,自己由于远在南方,所以即使歌功颂德,也会"失丘山之积","遗膏腴之美";如果自己也能像班固等人那样被征入兰台,成为文学侍从之臣,那么自己的歌功颂德也一定能百尺竿头更进一步,"论功德之实,不失毫厘之微"。这层意思,倒可以说是王充的"阶级局限性"的表现。因为他像中国传统知识分子一样,不能遗世独立,而只求依附于统治阶级。当然,这层意思和为免罪起见而被迫作颂汉诸篇的事实也并不矛盾,因为从消极方面来说想避祸,与从积极方面来说想进身,这原是同一种人生态度的相辅相成的两个侧面。像梁鸿那样的不愿进身的文人，也就必然不怕得罪，也就不会作歌功颂德之文。王充在这一点上难与梁鸿伯仲。这种想要进身的愿望，也不妨可以看作是王充写作颂汉诸篇的一个间接动因。

四、几种辅助因素

中国文人的特点，是往往在屈服于强大的政治压力的同时，为使自己的心理保持平衡，又将这种外在的压力转化为内心的要求，从而使自己的屈服行为合理化，为自己的屈服行为寻得借口。王充也是这样。他既然不得不违背初衷去写歌功颂德之文，为了使自己的行为显得合理，他就有必要为自己的歌功颂德行为寻求借口，以便至少可以骗过自己的良心。在这方面，王充所一贯具有的功利主义的文章观、厚今薄古的历史观、随事立说的思想方法和有意立异的心理特质，都帮了他的大忙，使他能够在作违心之论时也振振有词，不致太感受到它们与其他各篇及《论衡》全书的矛盾。

王充的文章观，完全是功利主义的。他将文章的实际教化作用看作是文章的目的，而将文采看作是达到这一目的的手段。如《佚文篇》说："夫文人文章，岂徒调墨弄笔为美丽之观哉，载人之行，传人之名也。善人愿载，思勉为善；邪人恶载，力自禁裁。然则文人之笔，劝善惩恶也。谥法所以章善，即以著恶也。加一字之谥，人犹劝惩，闻知之者，莫不自勉；况极笔墨之力，定善恶之实，言行毕载，文以千数，传流于世，成为丹青，故可尊也。"这是正面论述"有用"之文的。《定贤篇》说，司马相如和扬雄的赋是："文丽而务巨，言眇而趋深，然而不能处定是非，辩然否之实，虽文如锦绣，深如河汉，民不觉知是非之分，无益于弥为崇实之化。"这是从反面否定无用之文的。由此可见，功利主义文章观乃是王充一贯的主张，与歌功颂德没有什么必然的联系。不过，由于功利主义文章观强调文章"劝善惩恶"的教化作用,而不是重视文章娱乐心灵的审美作用,所以认为文人在社会"黑暗"时有"讽刺"的义务和责任,在社会"光明"时有"美化"的义务和责任,这就是所谓的"美刺"。由此必然会一方面产生揭露时弊的作品,一方面产生歌功颂德的作品。前者往往是自发的,后者却往往是被迫的。这样,强调"美刺"的功利主义文章观,就很容易和歌功颂德合流,并为之提供理论依据。在功利主义文章观开始占上风的汉代文学史上,这种现象经常可以看到。王充之强调颂汉诸篇的地位与价值,也正是以这种功利主义文章观为武器之一的。如《须颂篇》开宗明义即说:"古之帝王建鸿德者,须鸿笔之臣褒颂纪载,鸿德乃彰,万世乃闻。"这其实就是"善之"之意。接着又说:"龙无云雨,不能参天;鸿笔之人,国之云雨也。载国德于传书之上,宣昭名于万世之后,厥高非徒参天也。城墙之土,平地之壤也,人加筑蹈之力,树立临池。国之功德,崇于城墙,文人之笔,劲于筑蹈。圣主德盛功立,若不褒颂纪载,奚得传驰流去无疆乎?人有高行,或誉得其实,或欲称之不能言,或谓不善不肯陈,断此三者,孰者为贤?"非常清楚地表明了功利主义文章观的"劝善"和"美"的一面是如何与歌功颂德合流的。这种功利主义文章观,使王充在写颂汉诸篇时,不致太感受到它们与其他各篇及《论衡》全书的矛盾。

  王充的历史观,是厚今薄古的,至少是古今同视的。这种历史观,在其他各篇中也有所表现。如《超奇篇》云:"俗好高古而称所闻。前人之业,菜果甘甜;后人新造,蜜酪辛苦。"在《齐世篇》中则表现得最为充分,其中驳斥了各种今不如昔论,有些驳斥即在今天看来也是很有道理的。而且,其中还揭示了厚古薄今论者的心理根源,即"世俗之性,贱所见贵所闻也",这和《超奇篇》的说法是一致的。不过,由于王充的厚今薄古历史观过于无原则地强调今胜于昔,所以这种历史观很容易与歌功颂德合流,成为歌功颂德的工具。如《宣汉篇》反对"儒者称五帝三王致天下太平,汉兴以来未有太平"的说法,认为汉兴以来已有太平,其标志就是汉有符瑞（儒者认为没有），和五帝三王时一样。《恢国篇》认为："恢而极之，弥见汉奇。夫经熟讲者，要妙乃见；国极论者，恢奇弥出。恢论汉国在百代之上，审矣!"其中所用来"恢"汉的根据，都是瑞应之类无根之事。至于《验符篇》，则更是连篇累牍地罗列了汉代出现的符瑞，以证明汉德丰隆超越前代。由此可见，王充厚今薄古的历史观的具体内容，除了《齐世篇》所论尚略有价值外，其他都是无根之谈。这种厚今薄古历史观，与当时流行的厚古薄今历史观，亦无本质区别；要说有什么区别，那就是它是为歌功颂德服务的。当然，颂汉诸篇中有一些例子，如"度土境则周狭于汉"（《宣汉篇》），还是较为实际的。但这类例子湮没在大量"实德化则周不能过汉"、"论符瑞则汉盛于周"的论述中了，而且也同样是为歌功颂德服务的。所以，王充的厚今薄古历史观，并不足以成为一种有价值的历史哲学，而只能成为使他在作歌功颂德之文时保持心理平衡的安慰。

随事立说的思想方法，也使王充在写作颂汉诸篇时不致太感受到它们与其他各篇及《论衡》全书的矛盾。这种思想方法，正如黄震《黄氏日抄》卷五七《读诸子》三"《论衡》"条所批评的："随事各主一说，彼此自相背驰。如以十五说主土龙必能致雨矣，他日又曰：'仲舒言土龙难晓。'如以千余言力辨虎狼食人非部吏之过矣，他日又曰：'虎狼之来，应政失也。'"又如熊伯龙《无何集》[①]卷之首《读〈论衡〉说六段》所指出的："《书虚篇》言杜伯为鬼之非，《死伪篇》又言杜伯不能为鬼，而《言毒篇》又言杜伯为鬼。"又如容肇祖《〈论衡〉中无伪篇考》所评论的："他的思想在《案书》一篇之中已互相冲突，何况《论衡》一书为多年中集合的作品呢？""《论衡》一书，内中不免有冲突的矛盾的见解，然而本于王充的个人的思想有矛盾、冲突之处。"其实正是中国传统思想方法的不科学性的表现。王充在其他地方反对符瑞，但在颂汉诸篇中却大谈符

---

① 北京，中华书局，1979年。

瑞;在其他地方称《论衡》是"疾虚妄"之书,但在颂汉诸篇中却称《论衡》是歌功颂德之书;这种例子,不胜枚举。如果王充的思想方法更为科学严密一些,那么他就会深深感到颂汉诸篇与其他各篇及《论衡》全书的矛盾,其不得已而写颂汉诸篇的理论痛苦就会大为增加,以至于搁笔不写也是不无可能的。

除此之外,在对歌功颂德推波助澜的因素中,还有一点值得考虑,那就是王充那有意立异的心理特质。王充是一个具有理性精神的人,但他的有意立异的心理特质,常促使他老是采用与别人不同的观点,而顾不上这些观点本身的是非。《自纪篇》说:"其论说始若诡于众,极听其终,众乃是之。以笔著文,亦如此焉。操行事上,亦如此焉。"又说:"充书违诡于俗……论贵是而不务华,事尚然而不高合。论说辩然否,安得不谲常心,逆俗耳?"可见他自己也了解自己的这一特点。传书和世人所持的厚古薄今之说,恐怕也刺激他在颂汉诸篇中采取截然对立的立场,这从又一个侧面助长了他的歌功颂德行为。我们有理由怀疑,如果一般传书和世人都持厚今薄古之论,那么王充是否会反其道而行之,又反过来持厚古薄今之论呢?

总而言之,功利主义的文章观,厚今薄古的历史观,随事立说的思想方法和有意立异的心理特质,都对颂汉诸篇的写作起了明显的推动作用(同时也成为使颂汉诸篇和其他各篇联系在一起的纽带)。但是,有一点我们必须记住,即所有以上这些因素,大都是贯穿于《论衡》全书的,而不是为颂汉诸篇所独有的,它们在颂汉诸篇中,都只是为歌功颂德服务的手段,而不是目的,这一点现代学者往往是弄颠倒了的。因此,我们不应该因为肯定他的功利主义文章观和厚今薄古历史观等,而连带肯定他的歌功颂德行为;而是应该反过来,从他的歌功颂德行为中,看出他的功利主义文章观和厚今薄古历史观等的局限性。这一点,现代学者也常常是弄颠倒了的。

五、小　　结

　　综上所述,《论衡》颂汉诸篇,是在东汉前期明、章二帝要求文人歌功颂德的政治压力之下,王充为保护自己与《论衡》,效法文学侍从之臣班固等人的歌功颂德之文而写成的;同时,在想要凭借这组颂汉之文以免罪的直接动因之外,还夹杂了他想要凭此进身的间接动因;而王充的功利主义的文章观,厚今薄古的历史观,随事立说的思想方法和有意立异的心理特质,也都对颂汉诸篇的写作起了推波助澜作用。由于上述这些直接动因、间接动因和辅助因素的综合作用,就使颂汉诸篇在与《论衡》其他各篇保持联系的同时,又呈现出较大的相对独立性和特异色彩。我们今天若想要深刻理解这组文章,就既要考虑到王充本人的内在思想,又要考虑到他当时所处的外在环境;既要考虑到他写作的直接动因,又要考虑到其他因素;既要看到他有不得已的一面,也要看到他有自愿的一面。只有这样,才不致以简单的标签和帽子把颂汉诸篇否定或抬高,才能对它们作出既有历史性又有当代性的真正的理解和透视。

第二编

《论衡》与王充其他各书

第一章 论王充《讥俗》《节义》《政务》《养性》等书不在今本《论衡》之中

——朱谦之《王充著作考》商兑二

王充的著作中,有《讥俗》、《节义》、《政务》、《论衡》、《养性》等书。除《论衡》外,其他各书均不见流传,故自古以来都认为是亡佚了。今天我们对《论衡》以外的王充其他各书能有所了解,主要靠《论衡》中的只言片语。然而,朱谦之《王充著作考》(以下简称"朱《考》")却提出了一种新的看法,认为今本《论衡》之中已经混合了《讥俗》、《节义》、《政务》、《养性》等书,所以王充的这些著作实际上并未亡佚;《论衡》一书曾经过三次撰集,定本《论衡》则为其最后之撰集;三次撰集把王充在不同时期所写的其他各书都包括进去了。① 如果这个看法是正确的话,人们对王充思想的研究,对《论衡》本身的评价,都有必要作一番相应的改变(北京大学历

---

① 吴则虞也持类似看法,唯认为《论衡》只经过两次编集:"据我研究的结果:现存的《论衡》八十四篇,其实包括了上面所说的四部书(毅平按:即《讥俗》、《论衡》、《政务》、《养性》),《论衡》既是其中一个集子的书名,也作为全集的总称……全书原有百余篇,亡佚了的约十多篇,佚篇可考订的有:《节义》、《觉佞》、《招致》、《备乏》、《禁酒》、《盛褒》、《能圣》、《实圣》等篇,除此,还有一些连篇名也不知道了。其余的篇章,都分散在今本《论衡》书内。根据以上推断,我们可以说《讥俗》、《政务》、《养性》三书大部分存在。《论衡》这个全集,是王充亲手编订的,在当时,可能(转下页)

史系《论衡》注释小组的《论衡注释》,就已经采纳了朱《考》的看法)。然而,我在仔细地研读了朱《考》之后,却觉得朱《考》的看法可待商榷的地方很多。本章因此想就《论衡》是否包括王充其他各书这个问题谈几点看法。

一、论《讥俗》《节义》之书不在今本《论衡》之中

朱《考》认为《讥俗》和《节义》是两部书,以今本《论衡》卷二十三至卷二十五共十二篇为《讥俗》之书:

《言毒》、《薄葬》、《四讳》、《䪾时》、《讥日》、《卜筮》、《辨祟》、《难岁》、《诘术》、《解除》、《祀义》、《祭意》

其理由是,它们对于当时的迷信陋俗都有所评论,符合王充"疾俗情,作《讥俗》之书"的本意;文风也合于王充自己说的"形露其指,为分别之文"的特点。朱《考》又以今本《论衡》卷十一至卷十四及卷二十七共九篇为《节义》之书:

《答佞》、《程材》、《量知》、《谢短》、《效力》、《别通》、《超奇》、《状留》、《定贤》

其理由是,"从《答佞》至《状留》,主旨在《节义》二字。所以称之为《节义》之书","其根本宗旨,却在确定'节义'的真意来和'俗人之寡恩'相对立",符合王充"志俗人之寡恩"的本意。《讥俗》与《节

(接上页)是依照那四部书原来的序次编组而成……把这四部书编成一个总集约在和帝初年'年渐七十'左右。总序性的《自纪篇》也作于此时。"(毅平按:其意谓《论衡》早先单独编集过一次,后来与其他三书一起又编集过一次)"这书(《论衡》)长期间被人视为枕中秘宝,又经转辗流传,原来的篇第,不免有所移动,四部书的间架,因此也被打乱。于是给予人们最大的错觉,便认为《讥俗》等三书早经失传了。我们依据王充自己在《对作》、《自纪》等篇中对四部书所作的说明,再将现存《论衡》八十四篇从当时史实与思想内容两方面逐篇进行琢磨研究,才钩稽出四部书的基本轮廓,和构成《论衡》全集的经过。"(见其《〈论衡〉的构成及其唯物主义的特点》)

义》之书共二十一篇。二书作于《论衡》之前,时王充约二十余岁。① 对此,我想谈四个问题。

甲、《讥俗》、《节义》是一书还是二书?共有几篇?

《论衡·自纪篇》云:

> 俗性贪进忽退,收成弃败。充升擢在位之时,众人蚁附;废退穷居,旧故叛去。志俗人之寡恩,故闲居作《讥俗》、《节义》十二篇。

这里并没有将《讥俗》和《节义》分开来说,从语气上看,反倒说明《讥俗》、《节义》是一书而非二书。紧接着这节论《讥俗》、《节义》的文字后,王充又说:"充既疾俗情,作《讥俗》之书。"这句话被朱《考》引来证明《讥俗》与《节义》为二书。但从前后文衔接的语气来看,这句话实在是上面引的那节文字的概括与略写。一个"既"字,有总结上文,转入下文的作用;"疾俗情"三字,可看作"俗性贪进忽退"数语之约文;"作《讥俗》之书",可看作"故闲居作《讥俗》、《节义》十二篇"之约文,单称则《讥俗》,并举则《讥俗》、《节义》,前后并不矛盾。至于为什么有时单称有时并举,则可以有各种解释。可能《讥俗》、《节义》都是篇名,如王充在其他地方经常列举的《论衡》中的篇名一样。也可能《讥俗》、《节义》是大小名,即《讥俗》是书名,《节义》是篇名。大小名并举,《论衡》中多有其例,如《对作篇》中并举《论衡》和九虚三增,《恢国篇》中并举《论衡》和《初禀》。所以王充有时单称《讥俗》。第三种可能的解释是《讥俗》、《节义》为一书二名,这和此书的宗旨有关。退一步说,即使《讥俗》、《节义》真是二书,那么它们的宗旨还是一样的,它们的篇

---

① 吴则虞的看法与彼类似而稍有不同,他认为《讥俗》、《节义》是一书,作于王充二十八九岁时,主要是"批评了当时世俗对人材的看法和统治阶级对人材的要求,而且提出了他自己理想中的人材标准",为此他把《答佞》、《程材》、《量知》、《谢短》、《效力》、《别通》、《超奇》、《状留》等十二篇归入《讥俗》之书(见其《〈论衡〉的构成及其唯物主义的特点》)。

目也应该是合起来共十二篇。朱《考》说:"《自纪》所云十二篇就《讥俗》书言,本不误;惟《节义》篇数未明,似有缺文。"我觉得从王充的话里,是得不出"十二篇"仅就《讥俗》之书而言的结论的。从篇目上来看,朱《考》从今本《论衡》中找出的二十一篇《讥俗》、《节义》之书,已与王充自己所言不合。

乙、《讥俗》、《节义》之书的宗旨是什么?

朱《考》既然把《讥俗》、《节义》看作二书,那么,他当然要为它们找出不同的宗旨了。他认为《讥俗》是批评迷信的书,《节义》是"志俗人之寡恩"的书。其实,王充所疾之"俗情",就是"贪进忽退,收成弃败"之"俗性";王充所讥之俗,就是在位则蚁附、废退则叛去之俗,就是"俗人寡恩"之俗,并不是迷信陋习之俗。而《节义》之义,则是下忠于上、知恩报恩之义。"讥俗"和"节义",原为一正一反、相辅相成的两个方面,一是对势利的讥讽,一是对节义的提倡,名称不同,其实是一回事。所以《讥俗》、《节义》也有可能是一书二名。王充作此书,与东汉重视节义的社会风气和王充本人的遭遇有关。王夫之《读通鉴论》卷六《光武》第十二条(又参看赵翼《廿二史劄记》卷五《后汉书》之"东汉尚名节"条①、陈登原《国史旧闻》第一分册卷十四"励臣节"条②)云:

> 然郡吏之于守,引君臣之义,效其忠贞,死则服之,免官而代为之耻,曲全其名,重恤其孤幼,乃至变起兵戎而以死卫之。③

在这种风气之下,王充却遭到了"升擢在位之时,众人蚁附;废退穷居,旧故叛去"的刺激,这就不难理解他为什么要作《讥俗》、《节义》之书了。这里,怎么也看不出《讥俗》、《节义》的宗旨和迷信陋习有什么关系。因此,朱《考》指为《讥俗》之书的十二篇文章,有

---

① 赵翼《廿二史劄记校证》(王树民校证),北京,中华书局,1984年,第102—104页。
② 陈登原《国史旧闻》第一分册,北京,三联书店,1958年,第384页。
③ 王夫之《读通鉴论》,北京,中华书局,1975年,第159页。

理由认为根本就不是《讥俗》之文。至于朱《考》指为《节义》之书的九篇文章,内容也与王充所说的《讥俗》、《节义》之书的宗旨不同。《定贤》姑不论,自《答佞》至《状留》八篇,实为一组有系统的文章。关于它们的内容,我们看看王充自己是怎么说的:

> 《程材》所论,论材能行操,未言学知之殊奇也。(《量知篇》)

> 《程材》、《量知》,言儒生文吏之材不能相过。(《谢短篇》)

> 《程材》、《量知》之篇,徒言知学,未言才力也。人有知学,则有力矣。文吏以理事为力,而儒生以学问为力。(《效力篇》)

> 论贤儒之才,既超、程矣。(《状留篇》)

"超"谓《超奇》,"程"谓《程材》。由此可知,这八篇文章的写作顺序,盖同于它们在今本《论衡》中的排列次序:

> 《答佞》、《程材》、《量知》、《谢短》、《效力》、《别通》、《超奇》、《状留》

八篇之宗旨,从以上引文可知,主要是评论儒生文吏之优劣,儒生之不同类型及才能高下,他们在政府机构中的不同作用,以及人材滞留之原因,等等,从中并不能看出朱《考》所见的"节义"二字和"俗人寡恩"的情状。此外,《谢短篇》中有这样一段话:

> 《程材》、《量知》,言儒生文吏之材不能相过。以儒生修大道,以文吏晓簿书,道胜于事,故谓儒生颇愈文吏也。此职业外相程相量也,其内各有所以为短,未实谢也。夫儒生能说一经,自谓通大道,以骄文吏;文吏晓簿书,自谓文无害,以戏儒生。各持满而自臧,非彼而是我,不知所为短,不悟于己未足。《论衡》谢之,将使爽然各知所乏。

王充之意,明谓《答佞》、《程材》等八篇是《论衡》之文。九篇中有八篇已能断定是《论衡》之文,则朱《考》以这九篇为《节义》之书的说法显然是不能成立的。因此,从内容上来看,朱《考》找出的《讥俗》、《节义》之书不合王充作此书的宗旨。

丙、从文风上是否能证明《讥俗》之书在今本《论衡》之中?

朱《考》又指出了他找到的《讥俗》之书的文风上的依据:

> 正如《自纪》篇所云"冀俗人观书而自觉,故直露其文,集以俗言,或谴谓之浅",浅是浅极了,因所论为丧葬、祭祀、岁时禁忌、为图宅术,为当时四讳,这都是俗人俗事,"欲悟俗人,故形露其指,为分别之文"。安得不浅?由上可见《讥俗》之书,是在今本《论衡》之内,如果这十二篇不算《讥俗》之书,不算分别之文,那里更有什么《讥俗》之书和分别之文可言。

其实,"形露其指,为分别之文",不仅是《讥俗》、《节义》之书的文风特点,也是《论衡》的文风特点。所以王充在"《讥俗》之书……为分别之文"之后,紧接着说:"《论衡》之书,何为复然?"既说"复然",则《论衡》与《讥俗》之书文风相近可知。王充在《自纪篇》的其他地方也说:"充书形露易观","充书文重"。所谓"形露易观",也就是"形露其指"的意思;所谓"文重",也就是"分别之文"的意思。可见不仅《讥俗》、《论衡》具有这样的文风特点,而且王充的所有著作都有这样的特点。因此,从文风上是无法证明朱《考》所指出的十二篇是《讥俗》之书的。

丁、朱《考》找出的《节义》之书的内容与朱《考》推定的它的作年之间存在着矛盾。

朱《考》认为《讥俗》、《节义》之书作于王充二十余岁时。但是,被朱《考》指为《节义》之书的《别通篇》中却说:

> 孝明之时,读《苏武传》,见武官名曰"栘中监",以问百官,百官莫知。

称明帝为"孝明",则《别通篇》等一组八篇文章当作于章帝建初元年(76)以后;据《自纪篇》,王充生于建武三年(27),那么,王充作这一组文章,就应当是在五十岁以后。如果《别通》等八篇文章果真属于《节义》之书,那么《节义》之书不能作于王充二十余岁时;如果《节义》之书果真作于王充二十余岁时,则《别通》等一组八篇文章必不属于《节义》之书。朱《考》观点本身存在的这个矛盾,也降低了他找出的《讥俗》、《节义》之书的可靠性。

通过以上四个方面的分析,我觉得朱《考》从今本《论衡》中找出的《讥俗》、《节义》之书是不可信的;而《论衡》的其他各篇,也不符合王充所说的《讥俗》、《节义》之书的宗旨。所以,我认为还是保持原来的看法,即《讥俗》、《节义》之书不在今本《论衡》之中,要好一些。

二、论《政务》之书不在今本《论衡》之中

朱《考》认为今本《论衡》卷十四至卷二十共十九篇是《政务》之书:

> 《寒温》、《谴告》、《变动》、《明雩》、《顺鼓》、《乱龙》、《遭虎》、《商虫》、《讲瑞》、《指瑞》、《是应》、《治期》、《自然》、《感类》、《齐世》、《宣汉》、《恢国》、《验符》、《须颂》

朱《考》根据《对作篇》的一句话,推论《政务》之书的宗旨是一个"怨"字:

> 这里所云"《论衡》、《政务》,其犹诗也",诗是什么?"诗可以兴,可以观,可以群,可以怨。"(《论语•阳货》篇)《政务》之书作于废退穷居之后,归结恐还不少一个"怨"字。

而"怨"的具体内容,就是"讽汉",那就必然要得罪统治者,为免罪起见,就有必要作一些歌功颂德的文章,这就是《齐世》、《宣汉》、《恢国》、《验符》、《须颂》之所以作:

> 而这为着免罪而作的几篇,也就构成了《政务》之书内容

的一部分。

这就是朱《考》确定《齐世》以下五篇为《政务》之书的理由。《讲瑞》、《是应》、《治期》、《顺鼓》、《明雩》等五篇中因也有歌颂汉德的内容,所以可以看作是和《齐世》等篇一类的。其他九篇,朱《考》则并未说明何以属于《政务》之书。① 对此,我想谈三个问题。

甲、《政务》之书的宗旨是什么?

我想先把《对作篇》中有关"其犹诗也"的一段文字完整地引一下:

> 古有命使采诗,欲观风俗,知下情也。诗作民间,圣王可云:"汝民也,何发作!"因罪其身,殁灭其诗乎?今已不然,故诗传至今。《论衡》、《政务》,其犹诗也,冀望见采,而云有过。

这段话很清楚地说明王充认为自己的《论衡》、《政务》二书犹如古代的诗一样,作于民间,反映了风俗下情,所以希望今天的统治者能像古代的统治者以行人振木铎采诗一样采纳自己的主张,从而体察下情,改良政治,不要因为它们是民间的著作便不理不睬,甚或加罪。"其犹诗也"语意尚未完,当连下文"冀望见采,而云有过"读语意方足。王充写这段话,有它的背景。东汉明、章二帝时,由于统治者的政治压力,文坛上弥漫着一股歌功颂德之风。在某种意义上,王充的《对作篇》可以说就是一篇避祸之作。了解了这个背景,就可以明白王充"犹诗"的说法,只是为自己的书作了一番辩解,并没有牵涉到它的宗旨和内容。朱《考》遽以"兴、观、群、怨"为说,恐非王充本意。再说,王充在"其犹诗也"之前,《论衡》、《政务》二书并提,那么为什么偏偏是《政务》之书有"兴、

---

① 吴则虞也持类似看法,他把《禁酒》、《备乏》、《明雩》、《顺鼓》、《乱龙》、《是应》、《治期》、《齐世》、《宣汉》、《恢国》、《验符》、《须颂》等十六篇归入《政务》之书,认为王充"似乎想把这书通过他朋友司空第五伦献给君上的……这是他为了想在政治上寻找一点出路,因此,不得不对统治者实行某些妥协"(见其《〈论衡〉的构成及其唯物主义的特点》)。

观、群、怨"的意思而《论衡》却没有呢？退一步说，如果"犹诗"的确是指"兴、观、群、怨"的话，那为什么《政务》偏偏是"怨书"而不是"兴"、"观"、"群"之类的书呢？这些都是说不通的地方。因此，不能根据"《论衡》、《政务》，其犹诗也"这句话（严格地说，还不是一句完整的话），就把《政务》看成是一部"怨书"。

其实，关于《政务》的宗旨，王充曾正面作过介绍：

> 其《政务》言治民之道。（《对作篇》）

> 《政务》为郡国守相、县邑令长陈通政事所当尚务，欲令全民立化，奉称国恩。（《对作篇》）

> 充既疾俗情，作《讥俗》之书；又闵人君之政，徒欲治人，不得其宜，不晓其务，愁精苦思，不睹所趋，故作《政务》之书。（《自纪篇》）

王充说得清清楚楚，《政务》乃是论述人君及地方长官统治术之书，内容皆与政事有关。其书名本身也揭示了这一点。

乙、《齐世》、《宣汉》、《恢国》、《验符》、《讲瑞》、《是应》、《治期》、《顺鼓》、《明雩》、《须颂》等十篇是《论衡》之文而非《政务》之文。

朱《考》认为王充"以《须颂》为《政务》之书的后序"，如果真是这样的话，《须颂》中当论及《政务》之书。然而，《须颂》中谈到《论衡》的地方有五处，而谈到《政务》的却一处也没有。而且细按其语意，都是概括《齐世》等文歌颂汉德的内容而说的：

> 汉家著书，多上及殷周，诸子并作，皆论他事，无褒颂之言，《论衡》有之。

> 故不树长竿，不知深浅之度；无《论衡》之论，不知优劣之实。

> 汉家功德，颇可观见。今上即命，未有褒载，《论衡》之人，为此毕精，故有《齐世》、《宣汉》、《恢国》、《验符》。

> 是故《春秋》为汉制法,《论衡》为汉平说。
>
> 从门应庭,听堂室之言,什而失九;如升堂窥室,百不失一。《论衡》之人,在古荒流之地,其远非徒门庭也。

这几段文字,特别是第三段,很有力地证明了《齐世》至《须颂》等一组文章为《论衡》之文。朱《考》也无法回避这些证据,于是解释道,"因为在结集时,《政务》与《论衡》为合订本,而总称之曰《论衡》",所以《须颂篇》就只提《论衡》而不提《政务》了。《论衡》与《政务》是否曾有过合并之事,这里姑不置辩。然而如果《须颂篇》真是《政务》的后序,那么就应当作于二书未合并时,否则又何从知道它是《政务》的后序呢?既作于未合并时,则它不能预知二书将合并而预称《论衡》,更不能作为《政务》后序却连《政务》提都不提。由此看来,说《须颂篇》是《政务》的后序是没有什么根据的。《须颂篇》乃是《齐世篇》等一组歌颂汉德的《论衡》之文的小结。文中曾提到《齐世》、《宣汉》、《恢国》、《验符》、《讲瑞》、《是应》、九虚三增、《治期》、《顺鼓》、《明雩》等篇名,并说明这些文章之所为作。值得注意的是王充把《宣汉》等篇与公认为《论衡》之书的九虚三增放在一起来论述,根本没有说哪些属《论衡》,哪些属《政务》。《对作篇》也说:

> 且凡造作之过,意其言妄而谤诽也。《论衡》实事疾妄,《齐世》、《宣汉》、《恢国》、《验符》,盛褒(须)颂之言,无诽谤之辞。造作如此,可以免于罪矣!

这里王充也提到了《齐世》等篇名,从语气上看也是把它们作为《论衡》中的篇目来提的。凡此都可以证明《齐世》等十篇为《论衡》之文。

丙、在朱《考》未说明理由便指为《政务》之书的其他九篇文章中,有八篇文章合于《论衡》的宗旨。

《寒温》、《谴告》、《变动》、《招致》等四篇,均为批判天人感应论而作(《招致篇》今佚,然其内容当与《寒温》等篇接近。《自然篇》云:"夫寒温、谴告、变动、招致,四疑皆已论矣。"将同名四篇归入一类,可为明证。谭献《复堂日记》卷四"阅《论衡》"条云:"《招致篇》阙,大都亦言灾祥,无关人事。"其说良是)。《寒温篇》批判君主喜恶决定天气寒温之说,《谴告篇》批判人君为政失道招致天谴之说,《变动篇》批判君主之政治与至诚能感动上天,使天气天象发生变动之说,均为破迷信、疾虚妄之作,与《论衡》的总精神一致,而与《政务》之宗旨不合。《自然篇》是这组文章的小结,正如《须颂》之于《齐世》等篇一样。此外,《遭虎》、《商虫》两篇的内容与这组文章也相似,因此,都应看作是《论衡》之文。至于《乱龙篇》,王充说:

> 雷樽刻雷云之象,龙安肯来? 夫如是,传之者何可解,则桓君山之难可说也,则刘子骏不能对,劣也。劣则董仲舒之龙说不终也。《论衡》终之,故曰《乱龙》。乱者,终也。

这里很清楚地说明了《乱龙》是《论衡》之文而非《政务》之文。

总之,朱《考》指为《政务》之书的十九篇文章,绝大部分有证据可证明其为《论衡》之文,而今本《论衡》中的其他各篇文章也与《政务》之宗旨不合,所以我认为《政务》之书并不在今本《论衡》之中,而是早已亡佚了。

三、论《养性》之书不在今本《论衡》之中

朱《考》认为《论衡》卷一至卷三及卷二十六共十六篇是《养性》之书:

> 《逢遇》、《累害》、《命禄》、《气寿》、《幸偶》、《命义》、《无形》、《率性》、《吉验》、《偶会》、《骨相》、《初禀》、《本性》、《物势》、《实知》、《知实》

朱《考》以为《养性》是性命之书,而不是养生延年之书,因此,他把

卷一至卷三共十四篇谈性论命之文定为《养性》之书；[①]而卷二十六《实知》、《知实》两篇原非谈性论命之文，因朱《考》认为它们是王充思想方法的总结，非晚年不能作，又其中有和性说有关的文字，故也归入《养性》之书。对此，我想谈两个问题。

甲、《养性》之书是性命之书还是养生之书？

这一点，王充自己在《自纪篇》中已经说得很清楚了：

> 历数冉冉，庚辛域际，虽惧终徂，愚犹沛沛，乃作《养性》之书，凡十六篇。养气自守，适食节酒，闭明塞聪，爱精自保，适辅服药引导，庶冀性命可延，斯须不老。既晚无还，垂书示后。

"庚辛域际"，是汉和帝永元二年、三年（90、91），时王充六十四五岁，乃作《养性》之书。它的内容应该是"养气自守"以下那一段话所说的，有关保养身体的一些方法，包括节制饮食、适当地服药、运动等方面。《后汉书》充本传把它的宗旨归结为"裁节嗜欲，颐神自守"八个字，还是对的。因此，我认为它的确是一部"养生"之书。不过我们要注意这是一部论健康的养生之书，而不是论长生的养生之书。王充一向反对那种认为通过"恬澹无欲"、"养精爱气"、"服药导引"等方法便可达到长生不老境界的神仙家思想，却并不反对对健康的关心，甚至也不反对"恬澹无欲"等本身，要是它们不和长生不老术发生什么关系的话。《道虚篇》说："吞药养性，能令人无病，不能寿之为仙。"可见王充还是赞同服药有益于健康的说法的。王充所说的"庶冀性命可延，斯须不老"，与神仙家延寿度世的思想也毫无共同之处。王充也是凡人，他不能没有一般人的那种"人生苦短"的悲哀。《自纪篇》以这样的话结束全

[①] 吴则虞也持类似看法："我们不同意某些注释家把'养性'看作是养生之论，所谓'养性'问题……所讨论的是人性问题，并不是什么养生摄生之道。"为此他也把《命禄》、《气寿》、《命义》、《率性》、《骨相》、《初禀》、《本性》、《物势》等篇归入《养性》之书（见其《〈论衡〉的构成及其唯物主义的特点》）。

书:"命以不延,呼叹悲哉!"不正是强烈地表达了王充在"发白齿落"的垂暮之年对生命的热爱和留恋吗?但有这种想法并不等于就是要求长生度世。王充对生死问题的看法虽然不能说十分旷达,但却可以说十分清醒。所以,他一则说:"人有生死,物亦有终始。"一则说:"惟人性命,长短有期,人亦虫物,生死一时。"在王充对追求长生的批评、对生死问题的彻悟与对生命短暂的遗憾之间,并不存在什么矛盾。朱《考》对王充这样一个清醒的人竟然会写出"养气自守"之类的话感到不解,也许是因为忽视了王充对生命健康的关心与道家对长生不老的追求之间的根本差别的缘故吧!《养性》是王充晚年所作的最后一部著作,王充此时的想法当然不会和当年作《论衡》时完全一样。如果《养性》的基调显得比较消沉,那也是情有可原的。再考虑到王充晚年"发白齿落,日月逾迈。俦伦弥索,鲜所恃赖。贫无供养,志不娱快"的情形,也许我们就会理解王充为什么要作《养性》之书的用意了。

乙、证明《初禀篇》等一组谈性论命之文是《论衡》之文而非《养性》之文的一个证据。

《恢国篇》中有一段文字引用了《初禀篇》的观点,极可注意:

> 儒者论曰:"王者推行道德,受命于天。"《论衡·初禀》以为:"王者生禀天命。"性命难审,且两论之:酒食之赐,一则为薄,再则为厚。如儒者之言,五代皆一受命,唯汉独再,此则天命于汉厚也;如审《论衡》之言,生禀自然,此亦汉家所禀厚也。绝而复属,死而复生。世有死而复生之人,人必谓之神;汉统绝而复属,光武存亡,可谓优矣。

这里王充引用了《初禀篇》中的观点。《恢国篇》作于章帝建初年间(76—84),大约是建初六年(81)左右,则《初禀篇》必作于这之前,以作于永平末建初初的可能性为大,时王充最多五十来岁,而《养性》之书作于王充六十四五岁时,从时间上说,《初禀篇》不可能是《养性》之文。此外,王充在引证《初禀》的观点时,在《初禀》前冠以《论衡》之书名,下面再谈到《初禀》的观点时,只简单地说

"如审《论衡》之言",而省略了《初禀》之篇名,这很清楚地说明了《初禀》是《论衡》中的一篇。既然《初禀篇》是《论衡》之文,且可能作于王充五十岁左右时,那么,其他十三篇与《初禀》同一系统的文章,不是也大致可以肯定是《论衡》中的一部分,作于王充五十岁左右时吗?而且,《初禀》是性命之文,却是《论衡》之文而非《养性》之文,不是颇可从另一角度证明《养性》不是什么性命之书吗?朱《考》也看到了这节对他找到的《养性》之书不利的文字,于是就干脆说它是错简:

> 其实这只是《初禀》篇"王者生禀天命"之另一节,在《论衡》最后撰集时,窜入《恢国》篇中。

朱《考》的解释是否正确,我们只要将《初禀篇》与《恢国篇》从宗旨上、内容上作一番比较,就能作出答复。《初禀篇》的宗旨,在以"生禀天命"说批驳"受命于天"说,《初禀篇》的内容就是两种性命观的反复诘难。《恢国篇》的宗旨,在于证明汉德在百代之上。王充举出了十四条证据,其中第九条证据,就是上文引的朱《考》认为是由《初禀篇》错简窜入《恢国篇》的那节文字。只要看一看这十四证的具体内容,就不难发现,《恢国篇》之第九证与其他十三证性质相同,同为歌颂汉德而作,与全篇宗旨一致,并没有与前后文不相衔接之感。为了更有说服力,我们不妨来看看这第九证的论证过程。王充欲论证汉德非常,其命优于五代,所以提出:不论是按照儒者的性命说,还是按照《初禀》的性命说,汉德均优于五代。按照"儒者"的"受命于天"说来看:"酒食之赐,一则为薄,再则为厚。如儒者之言,五代皆一受命,唯汉独再,此则天命于汉厚也。"按照《初禀》的"生禀天命"说来看:"如审《论衡》之言,生禀自然,此亦汉家所禀厚也。"而无论是按哪一种说法,"绝而复属,死而复生。世有死而复生之人,人必谓之神;汉统绝而复属,光武存亡,可谓优矣",总说明汉德优于五代。这与《初禀篇》以"生禀天命"说批评"受命于天"说的内容绝不相同。试问:一篇讨论王者是"生禀天命"还是"受命于天"的文章,忽然插入一段颂扬汉代两次受命、绝而复属的文字,有什么意义? 朱《考》之所以认为《恢国篇》的这节文字是由《初禀篇》窜入者,盖为其中都有"王者生禀天命"这句话,而且误认《初禀篇》"王者生禀天命,及其将王,天复命之"和《恢国篇》这节文字的汉两次受命是一回事。殊不知《恢国篇》中的"王者生禀天命"是王充引自《初禀篇》的话;而"天复命之"数语,是被王充批驳的调合论者的说法,它旨在调合"生禀天命"与"受命于天"这两种对立的性命观,与《恢国篇》所歌颂的汉两次受命为风马牛不相及之事。所以,"错简"说是不能成立的。

因此,除非有更直接、更有力、更可靠的证据证明朱《考》所指出的十六篇为《养性》之书,否则,我觉得还是维持《养性》之书不在今本《论衡》之中的旧说为好。

第二章　王充《讥俗》《节义》《政务》《养性》等书考

王充一生所写的著作,除《论衡》之书外,还有《讥俗》、《节义》、《政务》、《养性》等书,但这些书的命运不如《论衡》,都没有能够流传下来。当然,也有一种说法认为,王充的这些著作其实并未失传,而是已经包含在今本《论衡》之内了,但是,我们对这种意见却很难表示赞同。不过,尽管我们不认为王充这些书都已包含在今本《论衡》之内,却也并不等于说我们对这些书就已经一无所知了。相反,从《论衡》有关这些书的只言片语中,我们还能大致了解王充这些书的写作顺序、写作时间、写作宗旨和文章风格等各个方面的许多情况,而且许多现代学者也在这些书上花了不少功夫。本章便欲根据现代学者的研究成果,勾勒王充这些书的大致面貌,并对一些流行看法提出质疑。

一

王充《讥俗》、《节义》、《政务》、《养性》等书的写作顺序如何?这是我们首先要加以考察的问题。

王充在《论衡·自纪篇》中历数自己的全部著作道:"志俗人之寡恩,故闲居作《讥俗》、《节义》十二篇……充既疾俗情,作《讥俗》之书;又闵人君之政,徒欲治人,不得其宜,不晓其务,愁精苦思,不睹所趋,故作《政务》之书;又伤伪书俗文多不实诚,故为《论衡》之书……《讥俗》之书,欲悟俗人,故形露其指,为分别之文;《论衡》之书,何为复然……历数冉冉,庚辛域际,虽惧终徂,愚犹沛沛,乃作《养性》之书,凡十六篇。"从其记载先后来看,王充各书的写作顺序应是《讥俗》、《节义》之书,《政务》之书,《论衡》之书,《养性》之书。正如钟肇鹏《王充年谱》(以下简称"钟《谱》")所说的:"据《自纪》所述,首叙《讥俗》之书,次《政务》之书,又次乃《论衡》之书,最后为《养性》之书,此盖仲任成书先后次序如此。"关于这一点,现代学者大都没有异议。如朱谦之《王充著作考》(以下简称"朱《考》")说:"《讥俗》之书是王充的第一部著作","《政务》之书作于《讥俗》、《节义》之书后","《论衡》之书是继《政务》之书而作","在写《论衡》之书以后,又曾作《养性》之书"。其他学者也大多这么主张,兹不一一列举。

不过,其中还略有疑问的是《政务》之书与《论衡》之书的写作顺序问题。从王充《自纪篇》谈到《政务》之书和《论衡》之书的语气来看,《政务》之书无疑是作于《论衡》之书之前的,但经常将《政务》之书与《论衡》之书相提并论的《对作篇》,却给人以与此稍有不同的感觉。"或曰:……《论衡》、《政务》,可谓作者","今观《论衡》、《政务》,桓、邹之二论也,非所谓作也","由此言之,唐林之奏,谷永之章,《论衡》、《政务》,同一趋也","《论衡》、《政务》,其犹诗也,冀望见采,而云有过",《对作篇》中不仅经常这样将二书相提并论,而且每次总是《论衡》在前而《政务》在后,这不免使人产生"《政务》之书果作于《论衡》之书之前吗"的疑问,至少给人以二书关系密切的印象。也许正因为这样,朱《考》才提出"把《论衡》和《政务》对举,或即《对作篇》之原来意义,而此时所撰集的《论衡》则为《论衡》与《政务》二书的合订本,《对作》篇即为此合订本之自序"的主张吧?不过,因为王充在《对作篇》中只是随手举例,并无陈述二书写作顺序之意,所以尽管我们可能会产生上述疑问,却不能以此推翻《自纪篇》的记载。

关于《政务》之书与《论衡》之书写作顺序的另一个问题是,一般学者在编撰王充年谱时,大都在主张《政务》之书作于《论衡》之书之前的同时,又将《政务》之书实际上置于王充开始写作《论衡》至完成《论衡》之间的这段时间里,以致事实上成了《政务》之书作于《论衡》之书写作过程中的局面了。如蒋祖怡《王充年谱》(以下简称"蒋《谱》")在永平二年(59)王充三十三岁条下系云:"《论衡·讲瑞篇》云'此论草于永平初。'"在永平六年(63)王充三十七岁条下系云:"《后汉书·明帝纪》:'永平六年二月,王雒山出宝鼎,庐江太守献之。'《论衡·讲瑞篇》云:'鼎见',即指此事。《讲瑞篇》为《论衡》中属草最早之篇,则此篇当起草于永平六年之后,或在其前,后加修改。"在永平十八年(75)王充四十九岁条下系云:"《会稽典录》(毅平案:当是《论衡·自纪篇》)云:'《论衡》造于永平末,定于建初之年。'其言可信。王充《论衡》之书,在永平、建初之际,成篇甚多,《论衡》书名,亦定于建初之时。""《论衡·讲瑞篇》虽属草于永平之初,而成篇则在章和、元和之际,此篇在和帝永元中又加修改。""《谴告》、《实知》两篇,作于永平间无疑。""则上述诸篇(毅平案:指《程材》、《别通》、《超奇》、《案书》、《吉验》、《恢国》、《佚文》等篇),当作于永平之后,在建初之时。"在章和二年(88)王充六十二岁条下系云:"《论衡》中之《恢国篇》、《齐世篇》、《宣汉篇》、《验符篇》、《治期篇》、《是应篇》、《明雩篇》、《顺鼓篇》、《须颂篇》均作于此时。"综合上述各条来看,可以认为蒋《谱》认为《论衡》中最早之篇草于永平六年以后或更前,大部成于永平末至建初年间,一部作于或修改于章和年间,即正如他的《王充卷·前言》所说的,《论衡》一书是花了王充"三十多年精力而完成的"著作。与此同时,蒋《谱》在建初二年(77)王充五十一岁条下又系云:"王充《政务》之书,当作于此数年内。"果真如此,那就不能说《政务》之书作于《论衡》之前或说《论衡》之书作于《政务》之书之后了,而是应该说《论衡》之书创始于《政务》之书之前而完成于其后,或换言之,《政务》之书作于王充始作《论衡》至完成《论衡》之间。钟《谱》的情况也与蒋《谱》相同,在永平三年(60)王充三十四岁条下系云:"开始写《论衡》……《论衡》草创之时期。《讲瑞篇》云'为此论草于永平之初'。《太平御览》六〇二引《论衡·自纪篇》文下有'《论衡》造于永平之末,定于建初之年'。与《讲瑞篇》所云不合。疑《御览》'末'字当初为'初'字之误……永平初开始写,以后时作时辍,至建初后乃专精致力于此书之写作,边作边改,至章帝末乃完全定稿,前后近三十年。"在章和二年(88)王充六十二岁条下系云:"《论衡》全部定稿于此时……盖自永平初草创《论衡》,至永平末建初中乃集中精力专致意于此书之撰述,故《论衡》大部分成于建初之年。然最后定稿直至章和之时,全书创作将近三十年。"是亦认为《论衡》的写作经历了从永平初至章和时的将近三十年时间。与此同时,钟《谱》又在建初二年(77)王充五十一岁条下系云:"其《政务》之书盖当成于此前后……其全书之成,当在《论衡》之前,姑志于此。"据此,也不能说《政务》之书作于《论衡》之书之前或说《论衡》之书作于《政务》之书之后,而只能说《论衡》之书创始于《政务》之书之前,而完成于其后,或换言之,《政务》之书作于王充始作《论衡》至完成《论衡》之间。此外,如朱《考》的"第一次撰集《论衡》只有十几篇……第二次撰集是在《政务》之书写成之后,把《论衡》和《政务》合并成一书"的说法,也是和他的"王充在写《论衡》之书以前,曾作……《政务》之书"的说法显相矛盾的。因此,如按上述这些学者的具体研究来看,则毋宁应该说二书之间不是先后关系,而是并列关系。

但是,我们也可换一个角度来提出问题,即我们可以质问,现代学者们所普遍认为的王充写作《论衡》花了自永平初至章和年间的三十来年时间,而《政务》之书则作于建初初年的看法本身到底是否有问题呢?据《太平御览》卷六〇二引《论衡·自纪篇》语说:"《论衡》造于永平末,定于建初之年。"如此条可信,而"末"字又非如钟《谱》所认为的是"初"字之误,则《论衡》的实际作年应该只是自永平末至建初末的十来年时间,而不是自永平初至章和年间的三十多年时间(关于《论衡》的作年问题,请参第一编第一章

《〈论衡〉造于永平末定于建初之年考》)。与此同时,《政务》之书也并不能说是作于建初初年的,而毋宁应该说是作于永平年间的(考见下)。如此说来,所谓"《论衡》之书创始于《政务》之书之前,而完成于其后",或"《政务》之书作于王充始作《论衡》至完成《论衡》之间"的说法,也就值得重新考虑了。也就是说,我们已考知《论衡》之书作于永平末至建初末,如果《政务》之书不是作于建初初年,而是作于永平年间的话,那就确实可以说它是作于《论衡》之书之前的了,从而《论衡·自纪篇》的记载也就完全可以证实是合于事实的了。不过,这尚有待于我们进一步考察《政务》之书的作年以后才能决定。

二

与写作顺序相比,王充《讥俗》、《节义》、《政务》、《养性》等书的写作时间也许问题更多。

《养性》之书的写作时间比较明确。据《自纪篇》说:"年渐七十,时可悬舆……历数冉冉,庚辛域际,虽惧终徂,愚犹沛沛,乃作《养性》之书,凡十六篇。"也就是说,《养性》之书写作于"庚辛域际"和"年渐七十"时。王充一生中和"年渐七十"相符的"庚辛"只有庚寅和辛卯这二年,也就是和帝永元二年和三年(90、91),时王充六十四五岁。黄晖《王充年谱》(以下简称"黄《谱》")系《养性》之书的写作于和帝永元二年(90)王充六十四岁条下。钟《谱》云:"据充自述'庚辛域际',是《养性书》当作于庚寅辛卯即和帝永元二、三年。《养性书》凡十六篇,其草稿自非一时可就,经历两年乃成,亦颇近情理。时充已六十四五,故云'年渐七十'也。"朱《考》云:"《自纪》篇述他在约七十岁的时候,写成《养性》之书,以时代考之,是公元90年和帝永元二年,充年六十四岁。"诸家之说,均得正解。《后汉书》充本传云:"年渐七十,志力衰耗,乃造《养性书》十六篇。"《太平御览》卷七二〇引《会稽典录》云:"王充年渐七十,作《养生(性)》之书,凡十六篇。"所述《养性》之书写作时间,均与《自纪篇》相符。韩愈《后汉三贤赞》(《昌黎先生文集》卷十二)则云:"年七十余,乃作《养性》,一十六篇。""渐"变成了"余",一字之差,相去甚远。黄《谱》云:"'年渐七十'与'七十余'义异,韩氏失之。"钟《谱》云:"《自纪》及《后汉书》本传《典录》并作'年渐七十',韩氏乃作'年七十余',失之。否则'七'当为'六'字之误。"二说甚是。不过,现代学者也有像韩愈那样以"年七十余"来理解"庚辛域际"的,如刘盼遂《论衡集解》云:"'庚辛'者,和帝永元十二年庚子,十三年辛丑,时王君年七十四五。盖章和二年,王君年渐七十。明此'庚辛',当和帝晚年矣。"钟《谱》说:"刘盼遂乃云庚辛指庚子辛丑则在和帝末年,王充年七十四、五,非是。"蒋祖怡《王充卷》中所收《自纪篇》校注亦承刘盼遂之说,认为:"和帝永元十二年庚子,十三辛丑。文中的'庚辛域际'即指此两年。"并认为这是王充作《自纪篇》之年,而不是作《养性》之书之年。其《王充年谱》永元十二年(100)王充七十四岁条下系云:"《论衡·自纪篇》中之'历数冉冉,庚辛域际'云语,一说'庚辛'指和帝永元十二年庚子,十三年辛丑。果如此,则《自纪篇》之作,当在是年。"而将《养性》之书的作年系于永元六年(94)王充六十八岁条下,盖认为《自纪篇》所云"年渐七十"便是王充作《养性》之书之年,而"年渐七十"则姑系于六十八岁云。这恐怕是误解了《自纪篇》的文意吧。综上所述,《养性》之书乃作于和帝永元二、三年,西历为90、91年,干支为庚寅、辛卯,王充的年龄为六十四五岁,时他已"罢州家居",在家中安度晚年,是为王充晚年著作。

与《养性》之书相比,《政务》之书的写作时间较成问题。黄《谱》将《政务》之书的作年与《讥俗》、《节义》之书并系于光武帝建武二十四年(48)王充二十二岁条下,而钟《谱》和蒋《谱》则都将《政务》之书的作年系于建初二年(77)王充五十一岁条下。钟《谱》云:"其《政务》之书盖当成于此前后……其全书之成,当在《论衡》之前,姑志于此。"蒋《谱》云:"王充《政务》之书,当作于此数年内。"与黄《谱》之说相差几达三十年。黄《谱》的根据是："《论衡》起草于明帝初年,据《自纪篇》,《讥俗》、《政务》之书作于《论衡》之前。"这显然是有问题的,因为《论衡》实作于明帝永平末至章帝建初年间,而不是作于明帝初年。并且,即使《论衡》"起草于明帝初年",也不能说这就是《论衡》的成书时间。所以,黄《谱》所系之年似嫌过早。钟、蒋二《谱》之所以都认为《政务》之书当成于建初二年前后,是因为王充在《对作篇》中谈到的两篇上书奏记之文《备乏》和《禁酒》作于建初二年,而二《谱》又都认为这二文都是属于《政务》之书的,所以他们认为《政务》之书应作于建初二年前后。如钟《谱》云:"《对作篇》云'《政务》为郡国守相,县邑令长,陈通政事所当尚务,欲令全民立化,奉称国恩'。据此则《备乏》、《禁酒》就其性质,当在《政务》书中。"蒋《谱》云:"《备乏》、《禁酒》,盖为王充《政务》之书中之两篇。"又其《论王充的〈政务〉之书》一文也认为:"仲任另有包括《备乏》、《禁酒》两篇在内的,言'所当尚务'的'治民之道'的《政务》之书若干篇。"并列举了三条证据证明《备乏》、《禁酒》属于《政务》之书。其证据之一是:"这两篇文章的特点,一,是所讲的均为治民之道的具体政治主张;二,均是上书奏记之文,这正和《论衡·自纪篇》中所述《政务》之书的宗旨相合……《备乏》、《禁酒》两篇,是由于当时水旱连年,而汉代统治者之政'不得其宜,不晓其务''不睹所趋',所以他提出了这些具体的政治主张。由此可见,此两篇正为《政务》之书的内容……《备乏》、《禁酒》两篇,正是谈的'治民之道',也正是'为郡国守相县邑令长,陈通政事,所当尚务'的。则此两篇为《政务》之书的内容无疑,其证一。"这是就内容而说的。其证据之二是,引《论衡·对作篇》的"上书奏记,陈列便宜,皆欲辅政。今作书者,犹上书奏记,说发胸臆,文成手中,其实一也。夫上书谓之奏记,转易其名谓之书",以证明:"这正是说明了这两篇文章,既是'上书奏记'之文,也是《政务》之书中的篇名。其证二。"这是就文体而说的。其证据之三是:"《论衡·对作篇》里,常以《论衡》之书与《政务》之书相提并论,处处说明了这两部书内容的关系和区别。按照这些区别来看,《备乏》、《禁酒》两篇,只能是《政务》之书的内容而非《论衡》之书的内容。其证三。"这是就《政务》之书与《论衡》之书的关系而说的。上述这些认为《备乏》、《禁酒》二文属于《政务》之书的说法,其实都本于张宗祥的《论衡校订》三卷附记①之说:"《政务》之书不悉篇数,所可考者,《备乏》、《禁酒》二篇耳。"②只不过一般均就内容而言,蒋文则更提出文体等证据而已。

在确定《政务》之书的写作时间方面,《备乏》、《禁酒》是否属于《政务》之书,可以说是问题的关键。尽管我也认为,《备乏》、《禁酒》二篇的内容较接近王充所论的《政务》之书的宗旨,但却不能同意一般学者所认为的它们属于《政务》之书的看法。我的理由是,首先,《备乏》、《禁酒》两文的内容诚然接近《政务》之书的宗旨,而且因此而或许有助于我们推想已佚的《政务》之书的面貌,但这却不足以构成认为它们属于《政务》之书的理由。因为其中的道理其实很简单,内容接近是一回事,是否是一部书又是一回事,并不能从前者径直推出后者。《政务》之书是一部讨论政治得失的书,《备乏》、《禁酒》作为上书奏记也是讨论政治得失的文章,这使它们具有某种相似性。也许也正因为这样,王充才举这二文来比方自己的《论衡》、《政务》之书的。但这种内容的相似性,并不足以使我们得出它们属于《政务》之书的结论。所以一般学者从内容的相似性上来推断《备乏》、《禁酒》属于《政务》之书的说法,我认为是不能成立的,尽管这不免有点令人遗憾。其次,从文体上来说,就更不能说《备乏》、《禁酒》是属于《政务》之书的了。

---

① 节选入刘盼遂《论衡集解》附录、蒋祖怡《王充卷》。本书所引据刘盼遂《论衡集解》附录(中华书局本)。张宗祥《论衡校注》附录有《读论衡随笔》(原载《手抄六千卷楼读书随笔》,云出于"《校勘记》三卷",写定于1942年,应即其所谓"《论衡校订》三卷附记",然其中实未见刘、蒋所引述者,不知其故。
② 其实张宗祥本人后来不再持此说,而是改说"此二篇(《备乏》、《禁酒》)未传"(见其《论衡校注》,第622页)。

这是因为《备乏》、《禁酒》属于"上书奏记"之文,而《政务》之书则属于"造论著说"之文,在王充的心目中,它们完全属于两种不同的文体。在《佚文篇》中,王充曾将文分为五等,第三等是"造论著说为文",第四等是"上书奏记为文"。王充对这两种文体的性质作了明确的规定,并认为"造论著说"之文优于"上书奏记"之文:"立五文在世,皆当贤也;造论著说之文,尤宜劳焉。何则?发胸中之思,论世俗之事,非徒讽古经、续故文也。论发胸臆,文成手中,非说经艺之人所能为也……上书陈便宜,奏记荐吏士,一则为身,二则为人,繁文丽辞,无为上者。"可见在王充的心目中,它们之间的区别是很明确的,不可能如蒋文所说的会成为一回事。那么,为什么一般学者会有《备乏》、《禁酒》等上书奏记之文在文体上亦与《政务》之书一致的印象呢?这是由于没有很好理解玩味《对作篇》有关这段话的文脉和语气之故。王充是在回答别人"圣人作,贤者述。以贤而作者,非也。《论衡》、《政务》,可谓作者"的责难时,为证明自己的《论衡》、《政务》不是"作"而是"论"时,才以举例比方的方式提到自己的《备乏》、《禁酒》这两篇上书奏记之文的。王充先强调自己的《论衡》、《政务》二书"非作也,亦非述也,论也。论者,述之次也",然后举例说明什么可以说是"作",什么可以说是"述"。而自己的《论衡》、《政务》,则是像桓君山《新论》、邹伯奇《检论》那样的文章,是像《备乏》、《禁酒》等上书奏记之文那样的文章,是像阳成子张作《乐》、杨子云造《玄》那样的文章,因为它们都不是"作"和"述",所以《论衡》和《政务》也不是"作"和"述"。在这里,《备乏》、《禁酒》的作用是和《新论》、《检论》、唐林之奏、谷永之章、阳成子张《乐》、杨子云《玄》一样的,只是王充用来比方自己《论衡》、《政务》二书性质的例子,而不是王充为阐发《政务》之内容而举的该书中的篇目,所以它们绝不可能属于《政务》之书。此外,从关于《备乏》、《禁酒》的上下文中,我们也可看出它们仅是举例比方用的:"上书奏记,陈列便宜,皆欲辅政。今作书者,犹上书奏记,说发胸臆,文成手中,其实一也。夫上书谓之奏记,转易其名谓之书。——建初孟年,中州颇歉,颍川、汝南,民流四散。圣主忧怀,诏书数至。《论衡》之人,奏记郡守,宜禁奢侈,以备困乏。言不纳用,退题记草,名曰《备乏》。酒糜五谷,生起盗贼,沉湎饮酒,盗贼不绝。奏记郡守,禁民酒。退题记草,名曰《禁酒》。——由此言之,夫作书者,上书奏记之文也,谓之造作,上书奏记是作也?"《对作篇》的这段话,确实是在强调"造论著说"之文与"上书奏记"之文的一致性,但从其中的"犹"、"其实一也"、"转易其名"云云来看,正说明二者原本不是一种文体。那么,王充为何在《佚文篇》中强调"造论著说"之文与"上书奏记"之文的区别,而在此则强调它们之间的一致性呢?这是因为他的"造论著说"之文有被人视为"作"的危险,而"上书奏记"之文则绝对没有这样的危险,因此,强调二者之间的一致性,他的"造论著说"之文便可避免被视为"作"的危险。此文最后的反问便充分表明了王充的这一意图:"上书奏记是作也?"回答当然是"否"。"作书者,上书奏记之文也",如果人们被王充的上述论述说服的话,那么当然会同意王充的这一说法。作书可"谓之造作"吗?回答因此当然也是"否"。这其实正是王充想要通过自己的推理使人们获致的结论。正是作为"上书奏记"之文的例子,王充才举到了自己的《备乏》和《禁酒》二文的。由于《备乏》和《禁酒》没有被人视为"作"的危险,所以才被王充用来作为自己的《论衡》、《政务》不是"作"的比方的。试想,如果《备乏》、《禁酒》属于《政务》之书,那么当《政务》之书受到"作"的怀疑时,王充怎么可能以已被怀疑为"作"的文章来证明自己之书不是"作"呢?综上所述,从王充强调"造论著说"之文与"上书奏记"之文的区别来看,从他谈到《备乏》、《禁酒》二篇时的文脉和语气来看,《备乏》、《禁酒》都只能被认为是王充的"上书奏记"之文,而非《政务》书中之文。最后,《对作篇》中有关《备乏》、《禁酒》的这段话,只是说明《论衡》、《政务》二书是不是"作"这个问题的,而并不是说明《论衡》之书或《政务》之书的宗旨的,所以不能因为《备乏》、《禁酒》的内容与《政务》之书接近,便认为它们"只能是《政务》之书的内容而非《论衡》之书的内容"。因为在王充看来,在是否"作"的问题上,《论衡》、《政务》二书与《备乏》、《禁酒》是站在同一边的。总而言之,《备乏》、《禁酒》不可能属于《政务》之书。

既然《备乏》、《禁酒》不可能属于《政务》之书,那么理所当然地,也就不能根据它们的作年来推定《政务》之书的作年了。况且,根据它们的作年所推定的《政务》之书的作年,也是与《政务》之书作于《论衡》之书之前的写作顺序相矛盾的(王充在谈到这二文时,自称"《论衡》之人",可见王充作此二文时,已经在写作《论衡》之书了,而其时《政务》之书应该早就完成了)。然则《政务》之书到底作于什么时候呢?这现在已无法完全确定。如果说《论衡》确实是"造于永平末,定于建初之年"的,如果说王充各书的写作顺序确实是如《自纪篇》所说的那样排列的,则我们只能认为《政务》之书以成于永平年间,即永平初中期十余年间的可能性为大。这段时间,正好是各家王充年谱的著作栏都付诸阙如的时期,这也有利于我们的上述推论。

在《政务》之书前,王充作有《讥俗》、《节义》之书。如果不算《六儒论》这单篇文章,那么《讥俗》、《节义》之书就是王充的第一部著作了,但其具体写作时间却也不容易确定。据《自纪篇》说:"俗性贪进忽退,收成弃败。充升擢在位之时,众人蚁附;废退穷居,旧故叛去。志俗人之寡恩,故闲居作《讥俗》、《节义》十二篇。"王充在此并没有明确说明《讥俗》、《节义》之书的写作时间,不过,因为其中提到此书是作于其"升擢在位"之后的"废退穷居"之时的,而一般学者又认为"升擢在位"是王充早年事迹,所以他们大都因此认为《讥俗》、《节义》之书作于王充的青年时代。至于青年时代究为何时,则有三十来岁与二十来岁二说。前者如钟《谱》与蒋《谱》。钟《谱》于光武帝中元元年(56)王充三十岁条下系云:"充作《讥俗》、《节义》书十二篇……案充作《讥俗》《节义》当在为县及都尉掾史之后,故有'升擢在位,废退穷居',及'得官不欣,失位不恨'之言。其时当在此数年间。"蒋《谱》则于光武帝中元二年(57)王充三十一岁条下系云:"王充《讥俗》之书,作于《论衡》、《政务》之前,故志于此。"二说虽有一年之出入,但大致接近。后者如朱《考》与黄《谱》。朱《考》云:"写《讥俗》之书时,王充年约二十余岁。本传所云'仕郡为功曹,以数谏事不合去'。这是废退穷居之时。"黄《谱》则更是认为王充作《讥俗》之书时才二十二岁,其根据是:"《论衡》起草于明帝初年,据《自纪篇》,《讥俗》、《政务》之书作于《论衡》之前。"总而言之,诸家大都认为王充为功曹及不合去是早年事迹,所以认为《讥俗》、《节义》之书作于王充的青年时代;但因为王充为功曹及不合去之时间现已无法确定,所以诸说便因此而有了二十二岁至三十一岁的差别。这些说法,都还不能说是定论,而且,今后恐怕也无法确定。只是如果以王充自言各书写作顺序为根据,从《论衡》之书的写作时间往前倒推,则《政务》之书既以作于永平初中期的可能性为大,则《讥俗》、《节义》之书亦以作于光武帝中元年间至明帝永平初年的可能性为大。但确切的年份,则和《政务》之书一样,恐怕是无法确定的了。现在所能够大致确定的,只是《论衡》之书和《养性》之书的写作时间罢了。

三

由于《讥俗》、《节义》、《政务》、《养性》等书均已亡佚不存,它们的详细内容我们今天当然已无从知晓,但所幸的是,今本《论衡》中有关这些书的只言片语,尚可使我们得以稍稍窥见它们的宗旨和文风之大概。

《讥俗》、《节义》之书有十二篇。关于它的宗旨,据王充的《自纪篇》说:"俗性贪进忽退,收成弃败。充升擢在位之时,众人蚁附;废退穷居,旧故叛去。志俗人之寡恩,故闲居作《讥俗》、《节义》十二篇。""充既疾俗情,作《讥俗》之书。"可见是"疾俗情",是"志俗人之寡恩",是揭露世俗"贪进忽退,收成弃败"的势利性。

《节义》的"义",是下忠于上、知恩报恩之义。《节义》与《讥俗》的关系,一是正说,一是反说。据此可以推测,《讥俗》、《节义》之书的内容,一方面是对于势利的俗人的讥讽,另一方面是对于有义的高士的赞扬。王充之所以作这部书,一方面固然和他所遭受的"升擢在位之时,众人蚁附;废退穷居,旧故叛去"的世态炎凉和人情冷暖有关,另一方面也和东汉时期重视节义的社会风气有关,这我们读《后汉书》是会有深刻印象的。朱《考》认为《讥俗》之书的宗旨是"对于当时迷信陋习,都有所评论","就具体的迷信陋俗,一一加以严正的批判",这是与王充自己的说法不相符合的。《讥俗》、《节义》之书的文风,据《自纪篇》说:"冀俗人观书而自觉,故直露其文,集以俗言。"可见是颇为通俗的。后来王充作《论衡》,也继承了《讥俗》、《节义》之书的这种文风:"《讥俗》之书,欲悟俗人,故形露其指,为分别之文;《论衡》之书,何为复然?"可见《讥俗》、《节义》之书的文风是与现存的《论衡》之书一样的,因而我们读了《论衡》,也就可以想见《讥俗》、《节义》之书的大致面貌了。

《政务》之书篇数不详。关于它的宗旨,王充自己谈论得较多。《自纪篇》说:"又闵人君之政,徒欲治人,不得其宜,不晓其务,愁精苦思,不睹所趋,故作《政务》之书。"《对作篇》说:"其《政务》言治民之道。""《政务》为郡国守相、县邑令长陈通政事所当尚务,欲令全民立化,奉称国恩。"可见这是一部论述人君及地方长官统治术的书,内容皆与政事有关,其书名本身也显示了这一点。章士钊《答张九如书》[①]认为,王充以《论衡》之书"破",以《政务》之书"立":"或谓充之所为,有破无立……不知书以'衡'名,其职及于权物而止。至天人之际,政学之微,直摅己见而成一系统者,充别有一书曰《政务》,惜不传矣。"说得很有意思。马宗霍也认为:

---

① 载《甲寅周刊》第一卷第四十一号,天津,甲寅周刊社,1927年1月22日;又收入黄晖《论衡校释》附编三。本书所引据《甲寅周刊》第一卷第四十一号。

"仲任以《政务》与《论衡》并言,其书虽已佚,但上文云'《政务》言治民之道',本文又谓'《政务》为郡国守相、县邑令长陈通政事所当尚务',则其书之内容与命名之义,已具见矣!"①所说颇得要领。一般学者多指《备乏》、《禁酒》二篇为《政务》中之篇名,但尽管二者内容与《政务》之宗旨诚为相近,却毕竟有"造论著说"之文与"上书奏记"之文的区别,所以王充也只是用它们来打比方,而并未直指它们即属于《政务》之书,这我们在上面已经辨证过了。至于朱《考》认为《政务》之书中有"颂汉"的内容,则显然与王充自己的说法不相符合。《政务》之书的体裁,和《论衡》一样,也属于"造论著说"之文。《对作篇》说:"桓君山《新论》、邹伯奇《检论》,可谓论矣。今观《论衡》、《政务》,桓、邹之二论也。""《论衡》、《政务》,同一趋也。"可见《政务》之书的文体和《论衡》一样,故即从现存的《论衡》,亦可稍稍想见《政务》之书的大致风貌。至于其文风,则因是给郡国守相和县邑令长等看的,而不是给一般"俗人"看的,所以也许和《讥俗》、《节义》之书及《论衡》之书有所不同。也许正因为这样,《自纪篇》在论述自己的"形露其指"、"为分别之文"的文风时,才没有提到《政务》之书。

《养性》之书有十六篇。有关它的历史记载较多,这是它不同于《讥俗》、《节义》之书和《政务》之书的地方。王充《自纪篇》说:"历数冉冉,庚辛域际,虽惧终徂,愚犹沛沛,乃作《养性》之书,凡十六篇。养气自守,适食节酒,闭明塞聪,爱精自保,适辅服药引导,庶冀性命可延,斯须不老。"《后汉书》充本传说:"年渐七十,志力衰耗,乃造《养性书》十六篇,裁节嗜欲,颐神自守。"《太平御览》卷七二〇引《会稽典录》云:"王充年渐七十,作《养生(性)》之书,凡十六篇。养气自守,闭明塞聪,爱精自辅,服药道引,庶几获道。"《文心雕龙·养气篇》云:"昔王充著述,制《养气》之篇,验己而作,岂虚造哉!"韩愈《后汉三贤赞》云:"年七十余,乃作《养性》,

---

① 马宗霍《论衡校读笺识》,北京,中华书局,2010年,第380页。

一十六篇。"(其中所云书名或略有出入,黄《谱》云:"按:《会稽典录》作'养生','性'、'生'字通。《文心雕龙·养气篇》作'养气',盖《养气篇》为《养性书》之目。"其说甚是。钟《谱》说同。)综合以上各条材料可知,《养性》之书的宗旨,是"养气自守"以下那一段话所说的,有关老年人保养身体的一些方法,包括节制饮食、适当地服药和运动等各个方面。《后汉书》充本传将其宗旨归结为"裁节嗜欲,颐神自守"八个字,还是对的。王充之所以作《养性》之书,是因为如《自纪篇》所说的:"年渐七十,时可悬舆。仕路隔绝,志穷无如。事有否然,身有利害。发白齿落,日月逾迈。俦伦弥索,鲜所恃赖。贫无供养,志不娱快。"即他已进入了迟暮之年,不能不对生命感到强烈的眷恋。而他作《养性》之书的目的,自是为了"庶冀性命可延,斯须不老"。《养性》之书的具体篇目,臧琳《经义杂记》卷四"王充《性书》"条指出,可能即是《自纪篇》的"养气自守"至"适辅服药引导"这一段话所概括的("以上疑用十六篇之目")。而《文心雕龙》中所提到的《养气篇》,诚如黄《谱》所说的,无疑也是《养性》书中的一篇。谭宗浚《希古堂甲集》卷二《〈论衡〉跋》云:"至刘勰《文心雕龙·养气篇》云:'昔王充著述,制《养气》之篇,验已而作,岂虚也哉!'案今书并无此篇名,此则或出于充他所著述之书,或即《论衡》中之一篇,而近时佚去,亦未可定。亦犹《管》、《晏》、《吕览》诸书,经后人窜乱,往往与古本相殊也。"其前一种推测是对的,后一种推测则不合事实。朱《考》说《养性》之书是"性命"之书而非"养生"之书,并认为"《养性》之书见于《自纪》篇以后,已渐传闻失实,《养性》之书早已变成养生延年术,而不是性命之书了",其说不能令人同意。对其说的不同意见,请参阅蒋祖怡《论王充的〈养性〉之书》和本编第一章《论王充〈讥俗〉〈节义〉〈政务〉〈养性〉等书不在今本〈论衡〉之中》的第三部分。《养性》之书的文风,王充没有谈到,但从王充《自纪篇》的语气推测,那一定是相当悲观消沉的,正如臧琳同上文所说的,读《自纪篇》末之文,便"可想见其书之仿佛"。

四

关于《讥俗》、《节义》、《政务》、《养性》等书的命运,尽管已是众所周知的常识,但因为还存在着不同意见,所以仍有必要再说几句。

《讥俗》、《节义》、《养性》等书的书名,在《论衡》中都仅仅出现于《自纪篇》中;《政务》之书的书名,则首先出现于《对作篇》中,后来又出现于《自纪篇》中;而在《论衡》的其他各篇中,它们都没有出现。这当然和《自纪篇》以及《对作篇》所具有的总结或自传性质有关。除了《养性》之书外,其他各书后来都史乏记载,因而可以认为它们都早已亡佚了,正如平步青《安越堂外集》卷四《书〈论衡〉后》所说的:"《论衡》得中郎、景兴先后传播,盛行于世,蔚宗习见其言,故但云'释物类同异,正时俗嫌疑',略举大恉,不著其篇。使《讥俗》、《政务》尚存,亦当如著《潜夫》之《贵忠》、《浮侈》、《实贡》、《爱日》、《述赦》五篇,录《昌言》之《治乱》、《损益》、《法诫》三篇,足观当时风政,简撮其略,载之本传,而独无之,盖其亡佚久矣。"《养性》之书的情况稍稍明朗一些,如上所述,范晔《后汉书》充本传、《会稽典录》(《太平御览》卷七二〇引)、刘勰《文心雕龙·养气篇》及韩愈《后汉三贤赞》都曾提到王充此书。如果刘勰《文心雕龙·养气篇》中所说的"昔王充著述,制《养气》之篇"的"《养气》之篇"果为《养性》之书之篇名,那可以认为《养性》之书直到南北朝时还存在。至于韩愈《后汉三贤赞》的提到《养性》之书,却不足以证明此书直到唐代中期还存在,因为韩愈此赞明显是根据范晔《后汉书》的王充、王符、仲长统三人之传而写的,未必曾亲见王充此书。从《隋书·经籍志》及以后各家书目都未著录王充这些书和其他史料都未提到这些书来看,可以认为这些书至迟在唐代均已亡佚不存。

基于上述情况,所以过去的学者大都认为王充的这些书均已亡佚不存了。如《四库全书总目》卷一二〇子部杂家类《论衡》提要云："充所作别有《讥俗书》、《政务书》，晚年又作《养性书》，今皆不传。"臧琳《经义杂记》卷四"王充《性书》"条云："《性书》失传，隋唐志亦无著录。"周中孚《郑堂读书记》卷五六"《论衡》"条云："别记其作《讥俗》、《节义》十二篇，又作《养性》之书十六篇，今俱不传。"平步青同上文云："据《自叙（纪）》所言，仲任撰著篇籍，不仅《论衡》、《养性》，《大儒论》或以少作弃去，《讥俗》、《节义》及《政务》之书，今亦不传，不得偕《论衡》并垂天壤，与王汝粼之怪桓君山《新论》同恨。"张宗祥《论衡校订》三卷附记云："充之著作，凡分四部：一《讥俗》之书，二《政务》之书，三《论衡》之书，四《养性》之书，皆见《自纪》……然诸书皆不传，所传者独《论衡》之书八十五篇耳。"当然，也有人抱着一丝希望，认为这些书或尚在人间，只是被什么人藏匿起来而已。如明代虞淳熙《论衡》程荣本序云："史称仲任年渐七十，志力衰耗，造《养性书》十六篇。不知谁何氏匿之。吾甚不平，行问之灵族遗程氏矣。"（平步青所引无"遗程"二字）对这一疑问，平步青同上文云："德园（虞淳熙）廑廑不平，不知谁何氏匿《养性书》。岂知仲任究当世失得，《论衡》百余篇外，不知尚有若干万言……盖其亡佚久矣，不独《养性》十六篇，初非有人秘玩以为谈助、匿之帐中隐处也。德园欲问之灵族氏，固哉！"虞淳熙也许只不过是随便说说而已，不过平步青的回答，却的确反映了过去学者对于王充各书命运的一般看法。

不过，进入近代以后，却续有学者对此传统看法提出挑战。张右源的《王充学说的梗概和治学方法》一文，首先提出了王充这些书尚保存在今本《论衡》之中的怀疑："按王充所著书籍，有《讥俗》之书，有《政务》之书，有《论衡》之书，有《养性》之书（见《自纪》篇）。但是现今止存《论衡》，似乎我们很难考究他学说的全体；不过据我看来，这并无妨。第一，也许今本的《论衡》是把原著的《讥俗》之书，《政务》之书，《论衡》之书，《养性》之书混杂起来了。关于这点，我有两个证据……像这样，假定今本的《论衡》是混合原著的四种书而成,我们自然可以考究他学说的全体。"这种猜想,对于对王充学说越来越感兴趣的现代学者来说,的确是颇具诱惑力的。因为对苦于王充其他各书均已亡佚的现代学者来说,如知道王充其他各书尚保存在今本《论衡》之中,则在心理上无疑是一个很大的安慰。过了近四十年,朱《考》又接受了张右源的这一猜想并试图加以证实:"在定本《论衡》之中,是否混合着其所著《讥俗》、《节义》、《政务》、《养性》数书而成?这个问题虽曾经有人提出,而证据不足,得不到确切的解决(见东南大学《国学丛刊》第二卷第三期张右源《王充学说的梗概和治学方法》除提出问题之外,可靠的证据,只有'《论衡》篇以十数'一语)。"而朱《考》的研究结果是:"依我研究结果,认为王充的著作,除在明帝永平年间所作《六儒论》不传之外,他所有著作如《讥俗》之书,《节义》之书,《政务》之书,《养性》之书,实均包括在今本《论衡》之内;换言之,王充的整个思想体系,实已包括在今本《论衡》之中。"[①]并且,他还对这些书被包括进定本《论衡》的具体过程作了猜想和描述:"惟《论衡》一书实经过三次撰集,定本《论衡》则为其最后之撰集。第一次撰集《论衡》只有十几篇……而以《佚文》篇为其总序……第二次撰集是在《政务》之书写成之后,把《论衡》和《政务》合并成一书,而以《对作》篇为其总序……而此时所撰集的《论衡》则为《论衡》与《政务》二书的合订本,《对作》篇即为此合订本之自序……自此以后,以至《论衡》之第三次撰集,这已经是在'章和二年罢州家居,年渐七十……乃作《养性》之书'之后,这时王充暮年晚景,自觉'既晚无还,垂书示后',把一生精力所著《讥俗》之书,《节义》之书,《政务》之书,《论衡》之书,《养性》之书,撰集成一巨册,这就

---

① 吴则虞也持类似看法:"人们一致认为:王充的著作有四个集子,即《讥俗》、《论衡》、《政务》、《养性》,而至今存在的只有《论衡》,其他三个集子都早已亡佚了。这个判断显然是缺乏充分根据的。据我研究的结果:现存的《论衡》八十四篇,其实包括了上面所说的四部书,《论衡》既是其中的一个集子的书名,也作为全集的总称。"(《〈论衡〉的构成及其唯物主义的特点》)

是约百篇多之定本《论衡》……正如《对作》篇之为《论衡》第二次撰集的总序一样,《自纪》篇就作为《论衡》第三次撰集的总跋。因为《论衡》定本是撰集各书而成,故《自纪》篇历叙生平,将所有著作,从《讥俗》、《节义》、《政务》、《论衡》,以至《养性》之书作一次思想的大总结。"并且,他还在今本《论衡》八十五篇中,具体指出哪几篇原来是属于《讥俗》之书的,哪几篇原来是属于《节义》之书的,哪几篇原来是属于《政务》之书的,哪几篇原来是属于《养性》之书的。这种详细的考证,的确远远超过了张右源的简单猜想,使之成为一种相当有力的假说,并已为某些《论衡》研究著作所吸收。如北京大学历史系《论衡》注释小组的《论衡注释》,便采纳了朱《考》的上述看法,在有关地方分别注道:"《讥俗》、《节义》十二篇,王充的作品,基本上保存在今本《论衡》中。有人认为已佚失。""《政务》之书,王充的著作之一,基本上保存在今本《论衡》中。有人认为已佚失。""《养性》之书,王充的著作之一,基本上保存在今本《论衡》中。有人认为已佚失。"都将张、朱之说作为正说,而将传统看法作为又说,表明了重视张、朱之说的倾向性。

不过,对张、朱之说持不同意见并维护传统看法的论文也因此而产生。首先出现的是蒋祖怡的《论王充的〈养性〉之书》和《论王充的〈政务〉之书》二文,后者还约略涉及了《讥俗》、《节义》之书。蒋文不同意朱《考》的观点,认为王充的《讥俗》、《节义》、《政务》、《养性》等书均已亡佚。"虽则它们的基本观点,在今本《论衡》中可以探知,但今本《论衡》中实未包括上述三种著作。"(《王充卷·前言》)本编第一章《论王充〈讥俗〉〈节义〉〈政务〉〈养性〉等书不在今本〈论衡〉之中》,论述了朱《考》在今本《论衡》中找出的所谓《讥俗》、《节义》、《政务》、《养性》等书都是不可信的,而《论衡》的其他各篇也不符合王充自己所说的它们的宗旨,所以,还是保持原来的看法,即这些书不在今本《论衡》之中,而是已经亡佚了为好。第一编第二章《王充三次撰集〈论衡〉说平议》,则对朱《考》的王充三次撰集《论衡》说提出了质疑,认为王充并未曾三次撰集《论衡》，也没有将其他各书与《论衡》合并。通过上述研究，也许可以认为，今天对王充《讥俗》、《节义》、《政务》、《养性》等书命运的看法，又重新回到过去的传统看法上去了。

五

综上所述，关于王充的《讥俗》、《节义》、《政务》、《养性》等书，我们今天所能知道的是，它们是依上述顺序被先后写成的。而且，《政务》之书事实上确实作于《论衡》之书之前，而不是如流行看法所认为的那样，作于《论衡》之书的写作过程中。《养性》之书的写作时间大致上能够确定。《讥俗》、《节义》之书的写作时间则只能大致假定是光武帝中元年间至永平初年（因为王充为掾史的年代已无法确定）。《政务》之书的写作时间则只能大致假定是明帝永平年间，而不是如通常所认为的那样是章帝建初年间。《讥俗》、《节义》之书有十二篇，宗旨是批评"俗人"的势利，文风和《论衡》接近。《政务》之书篇数不详，宗旨是论述政治得失，内容近于王充的上书奏记之文《备乏》和《禁酒》（但不能说《备乏》、《禁酒》属于《政务》之书），文风则不一定像《论衡》之书那样通俗，而应是比较正规的。《养性》之书有十六篇，宗旨是论述养生方法，篇目有《养气》等，文章基调比较悲观消沉。所有这些书都已亡佚不存，其具体亡佚时间已不得而知，但至迟不晚于南北朝时。[①] 以上，便是我们通过王充《论衡》及其他史料所能了解的王充这些著作的大致情况。

[①] 张宗祥感慨道："《讥俗》、《节义》，为篇十二；《养性》之书，为篇十六；《备乏》、《禁酒》，言政务者，亦各有篇；仲任未留一字，他书未引一言，此又何也？岂《论衡》随蔡邕、王朗得行中土，故传，《讥俗》、《养性》沉埋越地，故不传与？"（见其《论衡校注》，第 590 页）

第三编

《论衡》的流传

第一章 蔡邕入吴始得《论衡》说献疑

一、记载此传说之史料及信从之者

王充生于建武三年(27),卒于永元九年前后(约97)。其《论衡》,大致写成于永平末至建初末(约74—约84),亦即其五十岁前后。蔡邕生于阳嘉二年(133),卒于初平三年(192)。以得罪宦官,于光和二年(179)亡命江海,远迹吴会,积十年,至中平六年(189)始返回长安。邕始入吴之年,距王充写作《论衡》之主要年份,已有百年之遥;距王充之卒,亦有八十年左右。而后人有"王充所作《论衡》,中土未有传者,蔡邕入吴始得之"之说。今所见倡此说之最早者,为又百年后的葛洪(283—343)①。《北堂书钞》卷九八引《抱朴子》云:

> 王充所作《论衡》,北方都未有得之者。蔡邕到江东得之。及还中国,诸儒觉其谈论更远。

范晔《后汉书》充本传李贤注引《抱朴子》云:

> 时人嫌蔡邕得异书,或搜求其帐中隐处,果得《论衡》,抱数卷持去。邕丁宁之曰:"唯我与尔共之,勿广也!"

两处所引盖为同一条之先后部分,《艺文类聚》卷五五引《抱朴

---

① 毅平按:葛洪年寿有六十一、八十一等说,此取六十一岁说。

子》云：

> 王充所著《论衡》，北方都未有得之者。蔡伯喈常到江东得之，叹为高文，恒爱玩而独秘之。及还中国，诸儒觉其谈更远，搜求其帐中，果得《论衡》。

《太平御览》卷六〇二引《抱朴子》云：

> 王充作《论衡》，北方都未有得之者。蔡伯喈尝到江东得之，叹其文高，度越诸子。及还中国，诸儒觉其谈论更远，嫌得异书。或搜求至隐处，果得《论衡》，捉取数卷将去。伯喈曰："唯我与尔共之，勿广也！"

两条文字差同，而前者稍简约。

稍后，袁山松（？—401）《后汉书》中，亦有与《抱朴子》类似之记载。盖晋人好奇异，故当时颇有传信其事者。范晔《后汉书》充本传李贤注引袁山松《后汉书》云：

> 充所作《论衡》，中土未有传者，蔡邕入吴始得之，恒秘玩以为谈助。其后王朗为会稽太守，又得其书，及还许下，时人称其才进。或曰："不见异人，当得异书。"问之，果以《论衡》之益。由是遂见传焉。

据袁山松《后汉书》，则王朗（？—228）入吴①又得《论衡》，《论衡》得王朗始传，是又葛洪所未言。②

此后，"蔡邕入吴始得《论衡》，而秘之不以授人；王朗入吴又得《论衡》，《论衡》乃传"之说遂播于人口，后人不谈《论衡》则已，

---

① 王朗任会稽太守，在初平四年至建安二年间（193—197），建安三年（198）返回北方。

② 黄晖《论衡校释》附编三《论衡旧评》引《抱朴子》佚文（云出《事文类聚》别集卷二）云："王充好论说，始诡异，终有理。乃闭门潜思，绝庆吊之礼，户牖墙壁，各置笔砚，著《论衡》八十五篇。蔡邕入吴始得之，秘玩以为谈助。后王朗得其书，时称其才进。或曰：'不见异人，当得异书。'问之，果以《论衡》之益。"检影印元本《古今事文类聚》别集卷二"著《论衡》"条，原文分为前后两条，中间以"〇"区隔：（转下页）

谈则必涉及此传说。褒之者引此说以证《论衡》之见赏通人,贬之者引此说以证《论衡》之仅为谈助,而校刻《论衡》者则类引此说证明自己胸怀宽阔胜于蔡邕。延至当代,则有引此说以证明《论衡》原本有百余篇,因被人从蔡邕帐中捉取数卷持去,故今本《论衡》遂仅剩八十五篇者。如朱谦之《王充著作考》认为,王充晚年将一生所作书与《论衡》合并,遂得百余篇之"定本《论衡》",而这定本《论衡》"当时却是秘传本子":

> 《抱朴子》述及此书流通情形道……这被捉取的数卷,或即《备乏》、《禁酒》之类,但这么一来,定本《论衡》,便只剩得八十五篇了。

朱说实本于黄晖《论衡校释·自序》:

> 《四库全书目录》和刘盼遂先生据《自纪篇》以为《论衡》当在百篇以外。我以为仲任的手定稿,或者有百篇,但《抱朴子》、《后汉书》本传都只著录八十五篇,盖《论衡》最初传世,是由蔡邕、王朗两人,他两人入吴,都得着百篇全稿。虞翻说:"王充著书垂藻,络绎百篇。"足为当时尚存百篇之证。后来因为蔡邕所得者,被人捉取数卷持去,故只剩八十五篇。见存的《论衡》,大概就是根源于蔡邕所存的残本,所以葛洪、范晔都只能见到八十五篇。

此外,尚有虽不明言,但暗用此说者,如翦伯赞主编《中国史纲

(接上页)前条(即黄晖所引者)自"王充好论说,始诡异,终有理",至"问之,果以《论衡》之益",未注出处;后条自"王充作《论衡》,北方都未有得之者",至"唯我与尔共之,勿广也",末注出处"《抱朴子》"。毅平按:《古今事文类聚》为南宋末科举用类书,系杂抄而成,其编者祝穆应不能见《抱朴子》佚文原文,其书亦不能保存晋代遗文,其后条应转引自《太平御览》卷六〇二引《抱朴子》佚文,其前条则应拼合《后汉书》充本传及李贤注引袁山松《后汉书》而成,且又没其出处,而实非《抱朴子》佚文(如皆为《抱朴子》佚文,其内容大同小异,实无必要分列两条)。黄晖或以过信《古今事文类聚》,且未注意以"〇"区隔之前后两条出处实不相同,而致误收此条。

要》云：

> 由于《论衡》对汉代占统治地位的思想进行了无情的攻击，所以这部卓越的著作在很长时间内无法公诸于世，直到东汉末年才流传开来。①

凡此，均可见此说入人之深。葛洪喜小说家言，或人所不敢深信；袁山松为史学家，其《后汉书》亦载此事，而李贤注范晔《后汉书》又引之，则人或将信之。

二、不载此传说之史料及怀疑之者

然而，即在晋宋时期，亦有见此传说而不采用者。范晔（398—445）《后汉书·儒林·赵晔传》云：

> 蔡邕至会稽，读《诗细》而叹息，以为长于《论衡》。

是范晔亦肯定蔡邕读过《论衡》，其读《论衡》之时间，则可以是至会稽以后，亦可以是至会稽之前，范晔在此未有明确说明。《后汉书》充本传云：

> 充好论说，始若诡异，终有理实。以为俗儒守文，多失其真，乃闭门潜思，绝庆吊之礼，户牖墙壁，各置刀笔，著《论衡》八十五篇。

可注意者，袁山松书"充所作《论衡》，中土未有传者，蔡邕入吴始得之"以下一段记载，范晔书并未采用（后来李贤可能舍不得放弃这段记载，于是将之采入了范晔书充本传注）。袁山松《后汉书》为范晔《后汉书》史源之一，袁山松书记载此传说，而范晔书却不记载。梁启超《中国历史研究法》认为，"某时代有某种现象谓之

---

① 翦伯赞主编《中国史纲要》第一册，北京，人民出版社，1979年，第205页。后来此书各种版本均保留了此语，2006年增订本仅删去了"卓越的"一词。

积极的史料;某时代无某种现象谓之消极的史料"①,两者都能说明问题。范晔见此传说而不采用,则其对此传说之态度可知。

然而,千百年来,范晔之态度并未引起人们注意。及至清末,李慈铭始稍发其覆,《越缦堂读书记》子部杂家类"《论衡》"条(辑自《越缦堂日记》同治九年庚午二月初二日)云:

> 卧读《论衡》,此蔡中郎帐中物,然理浅词复,汉人之文,鲜有拙冗至此者,中郎之事,显出附会。②

是李慈铭对此传说已有所怀疑,唯其所凭仅为《论衡》"理浅词复",以蔡邕之才恐未必欣赏此书之主观印象而已,并不足以动摇此传说之根基。

稍后,王先谦亦不信此传说,其《后汉书集解》充本传集解论此事道:"中郎不当鄙陋至此,袁、葛记事粗疏,止自形其无识耳。"与李慈铭意见略同。③

于此,如能证明蔡邕在入吴前即曾读过《论衡》,则"蔡邕入吴始得《论衡》"说将难以成立。今获一证,阐明如下。

三、蔡邕《独断》曾引《论衡·幸偶篇》语

蔡邕《独断》云:

> 王仲任曰:"君子无幸,而有不幸;小人有幸,而无不幸。"

此二语出于《论衡·幸偶篇》,乃王充引孔子语,并非王充自己所

---

① 梁启超《中国历史研究法》,上海,商务印书馆,1933年,第101页。
② 李慈铭《越缦堂读书记》(由云龙辑),上海,上海书店出版社,2000年,第649页。
③ 毅平按:然袁、葛记事粗疏,正彰显范晔记事精准,此其书所以后来居上也。又,钱钟书《管锥编》的意见则正好相反:"(《抱朴子》)佚文一则记蔡邕赏爱《论衡》,藏为帐秘;然观邕集,即其好言天人五行一端,已与王充主张乖驰,将徒拾牙慧,初无心得耶?"(北京,中华书局,1979年,第四册,第1234—1235页)这恐怕正是古今价值观变迁的结果。

说(且上句语序亦有颠倒,但意义并无不同):

> 故孔子曰:"君子有不幸,而无有幸;小人有幸,而无不幸。"①

此盖因蔡邕征引《论衡》时,偶未及细核原文之故。蔡邕《独断》此节文字,旨在解释"幸"之涵义,以为"非其所当得而得之"曰"幸",故君主当慎其所幸:

> 幸者宜幸也,世俗谓幸为侥倖。车驾所至,臣民被其德泽,以侥倖,故曰幸也……皆非其所当得而得之。王仲任曰:"君子无幸,而有不幸;小人有幸,而无不幸。"《春秋传》曰:"民之多幸,国之不幸也。"言民之得所不当得,故谓之幸。然则人主必慎所幸也。

《论衡·幸偶篇》所论范围远较《独断》此节为广,然王充解释"幸"之涵义有"无德受恩"之一面,则与《独断》此节主旨甚为接近:

> 佞幸之徒,闳孺、籍孺之辈,无德薄才,以色称媚,不宜爱而受宠,不当亲而得附,非道理之宜。故太史公为之作传,邪人反道而受恩宠,与此同科,故合其名谓之"佞幸"。无德受恩,无过遇祸,同一实也。

盖"无德受恩"为"幸","无过遇祸"为"不幸",故"君子有不幸,而无有幸;小人有幸,而无不幸"。蔡邕解释"幸"之涵义,或曾受《幸偶篇》启发,或与《幸偶篇》所论有同感,故征引《幸偶篇》之语,乃极自然之事。蔡邕偶误引《幸偶篇》中孔子语以为王充语,却使后人得以推知蔡邕在作《独断》时已读过王充《论衡》,此真古人所谓"无妄之福"。蔡邕见到《论衡》既在作《独断》之前,则如知《独断》之作年,即可知蔡邕见到《论衡》之大致时间。

---

① 张宗祥云:"此说未见他书。"(见其《论衡校注》,第602页)

四、《独断》作于灵帝建宁年间证一

然则《独断》作于何时？《独断》云：

> 从高帝至桓帝三百八十六年，除王莽、刘圣公三百六十六年。从高祖乙未至今壬子岁四百一十年，吕后、王莽不入数。高帝以甲午岁即位，以乙未为元。

其中所言年数，皆有讹误。自高祖元年（前206）至桓帝末年（167）为三百七十三年，不合"三百八十六年"之数；除王莽（自摄政之年算）及更始帝十九年，为三百五十四年，亦不合"三百六十六年"之数；扣除吕后、王莽二十五年，则自高祖元年至汉亡（220）仅四百零一年，而蔡邕已前卒于初平三年（192）。故《独断》此节言年数绝不可信。其中极可注意者，乃在"从高祖乙未至今壬子岁"一语。《四库全书总目》卷一一八子部杂家类《独断》提要云："壬子为灵帝建宁五年（172）"，其说甚是。同提要又云："而灵帝世系末行小注乃有二十二年之事，又有献帝之谥，则决非邕之本文，盖后人亦有所窜乱也。"其说亦是。上文所论言年数之误，盖同为后人窜乱所致。正因为《独断》作于灵帝初年，故邕计算汉代年数之第一句乃云"从高帝至桓帝"，而不计入灵帝年数；下文"从高祖乙未至今壬子岁"则为补充说明，"今"显指灵帝时之某年。如上文灵帝世系末行小注"二十二年。立史侯，董卓杀之，立史侯弟陈留王为帝"果为蔡邕之笔，则"从高帝至桓帝"、"从高祖乙未至今壬子岁"之计年数方法将不知所云，无法理解。因为《独断》如作于献帝初平年间，则邕所谓"今"当理解为献帝时之某年（献帝时无壬子年），而计年数亦不应仅至桓帝，当计至灵帝。此外，以蔡邕与董卓之关系，不可能写"立史侯，董卓杀之"之类语句。而且，《独断》历数东汉诸帝庙号，仅至"孝桓曰威宗"而止，不言灵帝之庙号，又屡称灵帝为"今上"。凡此，均可证《四库全书总目》"盖后人亦有所窜乱"之说为确，并可证《独断》不可能作于献帝时。

五、《独断》作于灵帝建宁年间证二

《独断》云：

> 桓帝崩，今上即位，桓思窦后摄政。

据《后汉书》，桓帝崩时，灵帝仅十一岁，故桓帝死之明日，窦后即临朝。建宁元年九月辛亥，窦后与窦武谋诛曹节失败，窦后迁于南宫。窦后摄政前后凡九阅月。《独断》又云：

> 桓帝崩，无子，今上即位，追尊父解渎侯曰孝仁皇，母董夫人曰孝仁后，祖父河间敬王曰孝元皇，祖母夏妃曰孝元后。

据《后汉书·灵帝纪》，追尊之事在建宁元年闰月甲午（追尊董夫人为孝仁皇后则在次年三月乙巳）。《独断》多论历代之典章制度，不常言"今事"，偶尔言及如上述两条，则均为灵帝建宁初年之事，此或可作为《独断》作于灵帝建宁年间之间接证据耶？又《独断》论"高山冠"、"法冠"、"武冠"各条皆引"太傅胡公"之说，"胡公"为邕师胡广，据《后汉书·灵帝纪》，胡广为太傅在建宁元年九月，至熹平元年三月薨。《独断》屡称"太傅胡公"，则《独断》之作不会早于建宁元年九月，亦不应迟于熹平元年三月，因胡广卒后，蔡邕称其为"故太傅"。而熹平元年即建宁五年（是年五月，始改元熹平），亦即"壬子岁"。故《独断》作于建宁年间之结论，至此似已不容动摇。

六、《独断》作于灵帝建宁年间证三

蔡邕年未弱冠，即从胡广问学，历二十余年，直至建宁五年三月胡广去世。其间所受主要为汉礼仪制度之学，《独断》盖即当时受学之笔记，为其后来《十意》之修作准备。上文所举《独断》论"高山冠"、"法冠"、"武冠"诸条各引胡广之说，可为明证。《独断》

中又有不著胡广之名而实用胡广之说者,如:

> 旧仪:三公以下月朝。后省,常以六月朔、十月朔旦朝。后又以盛暑,省六月朝。故今独以为正月、十月朔朝也。

此说一本胡广。《续汉书·礼仪志中》刘昭注补引蔡邕语云:

> 群臣朝见之仪,视不晚朝十月朔之故,以问胡广,广曰:"旧仪:公卿以下,每月常朝。先帝以其频,故省,唯六月、十月朔朝。后复以六月朔盛暑,省之。"

可见《独断》所载即胡广语。姚振宗《后汉艺文志》云:

> 《独断》今所传者似中郎修史时随笔札记之文,亦多见于《续汉八志》中。

其说甚是。盖蔡邕入东观修史虽已在建宁五年三月胡广卒后,然其积累史料,讨论体例,则早在受业胡广之时。《续汉书·律历志下》刘昭注补引蔡邕戍边时上章云:

> 臣自在布衣,常以为《汉书》十志,下尽王莽,而世祖以来,唯有纪传,无续志者。臣所师事故太傅胡广,知臣颇识其门户,略以所有旧事与臣,虽未备悉,粗见首尾,积累思惟,二十余年。不在其位,非外吏庶人所得擅述。天诱其衷,得备著作郎,建言十志皆当撰录。

胡广与邕之"旧事",其中一部分盖即在建宁年间编入《独断》。蔡邕从胡广受汉礼仪制度之学,建宁五年左右写成有关礼仪制度之笔记《独断》。当年三月以后即任著作郎,入东观修史,作《十意》,《独断》之材料亦被采入。后来司马彪作《续汉八志》,多本《十意》(余有《论蔡邕及其史学与文学》[①]一文详论此事)。姚振宗所云

---

① 复旦大学硕士学位论文,1982 年;载韩国蔚山大学校《人文论丛》第 9 辑,1995 年,改题为《论蔡邕之生平及其史学与文学》;后收入拙著《中国古典文学论集》,韩国版沿用改题,国内合集版恢复原题。

《独断》"多见于《续汉八志》中",盖即职此之故。因此,即从蔡邕治史之过程,《独断》与胡广、《十意》及《续汉志》之关系而言,《独断》亦应作于建宁年间。

七、结论、余论及可能有之反证

　　《独断》既可肯定作于建宁五年左右,《独断》既曾征引《论衡·幸偶篇》之语,则蔡邕见到《论衡》应在建宁五年(172)之前。然而蔡邕始入吴之年为光和二年(179),已后于建宁五年约七年,返回长安为中平六年(189),更后于建宁五年十七年,则所谓"蔡邕入吴始得《论衡》"之传说,或难以成立。而基于此传说所作之各种立论,恐亦有重新检讨之必要。

　　蔡邕为博学多才之人,魏晋间多流传有关其音乐、书法、美术才能之传说,且往往与入吴有关,而其事则常在疑信之间。盖蔡邕入吴十余年,其行踪飘忽不定,又身兼各种才能,遂成为人们构造传说故事之对象。"蔡邕入吴始得《论衡》"说之产生或亦基于同样之原因。尤其是诸儒"嫌得异书,或搜求至隐处"一段,更类小说家言。如于此过分认真,或反会失诸迂。

　　然而,蔡邕在光和二年"亡命江海,远迹吴会"之前,是否还曾到过南方?史无记载。如有人能证明蔡邕早年亦有入吴之事,则本章之立说当然将不能成立。但在此之前,本章或能引起关心《论衡》早期流传情况者之兴趣,并纠正《论衡》在光和二年蔡邕入吴之前未获流传之成见欤?

第二章 《论衡》早期流传影响考

《论衡》大致写成于永平末至建初末的十余年间(约74—约84),而现在可知的它的第一个版本,乃是杨文昌于北宋庆历五年(1045)刊刻的(刘盼遂《论衡集解·自序》云:"至宋孝宗乾道三年,洪适始校刻于会稽蓬莱阁。"其说不确)。自是以后,历代都有《论衡》的刻本,使《论衡》得以保存,并一直流传到今天。但是,在有刻本以前,《论衡》一直是靠写本流传的。靠刻本流传较易,靠写本流传较难,这是一般的常识。而且,汉代的许多类似《论衡》的著作,都或者已经散佚(如桓谭《新论》),或者仅存残本(如应劭《风俗通义》),很少有像《论衡》这样篇幅浩繁而保存完整的。我们只要看一下《汉书·艺文志》和各家补后汉书艺文志,便会对此留下深刻印象。这诚如元代韩性《〈论衡〉序》所说的:"自汉以来,操觚之士焦心劳思,求一言之传而不可得,《论衡》之书独传至今。"那么,在从《论衡》成书到它的第一个刻本出现之间的千年左右时间里,《论衡》是怎样流传的呢?或者说有哪些有利因素促进了《论衡》的流传呢?这就是本章所欲探讨的问题。由于《论衡》的古写本是早已看不到了,所以本章主要根据历代有关《论衡》的记载、引用和评论的间接材料,来考察和分析《论衡》早期流传影响的情况、特点和原因。

一

后世的学者,一般都认为《论衡》在王充当时及东汉中后期一直未获流传,直到东汉末蔡邕、王朗入吴后始得流传,这其实是由于轻信葛洪《抱朴子》和袁山松《后汉书》的有关记载而产生的错觉(参本编第一章《蔡邕入吴始得〈论衡〉说献疑》)。而且,即使从葛洪《抱朴子》和袁山松《后汉书》本身,也不能得出这样的结论,因为它们都只是说《论衡》"北方都未有得之者"或"中土未有传者",而没有说南方也没有流传;更何况说"北方"或"中土"没有流传也是不符合事实的。在王充当时及东汉中后期,《论衡》事实上已经获得了流传,尽管其范围还不很广泛。

汉代书籍的流传,也许比我们想象的要更为容易。在两汉时,除了中央政府有藏书校书的机构外,民间也有商业性的书籍流通处。叶德辉《书林清话》卷二"书肆之缘起"条,曾引扬雄《法言·吾子篇》的"好书而不要诸仲尼,书肆也"语,以证书贩售书于市始于西汉,这是很有道理的。西汉自惠帝时起废民间挟书之禁,其后官方和民间的书籍便日益增多。到西汉后期的扬雄时代,商业性的书肆盖亦已在通衢大都中出现,故扬雄才会有这样的话。到了东汉初期,京师洛阳的书肆也是很繁荣的。据《论衡·案书篇》说:"《六略》之录万三千篇,虽不尽见,指趣可知。略借不合义者,案而论之。"可见王充曾读过当时所有的"《六略》之录万三千篇"中的大部分书籍;又据《太平御览》卷四八四、卷六一二等引谢承《后汉书》充本传(参范晔《后汉书》充本传)说:王充性好学,到京师,受业太学,博览而不守章句。家贫无书,常游洛阳市肆,阅所卖书,目一见辄能诵忆,遂博通众流百家之言(综合几处引文)。可见这些书籍又大都是王充年轻时在洛阳市肆上所读的。因此也许可以说,王充的学业主要是在书肆上完成的,他的《论衡》也是凭当时的诵忆而写成的。这一事实,反映了当时的书肆在书籍流通中所起的重要作用。因此,我们完全有理由提出这样的疑问:为什么王充的《论衡》就不能流入书肆,并通过书肆而在各地流传呢?

即使《论衡》不一定流入书肆,但从《论衡》本书所载的许多对于

《论衡》的批评意见来看,《论衡》也肯定是在一定范围内、通过一定途径获得流传的。如《自纪篇》说自己之所以作《讥俗》、《节义》之书,乃是为了"冀俗人观书而自觉",《对作篇》说自己之所以作《论衡》之书,乃是为了"冀悟迷惑之心,使知虚实之分",也就是说,都是为了给别人看的;而《对作篇》说:"《论衡》诸篇,实俗间之凡人所能见,与彼作者无以异也。"表明也确实已经给别人看过了。也许正因为这样,所以王充才听到了许多对于《论衡》的批评意见。《自纪篇》说,《讥俗》、《节义》之书写成以后,"或谴谓之浅";《论衡》之书写成后,别人问他:"《讥俗》之书,欲悟俗人,故形露其指,为分别之文;《论衡》之书,何为复然?"如别人没有读过王充的这些著作,是不可能提出这种批评的。此外诸如此类的批评意见还很多,见于《自纪篇》与《对作篇》等。当然,我们也可以认为这些批评意见都是王充自己的"假想敌",是他自己在那里说难辩驳,以预作辩护计;但是,如果《论衡》完全没有给别人看过,并且别人也确实提了不少意见,王充能那么真切地凭空想象出那些批评意见吗?

随着越中文化的逐步发达,汉代越中地区产生了不少像王充这样的文人学士,他们之间往往互通声气并互相批评,如王充在《案书篇》中就曾评论过会稽吴君高的《越纽录》和周长生的《洞历》。王充可以看到其他越人的著作,则其他越人也一定能看到他的《论衡》。在看到《论衡》的越人中间,就有王充的同乡好友谢夷吾。据范晔《后汉书》充本传李贤注引谢承《后汉书》充本传说:"夷吾荐充曰:'充之天才,非学所加,虽前世孟轲、孙卿,近汉扬雄、刘向、司马迁,不能过也。'"范晔《后汉书》充本传也说:"友人同郡谢夷吾上书荐充才学,肃宗特诏公车征,病不行。"不言而喻,谢夷吾肯定是读过《论衡》并对王充的才学非常佩服的。因此,至少在越中地区,《论衡》是肯定获得流传的。

进一步推想,谢夷吾"上书荐充才学",他不能口说无凭吧?肃宗"特诏公车征"王充,他也不能仅听一纸荐书吧?那么,谢夷吾上书时,是否提到甚至附上了包括《论衡》在内的王充的若干著作呢?《论衡》是否因此而为北方人所知或传入"中土"、"北方"、京师甚至宫廷呢?肃宗是否也因此而知道甚至稍一览过《论衡》呢?这都不免是捕风捉影的推测,但就一定毫无可能吗?引起我们注意的是《论衡》中的颂汉诸篇,其中的《须颂篇》说:"从门应庭,听堂室之言,什而失九;如升堂窥室,百不失一。《论衡》之人,在古荒流之地,其远非徒门庭也……圣者垂日月之明,处在中州,隐于百里。遥闻传授,不实;形耀不实,难论。得诏书到,计吏至,乃闻圣政。是以襃功失丘山之积,颂德遗膏腴之美。使至台阁之下,蹈班、贾之迹,论功德之实,不失毫厘之微。"其中透露了王充想要跻身宫廷的愿望。如果这些文章没有流传出去甚至传入宫廷的可能,王充说这番话不是就失去意义了吗?

　　似乎至迟在东汉中期,《论衡》也已传入了中国北方。可以让我们这么推论的,是王符的《潜夫论》。王符,安定临泾(今甘肃镇原)人,生活于东汉中后期,一生未仕。其《潜夫论》之写作,据范晔《后汉书》符本传说:"自和、安之后,世务游宦,当途者更相荐引,而符独耿介不同于俗,以此遂不得升进,志意蕴愤,乃隐居著书三十余篇,以讥当时失得,不欲章显其名,故号曰《潜夫论》。"乃作于"和、安之后"(和帝89—105在位,安帝107—125在位)。所谓"和、安之后",可以作两种理解,一种是不包括和、安时期在内的,一种是包括和、安时期在内的。从《潜夫论》的《救边》、《边议》两篇所说迁郡避寇事发生在安帝(107—125)、顺帝(126—144)时期来看,似以后面这种理解比较合理。那么,《潜夫论》以作于安、顺时期之可能性为最大。《四库全书总目》卷九一子部儒家类《潜夫论》提要说:"本传之末,载度辽将军皇甫规解官归里,符往谒见事,规解官归里,据本传在延熹五年(162),则符之著书在桓帝时,故所说多切汉末弊政。"认为《潜夫论》作于桓帝时。然而谒皇甫规盖为王符晚年事,与著《潜夫论》无关,故不能以之来定《潜夫论》的作年。如《潜夫论》果作于安、顺时期,则其距《论衡》之成书仅半个世纪,而其中已可看到《论衡》影响之痕迹。如其第二十五篇《卜列》、第二十七篇《相列》的基本观点,似均来自于《论衡》。清汪继培笺《潜夫论》,以《论衡·骨相篇》的"人命禀于天,则有表候于体。察表候以知命,犹察斗斛以知容矣","贵贱贫富,命也;操行清浊,性也。非徒命有骨法,性亦有骨法","知命之人,见富贵于贫贱,睹贫贱于富贵。案骨节之法,察皮肤之理,以审人之性命,无不应者"云云,笺《相列篇》的"是故人身体形貌皆有象类,骨法角肉各有分部,以著性命之期,显贵贱之表";以《论衡·物势篇》的"一人之身,含五行之气,故一人之行,有五常之操。五常,五行之道也"云云,笺《相列篇》的"一人之身,而五行八卦之气具焉";以《论衡·骨相篇》的"相或在内,或在外,或在形体,或在声气"云云,笺《相列篇》的"人之相法,或在面部,或在手足,或在行步,或在声响";以《论衡·自然篇》的"吉凶蜚色见于面,人不能为,色自发也",《自纪篇》的"人面色部七十有余,颊肌明洁,五色分别,隐微忧喜,皆可得察,占射之者,十不失一"云云,笺《相列篇》的"夫骨法为禄相表,气色为吉凶候";以《论衡·无形篇》的"人禀气于天,气成而形立"云云,笺《叙录篇》的"禀气厚薄,以著其形";以《论衡·辨祟篇》的"圣人举事,先定于义,义已定立,决以卜筮,示不专己,明与鬼神同意共指,欲令众下信用不疑",《卜筮篇》的"俗信卜筮,谓卜者问天,筮者问地,蓍神龟灵,兆数报应,故舍人议而就卜筮,违可否而信吉凶",《实知篇》的"若蓍龟之知吉凶,蓍草称神,龟称灵矣"云云,笺《卜列篇》的"圣贤虽察不自专,故立卜筮以质神灵";以《论衡·卜筮篇》的"世人言卜筮者多,得实诚者寡。论者或谓蓍龟可以参事,不可纯用"云云,笺《卜列篇》的"且圣王之立卜筮也,不违民以为吉,不专任以断事";以《论衡·诘术篇》的"五音之家,用口调姓名及字,用姓定其名,用名正其字。口有张歙,声有外内,以定五音宫商之实","《图宅术》曰:宅有八术,以六甲之名,数而第之,第定名立,宫商殊别。宅有五音,姓有五声。宅不宜其姓,姓与宅相贼,则疾病死亡,犯罪遇祸"云云,笺《卜列篇》的"亦有妄傅姓于五音,设五宅之符第";以《论衡·诘术篇》的"人之有姓者,用禀于天。人得五行之气为姓邪?以口张歙、声外内为姓也?如以本所禀于天者为姓,若五谷万物禀气矣,何故用口张歙、声内外定正之乎"云云,笺《卜列篇》的"今俗人不能推纪本祖,而反欲以声音言语定五行,误莫甚焉";以《论衡·诘术篇》的"《图宅术》曰:'商家门不宜南向,徵家门不宜北向。'则商金,南方火也;徵火,北方水也。水胜火,火贼金,五行之气不相得,故五姓之宅,门有宜向。向得其宜,富贵吉昌;向失其宜,贫贱衰耗"云云,笺《卜列篇》的"俗工又曰:商家之宅,宜西出门";以《论衡·调时篇》的"太岁在子,子宅直符,午宅为破"云云,笺《卜列篇》的"又曰:宅有宫商之第,直符之岁";以《论衡·诘术篇》的"今府廷之内,吏舍连属,门向有南北;长吏舍传,间居有东西。长吏之姓,必有宫商;诸吏之舍,必有徵羽。安官迁徙,未必角姓门南向也;失位贬黜,未必商姓门北出也"云云,笺《卜列篇》的"今一宅也,同姓相伐,或吉或凶;一官也,同姓相伐,或迁或免;一宫也,成、康居之日以兴,幽、厉居之日以衰。由此观之,吉凶兴衰不在宅明矣";以《论衡·讥日篇》的"《堪舆历》,历上诸神非一,圣人不言,诸子不传,殆无其实。天道难知,假令有之,诸神用事之日也,忌之何福?不讳何祸?王者以甲子之日举事,民亦用之,王者闻之,不刑法也。夫王者不怒民不与己相避,天神何为独当责之"云云,笺《卜列篇》的"及诸神祇太岁、丰隆、钩陈、太阴将军之属,此乃天吏,非细民所当事也。天之有此神也,皆所以奉成阴阳而利物也,若人治之有牧守令长矣。向之何怒,背之何怨?君民道近,不宜相责。况神致贵,与人异礼,岂可望乎";等等。根据上述这些笺释来看,《潜夫论》与《论衡》的相似之处主要表现在以下几个方面:一是引用了相同的材料或处理了相同的问题,二是提出了相同的观点,三是作出了相同的推论。这自然容易使我们推测《潜夫论》曾受过《论衡》的影响,尽管其中没有提到王充和《论衡》之名。尤其是《卜列篇》说"商家之宅,宜西出门"的观点是"此复虚矣",连措辞口气也全同于《论衡》,更加强了我们的这一猜想。要之，从上引材料来看，王符不仅可能看到过王充也看到过的那些迷信书，而且也有可能看到过王充的《论衡》，所以才会在各方面表现出与《论衡》的惊人相似。如果王符这个生活于中国极北方，且一生未仕的人也能读到《论衡》的话，则可以肯定《论衡》在东汉中期便已经传到了中国北方。

除了王符的《潜夫论》外，应劭的《风俗通义》似乎也曾受过《论衡》的影响。应劭，汝南郡南顿县（今河南项城）人，生活于东汉后期。其作《风俗通义》，据吴树平《〈风俗通义〉杂考》[①]考证："着笔于兴平元年（194）以前，杀青在兴平元年以后"，"至少经过了初平（190—193）、兴平（194—195）两个时期"，大约作于其任泰山太守时。《风俗通义》的第九篇《怪神》（原书序为第三十），记载了各种各样的迷信故事，用理性精神揭露了它们的可笑之处，归结到"淫躁而畏者，灾自取之，厥咎向应；反诚据义，内省不疚者，物莫能动，祸转为福矣"。第二篇《正失》（原书序为第六），记载了各种各样的传闻失实之事，其主旨是"孔子曰：'众善焉，必察之；众恶焉，必察之。'孟轲云：'尧、舜不胜其美，桀、纣不胜其恶。'传言失指，图景失形，众口铄金，积毁消骨，久矣其患之也。"和《论衡》的"疾虚妄"的宗旨，尤其是九虚三增的宗旨，完全一致。不仅其主旨和《论衡》相似，而且其中所论内容亦每与《论衡》相同。如"乐正后夔一足"之辨，亦见于《论衡·书虚篇》；"丁氏家穿井得一人"之辨，亦见于《论衡·书虚篇》；"封泰山禅梁父"载黄帝升封泰山事，亦见于《论衡·道虚篇》；"燕太子丹仰叹……"之辨，亦见于《论衡·感虚篇》；"孝文帝"断狱三人之辨，亦见于《论衡·艺增篇》；"东方朔"为太白星精之辨，亦见于《论衡·道虚篇》；"淮南王安神仙"之辨，亦见于《论衡·道虚篇》；"宋均令虎渡江"中关于虎灾与人事无关之辨，亦见于《论衡·遭虎篇》；"彭城相袁元服"中关于不举五月生子之辨，亦见于《论衡·四讳篇》，等等。《风俗通

---

① 载《文史》第七辑，北京，中华书局，1979年。

义·正失篇》现存十一条,其中九条所辨与《论衡》相同,这盖不是偶然的巧合吧?不仅所论内容与《论衡》相同,而且论证方法也与《论衡》非常相似。如应劭解释"乌号弓"的来历云:"乌号弓者,柘桑之林,枝条畅茂,乌登其上,下垂着地,乌适飞去,从后拨杀,取以为弓,因名乌号耳。"试图用自然原因解释神秘之事,便与《论衡》所常用的论证方法非常相似;特别是"适"字,更为《论衡》所习用,以表示某种偶然性。又如他解释燕太子丹之事云:"原其所以有兹语者,丹实好士,无所爱吝也,故间阎小论饰成之耳!"解释东方朔之事云:"朔之逢占射覆,其事浮浅,行于众,僮儿牧竖,莫不眩耀,而后之好事者,因取奇言怪语附着之耳,安在能神圣历世为辅佐哉!"解释淮南王神仙之事云:"安在其能神仙乎! 安所养士,或颇漏亡,耻其如此,因饰诈说。后人吠声,遂传行耳。"均用自然原因解释神秘之事。不仅其论证方法与《论衡》非常相似,而且其写作手法与《论衡》也很相似,如先以"俗说"提出传闻之事,然后以"谨按"考其失实之处,最后则往往用"世之矫诬,岂一事哉!""虚妄若此,非一事也!"这样的抨击世俗的话作结("虚妄"之语,显然是直接袭用《论衡》的)。凡此,均在在显示了《风俗通义》模仿《论衡》之痕迹。王鸣盛《十七史商榷》卷三六"《风俗通》"条认为,范晔《后汉书》对应劭《风俗通义》的"辩物类名号,识时俗嫌疑"的品题,与对《论衡》的"释物类同异,正时俗嫌疑"的品题大略相同,因此而认为"两书正是一类",可以说还是很有眼光的,尽管他是以贬低的态度来看这两部著作的(周中孚《郑堂读书记》卷五六"《论衡》"条所说同)。又《四库全书总目》卷一二〇子部杂家类《风俗通义》提要云:"其书因事立论,文词清辩,可资博洽,大致如王充《论衡》;而叙述简明,则胜充书之冗漫多矣。"也看到了《风俗通义》与《论衡》的相似之处,尽管着眼点与我们有所不同。应劭是北方人,一生历仕郎、掾、萧县令、营陵令、汝南郡主簿和泰山太守等职,足迹基本上不出北方,如果他读过《论衡》并受其影响,那说明《论衡》在中国北方肯定已有流传。

以上所说《潜夫论》与《风俗通义》二书尽管可能曾受过《论衡》的影响，王符和应劭二人也很可能读过《论衡》，但它们均未直接提到《论衡》(《风俗通义》今本分量仅为原本的几分之一，散佚严重，故也有可能原本曾提到过王充和《论衡》)，所以我们只能凭蛛丝马迹来作一些推测。在东汉时期，最早明确引用过《论衡》的，是东汉后期的蔡邕。关于蔡邕与《论衡》的关系，有种种传说，大都认为《论衡》写成以后，一直没有流传到北方；直到光和二年(179)蔡邕入吴以后，才得到了《论衡》，并于中平六年(189)返回长安时，把它带到了北方。记载此传说的，有晋代葛洪的《抱朴子》。《北堂书钞》卷九八引《抱朴子》云："王充所作《论衡》，北方都未有得之者。蔡邕到江东得之。及还中国，诸儒觉其谈论更远。"范晔《后汉书》充本传李贤注引《抱朴子》云："时人嫌蔡邕得异书，或搜求其帐中隐处，果得《论衡》，抱数卷持去。邕丁宁之曰：'唯我与尔共之，勿广也！'"两处所引盖为同一条之先后部分，《艺文类聚》卷五五引《抱朴子》云："王充所著《论衡》，北方都未有得之者。蔡伯喈常到江东得之，叹为高文，恒爱玩而独秘之。及还中国，诸儒觉其谈更远，搜求其帐中，果得《论衡》。"《太平御览》卷六〇二引《抱朴子》云："王充作《论衡》，北方都未有得之者。蔡伯喈尝到江东得之，叹其文高，度越诸子。及还中国，诸儒觉其谈论更远，嫌得异书。或搜求至隐处，果得《论衡》，捉取数卷将去。伯喈曰：'唯我与尔共之，勿广也！'"此外，还有袁山松的《后汉书》。范晔《后汉书》充本传李贤注引袁山松《后汉书》云："充所作《论衡》，中土未有传者，蔡邕入吴始得之，恒秘玩以为谈助。"但这一传说，其实并不可信(参本编第一章《蔡邕入吴始得〈论衡〉说献疑》)。不过，蔡邕确曾读过《论衡》，则是没有疑问的。还在蔡邕入吴前七年的建宁五年(172)之前，他就曾在自己的史料性笔记《独断》中引用了《论衡·幸偶篇》的话："王仲任曰：'君子无幸，而有不幸；小人有幸，而无不幸。'"这是《幸偶篇》中王充引孔子语，蔡邕误引作王充语，但由此而使我们得知当时蔡邕即已读过《论衡》,并进而知道早在传说所谓的"蔡邕入吴始得《论衡》"之前,《论衡》就已经流传到了中国北方。范晔《后汉书·儒林·赵晔传》记载:"蔡邕至会稽,读《诗细》而叹息,以为长于《论衡》。"更明确地说明了蔡邕是读过《论衡》的,并且对《论衡》还是相当熟悉的,以至于可以评论《论衡》与《诗细》的优劣。蔡邕作《独断》是在建宁五年(172)之前,上距王符作《潜夫论》约三十余年,下距应劭作《风俗通义》约二十余年,正好处于这两部书之间,这也加强了我们关于《潜夫论》和《风俗通义》的作者可能看到过《论衡》并受其影响的推测。刘知幾《史通·鉴识篇》云:"若《论衡》之未遇伯喈……逝将烟烬火灭,泥沉雨绝,安有殁而不朽,扬名于后世者乎?"虽其立论之前提稍有问题,然蔡邕对《论衡》之流传自有所贡献,刘知幾之说亦非全然无见。

蔡邕是东汉后期的一个大学者和大藏书家。他曾入东观修史,得以饱读国家藏书。他自己也有为数众多的藏书,据《三国志·魏书·钟会传》裴松之注引《博物记》说,"蔡邕有书近万卷",这在东汉时是一个不小的数目(我们只要联想一下西汉后期的书籍总数也不过是"《六略》之录万三千篇"就可以了)。在蔡邕所见的国家藏书或所有的个人藏书中,肯定已有《论衡》,所以他才能在治学笔记《独断》中加以引用。蔡邕所看到的《论衡》如果是国家藏书,则说明《论衡》已经进入了东观等政府藏书机构;如果是私人藏书,则说明东汉后期的北方学者也能得到《论衡》了。蔡邕的这近万卷藏书,据范晔《后汉书·列女·董祀妻传》记载:"操因问曰:'闻夫人家先多坟籍,犹能忆识之不?'文姬曰:'昔亡父赐书四千许卷,流离涂炭,罔有存者。今所诵忆,才四百余篇耳。'操曰:'今当使十吏就夫人写之。'文姬曰:'妾闻男女之别,礼不亲授。乞给纸笔,真草唯命。'于是缮书送之,文无遗误。"则部分已给女儿蔡琰,并大都毁于战乱,仅凭蔡琰记忆,写存四百余篇;另外部分,据《三国志·魏书·钟会传》裴松之注引《博物记》说,"末年,载数车与粲",则皆已赠给王粲。《三国志·魏书·王粲传》载蔡邕称赞王粲说:"吾家书籍文章尽当与之"(此为初平元年左右事),盖指给蔡琰后之余下部分。① 蔡邕赠王粲之书,据《三国志·魏书·钟会传》裴松之注引《博物记》说,王粲亡后,其二子涉乱被诛,"邕所与书悉入业"。业(字长绪)为粲族兄凯子,刘表外孙,于粲本为族侄,然据《三国志·魏书·钟会传》裴松之注引《魏氏春秋》说,"文帝既诛粲二子,以业嗣粲",则业又为粲嗣子。业后显于魏,生子宏(字正宗)、弼(字辅嗣),则蔡邕书又传于宏、弼。张湛《列子序》云:"正宗、辅嗣皆好集文籍,先并得仲宣家书,几将万卷。"②《三国志·魏书·钟会传》裴松之注引何劭所为王弼传云:"正始十年(249)……其秋遇疠疾亡,时年二十四,无子绝嗣。"弼早卒无嗣,然有女。张湛《列子序》云,永嘉之乱(311),衣冠南渡,乃父所携《列子》八篇,唯余三卷,其后在刘陶家得四卷,"寻从辅嗣女婿赵季子家得六卷,参校有无,始得全备"。则蔡邕书归于弼之部分,后应入于女婿赵季子家,于永嘉之乱时有所散失,剩余部分则携带至江南;归于宏之部分虽不知其详,但想必亦应随其后人南渡。是蔡邕赠王粲书百余年间去向如此。③ 如蔡邕藏书中确有《论衡》,则或以予蔡琰而毁于战乱(《论衡》文辞繁复,可诵忆性很小,且有八十五篇,蔡琰写存之四百余篇中,几无包含《论衡》之可能性),或因赠王粲而传于魏晋,其命运不知到底如何。

不过,尽管《论衡》似乎很早便已经传到了北方,尽管王符、应

---

① 俞绍初《建安七子年谱》云:"疑蔡邕万卷藏书,除留予其女四千余卷,其余尽入王粲。"收入其辑校《建安七子集》附录四,北京,中华书局,2005 年,第 383 页。

② 卢弼《三国志集解》于《魏书·钟会传》裴松之注引《博物记》后注云:"王弼年甫弱冠,即为经学大师,当时名公巨卿,惊叹弗及。窃疑何以早慧若是,盖缘伯喈藏书万卷,尽入王粲,展转而归辅嗣,博览阔通,渊源授受,有自来矣。"毅平按:说"伯喈藏书万卷,尽入王粲",有点过了,但应该批藏书后来"展转而归辅嗣",则合情合理。

③ 查屏球《纸简替代与汉魏晋初文学新变》云:"蔡邕写字不用纸,其家藏书应多为竹简书。在董卓之乱中,王粲由关中逃至荆州,再由荆州到洛阳。其书最后能传到王弼手中,这些书,如果全是简册,那是不可想象的事。最大的可能性是,这些书已被纸本化了。"(载《中国社会科学》2005 年第 5 期)其说可参。

勋、蔡邕等北方学者都似乎或肯定看过《论衡》,但在整个东汉中后期,《论衡》在北方的影响却并不很大;更准确地说,《论衡》在南方,尤其是在王充故乡会稽地区的影响要大得多。这种情况,主要是由古代的交通不便所造成的。不过,只要有机会,南方人士也曾努力将《论衡》介绍给北方人士,以扩大《论衡》的影响。《三国志·吴书·虞翻传》裴松之注引会稽人士所著《会稽典录》记载,蔡邕去世的翌年,也就是初平四年(193),王朗为会稽太守,任期四年(193—197),在任期内,他曾问功曹、会稽余姚人虞翻①曰:"且曾闻士人叹美贵邦,旧多英俊,徒以远于京畿,含香未越耳。功曹雅好博古,宁识其人邪?"从王朗的问话中可以看出,会稽的人文之盛,即在北方也是盛传的;但是,由于远离文化中心的京畿地区,所以知道的人比较少。我想,王充和《论衡》的情况,大概也是如此吧?一方面,为有些学者所知道;另一方面,知名度又并不很高。虞翻在回答中,提到了王充和《论衡》,并给予极高的评价:"有道山阴赵晔,征士上虞王充,各洪才渊懿,学究道源,著书垂藻,骆驿百篇。释经传之宿疑,解当世之槃结。或上穷阴阳之奥秘,下擩人情之归极。"从虞翻的回答可以看出,王充及其《论衡》在会稽地区具有极大的影响和极高的地位,为当地人士所重视与乐道。这样,虞翻就成了继谢夷吾之后第二个积极表彰王充及其《论衡》的人,他的上述介绍,对于扩大《论衡》的影响和促进《论衡》的流传,都具有重要的意义。值得注意的是,虞翻和谢夷吾都是会稽人士,又都非常重视乡邦文献。可以推测,重视乡邦文献的会稽人士此外一定还有不少。在《论衡》的名声逐渐显著,并逐渐走向全国之前,《论衡》也许正是靠这些会稽人士才得以保存和流传的。这一点,即从《会稽典录》对于王充的另一部著作《养性》之书的记载与介绍也可看出。《太平御览》卷七二〇引《会稽典

---

① 虞翻(164—233),字仲翔,会稽余姚(今浙江余姚)人,《隋书·经籍志》载其有集二卷(梁三卷,录一卷),《旧唐书·经籍志》载其有集三卷。

录》云:"王充年渐七十,(……)乃作《养生(性)》之书,凡十六篇。养气自守,(适食节酒,)闭明塞聪,爱精自辅(保),(适辅)服药道引(引导),庶几获道(庶冀性命可延,斯须不老)。"(括号里为《论衡·自纪篇》有而《会稽典录》无或不同者)此节文字似出自《论衡·自纪篇》,但不管怎么说,它是现在可知的对于王充著作的最初记载,这同样反映了会稽人士对于乡邦文献的重视。

虞翻的上述这番介绍,对于王朗到底产生了什么影响?现在已无从知晓。同上书记载王朗听了虞翻的介绍后说:"善哉话言也!贤矣!非君不著,太守未之前闻也!"可见王朗是非常称道与重视虞翻的上述这番介绍的。据范晔《后汉书》充本传李贤注引袁山松《后汉书》说:"其后王朗为会稽太守,又得其书,及还许下,时人称其才进。或曰:'不见异人,当得异书。'问之,果以《论衡》之益。由是遂见传焉。"这个记载,其可信程度也是颇值得怀疑的。它的不可信,首先在于它和上引有关蔡邕入吴始得《论衡》的传说内容相近,所以也有可能是同一种传说的不同翻版;其次在于与《论衡》在东汉中后期的实际流传情况不相符合,有过分强调王朗作用之嫌;再次是其中所表现的均为清谈风气盛行以后的晋人的情调和趣味,而不是汉末人的情调和趣味。但是,尽管这条材料并不可信,我们却不能因此而否定王朗有向北方传播《论衡》的可能。正如有关蔡邕入吴始得《论衡》的传说,是基于蔡邕确曾读过《论衡》而产生的一样,有关王朗为会稽太守始得《论衡》的传说,恐怕也是基于王朗曾经听过虞翻关于《论衡》的介绍而产生的吧?也许,王朗在听了虞翻的介绍以后,确实曾将《论衡》又一次带到了北方,为《论衡》在北方的流传作出了贡献,这并不是完全不可能的。[①] 当然,即使王朗这样做了,那他也不是第一个促使

[①] 据《三国志·魏书·王朗传》记载,王朗在会稽太守任上,举兵抵抗孙策(虞翻曾劝王朗"力不能拒,不如避之"),兵败被俘,留置曲阿。建安三年(198),曹操表征王朗,王朗自曲阿辗转江海,积年方至。王朗北返时,有可能随身携带了《论衡》,《论衡》或于此时再度传入北方。

《论衡》传入北方的人。不过,他对虞翻的发问,确实表现出北方人士对于南方文献的极大兴趣,这也是有利于《论衡》流传的一大积极因素。

综上所述,在王充当时及东汉中后期,《论衡》主要在会稽地区具有很大的影响,但也已流传到了北方地区,尽管在整个中国的知名度还不是很高。会稽地区人士对于《论衡》的流传,作出了最初的也是最可贵的贡献。如果没有他们的努力,则《论衡》也许就会像桓谭的《新论》那样佚失不传。而会稽人士之所以这样做,乃是由于当地具有重视乡邦文献的优良传统。总而言之,在东汉时,《论衡》还只是一部受到好评的地方性著作,还没有获得全国性的影响。

二

进入魏晋南北朝时期,《论衡》由于许多文人学士的表彰介绍而名声渐显,开始走出会稽地区而流传到全国,成为一部具有全国性影响的著作。在这中间,会稽人士、历史学家、著名文人都作出了自己的贡献。

在谢夷吾和虞翻之后,对于《论衡》的流传作出重要贡献的会稽人士,有吴史学家谢承。谢承,会稽山阴人,吴主孙权夫人谢氏之弟,是第一个私人修撰《后汉书》的史学家。东汉国史之修,始于明帝,迄于献帝,可以说几乎是和东汉王朝相始终的。大规模的修史活动有四次,其中后面的几次,从现有史料来看,均未提到有《王充传》或《儒林传》的王充部分。这固然是由于《东观汉记》早已散佚,我们根本无从了解它的原始面貌,但同时,从王充和《论衡》在东汉的影响主要局限于会稽地区的情况来看,也许他根本还没有进入国史的资格。如是这样,则如果《东观汉记》保存下来并成为有关东汉历史的唯一权威著作的话,则王充也许将不能在国史中占有一席之地,从而《论衡》的影响也会大为降低。但是，到了三国时期，情况却发生了有利于王充的变化，这就是谢承的《后汉书》的出现（约 222—252）。由于谢承是会稽山阴人，而且又是吴国的外戚重臣，所以他所撰的《后汉书》，正如刘知幾的《史通·烦省篇》和《杂说篇下》所说的，有"尤悉江左"和"偏党吴越"的特点。也就是说，谢承特别重视江左吴越的历史和人物。同时，由于时代风气的激荡，谢承的《后汉书》又体现了新的修史原则，即如严元照序孙志祖《谢氏后汉书补佚》所说的："谢书于忠义隐逸搜罗最备，不以名位为限，其所以发潜德之幽光者，蔚宗不及也。"以及刘知幾《史通·杂说篇下》所说的："姜诗、赵壹，身止计吏，而谢书有传。"也就是说，谢承是按德才的高低，而不是按官位的大小，来处理其《后汉书》中的人物传的。以上两个特点，都对王充进入谢承《后汉书》特别有利。因为王充是会稽上虞人，可以算是谢承的同乡，又是一个没有"名位"而有"潜德之幽光"的人，所以完全符合谢承《后汉书》的上述两条修史原则，这样就必然会受到谢承的注意，而被收入其《后汉书》中。值得注意的是，谢承《后汉书》为之立传的王充和赵晔等人，都是谢夷吾和虞翻表彰过的人（谢夷吾荐举王充事，正见于谢承《后汉书》）。这一方面说明王充和赵晔等人在会稽地区的影响之大，以至于受到历代会稽人士的表彰，另一方面也说明谢夷吾和虞翻等人对王充的表彰，对于谢承在其《后汉书》中为王充立传也是有影响的。在《东观汉记》是否为王充立传不明的情况下，谢承《后汉书》就成了第一部为王充立传的后汉史著作。谢承《后汉书》后来为范晔《后汉书》所采摘，从现存谢承《后汉书》充本传的佚文来看，范晔《后汉书》充本传几与之完全相同，可见范晔《后汉书》充本传是沿袭谢承《后汉书》充本传的。范晔《后汉书》后来取代各家《后汉书》，成为现存的唯一的后汉正史著作，王充也因范晔《后汉书》而得以"名垂青史"，为世人所稔知，究其始，实自谢承创之（赵晔的情况也与王充相同）。所以，谢承《后汉书》对于扩大王充的影响和促进《论衡》的流传，具有相当大的贡献。

到了西晋时期,出现了一个大学者葛洪(283—343。一般认为葛洪是东晋人,但他的《抱朴子外篇》虽定稿于东晋初,却主要作于西晋时,而本章所论又主要为《抱朴子外篇》,故在本章中把他视作西晋人)。他的著作《抱朴子外篇》(本书中简称"《抱朴子》"者,一般均指《抱朴子外篇》),模仿、介绍和表彰了《论衡》,对于促进《论衡》的流传和扩大《论衡》的影响作出了贡献。首先,葛洪高度评价了王充和《论衡》。《抱朴子·喻蔽篇》说:"余雅谓王仲任作《论衡》八十余篇,为冠伦大才。"又《北堂书钞》卷一〇〇引《抱朴子》说:"谢尧卿(毅平按:谢夷吾字尧卿)东南书士,说王充以为一代英伟,汉兴以来,未有充比。若所著文,时有小疵,犹邓林之枯枝,若沧海之流芥,未易贬也已。"继承了谢夷吾、虞翻和谢承等人对王充和《论衡》的评价。而且,由于谢夷吾、虞翻和谢承都是会稽人士,他们对于《论衡》的表彰尚有弘扬乡邦文献这一层考虑在内;而葛洪是丹阳句容人,尽管可以说也是南方人,但毕竟和王充没有同乡关系,所以不存在弘扬乡邦文献这种意图。这可以看作是《论衡》开始走出会稽、走向全国的重要一步。其次,在《抱朴子》中,葛洪还经常引用《论衡》的话。如《初学记》卷一引《抱朴子》佚文云:"王生云:'月不圆者,月初生及既亏之后,视之宜如三寸镜,稍稍转大,不当如破环渐渐满也。'"所引王充此语,为《论衡》佚文。由于《抱朴子》本身也有不少佚文,所以我想《抱朴子》引用《论衡》的地方一定还有不少。这同样说明了葛洪对于《论衡》的重视。再次,葛洪还反驳别人对《论衡》的批评,为《论衡》辩护。《抱朴子·喻蔽篇》就是专门为此而作的。面对"同门鲁生"的"夫琼瑶以寡为奇,碛砾以多为贱。故庖牺卦不盈十,而弥纶二仪;老氏言不满万,而道德备举。王充著书,兼箱累袠;而乍出乍入,或儒或墨;属词比义,又不尽美。所谓陂原之蒿莠,未若步武之黍稷也"的批评,葛洪回答:"且夫作者之谓圣,述者之谓贤。徒见述作之品,未闻多少之限也。""王生学博才大,又安省乎?""言少则至理不备,辞寡即庶事不畅。是以必须篇累卷积,而纲领举也。""数千万言,虽有不艳之辞,事义高远,足相掩也。""夫发口为言,著纸为书。书者,所以代言;言者,所以书事。若用笔不宜杂载,是议论当常守一物。"葛洪为《论衡》辩护,可谓不遗余力,这同样表现了他对于《论衡》的推崇。最后,更清楚地说明葛洪对《论衡》的重视的,是《抱朴子》的《自叙篇》便是模仿《论衡》的《自纪篇》而作的。《自叙篇》说:"洪既著《自叙》之篇,或人难曰:'昔王充年在耳顺,道穷望绝,惧身名之偕灭,故《自纪》终篇;先生以始立之盛,值乎有道之运,方将解申公之束帛,登枚生之蒲轮,耀藻九五,绝声昆吾,何憾芬芳之不扬,而务老生之彼务!"可见《抱朴子》的《自叙篇》乃是模仿《论衡》的《自纪篇》而作的,从其问答式的写法来看事实也确实如此。不仅如此,整个《抱朴子》的写作意图乃至文章风格,都可以说深深浅浅地留有《论衡》影响的痕迹,正如明胡应麟《少室山房笔丛》卷十五《四部正讹》中"《抱朴子》"条所说的:"其外篇盖拟王氏《论衡》,故旁引曲喻,必达其词,虽时失繁冗,非浅见狭识所窥也。"①此外,《抱朴子》关于蔡邕入吴始得《论衡》的记载,固然是与史实有所出入的小说家言,但从中也可发现若干重要意义。一是葛洪记载这些传说本身,反映了他对于《论衡》早期流传情况的浓厚兴趣,而这正是他对于《论衡》本身兴趣浓厚的一个表现;二是其中所记载的蔡邕等人对于《论衡》的"异书"、"文高"、"度越诸子"的评价,同样反映了葛洪对于《论衡》的看法;三是其中记载的关于蔡邕读了《论衡》而"谈论更远",置于"帐中隐处","秘玩以为谈助"的态度和"唯我与尔共之,勿广也"的告诫,反映了晋人,尤其是葛洪,对《论衡》的价值和意义的看法,这种看法既是当时时代风气的产物,又反过来促进了当时人对于《论衡》的兴趣,促进了《论衡》的流传;四是葛洪的这些记

---

① 钱钟书《管锥编》云:"王充痛诋神仙,而作《神仙传》之葛洪于《抱朴子》外篇《喻蔽》极口叹为'冠伦大才'。《抱朴子》内、外篇宗旨每每如水火,此其一例焉。"(第二册,第648页)毅平按:葛洪的"宿命论"思想深受《论衡》的影响,而说"浑天论"又批评王充的"盖天说",此或其又一例也。

载,影响当时以及后人甚巨,以致连东晋史学家袁山松都可能受其影响,将这些材料采入《后汉书》中,唐代李贤注范晔《后汉书》,又将袁山松《后汉书》的这些材料采入注释中,以至一直流传到今天,对于整个《论衡》的流传和评价史都产生了很大影响,究其始作俑者,则不能不说是葛洪。从上述各点来看,葛洪不愧是《论衡》功臣之一。

如上所述,《论衡》在西晋时被看作是一部可供"谈助"的"异书",那么,西晋人到底是怎样用《论衡》这部"异书"来作"谈助"的呢?在此我想举一个例子。《世说新语·方正篇》(参《晋书·阮修传》)记载:"阮宣子(修)论鬼神有无者,或以人死有鬼,宣子独以为无,曰:'今见鬼者,云着生时衣服;若人死有鬼,衣服复有鬼邪?'"阮宣子以衣服不能为鬼来否定人死为鬼说,正如刘孝标《世说新语》注所指出的,这乃是从《论衡》中学来的说法。《论衡·论死篇》说:"夫为鬼者,人谓死人之精神。如审鬼者死人之精神,则人见之,宜徒见裸袒之形,无为见衣带被服也。何则?衣服无精神,人死,与形体俱朽,何以得贯穿之乎?精神本以血气为主,血气常附形体,形体虽朽,精神尚在,能为鬼可也;今衣服,丝絮布帛也,生时血气不附着,而亦自无血气,败朽遂已,与形体等,安能复若为衣服之形?由此言之,见鬼衣服象人,则形体亦象人矣。象人,则知非死人之精神也。"这就是阮修之论之所本。阮修,字宣子,陈留尉氏人,阮籍侄阮咸之从子,西晋著名清谈家。《世说新语》所载此条,盖也是他当时播于人口的清谈事迹之一。从这条材料,我们可以具体看出晋人到底是怎样以《论衡》为"谈助"的。《论衡》此条原文洋洋洒洒,不惮重复;而阮修之论却寥寥数语,给人以回味之余地,这正是东汉文章与西晋清谈的显著差别。《世说新语·方正篇》的这条材料,说明《论衡》在晋代是深受清谈家们欢迎并被广泛阅读的。明代沈云楫《论衡》程荣本序提出疑问说:"余览东京永元之季,名能立言者,王节信、仲长公理及王仲任三君子,并振藻垂声,范史亦类而品之。而迨数世后,独仲任《论衡》八十余篇,有秘玩为谈助、还许下见称才进者,而节信、公理沉寥莫及,若是何也?"我想原因恐怕正在于《论衡》在某种程度上契合了晋人的清谈风气吧?

继谢承之后,东晋的袁山松是现在可知的第二个在其《后汉书》中为王充立传的史学家。袁山松(? —401),陈郡阳夏(今河南太康)人。谢承是王充的同乡人,其《后汉书》又偏于记载"江左"、"吴越"的人物,所以他为王充立传,在其他地区的史学家看来,也许也属于"偏党"的表现之一;但是袁山松是北方人,其《后汉书》也为王充立传,这就不存在"偏党"的问题了。所以,袁山松《后汉书》为王充立传,固然也许是受谢承《后汉书》影响的结果,但却表明王充和《论衡》已获得了全国性的影响,因而得到了其他地区历史学家的承认;同时,其他地区的历史学家为王充立传,自然也有利于促进《论衡》的流传和扩大《论衡》的影响。这是袁山松《后汉书》为王充立传的首要意义。其次,袁山松《后汉书》或许受葛洪《抱朴子》的影响,也记载了蔡邕入吴始得《论衡》之事,同时有可能根据其他材料,又记载了王朗入吴又得《论衡》之事,比《抱朴子》变本而加厉之,也同样反映了晋人对《论衡》的看法,因而具有和上述《抱朴子》的记载相似的意义。但是,与《抱朴子》相比,袁山松《后汉书》记载此传说具有更重要的意义。这是因为袁山松《后汉书》是一部严肃的历史著作,它采纳了葛洪《抱朴子》等的这些记载以后,就使这些记载带上了信史的特点,从而引起了更多人的相信。尤其是李贤将它采入范晔《后汉书》的注中后,尽管后来袁山松《后汉书》亡佚了,但这条材料却得以保存,因而产生了更大的影响。这些记载也许不一定准确,但对于《论衡》的流传却具有促进作用,以致有的学者还以此作为袁山松《后汉书》的史料价值的表现之一,如周天游《八家后汉书辑注·前言》说:"王充《论衡》由蔡邕传入中土的经过,微袁书几泯灭不为人知。"①便

---

① 周天游辑注《八家后汉书辑注》,上海,上海古籍出版社,1986年,第7页。

反映了这种看法。

继谢承和袁山松之后,刘宋的范晔是现在可知的第三个在其《后汉书》中为王充立传的史学家。范晔(398—445),顺阳(今河南淅川东)人,其《后汉书》(约424—约445)为删取各家《后汉书》的集大成之作,也是现存的唯一一部《后汉书》。其中将王充与王符、仲长统合为一传。范晔对谢承《后汉书》的"尤悉江左"、"偏党吴越"的修史原则深为不满,据王谟《谢承后汉书钞·自序》说,范晔对于谢承《后汉书》中的南方人列传曾大加删削:"只列有南州高士父子及陈重、雷义、程曾、唐檀数传,其何汤仅附见《桓荣传》,章怀太子注引谢书载汤事亦綦详,外有羊茂、孔㥧、严丰、宋度、湛重、邓通、项颂、刘陵、黄向、张翼十人,爵里事迹,班班可考,乃其姓名,俱不挂范书。"可见范晔《后汉书》对于南方人士的态度之苛刻。但是尽管这样,却并未影响范晔为王充立传。这件事的重要意义在于,一方面,它表明王充和《论衡》在当时已具有全国性的影响,并且受到了文人学者们的重视,所以才没有仅因为是南方人而被删削;另一方面,《论衡》由于受到范晔这部《后汉书》的集大成之作和唯一流传后世的后汉史著作的肯定和记载,而提高了它的地位,促进了它的流传,扩大了它的影响。其次值得注意的是,在谢承和袁山松的《后汉书》中,王充可能都是单独立传的;而在范晔的《后汉书》中,王充却是和王符、仲长统合传的。这件事并不表明范晔对于王充和《论衡》的评价不及谢承和袁山松,而是表明了他对于《论衡》的性质的看法,即他认为王充像王符、仲长统一样是一位论说作家,《论衡》像《潜夫论》和《昌言》一样是一部论说著作。这种看法本身是否完全合理姑置不论,但就它不像后世人那样把《论衡》看作是一部杂家著作这一点来看,《论衡》在范晔心目中的地位就要比在后人心目中的地位高得多。而且,范晔将王充与王符、仲长统合传,是否暗寓有王符、仲长统曾受过王充《论衡》的影响这一层意思在内呢?这还不能肯定,但从我们上文对于《潜夫论》承袭《论衡》之处所作的分析来看,这种影响似乎是存在的。也许,范晔正是看到了这一点,所以才将三人合传的吧?另外,范晔将三人合传是对三人的重视而不是轻视,这从唐代韩愈据此作《后汉三贤赞》(《昌黎先生文集》卷十二)一事也能看出来,清人对此所作的发挥都是没有道理的(参第四编第一章《近两千年来〈论衡〉评价综论》)。再次值得注意的是,在葛洪《抱朴子》和袁山松《后汉书》中曾加以记载的关于蔡邕和王朗入吴始得《论衡》并以为"谈助"的传说,在范晔《后汉书》中却消失得无影无踪(以致后来唐代的李贤在为其作注时再特地根据袁山松《后汉书》加以补出),这说明了什么呢?要知道,范晔《后汉书》充本传的材料基本上是本于此前各家《后汉书》的(当然也包括袁山松的《后汉书》),并且基本上没有什么大的变动,因此,不可能是因为他没有看到这些记载而漏掉了。合理的解释似乎只能是他看到了这些记载,但却并不相信,于是就把它们删除了。那么,范晔为什么不相信并删去这些记载呢?我想提请人们注意的是,这些记载只见于葛洪《抱朴子》和袁山松《后汉书》等晋人著作,而不见于此前的谢承《后汉书》和《会稽典录》等汉末三国时人的著作,也不见于范晔《后汉书》等南朝以后人的著作,联系这些情况来考虑,则似乎可以得出这样的结论:即由于这些传说只是清谈流行的晋代的产物,因而在汉末三国时它既未产生,而南朝以后人又对此兴趣渐失,所以才未见记载于晋前和晋后的各种著作吧?再联系范晔将王充与王符、仲长统合传这一点来考虑,更说明范晔并不把《论衡》看作是一部"谈助"之作,而是看作是一部论说著作。起决定作用的,也许正是时代思潮的变迁吧!

和范晔《后汉书》相似的态度,也见于刘义庆的《世说新语》。刘义庆(403—444),彭城(今江苏徐州)人,其生活年代大致与范晔同时,因而其《世说新语》之作盖也与范晔《后汉书》同时。《世说新语》主要记述汉末魏晋间人士的言行,尤其是他们的清谈,但奇怪的是,其中却无一语及于被晋人视为"谈助"的《论衡》(仅有上文所引阮修一例是暗用《论衡》的,但其中也未揭出《论衡》之名)。这说明了什么呢？这是否说明汉末魏晋间人并未以《论衡》作为"谈助"，因而没有有关这方面的记载和传说呢？还是说明当时是以《论衡》作为"谈助"，并有有关这方面的记载和传说的，只是由于编纂者刘义庆对这方面的材料已不感兴趣，所以才没有加以采摘呢？联系《方正篇》记载的阮修的事来看，我们的前一种猜测是不能成立的；再联系范晔《后汉书》对于蔡邕、王朗入吴始得《论衡》并以为"谈助"的记载的态度来看，我们的后一种猜测也许是不无道理的。值得注意的是，《世说新语》对为葛洪《抱朴子》与袁山松《后汉书》所津津乐道的上述传说同样不载一字，其态度与范晔《后汉书》的态度是完全相同的。

但是，南朝人士不再重视《论衡》的"谈助"作用，并不等于说他们就不再对《论衡》感兴趣了。为《世说新语》作注的梁代学者刘孝标，对于《论衡》就很熟悉。刘孝标(462—521)，平原(今山东)人，所注《世说新语》引证赅博，为世所重。其中引《论衡·论死篇》语以说明阮修之语之所本，尽管只是节引，而非全依原文，但大致相同，没有大的出入，可见刘孝标对于《论衡》是相当熟悉的。更能说明刘孝标曾熟读《论衡》的，是刘孝标有发挥《论衡》性命学说的《辩命论》之作。而且，从《辩命论》与《论衡》的关系中，也能看出《论衡》在魏晋南北朝的影响具有一种与汉代不同的趋向，那就是随着魏晋南北朝人的个人意识的高涨和对于个人命运的关注，《论衡》中的谈性论命的内容开始受到了人们的普遍重视，这样，就出现了像刘孝标的《辩命论》这样的文章。尽管刘孝标在《辩命论》中说："性命之道，穷通之数，夭阏纷纶，莫知其辩，仲任蔽其源，子长阐其惑。"表示了对于王充《论衡》的批评态度，但其《辩命论》本身，却毫无疑问是受过王充《论衡》的影响的。在魏晋南北朝时期，除了刘孝标的《辩命论》以外，相似的作品还有李康的《运命论》，正如刘勰《文心雕龙·论说篇》所说的，它是"同《论衡》而过之"，也是深受《论衡》影响的作品。凡此，均说明《论衡》中的谈性论命部分在魏晋南北朝受到了人们的更多的重视。

对于促进《论衡》的流传和扩大《论衡》的影响来说,这也是一个非常有利的因素。

南朝熟读《论衡》的学者,还有梁代的文学理论家刘勰。刘勰(约465—约532),南东莞(今江苏镇江)人,与刘孝标大致生活于同时。其所著《文心雕龙》(约500),曾多次提到并评论了王充和《论衡》。如《神思篇》说:"相如含笔而腐毫,扬雄辍翰而惊梦;桓谭疾感于苦思,王充气竭于思虑;张衡研京以十年,左思练都以一纪:虽有巨文,亦思之缓也。"《时序篇》说:"自安、和已下,迄至顺、桓,则有班、傅、三崔,王、马、张、蔡,磊落宏儒,才不时乏。"《养气篇》说:"至如仲任置砚以综述,叔通怀笔以专业,既暄之以岁序,又煎之以日时。是以曹公惧为文之伤命,陆云叹用思之困神,非虚谈也。"这几段话有若干点值得注意。首先,刘勰以王充上与司马相如、扬雄、桓谭,下与班固、张衡、蔡邕、左思等人相提并论,并称王充为"磊落宏儒",称《论衡》为"巨文",可见其对于王充和《论衡》的评价之高,在《论衡》的早期流传史上,只有谢夷吾和虞翻的评价可与之媲美。不过,谢夷吾和虞翻或为王充乡人,或为王充乡人兼友人,他们的评价,都或不免出于情面;而刘勰的评价,则代表了一般南朝人的看法,并非是徇于情面的说法。由此可以看出,在南朝时,《论衡》已成了一部世所公认的"巨文",王充也成了一个世所公认的"磊落宏儒",所以刘勰才会给《论衡》以这么高的评价。同时,由于刘勰在其《文心雕龙》中将《论衡》置于"巨文"之列,所以更提高了《论衡》的地位,扩大了《论衡》的影响,促进了《论衡》的流传。其次,除了"置砚以综述"这一条材料见于谢承和范晔等各家《后汉书》外,其余的"气竭于思虑"和"思之缓"等各条,都是刘勰自我作古的说法。然则刘勰是根据什么而这么说的呢?我想合理的解释只能是,刘勰曾经通读过《论衡》这部二十余万言的大著作,并在阅读过程中对王充耗费大量时间精力写作这么一部大著作留下了深刻印象,以至在《文心雕龙》中一再强调《论衡》写作之不易。刘勰的曾熟读《论衡》,即从下面两条材料也能得到证明。一条见诸《文心雕龙·养气篇》:"昔王充著述,制《养气》之篇,验己而作,岂虚造哉!"一条见诸《论说篇》:"至如李康《运命》,同《论衡》而过之;陆机《辩亡》,效《过秦》而不及。然亦其美矣!"这两条材料,一条认为王充的《养气》之篇是有根据的作品,而不是凭空杜撰的虚造,一条认为李康的《运命论》与《论衡》相似而过之。《论衡》中谈论性命的文章有十五篇,后来失传的《养性》之书也有十六篇,我想,如果不是对《论衡》及王充其他著作(如《养性》之书)相当熟悉的话,刘勰是无法作出上述判断的吧?如果说以上所述都是《论衡》对《文心雕龙》的有形的影响的话,那么,正如许多学者所指出的,《文心雕龙》在许多方面还曾受过《论衡》的无形的影响,毋宁说后者是更值得注意和重视的。可这需要用专文来探讨,所以在此就只得割爱了。

稍后于刘勰而对《论衡》的流传起过促进作用的,有梁代学者庾仲容。庾仲容(476—549)喜抄书,《梁书》仲容本传说:"仲容抄诸子书三十卷……行于世。"这就是他的《子钞》,其中所抄书之一便是《论衡》。关于其抄纂方法,据《四库全书总目》卷一二三子部杂家类《意林》提要说:"初,梁庾仲容取周秦以来诸家杂记凡一百七家,摘其要语,为三十卷,名曰《子钞》……宋高似孙《子略》称:'仲容《子钞》,每家或取数句,或一二百言。'"《子钞》今已不存,但保留在唐代马总的《意林》之中。同提要说:"总以其繁略失中,复增损以成此书。宋高似孙《子略》称:'……马总《意林》,一遵庾目,多者十余句,少者一二言,比《子钞》更为取之严,录之精。'"可见马总《意林》对庾仲容《子钞》虽有所变化,却又保持了原貌。从马总《意林》推测,庾仲容《子钞》中所抄的《论衡》之语的数量肯定是不少的,因而,即从马总《意林》所引《论衡》之语,也可大致窥见梁人对于《论衡》的兴趣之所在。庾仲容抄撮《论衡》这件事本身,说明南朝人对于《论衡》是很感兴趣的。同时,由于像《子钞》这样的抄撮之书往往深受社会一般人士的喜爱,所以在扩大《论衡》的影响和促进《论衡》的流传方面,它肯定也能起相当积极的作用。

而且,这种作用通过马总的《意林》而更一直影响到了后代。(顺便提一下,马总《意林》载《论衡》作二十七卷,与《隋书·经籍志》著录者不同,此或亦承自《子钞》,则南朝时所流行的《论衡》抄本,或有为二十七卷者。)

《论衡》不仅在南朝获得了广泛的流传,而且在北朝也有一定程度的流传。北魏地理学家郦道元(约467—527)的地理著作《水经注》(约520),就曾引用过《论衡》。《水经注》卷五河水"又东径平县故城北"条云:"河水于斯,有盟津之目。《论衡》曰:'武王伐纣,升舟,阳侯波起,疾风逆流。武王操黄钺而麾之,风波毕除。中流,白鱼入于舟,燔以告天,与八百诸侯咸同此盟。《尚书》所谓不谋同辞也。故曰孟津,亦曰盟津。《尚书》所谓东至于孟津者也。'"此条不见于今本《论衡》,为《论衡》佚文。《魏书》和《北史》道元本传并云:"道元好学,历览奇书,撰注《水经》四十卷。"盖《论衡》也属于郦道元所历览的"奇书"之一吧?在读《论衡》时,他随手抄下了有关地名的来历和传说的材料,在著《水经注》时便把它们用了进去。由此可见,《论衡》在北魏也是有流传的。

除了有关地名的来历和传说外,《论衡》的文论也受到了北朝人士的注意。章炳麟《国故论衡》中卷《文学总略》说:"文德之论,发诸王充《论衡》,杨遵彦依用之,而章学诚窃焉。"①《论衡·佚文篇》云:"文德之操为文。"又云:"上书陈便宜,奏记荐吏士,一则为身,二则为人,繁文丽辞,无为上者。文德之操,治身完行,徇利为私,无为主者。"《书解篇》云:"夫文德,世服也。空书为文,实行为德,著之于衣为服。"又云:"人无文德,不为圣贤。"《自纪篇》云:"名不流于一嗣,文不遗于一札,官虽倾仓,文德不丰,非吾所臧。"这就是王充《论衡》的文德之论。《魏书·文苑·温子昇传》云:"杨遵彦作《文德论》,以为'古今辞人,皆负才遗行,浇薄险忌,唯邢子才、王元景、温子昇彬彬有德素'。"这是杨愔(字遵彦)的文德

---

① 章炳麟《国故论衡》,上海,上海古籍出版社,2003年,第55页。

之论。章炳麟认为杨愔是"依用"王充《论衡》的观点的,①若如此,则杨愔肯定曾读过《论衡》,并受到了《论衡》的影响。

《论衡》的理性精神,也曾受到过北朝人士的注意。北齐的樊逊(? —约565)在对诏问释道两教时,高度肯定了《论衡》的理性精神:"刘向之信洪宝,殁有余责;王充之非黄帝,此为不朽。"(《北齐书》逊本传原作"没有余责"、"比为不相",此据《广弘明集》卷二四载樊逊《答沙汰释李诏表》。)这不仅说明《论衡》在北齐也有流传,而且说明北齐人还相当重视它,并且受到了它的影响。

除了郦道元、杨愔和樊逊之外,北朝学者颜之推(531—约590)的著作《颜氏家训》(约582)也曾引用过《论衡》。《颜氏家训·风操篇》说:"阴阳说云:'辰为水墓,又为土墓,故不得哭。'王充《论衡》云:'辰日不哭,哭必重丧。'今无教者,辰日有丧,不问轻重,举家清谧,不敢发声,以辞吊客。"所引《论衡》之语,出于《辨祟篇》,其原文是这样的:"辰日不哭,哭有重丧。戊己死者,复尸有随。一家灭门,先死之日,未必辰与戊己也。"也就是说,"辰日不哭,哭有重丧"乃是汉代习俗,王充则对之提出了批评。颜之推引此以说明他生活的时代仍有这样的习俗,并也对之提出了批评。由此可见,颜之推在这方面是受过《论衡》的影响的。而他能随意引用《论衡》,也说明他对《论衡》是相当熟悉的。颜之推由梁入北周,又由北周入北齐,北齐亡,再入北周,北周亡,入隋,后半生一直生活于北方,其《颜氏家训》亦主要作于在北朝时(尽管完成于隋开皇初二年间),所以,他肯定是在北周和北齐读到《论衡》的,这同样说明了《论衡》在北周和北齐亦有流传。结合上述郦道元《水经注》、杨愔《文德论》和樊逊的话等情况来看,《论衡》盖在整个北朝都有流传,尽管流传范围不如南朝那么广泛。

---

① 钱钟书《管锥编》于章氏之说极致不满:"紫朱相乱,淄渑未辨,一言以为不知矣。""杨之于王,翩其反而。""章学诚之'文德',厥旨又别。""王充笼统,杨愔粗疏,岂可与此(章学诚)并日而语哉。章炳麟徒欲荣古虐近,未识貌同心异,遽斥曰'窃',如痴儿了断公事,诬良为盗矣。"(第四册,第1502—1507页)

综上所述,在魏晋南北朝时期,《论衡》的流传更为广泛,影响更为扩大,地位更为提高,已经成为一部全国性的名著了。促使《论衡》获得全国性影响的主要原因,一是会稽人士对于弘扬乡邦文献的努力,二是史学家对于王充和《论衡》的重视,三是文人学士对于《论衡》的大力表彰,四是魏晋南北朝时期时代风气的激荡,这一切,都有利于扩大《论衡》的影响和促进《论衡》的流传。

三

隋唐宋初时期,《论衡》作为一部东汉的古典著作,已经获得了稳定的地位。一般的学者文人,多知道《论衡》;一般的书籍类书,多摘引《论衡》;一般的读书人家,也多收藏《论衡》。但是,除了个别学者如刘知幾外,当时人士对于《论衡》的态度,却确有如宋代杨文昌《〈论衡〉序》所说者:"撰《六帖》者但摘而为备用,作《意林》者止钞而同诸子,吾乡好事者往往自守书椟为家宝。"其实这也往往是一般人士对于已获稳定地位的古典著作的普遍态度。

隋唐之际的文人学士,已经把《论衡》作为一部古典著作来加以征引。如隋唐经学家和训诂学家陆德明(约550—630),就在他的总汇汉魏六朝以来群经音义的《经典释文》中征引过《论衡》。唐初学者李善,也在《文选注》(658年进献)中经常征引《论衡》,如引《论衡》的"呼于坑谷之中,响立应"(《论衡》佚文)注王巾《头陀寺碑文》的"夫幽谷无私,有至斯响"(《文选》卷五九),引《论衡》的"幽居而静处,恬憺自守"(《论衡》佚文)注谢灵运《酬从弟惠连》诗的"幽居犹郁陶"句的"幽居"(《文选》卷二五),凡此,均可见李善对于《论衡》的熟悉。当然,征引《论衡》最多的,应该说还是当时的各种类书。隋代类书《北堂书钞》(605—617),唐代类书《艺文类聚》(624)、《初学记》(727)、《稽瑞》(约752—755)、《白氏六帖》(9世纪上半叶)等,都曾大量摘引《论衡》。如《艺文类聚》摘引三十四条,《初学记》摘引二十五条,其他类书没有统计,为数当亦不少。类书之作,陈陈相应,隋唐类书的大量摘引《论衡》,或亦有承自南北朝类书《华林遍略》和《修文殿御览》等者,那么很有可能南北朝类书中即已大量摘引《论衡》了。隋唐类书的大量摘引《论衡》,一方面反映了当时编纂类书的人对于《论衡》的熟悉,一方面也非常有助于扩大《论衡》的影响。明代施庄就看到了后面这一点,他在《论衡》天启本序中说:"仲任《论衡》,得王子明、蔡伯喈而重,得《六帖》、《意林》而传。"一般人士读原著者少,翻类书者多,他们通过类书,便知道和了解了《论衡》。不过,类书所注意者,多为《论衡》中所记载的怪诞奇异之事,这无疑是魏晋南北朝以来对于《论衡》性质的某种流行看法的表现,同时也助长了一般人士对于《论衡》性质的这种流行看法,所以,类书这方面的作用可以说不完全是积极的。

在促进《论衡》的流传方面同样起过重要作用的,正如施庄所说的,此外还有马总(?—823)的《意林》(786—787)之类抄纂之书。据《旧唐书》总本传说:马总"所著《奏议集》、《年历》、《画历》、《子钞》等书百余卷"。所谓《子钞》,盖即指《意林》,因为如前所述,马总的《意林》乃是增损梁庾仲容的《子钞》而成的,所以或许原来袭用庾仲容《子钞》之名,后乃更以今名。据《四库全书总目》卷一二三子部杂家类《意林》提要说:"总以其繁略失中,复增损以成此书。宋高似孙《子略》称:'……马总《意林》,一遵庾目,多者十余句,少者一二言,比《子钞》更为取之严,录之精。'"可见马总《意林》虽对庾仲容《子钞》有所"增损",并更为"取之严,录之精",但大致上还是保存了庾仲容《子钞》的本来面目的。其中摘引《论衡》之语七十六条(其数量在《意林》所抄一百十一家子书中位居前列,与《庄子》并列第四),且有不少今本《论衡》所无的佚文,盖自庾仲容《子钞》即已如此。和类书一样,抄书也具有广大的读者。《意林》成于8世纪末,《子钞》则成于6世纪上半叶。在《意林》出现之前的二百余年间,《子钞》对于扩大《论衡》的影响起了相当大的积极作用;在《意林》出现以后,《子钞》的这种作用便为

《意林》所继承。《子钞》和《意林》像接力赛一样,在整个南朝隋唐宋初不断地促进着《论衡》的流传。当然,我们同时也应该看到,《子钞》和《意林》这类抄纂之书所看重于《论衡》的,往往也是其中所记载的怪诞奇异之事,其旨趣和类书接近。这同样既是流行看法的反映,又助长了流行看法。对于这种消极作用,我们也不能忽视。

稍后于马总的段成式(约803—863)也具有类似的趣味。他的笔记《酉阳杂俎》(9世纪中叶成书)前集卷十"物异"中,也常以这种兴趣引用过《论衡》中的怪诞奇异之事:"石驼溺:拘夷国北山有石驼溺水,溺下,以金银铜铁瓦木等器盛之,皆漏,掌承之,亦透,唯瓢不漏。服之,令人身上臭毛落尽,得仙。出《论衡》。"①说来有意思的是,类书和抄纂之书所引的《论衡》之语,往往在《论衡》中都是被王充用来作为驳斥对象的。如果王充地下有知,一定会感到不可思议吧!不过,仔细想想其实也并不奇怪,王充《论衡》所驳斥的那些怪诞奇异之事,本来就是为一般人士所津津乐道的。因而,也许可以说,《论衡》在一般人士中间的流行,恰恰有赖于《论衡》所力加驳斥的那些反面材料,这本身也确实具有某种讽刺意味。大概只要人们对于怪诞奇异之事的好奇心不绝,这种反看《论衡》的现象也就不会绝迹吧。

不过,和对于《论衡》的这种流行看法持不同态度的人在当时也是有的,那就是唐初人吕才。吕才(600—665)是一个阴阳学家,《旧唐书》才本传载其所作叙禄命文,其中提到了王充的《论衡》:"又案,王充《论衡》云:'见骨体而知命禄,睹命禄而知骨体。'此即禄命之书行之久矣。"所引《论衡》二语,不知出于《论衡》何

---

① 许逸民《酉阳杂俎校笺》此条校笺云:"今本《论衡》中未见有此记载,疑乃《异苑》之误。"(北京,中华书局,2015年,第773页)毅平按:今本《论衡》佚文甚多,许说未必是。又,《酉阳杂俎》续集卷四"贬误"记载:"开成(836—840)初,予职在集贤,颇获所未见书,始览王充《论衡》。"则段成式读《论衡》盖在此时,其《酉阳杂俎》中以此常征引《论衡》。

篇。王充的本意,是说看一个人的骨体,可以推知他的命禄,反之,看一个人的命禄,也可以推知他的骨体,而并不是说有"命禄"之书或"骨体"之书,更不是提倡"命禄"之书或"骨体"之书。吕才的意思,似是引王充此二语以证明"禄命之书行之久矣",并进一步对禄命之书加以驳斥。在王充的意思和吕才的意思之间,似乎有些不能衔接的地方,但可以肯定吕才的意思并不是要批评王充的这两句话。蒋祖怡《王充卷·前言》说:"王充的命定论思想和对'骨相'的肯定,在他整个科学的朴素唯物主义的思想体系之中,是很不相称的,后来唐代哲学家吕才,曾经引用了王充的'见骨体而知禄命,睹命禄而知骨体'的话,结合当时社会中命禄、卜筮、星相进行了严格的批判。"似乎有所误会。从吕才引用《论衡》之语可知,在唐初的阴阳学家中间,《论衡》也是相当流行的。而且,阴阳学家们似乎对于《论衡》中有关性命和习俗的部分特别感兴趣。体现于吕才对于命禄之书的批判中的理性精神,不知是否也是受了《论衡》影响的结果?不管怎么说,吕才的例子表明,尽管"反看"《论衡》的现象相当普遍,但"正看"《论衡》的也大有人在。只有后者,才能很好地理解《论衡》的真意。

  作为"正看"《论衡》的一个重要例子,我想举隋唐人士对于"辰日不哭"习俗的批评。如上所述,"辰日不哭"是王充所驳斥的汉代社会中的一种迷信陋俗,但是,这种迷信陋俗却并不因王充的驳斥而销声匿迹,而是一直沿袭了下来,以致北朝颜之推在《颜氏家训》里还继承《论衡》的传统对之加以驳斥。到了唐代,这种习俗仍然存在,于是唐代一些学者便也纷纷起而驳斥。如李匡文《资暇集》卷中"辰日"条曰:"辰日不哭,前哲非之切矣!国朝又有故事,诚为不能明矣。今抑有孤辰不哭,其何云耶?"《旧唐书·张公谨传》云:"有司奏言:准《阴阳书》,'日子在辰,不可哭泣。'又为流俗所忌。"同书《吕才传》载吕才叙《葬书》云:"或云辰日不宜哭泣,遂莞尔而对宾客受吊。"刘盼遂《论衡集解》说:"则此辰日忌哭之说,至唐犹未衰也。"从颜之推到吕才诸人对于"辰日不哭"习俗的驳斥,其实是对于王充《论衡》的理性精神的继承和发扬。李匡文所说的"前哲非之切矣",也许正是暗指《论衡》对于这一习俗的驳斥吧?由此可见,"正看"《论衡》的有识之士,在隋唐时期还是很多的,他们是真正能够读懂和理解《论衡》的人。

在这一时期,最好地继承和发扬《论衡》的理性精神的,要数唐代史学理论家刘知幾(661—721)了。在史学理论名著《史通》中,刘知幾曾一再提到《论衡》。他对《论衡》的理性精神评价甚高,如《自叙篇》云:"儒者之书,博而寡要,得其糟粕,失其菁华。而流俗鄙夫,贵远贱近,转滋牴牾,自相欺惑。故王充《论衡》生焉。"言外之意,是自己的《史通》也是继承《论衡》的传统写成的。他不仅表示要继承《论衡》的怀疑精神,而且还表示要发扬《论衡》的怀疑精神。如《惑经篇》说:"昔王充设论,有《问孔》之篇,虽《论语》群言,多见指摘,而《春秋》杂义,曾未发明。"不仅对《论衡·问孔篇》的"指摘""《论语》群言"表示赞同,还对王充没有"发明""《春秋》杂义"表示遗憾。其《惑经篇》即为"发明""《春秋》杂义"之作:"是用广彼旧疑,增其新觉,将来学者,幸为详之。"其《疑古篇》则更致疑《尚书》关于尧、舜、禹、汤之记载。此外,刘知幾还经常引用《论衡》之语来阐明自己的观点,如《鉴识篇》自注云:"王充谓彪文义浃备,纪事详赡。"这乃是刘知幾引《论衡·超奇篇》语"班叔皮续太史公书百篇以上,记事详悉,义浃理备",以表示自己对于班彪史学著作的评价;又如《杂说篇中》云:"盖语曰:'知古而不知今,谓之陆沉。'"这乃是刘知幾引《论衡·谢短篇》语"夫知古不知今,谓之陆沉",以表示自己对于相关问题的看法。凡此俱可见刘知幾对于《论衡》之推崇及所受《论衡》之影响。对于这一点,后人亦多已看出。明代胡应麟《少室山房笔丛》卷十二《九流绪论》中"《论衡》"条说,刘知幾"槌提班、马不遗余力,而独尊信是书"("是书"指《论衡》)。又说:"刘子玄辈不能详察,遽从而效之,以讥诋圣人,至尧、舜、禹、汤,咸弗能免,犹李斯之学荀况矣。"焦竑《焦氏笔乘》卷三"《史通》"条说:"且(刘知幾)自云,因王充之

《问孔》,'广彼旧疑,增其新觉'。夫充之浅妄,又何足法也!"清代周中孚《郑堂读书记》卷五六"《论衡》"条也说:"竟有《问孔》、《刺孟》二篇,远为刘子玄《惑经》、《疑古》之先声,其悖妄可谓至极。"近人梁启超也看到了二者间的密切联系。① 今人许冠三《刘知幾实录史学探源》②一文,详细地比较了《论衡》与《史通》的异同,指出了《史通》所受《论衡》各种影响之痕迹。当然,刘知幾也在《序传篇》中批评了王充的有违名教:"王充《论衡》之《自纪》也,述其父祖不肖,为州闾所鄙,而己答以瞽顽舜神,鲧恶禹圣。夫自叙而言家世,固当以扬名显亲为主,苟无其人,阙之可也;至若盛矜于己,而厚辱其先,此何异证父攘羊,学子名母?必责以名教,实三千之罪人也!"这种批评,是当时道德观念日益儒教化的反映,并对于宋代以后的《论衡》评价产生了相当大的影响(参第四编第一章《近两千年来〈论衡〉评价综论》)。刘知幾对《论衡》的重视,说明当时的史学理论家也曾对《论衡》发生过浓厚的兴趣,正与文学理论家刘勰对于《论衡》的兴趣遥相呼应,这当然更有助于扩大《论衡》的影响和促进《论衡》的流传。

如果说葛洪是从思想家的角度,谢承、袁山松、范晔是从史学家的角度,刘勰是从文学理论家的角度,刘知幾是从史学理论家的角度,分别对《论衡》的流传作出了贡献的话,那么,唐代大文学家韩愈(768—824)就是从文学家的角度对《论衡》的流传作出了自己的贡献的。说来也巧,在韩愈以前,确实还没有一个著名文学家在促进《论衡》的流传和扩大《论衡》的影响方面起过明显的作用。韩愈则写了一篇《后汉三贤赞》,其中有关王充的赞语说:"王充者何?会稽上虞。本自元城,爰来徙居。师事班彪,家贫无书。阅书于肆,市肆是游。一见诵忆,遂通众流。闭门潜思,《论衡》以修。为州治中,自免归欤。同郡友人,谢姓夷吾。上书荐

---

① 梁启超《中国历史研究法》,第 37 页。
② 载《中华文史论丛》1982 年第二辑,上海,上海古籍出版社。

之,待诏公车。以病不行,年七十余。乃作《养性》,一十六篇。肃宗之时,终于永元。"这篇赞的优点,正如樊汝霖注所说的:"后汉王充、王符、仲长统三人者同传,公为之赞,各不满百言,而叙事略无遗者。"仅仅是叙事简洁而已,此外没有什么值得一提的。但是,值得注意的倒是韩愈为王充作赞这件事本身所具有的重要意义,那就是它反映了《论衡》的影响甚至波及"文起八代之衰"的古文大家韩愈的身上来了。而且,据清代刘熙载《艺概》卷一《文概》说,连韩愈的"性有三品"之说,也是承藉《论衡·本性篇》而来的,这更是一个具有说服力的例子。与此同时,《论衡》也由于韩愈的提倡而获得了更大的影响。

当然,我们也不能忽视这一时期(包括隋唐以前)科学家们对于《论衡》的反应,以及《论衡》在研究天文的人中间的影响。这些人往往对王充的天文观①提出挑战和批评。如贺道养《浑天记》(《事类赋》卷一《天赋》"方既见于王充"注引)云:"近世有四术:一曰方天,兴于王充;二曰轩天,起于姚信;三曰穹天,闻于虞昺。皆臆断浮说,不足观也。唯浑天之事,征验不疑。"对于王充的"方天"说提出了批评。卢肇《海潮赋序》(《唐文粹》卷五)云:"古之人或以日如平地执烛,远则不见,何甚谬乎!"其中的"古之人"盖指王充吧,因为《论衡·说日篇》云:"试使一人把大炬火夜行于道,平易无险,去人十里,火光灭矣。非灭也,远也。今日西转不复见者,非入也。"又其《海潮赋后序》(《唐文粹》卷五)引证云:"自古说天有六:一曰浑天(张衡所述),二曰盖天(《周髀》以为法),三曰宣夜(无师法),四曰安天(虞喜作),五曰昕天(姚信作),六曰穹天(虞昺作)。自盖天已下,并好奇徇异之说,非至说也,先儒亦不重其术也。""言不及浑天而乖诞者凡五家:《庄子》(《逍遥篇》)、《玄中记》、王仲任《论衡》(言日不入地)、《山经》、释氏言四天(乙巳占

---

① "王充的见解接近'盖天'说,他吸取了'宣夜'说的观点(参看《隋书·天文志》及《晋书·天文志》)。"任继愈主编《中国哲学史》第二册,第116页。

具解讫)。右并无证验,不可究寻。王仲任徒肆'谈天',失之极远。桓君山攻之已破,此不复云。"对王充的《说日篇》深致不满。①杨炯的《浑天赋》(《唐文粹》卷四)中,也有对于王充天文观的评论。此外,唐代所修《晋书》、《隋书》的《天文志》中,也引葛洪之说(《浑天论》),详尽地批评了王充的天文观。毋庸讳言,王充受他当时科学条件的限制,其对天文的解释,在后人看来自不免有错误,所以理应受到后人的批评。不过,正如张宗祥所云:"天体为方,日星不圆,推步未详,浑盖异说,而究极求是之精神,固不可没也。"②而且,从这些批评大量出现本身,也可以看出《论衡》在当时是如何地受人注意,这从一个侧面反映了《论衡》在当时的流传状况。

唐宋编撰书目的目录学家们,也开始将《论衡》著录于各种书目。魏晋南北朝时期,是目录著作的繁荣时期,但是,由于它们绝大部分已经亡佚不存,所以我们现在已无从了解这些目录书中是否著录了《论衡》,如果著录的话又归在哪一类等问题。现在所能看到的最早著录《论衡》的目录书,是《隋书·经籍志》(约670),其子部杂家类,著录了"《论衡》二十九卷,后汉征士王充撰"。对于我们了解《论衡》的早期流传史来说,这一著录具有几方面的重要意义。首先,是《论衡》的归类问题。范晔《后汉书》以王充与王符、仲长统合传,说明他认为三人的著作(《论衡》、《潜夫论》、《昌言》)性质比较接近;但在《隋书·经籍志》中,《潜夫论》与王充最为推崇的桓谭的《桓子新论》均著录于儒家类,而《论衡》与《昌言》及深受《论衡》影响的《抱朴子外篇》则著录于杂家类。这说明了什么呢?这说明著录者是把《论衡》作为杂家著作来认识的。这是一个重要的开端,后来几乎所有的目录著作,都把《论衡》著录

---

① "言日不入地"的,是《说日篇》,而非《谈天篇》,说"王仲任徒肆'谈天'",有点文不对题,说"王仲任徒肆'说日'"才对;又说"桓君山攻之已破",桓谭在王充之前,时代亦不免颠倒舛误。是皆卢肇立论粗疏未周处,虽则其相信浑天说是对的。

② 见其《论衡校注》,序言第3页。

于杂家类,《四库全书总目》则更将其归入"杂家类杂说之属",只有熊伯龙曾为《论衡》的这一归类抱不平。其次,是《论衡》的卷数问题。魏晋南北朝隋唐时期所流传的《论衡》,似有二十七卷本与三十卷本两个系统。唐代马总《意林》载《论衡》为二十七卷本,清代周广业《意林注》卷三云:"此云二十七卷,未详。"《意林》承《子钞》而起,盖《子钞》所摘引之《论衡》已为二十七卷本,则魏晋南北朝时期流传之《论衡》有二十七卷本者。又宋代杨文昌《〈论衡〉序》说:"得俗本七,率二十七卷。"可见至宋初,民间尚流传有二十七卷本之《论衡》。除此之外,《日本国见在书目录》(891)、《旧唐书·经籍志》(940—945)、《新唐书·艺文志》(1044—1060)等著录《论衡》均作三十卷。杨文昌《〈论衡〉序》也说:"又得史馆本二,各三十卷。"可见中央政府所藏之《论衡》均为三十卷本。因而,当时流传的《论衡》有二十七卷本和三十卷本两个系统。① 但奇怪的是,只有《隋书·经籍志》著录之《论衡》却作"二十九卷";而且,据云完全是模仿《隋书·经籍志》来著录日本当时公私书籍的《日本国见在书目录》也作三十卷。周中孚同上文认为:"知《隋志》不数末一卷《自纪》也。"余嘉锡《四库提要辨证》也认为:"疑除其《自纪》一卷不数,否则唐初所得隋炀帝东都藏本,偶有阙佚也。"②但不管是二十七卷本也好,是三十卷本也好,盖仅是分卷有所不同,其中的篇数应是完全一样的。《隋书·经籍志》以及随后的《旧唐书·经籍志》和《新唐书·艺文志》等书目对于《论衡》的著录,使《论衡》的存在获得了明确而稳定的记载,这是很有意义的。

《论衡》这部"杂家"类外典,也曾引起过释子们的注意。唐释慧琳的《一切经音义》,曾引用过《论衡》;释道宣的《集古今佛道论衡》、释智昇的《续集古今佛道论衡》,则取"论衡"为标题。宋初释赞宁不仅读《论衡》,而且还作了三篇驳难《论衡》的文章,受到宋

---

① 张宗祥云:"惟元刻本并两卷为一卷,作十五卷。篇数亦同。"(见其《论衡校注》,目录第 4 页)
② 余嘉锡《四库提要辨证》第三册,北京,中华书局,1980 年,第 902 页。

初文人王禹偁(954—1001)的激赏,此事见于宋代吴处厚的《青箱杂记》卷六:"近世释子多务吟咏,唯国初赞宁独以著书立言、尊崇儒术为佛事,故所著《驳董仲舒〈繁露〉》二篇、《难王充〈论衡〉》三篇……极为王禹偁所激赏,故王公与赞宁书曰:'……辱借通论,日始三复,未详指归。徒观其涤《繁露》之瑕,劙《论衡》之玷……使圣人之道无伤于明夷,儒家者流不至于迷复。'"可见在隋唐宋初时期,《论衡》在沙门中也有流传,并受到了释子们的注意。

宋初各大类书及语言学书,均承隋唐类书,大量引用《论衡》。如《太平广记》(977—978)、《太平御览》(977—984)、《事类赋》(990—994)、《广韵》(1008)等书,都曾摘引《论衡》。像《广韵》这样的韵书,是从文字的角度摘引《论衡》的,如卷五入声"一屋"韵中有"蜏,复蜏,蝉未蜕者。出《论衡》"语,乃见于《论衡》的《无形》、《奇怪》、《道虚》、《论死》诸篇(唯今本《论衡》"蜏"作"育")。像《太平御览》这样的类书,则是从事物的角度来摘引《论衡》的,其倾向和影响均与隋唐类书相一致,所以不再赘言。唯像《太平广记》这样的小说之集大成者,对待《论衡》的态度又自有不同。《太平广记》中取材于《论衡》的传说故事共有五则,其一是卷一七一"精察"一的《李子长》故事,出于《论衡·乱龙篇》,乃是王充用来证明设土龙以招雨的"象类"原理的,在《太平广记》中则成为"精察"之一例;其二和其三是卷二二四"相"四的《黄霸》故事和《王正君》故事,均出于《论衡·骨相篇》,乃是王充用来证明察骨体可以知性命的观点的,在《太平广记》中则分别成为"相"之一例;其四是卷四〇〇"宝"一"金"上的《陈爵》故事,出于《论衡·验符篇》,乃是王充用来证明汉德异常的,在《太平广记》中则成为得宝之一例;其五是卷四三五"畜兽"二的《杨翁佛》故事,出于《论衡·实知篇》,乃是王充用来证明知识都是从学习得来的观点的,在《太平广记》中则成为"别鸟语"之一例。由此可以看出,这些被采入《太平广记》的《论衡》中的传说故事,在《论衡》中都是王充用来阐发自己观点的例证,但却被《太平广记》的编者抽取了出来,成为一则则与《论衡》原意无关的独立的小故事。简言之,《太平广记》的编者是把《论衡》作为传说故事的渊薮来对待的。这是一种既和魏晋人把《论衡》作为"谈助"来看待的态度相仿佛,却又体现了新的时代特色的态度。它反映了小说家们对于《论衡》的看法,是对于《论衡》的意义和价值的另一种开掘。它当然有助于扩大《论衡》的影响和促进《论衡》的流传,但也不免有"反看"《论衡》这样的消极作用。

《论衡》的性命论,不仅影响了魏晋南北朝时期的文人,而且也影响了宋初著名词人晏殊(991—1055)。《宋文鉴》卷十五载其论命诗一首,其题云:"《列子》有《力命》,王充《论衡》有《命禄》,极言必定之致,览之有感。"其诗云:"大钧播群物,零茂归自然。默定既有初,不为智力迁。御寇导其流,仲任派其源。智愚信自我,通塞当由天。宰世曰皋伊,迷邦有颜原。吾道诚一概,彼途钟百端。卷之入纤毫,舒之盈八埏。进退得其宜,夸荣非所先。朝闻可夕殒,吾奉圣师言。"可见这首诗乃是晏殊读《列子·力命》和《论衡·命禄篇》二文后,有感于其中的宿命思想而作的,反映了晏殊对于人生的悲观看法。这既表明晏殊曾熟读《论衡》,也反映了《论衡》对于宋初词人的影响。

到了北宋初期庆历五年(1045)杨文昌第一次刊刻《论衡》时,《论衡》已经成了一部几乎是家喻户晓的古典著作了。当时的情况,正如杨文昌《〈论衡〉序》所说的:"流行四方,今殆千载。撰《六帖》者但摘而为备用,作《意林》者止钞而同诸子,吾乡好事者往往自守书楼为家宝。"也就是说,《论衡》在当时颇为流行,且为好事者所珍藏。但是当时所流传的各种《论衡》抄本,却有很多错误,以致不能卒读,据杨文昌说:"然其篇卷脱漏,文字踳驳,鲁鱼甚众,亥豕益讹,或首尾颠踬而不联,或句读转易而不纪,是以览者不能通其读焉。"这种现象,多是因辗转抄写而引起的,所以,杨文昌打算利用新兴的雕版印刷术,将《论衡》付之剞劂,以便摆脱手写本的混乱状况,求得《论衡》的更广泛而准确的传播。他首先做的工作,是搜求《论衡》的各种抄本:"余幼好聚书,于《论衡》尤多购获,自一纪中,得俗本七,率二十七卷。其一程氏西斋所贮,盖今起居舍人彭公乘曾所对正者也。又得史馆本二,各三十卷,乃库部郎中李公乘前所校者也。"他的第二步工作,是对这些本子进行校勘整理:"余尝废寝食,讨寻众本,虽略经修改,尚互有阙遗。意其誊录者误有推移,校勘者妄加删削,致条纲紊乱,旨趣乖违,倘遂传行,必差理实。今研核数本之内,率以少错者为主,然后互质疑谬,沿造本源,讹者译之,散者聚之,亡者追之,俾断者仍续,阙者复补。惟古今字有通用,稍存之。又为改正涂注凡一万一千二百五十九字。有如日星之丽天,顺经躔而轨道;河海之纪地,自源委以安流。"这可以说是《论衡》流传千年以来第一次全面认真的整理,其整理工作诚如元代韩性《〈论衡〉序》所说的:"诸本缮写互有同异,宋庆历中进士杨文昌所定者号称完善,番阳洪公重刻于会稽蓬莱阁下。"因为后来的各种版本都是源出于杨文昌这个版本的,①所以可以说其整理结果直接决定了今本《论衡》的面貌。杨文昌所做的第三步工作,是把这一整理本刊刻了出来:"即募工刊印,庶传不泯,有益学者,非矜己功,不敢同王、蔡之徒,待搜之然后得而共,问之然后言其益也。"《论衡》的第一个刻本的出现,可以说是《论衡》流传史上的一件大事,它给《论衡》的命运带来的有利影响,是怎么估计也不会过高的。尽管杨文昌的刻本后来已经失传,②但后来出现的各种版本都是源出于它的。自此之后,

---

① 张宗祥认为,后世各本都源出于南宋孝宗乾道三年(1167)洪适刻本,但洪适刻本却并非源出于北宋杨文昌刻本,而是也像杨文昌刻本一样依据抄本校刻的:"就洪氏'转写既久'等语观之,盖亦根据写本校刻,非据杨文昌刻本付梓也。""韩氏所云'洪公重刻'者,乃重刻《论衡》,非重刻杨氏之《论衡》也。当以洪序为正,不可含混无别。"(见其《论衡校注》,《论衡》诸序第2页,第4页)可备一说。

② 杨文昌刻本世无存者。《国立历史博物馆丛刊》第二册《馆藏宋本论衡残卷校勘记小序》著录一馆藏宋版《论衡》残本,仅存第十四卷至第十七卷一册,张宗祥判断为杨文昌刻本之孑遗:"余曾闻而往览,洵北宋之物,杨氏之旧也。"(见其《论衡校注》,第599页)可惜已下落不明。

《论衡》进入了靠版本流传的新阶段,为它的垂诸永久创造了良好的条件。

四

回顾《论衡》从成书到第一个刻本出现的近千年左右的流传影响史,不免使我们深怀感慨,其原因信如清代王谟《〈论衡〉跋》(《增订汉魏丛书》本)所说的:"汉魏以来,作者多矣,其书或传或不传,无足深怪。独怪仲任推重刘子政、扬子云、桓君山犹文、武、周公并出一时,又以君山所著《新论》为甲于子长、子云论说之徒,而《新论》十六篇竟无一传者,此书八十五篇止缺《招致》一篇。不知《论衡》之书果愈于《新论》欤?抑传之者独得其人欤?昔蔡伯喈、王景兴得是书,尝欲秘而不传矣,乃至今千余年,卒与子长、子政、子云诸书并传于世;如君山书,仲任非不欲传之,顾不能得。以是而知君山当时于子云书决其必传,亦幸而言中也!"在中国文献史上,像桓谭《新论》那样的名著失传是常有的事,而残缺则更是常事中的常事,《论衡》却有幸得以非常完整地保存了下来。这一方面固然得归因于《论衡》本身的高质量,另一方面也不能不承认是"传之者独得其人"吧!在《论衡》的早期流传影响史上,有那么多人为《论衡》的流传作出了贡献,他们都可以说是《论衡》的功臣。如果没有他们的努力,我们今天是否能看到完整的《论衡》就值得怀疑了。所以,我想用本章来介绍他们的贡献,并庶几使《论衡》的早期流传影响史对我们来说不再是一片空白。

附章 《论衡》在东亚的流传及和刻本《论衡》

一、《论衡》在东亚的流传

查张伯伟编《朝鲜时代书目丛刊》①,其中收朝鲜时期王室书目十种、地方书目八种、史志书目五种、私家书目三种,总共二十六种,但没有一种书目著录有《论衡》,这不免让人有点失望。再查全寅初主编《韩国所藏中国汉籍总目》②,总计著录《论衡》八条,高丽大学藏有明万历刻本零本一册③,成均馆大学藏有清光绪元年(1875)湖北崇文书局刻本两部,延世大学藏有年代不详刻本一部,其余四种则为民国以后石印本或影印本,不用说没有珍贵的宋元刻本(哪怕是残本零本),甚至也未见最流行的明通津草堂本或《汉魏丛书》本。朝鲜半岛文人如何看待《论衡》,还有待进一步的深入调查,尤其是普查《韩国文集丛刊》。

查王小盾等编《越南汉喃文献目录提要》④,其中著录越南现存汉文、喃文图书共五千零二十七种,包括四千二百六十一种以

---

① 北京,中华书局,2004 年。
② 首尔,学古房,2005 年。
③ 此著录册数或有误,2009 年 10 月 9 日我访问高丽大学图书馆时,实际所见为零本两册,分别为卷一至卷五、卷十二至卷十七,为黄嘉惠校阅本。
④ 台北,"中研院"中国文哲研究所,2002 年。

汉文为主体的图书,七百六十六种以喃文为主体的图书,但未见有《论衡》。《论衡》是否传入越南,在越南是否也有影响,还有待于继续深入调查。

《论衡》究竟是什么时候传入日本的,现在已无从知晓,但在其写本时代即已经传入,则是可以肯定的。

或以为万叶歌人山上忆良(约660—约733)的《沉疴自哀文》(《万叶集》卷五)中所表现的生死观乃基于《论衡》。① 山上忆良于702年随第七次遣唐使赴唐,学习儒学、佛教,思想可能受到《论衡》的影响,《论衡》或由他携入日本,然无确证。②

六朝和唐代的各种类书,如梁代类书《华林遍略》(523),北齐类书《修文殿御览》(572),隋代类书《编珠录》(611),唐代类书《琱玉集》(编年不详)、《艺文类聚》(624)、《兔园策》(636—652)、《初学记》(727)等,都早已传入日本,其中很多类书都曾大量摘引《论衡》之语,日本人即通过这些类书也能知道《论衡》这部书。

日本平安朝淳和天皇时期(823—833),由滋野贞主(785—852)等人编撰的大型类书《秘府略》(831,现在仅存卷八六四百谷部和卷八六八帛部中)中,也曾摘引过《论衡》。③ 无论它是根据全本《论衡》摘引的,抑是根据中国类书转引的,都说明当时日本人已注意到《论衡》这部书。此外,源顺《和名类聚抄》等也引有此书。

至9世纪末,《论衡》在日本有了明确的著录,那就是在藤原佐世(847—898)编的《日本国见在书目录》(891)的杂家类中,已经著录了"《论衡》卅卷,后汉征士王宛(充)撰",可见当时日本已有了完整的《论衡》。这是《论衡》见诸日本的最早著录。

不过,从日本当时的文化情况来推测,《论衡》在当时的日本未必会很受欢迎。

---

① 赤阪可奈子《忆良の沉疴自哀文と论衡》,载《日本文学研究》第37号,1998年2月。
② 孙猛《日本国见在书目录详考》,上海,上海古籍出版社,2015年,第1101页。
③ 参见矢岛玄亮《日本国见在书目录:集证と研究》,东京,汲古书院,1984年。

二、和刻本《论衡》

　　中国本土以外,越南的情况暂时不明,在朝鲜半岛和日本,自古以来流传的《论衡》,大都是来自中国的各种刊本;其中只有日本出现了和刻本,那就是江户时代宽延三年(1750)刻本。这是饶有意思、值得重视的事情,表明了江户文人对《论衡》的看重。

　　宽延本《论衡》三十卷、八册,宽延三年江户、大阪、京都刊本,所据底本据云为明万历年间黄嘉惠校刻本(卷一标题下有"黄嘉惠阅"字样)。卷首有宋明人三序,即杨文昌、沈云楫、虞淳熙序;又有日人二序,即南郭服元乔《读论衡》,无年月;京师后学石阳浦卫兴撰、平安卜惟胤书《重刻论衡序》,延享五年戊辰(1748)仲夏日。书后版权页记载:

　　　　宽延三庚午岁五月吉祥日
　　　　　　江户书林　　西村源六
　　　　　　大坂书林　　涩川清右卫门
　　　　　　皇都书林　　上坂勘兵卫
　　　　　　　　　　　　山田三郎兵卫
　　　　　　京乌丸通四条上ル二丁目
　　　　　　　　　　　　若山屋喜右卫门

　　此本国家图书馆有藏,但中国方面的著录,说它是"东京 若山屋喜右卫门刊本",却是出于现在的日本首都在东京而产生的误解,"若山屋喜右卫门"所在的"京",其实是指京都。

　　中国方面又著录,中国科学院图书馆藏有江户时代延享五年(1748)弘简堂刊本,未见,不详。

　　宽延本《论衡》流传、收藏较广,以下仅就个人所见略为介绍一二。

　　日本静嘉堂文库所藏宽延本《论衡》,为狩谷棭斋据宋本所校者。卷廿五末有狩谷棭斋跋语云:

以上以骏府稻川氏所藏一本校雠,其本宋诸帝讳字皆从缺笔,盖重雕宋椠者,今校曰宋本。惜卷廿六至卷卅缺失,今校以通津草堂刻本云。汤岛狩谷望之记。

所谓"骏府稻川氏所藏一本……其本宋诸帝讳字皆从缺笔,盖重雕宋椠者,今校曰宋本。惜卷廿六至卷卅缺失",从其所描述之特征来看,盖即后来入藏于日本宫内厅书陵部图书寮者,是为目前存世之《论衡》最早最善版本。关于此本之流传经纬,孙猛介绍云:"宋本则流传不辍,岛田翰《古文旧书考》卷二《宋椠本考》著录光宗刻本,宋讳阙画,乃加朱围,推测'盖五山僧徒之所为'。狩谷棭斋(1775—1835)尝收藏宋本,据之撰《论衡校异》,冈本保孝(1797—1878)亦得宋本,撰《论衡考》。今宫内厅书陵部藏有宋刊本,似即诸氏所收藏者。"①案孙猛推测是,诸本实为一本。"骏府稻川氏所藏一本",后或归于狩谷棭斋。"狩谷棭斋求古楼所收,后归于况斋冈本缝殿之助。闻诸木村正辞氏:况斋之病将殁,属之于门人木村正辞氏,且捺一小印以为左券,卷首所捺小圆印即是也。后十洲细川润次郎先生介书肆琳琅阁而获之,是书遂升为秘府之藏。""宋本之存于今日者,当奉是本为泰华矣!"(岛田翰《古文旧书考》卷二《宋椠本考》"《论衡》二十五卷〈残宋光宗时刻本附明修本通津草堂本程荣本〉"条)是其流传经纬如此。②又,所

---

① 孙猛《日本国见在书目录详考》,第1101页。
② 然据张宗祥考证,此本乃孝宗乾道时(1165—1173)刻本,而非光宗时(1190—1194)刻本:"岛田翰所记之本,即洪氏乾道刊于会稽之本,而未经明修者也,故光宗讳'惇'、'敦'、'醇'、'淳'等字未避,其为孝宗乾道本无疑……岛田翰以二十五卷残本定为光宗时刻,未细考也。"(见其《论衡校注》,第596页)又据其说,此本乃后世各本之祖本。"其后元、明修补,今所谓宋本,以及元本、通津草堂本,皆自此出。盖北宋本早无传本,传世之《论衡》,皆出自南宋洪刻矣"(见其《论衡校注》,《论衡》诸序第2—3页),故弥足珍贵也。曹元忠《笺经室所见宋元书题跋》(苏州,江苏省立苏州图书馆,1940年)称其曾以重值购得一《论衡》残本,仅剩卷二十六至卷三十共五卷,判断为宋洪适刊本,间有元时修补者,其行款格式、刻工姓名等,均与日藏南宋本同,或即为该本之另一部分,合之则成全璧云:"近时日本岛田翰著(转下页)

谓狩谷棭斋所撰之《论衡校异》，盖即校于此宽延本《论衡》上者欤？

静嘉堂文库所藏宽延本《论衡》全书卷尾，又有狩谷棭斋跋语云：

> 右卷廿六至卷尾骏府本缺，今以家藏通津草堂刻本校毕。其本卷尾，有"周慈写"题字，余别有嘉靖□年袁褧重雕宋板《六家文选》，亦题周慈名，则知通津本又嘉靖刻本也。《天禄琳琅书目》载，是本之纸质墨光系为明制，盖取文昌定本而重加校刻者。棭斋狩谷望之记。

狩谷棭斋说得没错，通津草堂本确实是嘉靖刻本，刊刻于嘉靖十四年（1535）。

此静嘉堂文库藏狩谷棭斋据宋本所校之宽延本《论衡》，为二十年前我初次访问日本时，由斯道文库高桥智先生带去静嘉堂文库看书时所阅。当时印象，尚历历在目，一晃已二十年矣！

三、和刻本《论衡》的错简

此外，我自己也有一部宽延本《论衡》，为高桥智先生惠赠。卷首杨文昌、沈云楫、虞淳熙三宋明人序排列顺序紊乱；且沈云楫、虞淳熙二序颠倒错乱，既沿袭了明刻本的错简本，又变本而加厉之。其具体情况如下。

号称沈云楫序的，全篇实为虞淳熙序，只在最后换上了沈云

（接上页）《古文旧书考》，称其国秘府有宋本《论衡》二十五卷，其行款格式并刻工姓名，与此悉合，而阙卷二十六已下。是彼之所阙，即此五卷，倘能胖合，岂非快事！"然而张宗祥却不以为然："日本书无元修，曹氏所得有元修，卷数缺佚相符者，偶合也，非真乐昌之镜也。""据曹（元忠）氏所载书式刊工姓名，无不与日本秘府藏本相同；所不同者，缺版元修耳。曹氏所得之书，确为元修洪本。故知日本所藏，亦为洪本，而非光宗时刻也。"（见其《论衡校注》，第596页，第598页）是耶非耶，录之待考。

楫的署名,作"时万历戊子孟冬西吴沈云楫序"。

号称虞淳熙序的,前半实为沈云楫序,后半则接虞淳熙序,且删去一大段,结果成了下面这样的(方括号中为原文有而宽延本所缺者):

(以下沈云楫序)余览东京永元之季,名能立言者,王节信、仲长公理及王仲任三君子,并振藻垂声,范史亦类而品之。而迫数世后,独仲任《论衡》八十余篇,有秘玩为谈助、还许下见称才进者,而节信、公理沉寥莫及,若是何也?言贵考镜于古昔,而尤不欲其虚窾靡当,要如持衡入宝肆,酌昂抑,免哗众尔已。《潜夫》一论,指评时短,牴牾卤略,罔所考镜。而公理之《昌言》,好澶漫而澹宕,辄龃龉于世,而不相入。彼二氏,世且敝帚视之,奚其传?仲任少宗扶风叔皮,而又腹笥洛阳之籍,其于众流百氏,一一启其扃而洞其窍。愤俗儒矜吊诡,侈曲学,转相诋赝而失真,乃创题铸意,所著《逢遇》迄《自纪》十余万言,大较旁引博证,释同异,正嫌疑。事即丝棼复沓,而前后条委深密,矩蠖精笃。汉世好虚辞异说,中为辨虚凡九,其事骤,其法严,其旨务祛谬悠夸毗,以近理实,而不惮与昔贤聚讼。上裨朝家彝宪,下淑词坛听睹,令人诵之泠然。斥吊诡而公平,开曲学而宏巨。譬一闹之市,一提衡者至,而货直锱铢率画一无殊喙。以故中(以下虞淳熙序)塞,明月夜光,无因而至前,则匹士按剑,乃相与匿衡,而衡诚悬也。吾恶夫诸子之不平,平之于吾衡焉。若乃夫仲任之衡,其果帝之制乎?王之谨乎?累铢而不失,迫镒而昏乎?有传于肆,曰一提而一流也,一市人重听矣。视衡星若垣次,而五权乱,丧一市之明矣。械易圭,玑易珰,尺为轻,寸为重,而一市人皆眩瞀无日矣。故衡仲任之衡,以平其平,是帝王之衡也,天君之谓也。[……]史称仲任年渐七十,志力衰耗,造《养性书》十六篇。不知谁何氏匿之。吾甚不平,行问之灵族[遗程]氏矣。[时皇明万历庚寅七月七日前进士]虞淳熙[题]序。

也就是说，所谓的虞淳熙序，既割沈云楫序的前半为前半，后半则虽为虞淳熙序，又偷工减料删去一大段。而沈云楫序的后半部分，则"两处茫茫皆不见"，彻底不见了踪影。

造成这种现象的原因，我认为，是由于和刻本刊刻时，误用了明刻本的错简本。如在程荣《汉魏丛书》本的错简本中，虞淳熙序和沈云楫序各有四页，装订时，虞淳熙序的前二页后，错接了沈云楫序的后二页；沈云楫序的前二页后，错接了虞淳熙序的后二页。"……以故中"正好位于沈云楫序第二页尾，"塞明月夜光……"正好位于虞淳熙序第三页首。刊刻时误用了这种错简本，结果自然可想而知。但在程荣《汉魏丛书》本的错简本里，由于只是装订时装错了页，所以只要仔细辨认，还是可以看出装订错误的，也可以很方便地拆开重装；但到了和刻本里，因为行款与明刻本已经有所不同，所以轻易就看不出错简的痕迹了。

另外，我曾经眼的清光绪三年（1877）马湖卢秉钧重校刊《增订汉魏丛书》本，也像和刻本一样错得一塌糊涂，而因为行款已经与明刻本不同，所以也看不出错简的痕迹了，且同样偷工减料删去了一大段（但其卷首仅有一序，而无沈云楫序）。由此可见，和刻本的错简，可能另有来源。但要弄清楚其确切来源，得先弄清楚明刻本的源流。

在程荣《汉魏丛书》本的错简本中，"时皇明万历庚寅七月七日/前进士虞淳熙题序"也在页首。而在和刻本中，号称沈云楫序的，全篇实为虞淳熙序，只在最后换上了沈云楫的署名。大概是刻工翻错了页，没翻到"虞淳熙题序"那一页，却翻到了"沈云楫序"那一页，遂在应该署虞淳熙之名的地方，误署上了沈云楫之名？这真有点匪夷所思，让我百思不得其解。

四、江户文人读《论衡》

《论衡》在中国一向属于"异端"，在清代尤其饱受清儒的攻击,特别是对其中"非圣"的内容,如《问孔》、《刺孟》诸篇,更是视为大逆不道,必欲口诛笔伐而后快。但观宽延本《论衡》所载服部南郭的《读论衡》,却似乎与清儒之见全不相干,而别有自己的理解和会心者:

> 论辨相竞,盛自战国。而西汉则承秦余,唯求亡守遗是务,虽有论者,未敢自恣。暨于东汉,篇籍寖备,然后著论正非之学复盛矣。又且谶纬日出,时方多信,虽光武之英,其惑不可回。王仲任出其际,停审虚实,自称秉衡,凡经传百氏,莫不被非斥者。遂且至称吴会之得,秘为谈助,许下之论,惊谓才进,即测其世共有焉。盖喙长相尚,则虽剖析毫厘,率亦近乎街谈巷议耳。夫辞语之道,微婉相谕,或有文远旨深,不必专贵径情直言。然世趋媮薄,夸说日加,诋为窕言,亦其势尔。夫以言正言,犹抱薪救火也,不可扑灭,益至燎原。要之,丰文茂记,恢谐剧谈,择者无惑,何更诘难。仲任盖非不知之,惟其刚锐之志,急于著书,而平易之论,难夺佗先。且诵忆之功,徒蕴未见,非托斥事,无繇示博,后世论家,亦多此伎俩。则仲任设意,所在诡异,是其所也。独其因指擒援及甚繁,八十有五篇,不可谓非富有焉。贫士乏书,今犹古乎,乃一览之余,不问才进,苟记所有,则不亦足以代阅雏肆之劳乎!

服部南郭为江户大儒,其关于《论衡》之见解,倘置于清代学术之背景下,则境界不啻别有洞天。其开头数语,揭出《论衡》之前的历史变迁,《论衡》出现的时代背景,言简而意赅,提纲挈领,切中肯綮。然后论说《论衡》短长,也实事求是,深得要领。"夫以言正言,犹抱薪救火也,不可扑灭,益至燎原。"对语言的局限性认识之深入,尤足发人深思。最后探讨王充著《论衡》的隐秘心理,《论衡》对读者的博学意义,也皆有独得之见。要之,与清儒多作上纲上线之政治评价不同,服部南郭多从写作本身出发议论,明白显示江户文人与清儒的空间距离,值得今日探讨比较文化之学者留意深思。

三浦石阳的《重刻论衡序》，也是一篇对《论衡》很有会心的文章，其中云：

> 至其茫若，亦徒私议之。及其私议也，必能言理。彼东京有清议，晋有清谈，岂其不然乎？王充氏，东京人也……其人际清议君子，释同异，正嫌疑，其勤矣哉……其书之分嫌疑坚白，可谓至也。而至其辨阴阳消长、吉凶祸福、鬼神祭祀之事，孰不言不后世宋儒理学之胚胎哉？此其时运之使然者非邪？虽然，其人之有特见，去古之未远，则立言《非韩》、《刺孟》，其余之置论，凿凿乎有据，岂所后世觊觎乎……戊辰夏，余再游京，书肆来谋《论衡》上木之举，因校且句，以授焉。能知学有古今，而不眩于其言理，则亦庶几乎古也哉！

三浦石阳把《论衡》置于东汉清议、晋代清谈的"时运"中去认识，并认为《论衡》之"辨阴阳消长、吉凶祸福、鬼神祭祀之事"，已为"后世宋儒理学之胚胎"，且力赞王充"其人之有特见，去古之未远"，《论衡》"之置论，凿凿乎有据"，要求读者不为其"言理"表象所迷惑，而体认其所言内含存古之精神。其对《论衡》之认识较深，对《论衡》之评价较高，在同时的清人中尚未见其例。①

五、对和刻本《论衡》的利用

中国学者于和刻本《论衡》大都闻其名而不知其实，虽然北京图书馆、中国科学院图书馆等都有收藏，但尚未见到有中国学者利用、评论和研究的。

日本的宫内厅书陵部图书寮里，藏有现存最善之《论衡》版

---

① 此外，从井ノ口哲也《王充·〈论衡〉关系研究论著目录》（附于户川芳郎《汉代の学术と文化》，东京，研文出版，2002年）得知，大久保隆郎有《〈论衡〉と江户儒学》（《言文》第31号，1983年12月）一文，原文未见，或有可观。

本,即12世纪末南宋刻本。尤其是其照片公开以后,给日本学者的研究带来了诸多便利。故一般的日本学者,例以明通津草堂本为底本,而校勘以该南宋刻本,条件得天独厚。与此同时,虽然也有利用和刻本者,但和刻本显然不受重视。

佐藤匡玄在其《论衡の研究》(东京,创文社,1981年)的后记中说,战前他任职于京都大学东方文化研究所,在小岛祐马的"《论衡》研究"课上,初次接触到了《论衡》,并为其"反俗精神"所深深吸引,遂开始了持续近半个世纪的研究。他所用的《论衡》版本,是以明通津草堂本为底本,校勘以宫内厅书陵部图书寮的南宋本。当时为了与后者校勘,他曾经常往来于他所任职的满洲建国大学与日本之间。他没有提到是否也利用了和刻本。

山田胜美在其《论衡》全译本(东京,明治书院,《新释汉文大系》本,上册,1976年,中册,1979年,下册,1984年)下册后记中说:"战后不久,在加藤虎之亮先生的主持下,笔者与同学每周相会,轮读此书。当时,黄晖的《论衡校释》虽已出版,却尚未能入手,更不用提刘盼遂的《论衡集解》了,故而最得力的仍是宫内厅书陵部所藏宋版《论衡》的照片版和江户时代的和刻本《论衡》。"照片版阅读不便,估计主要还是利用和刻本,但他没有就和刻本作出评论。他后来的《论衡》全译本,"原则上"以《四部丛刊》影印明通津草堂本为底本,而以宫内厅书陵部图书寮所藏南宋本及他本参校,并未提到是否也利用了和刻本。

在山田胜美的《论衡》全译本问世之前,有大泷一雄的两个《论衡》选译本,即《东洋文库》本(东京,平凡社,1965年)、《中国古典文学全集》本(东京,平凡社,1961年,1972年)。其中前者选译了十四篇,除三篇依据明通津草堂本外,其余均依据南宋本,没有提到利用和刻本。

山田胜美的《论衡》全译本问世前后,又有绵本诚的《论衡》选译本,即《中国古典新书》本(东京,明德出版社,1983年),他明确说以《四部备要》本为底本,而参考了汲古书院影印的和刻本,但他没有说明如此选择的理由,也没有就和刻本作出评论。

　　总之,无论利用与否,对于和刻本《论衡》的评论还很少见,和刻本《论衡》的价值也尚未充分发掘。我们谨以本文抛砖引玉,期待着有学者来弥补这一缺憾。[①]

[①] 关于汲古书院影印的和刻本《论衡》(《和刻本诸子大成》第 7 辑),长泽规矩也有一个解说,可惜我目前还没有看到。

第四编

《论衡》的评论

第一章 近两千年来《论衡》评价综论

从《论衡》成书到现在,已经有一千九百多年了。在这一千九百多年里,《论衡》的遭遇是颇为坎坷的。它的声誉时而上升,被褒为天下奇书;时而下跌,被贬为名教罪人。1935年,黄晖在他的《论衡校释·自序》中,对《论衡》的评价史曾作过如下总结:"从汉到现在,大家对于这部书的认识,可以分作三期:1.从汉到唐……都认为是一代的伟著。2.宋带着道学的习气,认为《论衡》是一部离经叛道的书……3.明、清取其辩博,但对于《问孔》、《刺孟》仍沿宋人成见,骂他是非圣无法。如……都是极力表张此书……等皆诋訾此书,或毁誉参半。对《论衡》有真正的认识,还是最近二十多年的事。因为诸子是研究思想史的宝藏,研究诸子的兴趣,不减于经史。治诸子的人,尽革前儒一孔之见,实事求是,作体系的历史的探讨。不因为他问了孔子,刺了孟子,就减轻他的价值。或者在现代人看来,还要增高他的价值。"在这里,黄晖把中国古代的《论衡》评价史分作三个时期,并对各个时期《论衡》评价的主要特点作了简洁的说明,即使从今天看来,他的见解大体上也还是正确的。不过,由于他谈得比较简括,所以他没有就各个时期《论衡》评价的具体情况及决定这些情况的原因展开深入的讨论。一部名著的评价史,不仅反映了这部著作本身地位的升降浮沉,而且也反映了各个时期思想意识的演化变迁,《论衡》的评价史尤其是一个典型的例子。本章打算在黄晖研究的基础上,对《论衡》的评价史作进一步的讨论。黄晖《论衡校释》附编、刘盼遂《论衡集解》附录、北京大学历史系《论衡》注释小组《论衡注释》附录四

《历代有关王充及其〈论衡〉的资料选目》、蒋祖怡《王充卷》附录等,收集了许多《论衡》评价史方面的目录和资料,为本章的写作提供了便利。需要说明的是,虽说有些评价所涉及的只是王充而不是《论衡》,但既然人们主要是把王充作为《论衡》的作者来评价的,那么作为广义的《论衡》评价,它们当然也在本章的论述范围之内。

一

从东汉到唐代,《论衡》一直受到高度的评价。王充被看作是一个无愧于前贤的大学者,《论衡》被认为是一部齐肩于古典的大著作。而善评的理由,在各个时期则不尽相同:在东汉是因为推崇王充的学问才气,在汉末魏晋间是因为《论衡》可供谈助,在南北朝唐初是因为它有矫枉辨伪之功。对《论衡》的批评意见,或出自道家,或出自儒家,但在这个时期都未能占上风。一般认为,《论衡》即使有缺点,也只是"小疵",无伤大雅。下面试分期叙述。

在东汉前期,王充的同时代人谢夷吾曾对他作出过高度评价。范晔《后汉书》充本传李贤注引谢承《后汉书》充本传说:"夷吾荐充曰:'充之天才,非学所加,虽前世孟轲、孙卿,近汉扬雄、刘向、司马迁,不能过也。'"谢夷吾对王充的这个评价,曾受到后人的指责。清人臧琳《经义杂记》卷十六"王充《论衡》"条说:"其友谢夷吾拟之扬、刘、司马,非其伦也。"这个批评,其实是不了解东汉的情况。在东汉人眼里,后人看得了不得的孟子、荀子、司马迁,并不是神秘的人物,只不过是前代或当代有学问的人而已。从王充的《论衡》中,我们就随处能看到他对这些前贤的平视态度。《自纪篇》说:"身与草木俱朽,声与日月并彰,行与孔子比穷,文与杨雄为双,吾荣之!"拿自己与日月、孔子相比,是何等的自信!而且,尽管他经常用尊敬的口吻谈论"前贤",但从《论衡》的字里行间,却不难看出他甚至认为自己是更高出于"前贤"的。钱大昕《十驾斋养新录》卷六"王充"条指责王充"自居于圣贤",倒是说中事实的。谢夷吾的评价,和王充的自我评价是合拍的。虽然谢夷吾只提到孟子,但既然孟子"不能过",则王充当然可以上比孔子了——"比穷"毕竟也是一种比较!从谢夷吾的评价中我们可以看出,东汉前期对"圣贤"偶像的崇拜观念,确实还是比较薄弱的。这从一个侧面告诉我们,王充在《论衡》中为什么敢于"雌黄圣贤",敢于"问孔"、"刺孟",因为当时就可以这么做。

尽管谢夷吾对王充的评价很高,但在东汉前中期,知道王充和《论衡》的人毕竟还不是很多。《论衡》的流行,是汉末魏晋间的事。而《论衡》之所以在这时获得流行,从当时人对《论衡》的评价来看,盖和"清谈"风气的盛行有关。此时的《论衡》评价,带有鲜明的"清谈"意味。葛洪《抱朴子》、袁山松《后汉书》,都载有"蔡邕入吴始得《论衡》"的传说。这个传说的真实性是颇值得怀疑的(参看第三编第一章《蔡邕入吴始得〈论衡〉说献疑》)。但值得注意的是其中所反映的对《论衡》的看法。《北堂书钞》卷九八引《抱朴子》云:"王充所作《论衡》,北方都未有得之者。蔡邕到江东得之。及还中国,诸儒觉其谈论更远。"范晔《后汉书》充本传李贤注引《抱朴子》云:"时人嫌蔡邕得异书,或搜求其帐中隐处,果得《论衡》,抱数卷持去。邕丁宁之曰:'唯我与尔共之,勿广也!'"两处所引盖为同一条之先后部分,《艺文类聚》卷五五引《抱朴子》云:"王充所著《论衡》,北方都未有得之者。蔡伯喈常到江东得之,叹为高文,恒爱玩而独秘之。及还中国,诸儒觉其谈更远,搜求其帐中,果得《论衡》。"《太平御览》卷六〇二引《抱朴子》云:"王充作《论衡》,北方都未有得之者。蔡伯喈尝到江东得之,叹其文高,度越诸子。及还中国,诸儒觉其谈论更远,嫌得异书。或搜求至隐处,果得《论衡》,捉取数卷将去。伯喈曰:'唯我与尔共之,勿广也!'"又范晔《后汉书》充本传李贤注引袁山松《后汉书》云:"充所作《论衡》,中土未有传者,蔡邕入吴始得之,恒秘玩以为谈助。其后王朗为会稽太守,又得其书,及还许下,时人称其才进。或曰:

'不见异人,当得异书。'问之,果以《论衡》之益。由是遂见传焉。"以上这些大同小异的传说,都把《论衡》看作是一部"异书";读了这部"异书",能够使人"谈论更远",使人"才进";得到它的人,把它当作有助谈吐的法宝,藏起来不让人知道。这就是汉末魏晋间人心目中的《论衡》形象。一言以蔽之,曰清谈之助("谈助")。尽管后来宋人和清人抓住"谈助"一词贬低《论衡》,但在汉末魏晋间,"谈助"一词却是对《论衡》的善评。《论衡》"论说始若诡于众,极听其终,众乃是之"(《自纪篇》)的特点,适应了汉末魏晋人清谈的需要,因此,《论衡》被看作是一部"异书",王充被看作是一个"异人",受到清谈家们的欢迎。林纾《春觉斋论文·述旨二》认为:"《论衡》一书,蔡中郎储为谈助,已开西晋清谈之风。"极有见地。周中孚《郑堂读书记》卷五六《论衡》条说:"昔蔡伯喈得之,以为谈助,可见当时之人亦不深取之矣。"臧琳同上文说:"读其书,好辨论,喜逞机锋,蔡伯喈秘以为谈助,不虚矣。"实在是清人的偏见,与事实相距甚远。胡应麟《少室山房笔丛》卷十二《九流绪论》中《论衡》"条,还煞有介事地为蔡邕"谈助"之说辩护:"中郎以《论衡》为谈助,盖目为稗官野史之流;且此编骤出未行,而新奇可喜,故秘之帐中,如今人收录异书,文固非所论也。自《论衡》不甚称后世,究竟举主,多归咎中郎者,余特为一洒之。"则颇类郢书燕说,显然是多此一举。

汉末魏晋时期,人们对《论衡》的评价很高。其中,虞翻和葛洪的看法,在当时是具有代表性的。《三国志·吴书·虞翻传》裴松之注引《会稽典录》说,王朗为会稽太守,问功曹虞翻,本地有哪些英俊之士,虞翻回答:"有道山阴赵晔,征士上虞王充,各洪才渊懿,学究道源,著书垂藻,骆驿百篇。释经传之宿疑,解当世之槃结。或上穷阴阳之奥秘,下摅人情之归极。"如果上述王朗传布《论衡》的传说果有其事,那也多半是虞翻这次表扬的结果吧!晋代葛洪,表彰《论衡》尤力。他的《抱朴子外篇》,就是模仿《论衡》而作的。在《抱朴子》中,他称赞王充"学博才大",为"冠伦大才"

(《喻蔽篇》),又说:"谢尧卿东南书士,说王充以为一代英伟,汉兴以来,未有充比。若所著文,时有小疵,犹邓林之枯枝,若沧海之流芥,未易贬也已。"(《北堂书钞》卷一〇〇引)从虞翻和葛洪二人的评价中我们可以看出,汉末魏晋人同样把王充看得很高。"汉兴以来,未有充比"的说法,和谢夷吾的说法是一脉相承的。《论衡》也因其"释经传之宿疑"等特点而受到称赞。当然,晋人对《论衡》也不是没有任何批评意见的。葛洪《抱朴子·喻蔽篇》引"同门鲁生"对《论衡》的批评说:"夫琼瑶以寡为奇,碛砾以多为贱。故庖牺卦不盈十,而弥纶二仪;老氏言不满万,而道德备举。王充著书,兼箱累袠;而午出午入,或儒或墨;属词比义,又不尽美。所谓陂原之蒿莠,未若步武之黍稷也。"这个批评,以《周易》、《老子》为标准,指责《论衡》在内容上既"或儒或墨",在文体上又不能为道家精约之言。上述各家的看法,无论是表彰还是批评,都代表了道家对《论衡》的看法,反映了汉末魏晋间儒学思想不振和黄老思想盛行给《论衡》评价带来的影响。

进入南北朝,尽管调子有所降低,但《论衡》仍然受到好评。刘勰在《文心雕龙》的《神思篇》、《时序篇》等中,将王充上与司马相如、扬雄、桓谭,下与班固、张衡、蔡邕、左思等人相提并论,称《论衡》为"巨文"。范晔在《后汉书》中,将王充与王符、仲长统合传,这间接地表示了他对王充和《论衡》的看法。也就是说,他认为王充的地位和王符、仲长统相仿,《论衡》的性质和《潜夫论》、《昌言》接近。这个评价是极为重要的,因为它明确地把王充从文学家和史学家中分离出来,归入了政论家的行列。这说明了南北朝时期学术的分类概念已逐渐明确(《后汉书》增设《史记》、《汉书》、《三国志》中所没有的"文苑"传,也同样说明了这一点),但不能据此认为范晔已经否定了前代将王充与司马迁、扬雄等相提并论的看法。对于范晔对王充和《论衡》的这一看法,清人的指责和曲解甚多。如臧琳同上文说:"范书载其著《论衡》、造《性书》外,无他表见,止当入'文苑'、'儒林',而范氏特为大传,岂亦因《论衡》欤?"臧琳的批评,从反面说明范晔对《论衡》的评价是很高的。"岂亦因《论衡》欤"的猜测,确实有道理。正是因了《论衡》,范晔才把王充列入大传的。但是,因之而产生的问题是,既然王充因《论衡》而列入大传,那么为什么同传的王符、仲长统都有文章录入,而唯独王充没有呢? 对此,黄式三《儆居集》卷四《读子集》一《读王仲任〈论衡〉》认为:"范氏论此三子,多谬通方之训,好申一隅之说,赞曰:'管视好偏,群言难一。救朴虽文,矫迟必疾。'然则节信《潜夫论》,公理《昌言》,传录其要略,而独不录《论衡》,岂非以仲任之书矫枉过正之尤甚邪?"这完全是曲解。因为范晔赞的前两句说的不是这三部书,尤其不是《论衡》,而是一般世俗之见,三书则正是起而矫其枉的。"矫迟必疾"的"必",是"应该"、"一定要"的肯定意思,没有嫌《论衡》矫枉过正的意思。范书充本传之所以不录《论衡》,按平步青《安越堂外集》卷四《书〈论衡〉后》的说法,是因为"《论衡》得中郎、景兴先后传播,盛行于世,蔚宗习见其言,故但云'释物类同异,正时俗嫌疑',略举大恉,不著其篇",而并不是对《论衡》有所不满。所以,黄式三的看法只是清人的偏见,实不足取。此外,王鸣盛《十七史商榷》卷三六"风俗通"条认为,范晔对《论衡》的评价"释物类同异,正时俗嫌疑",与他对《风俗通义》的评价"辩物类名号,识时俗嫌疑"一致;既然范晔讥《风俗通义》"不典",是"异知小道",那么,他对《论衡》的看法也一定相同,"盖两书正是一类,皆撦拾谀闻,郢书燕说也"(周中孚同上文所说同)。其实,范书充本传此二语原有所本,是魏晋间的流行说法,对《论衡》并没有贬低之意。总之,范晔对《论衡》的评价基本上是肯定的。而且,自从他将王充与王符、仲长统合传以后,后人也多将三家相提并论。如韩愈《后汉三贤赞》(《昌黎先生文集》卷十二)并赞三家,陈鳣《对策》卷四"诸子"条说三家"自成一家之言,不愧三贤之目",刘熙载《艺概》卷一《文概》说三家文"皆东京之矫矫者",等等。其消极影响,则是使人们容易只把《论衡》看作是一部"政论"之书,从而对它的独创性和复杂性认识不足。

唐代的《论衡》评价,在基本肯定中孕育着否定的倾向,情况较为复杂。初唐的刘知幾,一方面,"椎提班、马不遗余力,而独尊信是书"(胡应麟同上文语),在《史通》中多次引证《论衡》之说,尤其在《自叙篇》中,高度评价了《论衡》的正俗辨伪之功:"儒者之书,博而寡要,得其糟粕,失其菁华。而流俗鄙夫,贵远贱近,转滋牴牾,自相欺惑。故王充《论衡》生焉。"肯定了《论衡》的怀疑精神。《惑经篇》又说:"昔王充设论,有《问孔》之篇,虽《论语》群言,多见指摘,而《春秋》杂义,曾未发明。"不仅肯定了《论衡》的《问孔篇》,还认为没有"发明""《春秋》杂义"是《论衡》的一个缺点。刘知幾的这些见解,受到了后来具有正统观念的人的批评。如胡应麟同上文说:"刘子玄辈不能详察,遽从而效之,以讥诋圣人,至尧、舜、禹、汤,咸弗能免,犹李斯之学荀况矣。"焦竑《焦氏笔乘》卷三"《史通》"条说:"且(刘知幾)自云,因王充之《问孔》,'广彼旧疑,增其新觉'。夫充之浅妄,又何足法也!"周中孚同上文说:"竟有《问孔》、《刺孟》二篇,远为刘子玄《惑经》、《疑古》之先声,其悖妄可谓至极。"都看出刘知幾受到了《论衡》的巨大影响。另一方面,刘知幾又在整个《论衡》评价史上,第一次对《论衡》的内容提出了严重的批评。《史通·序传篇》说:"王充《论衡》之《自纪》也,述其父祖不肖,为州闾所鄙,而己答以瞽顽舜神,鲧恶禹圣。夫自叙而言家世,固当以扬名显亲为主,苟无其人,阙之可也;至若盛矜于己,而厚辱其先,此何异证父攘羊,学子名母?必责以名教,实三千之罪人也!"在魏晋南北朝时期,《论衡》从未受到过这样的批评。杭世骏《道古堂文集》卷二二《论王充》说:"《论衡》之书虽奇,而不孝莫大。蔡邕、王朗、袁山松、葛洪之徒,皆一代作者,寻其书而不悟其失,殆不免于阿私所好。而范晔又不孝之尤者,随而附和之,而特书之以孝。"杭世骏看到了这种现象,却找错了其原因。其实,《论衡》在这一点上之所以没有受到魏晋南北朝人的批评,并不是因为当时人们"阿私所好",实在是因为在当时的道德规范下,人们并不认为这是《论衡》的缺点,所以当然不会为此而批评它。一叶落而知秋,从刘知幾的上述批评中,不难看出儒学思想在唐代正在走上坡路,纲常名教又渐渐地控制着人们的意识。这是《论衡》评价角度的一个巨大转变,它预示了《论衡》在儒学占统治地位的年代里将会受到怎样的待遇。

此外,唐代《论衡》评价的另一复杂现象是韩愈对《论衡》的好评。韩愈被誉为"文起八代之衰"的古文大家,却对"后汉三贤"——王充、王符、仲长统——颇感兴趣,为此特作了一篇《后汉三贤赞》;他以道统继承人自居,却对《论衡》的《问孔》《刺孟》篇未加非议,以致邵博也奇怪道:"王充《刺孟》出《论衡》,韩退之赞其'闭门潜思,《论衡》以修'矣,则退之于孟子'醇乎醇'之论,亦或不然也。"(《邵氏闻见后录》卷十一)而且,据刘熙载《艺概》卷一《文概》说,韩愈的"性有三品"之说,也是承藉《论衡·本性篇》而来的。这与他的传人不遗余力地排斥包括这"三贤"在内的东汉文章的态度形成了有意思的对照。

对于自东汉至唐代八九百年间《论衡》一直受到高度评价这一事实,前人多有注意,并试图寻找其原因。臧琳同上文说:"此书素名重,殆因蔡、王一时之珍秘耳。"仅是皮相之论。胡应麟同上文说《论衡》:"东汉晋唐之间,特为贵重:蔡邕秘弗视人;葛洪赞弗容口;刘子玄槌提班、马不遗余力,而独尊信是书。三子皆鸿生硕彦,目无今古,乃昌歠羊枣,异代同心,何哉?秦汉以还,圣道陆沉,淫词日炽。庄周、列御、邹衍、刘安之属,捏怪兴妖,不可胜纪。充生茅靡澜倒之辰,而独岌然自信,攘臂其间,划虚黜增,订讹斮伪,诐淫之旨,遏截弗行,俾后世人人咸得藉为口实,不可谓非特立之士也。故伯喈尚其新奇,稚川大其宏洽,子玄高其辩才。"把胡应麟的这个见解和晋代"鲁生"、唐代刘知幾的见解联系起来看是很有意思的:"鲁生"从道家的角度批评《论衡》"或儒或墨";刘知幾从史家的角度赞扬《论衡》能正儒书之失;胡应麟则从儒家的角度赞扬《论衡》能遏截道家之言。这三种互相扞格的说法,反映了说话人各自所处的时代之间的差异,都不是对《论衡》的全面认识。而胡应麟的说法尤属生活于儒学地位上升时期的人们的偏见,因此,他当然不能解释清楚《论衡》在东汉晋唐间受到好评的原因。我认为,王充的意图,是凭着自己的见解和方法,整理在他之前的整个学术文化遗产,无论各家,无论各派,凡有错误,在所必究。而从东汉至唐代这一历史时期,是佛学思想传播、道教思想兴盛的时期,儒学独尊的局面尚未形成,对"圣贤"偶像的崇拜观念较为薄弱,伦理纲常也尚未完全控制社会生活。在这种情况下,敢于批评前人、敢于发表己见的《论衡》,势必会受到人们的广泛欢迎。这是《论衡》在东汉至唐代八九百年间受到高度评价的根本原因。

二

但是,到了宋代,《论衡》的命运却发生了一个重大的转折。这个转折不是突然出现的,唐初刘知幾的批评已预示其征兆。尽管杨文昌在北宋庆历年间曾刊刻《论衡》,并且在序中加以表彰:"订百氏之增虚,诘九流之拘诞。天人之际,悉所会通;性命之理,靡不穷尽。析理折衷,此书为多。""其文取譬连类,雄辩宏博,岂止为'谈助'、'才进'而已哉,信乃士君子之先觉者也!秉笔之士,能无秘玩乎?"但也只不过是前一时期《论衡》得到好评的绪风遗响;而宋初释子赞宁作《难王充〈论衡〉》三篇,"劘《论衡》之玷",受到王禹偁的激赏(见吴处厚《青箱杂记》卷六),则像那满楼凉风,预示着抨击《论衡》的山雨即将来临。《论衡》的怀疑精神,《论衡》的"非圣无法",《论衡》的文章风格,注定了它将不容于儒学独尊的宋代,尤其是理学兴盛的南宋。宋代的《论衡》评价,因此而产生了下面三个特点。

首先,随着宋人思想的渐趋正统、保守,宋人对从前一直为魏晋人所津津乐道的《论衡》的"新奇",已变得不敏感,甚至反感了。如陈振孙《直斋书录解题》卷十《论衡》提要说:"自今观之,亦未见其奇也。"《论衡》在魏晋人眼里一直是部奇书,而在宋人的眼里就不显得奇了。这是因为经过儒学熏陶的宋人的眼光不一样了,他们已不能感受魏晋人在读《论衡》时所产生的愉快心情。又如,吕南公的《题〈论衡〉后》(《宋文鉴》卷一三一)说:"夫饰小辩以惊俗,充之二十万言,既自不足多道。"魏晋人眼中的"释物类同异,正时俗嫌疑","释经传之宿疑,解当世之槃结","上穷阴阳之奥秘,下摅人情之归极"的"巨文",一变而为宋人眼中的"惊俗"之"小辩"。这充分说明价值观念的变化必然会带来评价角度的变化。与此同时,对魏晋间流传的蔡邕秘玩这部奇书以供谈助的传说,宋人也加以非难。如吕南公在同上文中说:"嗟乎,邕不得为贤儒,岂不宜哉……邕则欲以独传为过人之功,何缪如之!"魏晋间流传的这个传说,虽为不可信据之小说家言,但反映了当时人对《论衡》的态度,只是一种夸张之辞。宋人对此传说既信以为真,又斤斤然而辩之,可谓迂阔之至。另一方面,宋人又利用此传说以贬低《论衡》。如高似孙《子略》卷四"王充《论衡》"条说:"'谈助'之言,可以了此书矣!"将崇尚清谈的魏晋人对《论衡》的赞扬之词"谈助",看作是一种贬低之词。宋人的这种说法,引起了后来贬低《论衡》者的共鸣。如胡应麟《少室山房笔丛》卷十二《九流绪论》中"《论衡》"条说:"中郎以《论衡》为谈助,盖目为稗官野史之流。"《四库全书总目》卷一二〇子部杂家类《论衡》提要,称赞高似孙的说法"可云允惬",都视"谈助"为贬词。元代韩性的《〈论衡〉序》说:"故其为书,可以谓之'异书',而不可以为经常之典;观其书者,见谓'才进',而实无以自成其才;终则以为'谈助'而已。"则更进一步发挥了宋人的观点。

其次,经历过唐宋古文运动以后,"八代之文"的地位骤然下降,作为东汉文章的《论衡》也蒙受其殃,受到宋人的批评。这方面,晁公武的说法是颇具代表性的,他的《郡斋读书志》卷十二子部杂家类《论衡》提要说:"世谓汉文章温厚尔雅,及其东也,已衰。观此书与《潜夫论》、《风俗通义》之类,比西京诸书骤不及远甚,乃知世人之言不诬。"东汉人对《论衡》文章的批评,是从一般的感受出发的;晋人对《论衡》文章的批评,是从道家的精约之言出发的;而宋人对《论衡》文章的批评,则是从秦汉古文与"八代之文"的差异出发的,这反映了古文运动以后人们看待《论衡》的眼光的变化。不过有意思的是,晁氏批评的三部东汉文章中,有两部却曾受到过古文运动的发起者韩愈的重视。由此可见,在对待《论衡》文风的态度上,古文运动以后的宋人比古文运动的发起者走得更远。而且,我认为,晁氏也未必仔细分析过东西汉文章的不同,只不过是随声附和当时的流行看法罢了。

第三,宋代《论衡》评价的最大特点,是对《论衡》"非圣"、"不孝"的批评,这是儒学占统治地位的宋代必然会出现的现象。"不孝"的批评发自唐代刘知幾,"非圣"的批评发自宋人自己。王应麟《困学纪闻》卷十《诸子》"《论衡》"条引刘知幾关于《论衡》"不孝"的议论后说:"葛文康公亦曰:'充刺孟子,犹之可也;至诋訾孔子,以系而不食之言为鄙,以从佛肸、公山之召为浊,又非其脱骖旧馆而惜车之鲤,又谓道不行于中国岂能行于九夷。若充者,岂足以语圣人之趣哉!'即二说观之,此书非小疵也。"葛洪《抱朴子》引世人之说以为《论衡》"时有小疵",而王应麟则认为《论衡》"非小疵也",二说截然相反,分歧之焦点即在所谓"非圣"、"不孝"上。"非圣"、"不孝"在魏晋人眼里,是全然不成其为问题的;但在崇拜圣贤、强调纲常的宋人眼里,则成了原则性的大问题。这是时代思想的变化所造成的结果。对《论衡》"非圣"、"不孝"的批评在宋代颇为流行,如陈骙《文则》卷上戊说:"王充《问孔》之篇,而于此书(毅平按:指《论语》)多所指摘,亦未免桀犬吠尧之罪欤!"黄震《黄氏日抄》卷五七《读诸子》三"《论衡》"条说《论衡》:"甚至讥孔、孟而尊老子,抑殷周而夸大汉。"都对《论衡》批评孔、孟表示了不满。刘章更作《刺〈刺孟〉》,以反驳《刺孟》篇的观点,维护孟子的地位(见明黄瑜《双槐岁钞》卷六"非〈非国语〉"条、郎瑛《七修续稿》辨证类"书名沿作"条)。此外,还有何涉的《删孟》,则似乎是受王充《刺孟》影响之作,因而受到宋人的批评(见南宋邵博《邵氏闻见后录》卷十一)。宋人对《论衡》"非圣"、"不孝"的批评,对后代的影响很大。尤其是到了清代,《论衡》更因此而大受挞伐。

对《论衡》命运在宋代的这一重大转折,前人亦有所认识。明代胡应麟同上文说,"《论衡》不甚称后世","近世诮充太甚",所说的"后世"、"近世",主要就是指宋代。对于这个转折的原因,他分析道:"当时以新特而过称之,近世以冗庸而剧诋之。匪充书异昔也,骤出于秦汉之间,习闻于伊洛之后,遇则殊哉。而宋人穷理之功,昭代上儒之效,亦著矣!"他注意到"当时"(自东汉至唐代)与"近世"(宋代及宋以后)《论衡》评价的巨大差异,认为这不是由于《论衡》本身有什么变化,而是"伊洛之学"、"穷理之功"、"上儒之效",使得《论衡》的地位在宋代一落千丈。胡应麟的这个分析是相当精辟的,它基本上说出了《论衡》在宋代蒙受恶评的原因。从唐以前和宋以后这两个历史时期《论衡》评价的巨大差异中,我们不难觉察社会思想与时代风气的曲折性巨变。

元代的《论衡》评价较为少见,比较重要的只有韩性的《〈论衡〉序》。韩性对《论衡》的评价,在其总体的基调上,仍是宋人的延续。比如前引其关于《论衡》仅为"谈助"的说法,即为其例。但是,和宋人不同的是,韩性对《论衡》的评价,不像宋人那样偏激,而是亦有相当的肯定。如他以为,"充之为书,或得或失",其得正在于其理性精神,此即云前人之所未云:"盖其为学博,其用功勤,其著述诚有出于众人之表者也……先王之泽熄,家自为学,人自为书,紫朱杂厕,瓦玉集糅。群经专门,犹失其实;诸子尺书,人人或诞。论说纷然,莫知所宗。充心不能忍,于是作《论衡》之书,以为'《(论)》衡》者,论之平也'。其为九虚三增、《论死》、《订鬼》,以祛世俗之惑,使见者晓然知然否之分。论者之大旨如此,非所谓出于众人之表者乎?"尽管他还不能彻底肯定王充的理性精神,但他对《论衡》的上述善评,却已经是远远超出宋人之上了。而且,他似乎还已经有了一种历史文献的意识,能看到《论衡》作为历史文献的价值，这也开了后来若干清代学者的《论衡》观的先河："虽然，自汉以来，操觚之士焦心劳思，求一言之传而不可得，《论衡》之书独传至今，譬之三代鼎彝之器，宜乎为世之所宝也。且充之时去三代未远，文贤所传，见于是书者多矣，其可使之无传乎？"总之，韩性的《论衡》评价，既有对于宋人的继承，又有自己的独立性，可说具有一种折中的倾向，这一点又与明代中叶的情况较为相似。因此可以说，元代的《论衡》评价，大抵上处于宋与明之间的过渡阶段。

三

黄晖将明清划入《论衡》评价的同一个时期，这是不妥当的，因为明代的《论衡》评价前与宋代，后与清代，都不一样，有必要把它单独划开。

我们看到，明人对《论衡》具有比前人更大的兴趣。这种兴趣首先表现在《论衡》的刊刻和评点等方面。明人刊刻《论衡》的兴趣很浓，今天可知的明刻本《论衡》，有明初刻本、嘉靖十四年苏献可通津草堂刻本、万历庚寅程荣刻《汉魏丛书》本、天启六年闾子仪刻本、明刻本、明何镗刻本、万历年间黄嘉惠校刻本、明钱震泷刻本、万历年间刻《百子类函》本、明刻《诸子汇函》本、万历戊子张氏刻本、崇祯年间刻《增订汉魏六朝别集》本等，比起宋代来数量是大为增加了。这些刻本大都刊刻于嘉靖以后，这说明晚明人对《论衡》的兴趣尤为浓厚。明人不仅大量刊刻《论衡》，而且还施加评点。如归有光、叶绍泰、黄澍、刘光斗、钱谦益等人，都曾评点过《论衡》。刘光斗在《论衡》天启本序中说："余自从事笔研来，虽攻者制举义，而于古文词独深耆；虽所喜者古文词，而于《论衡》独深耆。"《论衡》天启本就是在他的促成下刻成的。像刘光斗这样"深耆"《论衡》的人，在明代，尤其是晚明时期是很多的，而在宋代则相当少见。

不过,明人对于《论衡》的评价,依古文辞运动的盛衰,还可分为前后两个阶段,即古文辞运动影响下的阶段,和反古文辞运动影响下的阶段。这两个阶段由于对《论衡》的文章看法不同,因而也影响及于各自对《论衡》的评价。

在轰轰烈烈的古文辞运动中,有不少人注意到了《论衡》。不过由于受到"文必秦汉"的文学主张的影响,因此在关于《论衡》文章的评价方面,其时人也大都继承唐宋古文运动以来的观点,因《论衡》属于东汉之文而对之颇有微辞(参本编第二章《〈论衡〉评论中所反映的历代文章观的变迁》)。在关于《论衡》思想内容的评价方面,其时人似乎也像元代的韩性一样,有一种折中的倾向。这方面的代表是胡应麟。他的《少室山房笔丛》卷十二《九流绪论》中"《论衡》"条一则说:"读王氏《论衡》,烦猥琐屑之状,溢乎楮素之间。辩乎其所弗必辩,疑乎其所弗当疑,允矣,其词之费也!"一则说:"至精见越识,足以破战国以来浮诡不根之习,则东西京前,邈焉罕睹。"对于《问孔》、《刺孟》等篇,一则说:"特其偏愎自是,放言不伦。稍不当心,上圣大贤,咸在诃斥。至于《问孔》、《刺孟》等篇,而辟邪之功,不足以赎其横议之罪矣!"卫道之态可掬;一则说:"《论衡》之《问孔》,序意自明,以仲尼大圣,其语言应接有绝出常情者,当时门弟子不能极问,故设疑发难,以待后人之答。藉在孔门,固好学之一事。第词间伤直,旨或过求,此充罪也。"又为王充说话。总之,他要"次其功罪",作调停之说。又如谢肇淛,他的《文海披沙》卷一"《论衡》相背"条,一则称赞《论衡》说:"《论衡》一书,搯击世儒怪诞之说不遗余力,虽词芜而俚,亦称卓然自信矣!"一则举其书中"前后之言,自相悖舛"之处,批评《论衡》说:"此岂足为帐中秘哉!"也表现出了折中的倾向。此为其时人《论衡》评价的特点之一。这种折中的态度,反映了其时思想界的矛盾:即既有保守、传统的一面,又有革新、解放的一面,但都不彻底。所以在《论衡》的评价上,就出现了这种近乎自相矛盾的看法。

随着反古文辞运动的蓬勃兴起,人们打破了"文必秦汉"的僵化教条,对历代文章采取了更为灵活宽容的态度。在这样的情况下,自王充当时直到晚明以前几乎一直为人们所诟病的《论衡》的文章,竟也开始受到晚明文人的喜爱和赞扬。如为《论衡》的明刻本作序的刘光斗、阎光表、沈云楫、傅岩等人,都对《论衡》的文章大加善评(参本编第二章《〈论衡〉评论中所反映的历代文章观的变迁》),而这种对于《论衡》文章的善评,在此前的《论衡》评价史上是看不到的。它们之所以出现在晚明时期,并不是偶然的。明代文风,自公安、竟陵出而大变,举凡各种文章,无不带有"新奇"、"纤仄"之特征。在这种情况下,历来不登"古文"大雅之堂的《论衡》,反以它的无所肖似的新鲜感,吸引了晚明文人。而且,它的论辩式写法,也使举业家们得到不少启迪。因而可以说,上述关于《论衡》文章的善评,也是晚明文学风尚的一个产物。

也许正因为晚明文人们酷爱《论衡》的文章,所以他们对于《论衡》的思想内容亦给予了善评(或者也许正相反)。傅岩的《论衡》天启本序认为:"《论》曰:'衡,平也。'不倚时尚,不任意气,览之悠然,归于偶然。孔子曰:'四十不惑。'仲任庶几焉。"特别强调了《论衡》"不倚时尚,不任意气"的独立客观精神,与后来清人认为王充恃意气的评价恰好形成了对照。刘光斗的《论衡》天启本序认为:"'论',论说而穷其旨之谓也;曷言乎'衡'?衡以持平,平则无偏低昂,重不能增锱铢,轻不可减毫毛。天下事理,于是乎取衷,故题之曰'《论衡》'。《论衡》成,而理不必天地有者,若不可不有;语不必古人道者,若不容不道。宜乎闭门研思,至忘庆吊,即在篱溷,亦著椠铅,而宇宙有形之外,风云变态之中,俱蔑弗搜讨也。伯喈逸才,子明尊宿,乃一则秘不分人,一则缘之才进。后世《六帖》采之,《意林》收之,有以哉!"高度评价了《论衡》的上下探索的科学精神,并对一向为宋人所曲解的"谈助"之说,重新给予了正面的诠释和肯定。阎光表的《论衡》天启本序认为:"仲任生于汉之孟世,抽思力学,积有岁时,著书十余万言,上而天文,下而地理,中而人数,旁至动植,幽至鬼神,莫不穷纤极微,抉奥剔隐。"亦高度评价了《论衡》的上下探索的科学精神,与刘光斗的看法有相似之处。沈云楫的《论衡》程荣本序指出,虽然范晔将王充、王符和仲长统三人合传,但在汉魏之间却只有《论衡》大受欢迎,正是因为《论衡》的价值自远在王符《潜夫论》和仲长统《昌言》之上:"余览东京永元之季,名能立言者,王节信、仲长公理及王仲任三君子,并振藻垂声,范史亦类而品之。而迨数世后,独仲任《论衡》八十余篇,有秘玩为谈助、还许下见称才进者,而节信、公理沉寥莫及,若是何也?言贵考镜于古昔,而尤不欲其虚豢靡当,要如持衡入宝肆,酌昂抑,免哗众尔已……仲任少宗扶风叔皮,而又腹笥洛阳之籍,其于众流百氏,一一启其扃而洞其窍。愤俗儒矜吊诡,侈曲学,转相诐赝而失真,乃创题铸意,所著《逢遇》迄《自纪》十余万言,大较旁引博证,释同异,正嫌疑。事即丝棼复逫,而前后条委深密,矩蒦精笃。汉世好虚辞异说,中为辨虚凡九,其事噩,其法严,其旨务祛谬悠夸毗以近理实,而不惮与昔贤聚讼。上裨朝家彝宪,下淑词坛听睹,令人诵之冷然。斥吊诡而公平,开曲学而宏巨。譬一闹之市,一提衡者至,而货直锱铢率画一无殊喙。以故中郎秘之帐中,丁宁示人勿广;而会稽守还许,时有异人异书之疑。邕与朗,其综览博识宁出仲任下?顾简编充栋,匪衡曷平?得仲任之旨而广之,它书不迎刃者鲜矣……告当世博雅诸士,能《论衡》之精,而始不为伪书伪儒之所涸。且窥仲任之所超节信、公理而不朽者,要在是乎哉!"像上述这样的对于《论衡》的思想内容的善评,在此前的宋代是看不见的;而其之所以出现于晚明时期,盖与当时思想界的解放潮流有密切关系。

晚明思想家李贽,在其《藏书》卷三七《儒臣传·词学儒臣》类中,收入了王充的传记。尽管这篇传记取材于前代史料,并无李贽个人的评论,但是在众多的古代人物中,能够也注意到王充,这毕竟表明了李贽对于王充的重视。清代的乾隆皇帝曾认为,王充的学说,"与明末李贽之邪说何异"。近代的莫伯骥也认为:"后来如金李纯甫、明李卓吾著书,每与孔、孟为难,当导源于此。"(《五十万卷楼群书跋文》子部一《〈论衡〉通津草堂本跋》)都看到了李贽与王充在精神上的相通之处。李贽之所以在《藏书》中收入王充的传记,殆即因精神上有所感应之所致欤?

总而言之,明代人对《论衡》的态度是兴趣较浓,而评价甚高的,它似乎是《论衡》评价的两个低谷(宋代与清代)之间的一个小小的浪脊。

四

《论衡》的命运在明代虽略有好转,但到了清代则更是一蹶不振。清代的《论衡》评价主要有三个特点:首先,思想的僵化使清人对《论衡》"非圣"、"不孝"的批评更为严厉;其次,朴学的盛行使清人对《论衡》"有资考证"的功用更为重视;第三,时代的进步使个别清人对《论衡》破除迷信的一面更为推崇。这三个特点决定了清代《论衡》评价的基调:在全体的否定中保留局部的肯定。下面试分别言之。

首先,宋代对《论衡》"非圣"、"不孝"的批评,到了清代更是有增无已,口气也更为严厉。清代凡谈到《论衡》的人,几乎没有不就此骂它几句的。如《四库全书总目》卷一二〇子部杂家类《论衡》提要说:"至于述其祖父顽很,以自表所长,慎亦甚焉!"钱大昕《潜研堂文集》卷二七《跋〈论衡〉》说:"《自纪》之作,訾毁先人,既已身蹈不韪。"又其《十驾斋养新录》卷六"王充"条说:"其答或人之诮,称'鲧恶禹圣,叟顽舜神。颜路庸固,回杰超伦。孔、墨祖愚,丘、翟圣贤',盖自居于圣贤,而訾毁其亲。可谓有文无行,名教之罪人也!充而称孝,谁则非孝?"杭世骏《道古堂文集》卷二二《论王充》说:"充作《论衡》……扬己以丑其祖先……唐刘子元氏谓:'责以名教,斯三千之罪人。'旨哉言乎……《论衡》之书虽奇,而不孝莫大。"并对魏晋南北朝人没有察觉王充的"不孝"大为不满。梁章钜《退庵随笔》卷十七《读子》一"王充《论衡》"条,在引述了杭世骏《论王充》文后说:"则所论尤为严正,又不在区区文字之间矣!"认为"不孝"的问题更为严重,文风问题倒还在其次。他们都祖述了刘知幾对《论衡》的"不孝"的批评。此外,更多的批评则集中于《论衡》的"非圣"方面。如《四库全书总目》的《论衡》提要说:"《刺孟》、《问孔》二篇,至于奋其笔端,以与圣贤相轧,可谓悖矣!"王清《〈无何集〉序》说:"至《问孔》、《刺孟》诸篇,语尤显悖于道,必不可以不删。"黄式三《儆居集》卷四《读子集》一《读王仲任〈论衡〉》说:"读其书,《问孔》、《刺孟》,谬矣!"臧琳《经义杂记》卷十六"王充《论衡》"条说:"《问孔》、《刺孟》,语多有得罪名教者。"恽敬《大云山房文稿初集》卷二《读〈论衡〉》说:"其《问孔》诸篇,益无理致。"赵坦《保甓斋文录》卷上《书〈论衡〉后》说:"呜呼,敢于问孔、刺孟,则无所不用其悍戾矣!"梁玉绳《瞥记》卷五说:"《论衡·问孔篇》,最无忌惮。王充之为人,必傲愎不可近。"纷纷对《论衡》鸣鼓而攻之。钱大昕《跋〈论衡〉》,更把"后世误国之臣"都算到王充《论衡》的账上:"以予观之,殆所谓小人而无忌惮者乎!观其《问孔》之篇,掎摭至圣……后世误国之臣,是今而非古,动谓天变不足畏,《诗》、《书》不足信,先王之政不足法,其端盖自充启之。小人哉!"周中孚《郑堂读书记》卷五六"《论衡》"条则认为,"非圣"问题是《论衡》评价的关键,至于其文章如何倒是次要的:"竟有《问孔》、《刺孟》二篇,远为刘子玄《惑经》、《疑古》之先声,其悖妄可谓至极。若只就其文而论,犹未中其要害也。"而盖过这一片批评声的,则是乾隆皇帝对《论衡》所作的批语。在批语中,乾隆皇帝指责王充是"背经离道,好奇立异之人",认为"孔、孟为千古圣贤,孟或可问而不可刺,充则刺孟而且问孔矣"!认为《论衡》的《问孔》、《刺孟》"与明末李贽之邪说何异"!王充写这些文章,是"非圣灭道","诬及圣贤","已犯非圣无法之诛";谁赞同《论衡》之言,谁就是"同其乱世惑民之流"。乾隆皇帝之言一出,谁还敢再称扬《论衡》!不过,乾隆皇帝说《问孔》、《刺孟》与李贽的学说接近,倒是颇有道理的。《论衡》的怀疑精神,的确是李贽的先驱。这一片责骂之声,就是清代《论衡》评价的基调,它反映了封建末世思想的僵化和专制的加强。①

不过,在这一片责骂声中,也不是听不到一点"不谐和音"的。至少在一部分的清人中间,似乎存在着对王充的同情心理。他们认为王充之所以"非圣",只是由于"激而过当";而之所以激而过当,则是因为"愤世嫉俗"。也就是说,虽然王充"非圣"是不对的,但他的出发点其实是好的;因此之故,王充至多只是一个"走火入魔"者,而不是一个"大逆不道"者。在这方面,《四库全书总目》的《论衡》提要的观点也许是有代表性的:"盖内伤时命之坎坷,外疾世俗之虚伪,故发愤著书,其言多激。"这一观点似乎出自纪昀本人,梁章钜同上文云:"纪文达师谓:充生当汉季,愤世嫉俗,作此书,以劝善黜邪,订讹砭惑,大旨不为不正。然激而过当,至于《问孔》、《刺孟》,无所畏忌,转至于不可以训。瑕瑜不掩,当分别观之。"值得注意的是,这一观点似受到了乾隆皇帝的责难。乾隆皇帝在对《论衡》的批语中曾说:"夫时命坎坷,当悔其所以自致坎坷耳,不宜怨天尤人,诬及圣贤,为激语以自表,则已已犯非圣无法之诛。"乾隆皇帝的这一发言,是在"兹因校四库全书,始得其(《论衡》)全卷而读之"后作出的。从"时命坎坷"等词汇的相似性来看,或正是针对提要的观点,也就是纪昀的观点而发的。而从梁章钜的引述来看,纪昀似乎一直坚持了自己的观点。而且,不止纪昀一个人是如此,另外一些清人似亦持同样的观点。比如周中孚同上文说:"仲任愤世嫉俗,故作此书,大旨以劝善黜邪为主,遂

---

① 连其时的小说也受了影响,如《镜花缘》第七一回《触旧事神往泣红亭 联新交情深凝翠馆》云:"锦云望着众人笑道:'兰言姐姐的话,总要驳驳他才有趣。刚才他说:善恶昭彰,如影随形。我要拿王充《论衡》福虚祸虚的话去驳他,看他怎么说。'兰言道:'我讲的是正理,王充扯的是邪理,所谓邪不能侵正,就让王充觌面,我也讲得他过。况那《论衡》书上,甚至闹到《问孔》、《刺孟》,无所惮忌,其余又何必谈他!'"兰言之言,恐怕也代表了李汝珍的看法。

至激而过当。"谭宗浚《希古堂甲集》卷二《〈论衡〉跋》说:"盖文士发愤著书,立词过激,大抵然矣。"他们的说法都与纪昀接近。由此可见,至少在一部分清人中间,的确存在着对王充的同情心理,而与乾隆皇帝的看法隐隐对立。此外,如熊伯龙《无何集》卷之首《读〈论衡〉说一段》,通过将《问孔》、《刺孟》指为伪篇,来洗刷王充"非圣"的"污点",也可以看作是相似的同情心理的表现:"《问孔》、《刺孟》二篇,小儒伪作,断非仲任之笔。何言之?《论衡》之宗孔子,显而易见……其宗孔子若是,焉有问孔者乎?孟子,学孔子者也,焉有宗孔而刺孟者乎?由此言之,二篇之为伪作,无疑矣!"不过,上述这种种的"不谐和音",和清人对《论衡》"非圣"的责骂声,在本质上并没有什么不同。因为它们同样是以否定"非圣"为前提,用儒家标准来评价《论衡》的,而并没有脱离儒学思想的轨道。

此外,在清代的《论衡》评价中,也可以听到若干的肯定意见。比如恽敬的《读〈论衡〉》说:"然亦有不可没者:其气平,其思通,其义时归于反身。"《四库全书总目》的《论衡》提要说:"然大抵订讹砭俗,中理者多,亦殊有裨于风教。储泳《祛疑说》,谢应芳《辨惑编》,不是过也……儒者颇病其芜杂,然终不能废也。"谭宗浚的《〈论衡〉跋》说:"然充此书虽近于冗漫,而人品则颇高。当其时,谶纬方盛,异说日兴,而充独能指驳偏谬,剖析源流,卓然不为浮论所惑,其识见有过人者。又,阴、窦擅权之际,明、章莅政之初,不闻藉学问以求知,托权门以取进。其淡然荣利,不逐时流,范史特为取之,有以也。"不过这些肯定意见都只是局部性的,它们屈居于对《论衡》的"非圣"的总体性否定之下。清代还有一些《论衡》评论,回避了《论衡》的"非圣"问题,而正面肯定了《论衡》的价值。如陈鳣《对策》卷四"诸子"条云:"王符之《潜夫论》,王充之《论衡》,仲长统之《昌言》,自成一家之言,不愧三贤之目。"继承了范晔《后汉书》将三人合传、韩愈《后汉三贤赞》将三人合赞以来的传统。又如周广业《意林注》卷三认为:"夫论之为体,所以辨正然否。故仲任自言:'《论衡》以一言蔽之,曰疾虚妄。'虽间有过当,然如九虚三增之类,皆经传宿疑,当世槃结,其文不可得略。况门户枦橼,各置笔砚,成之甚非易乎。"祖述了魏晋人对于《论衡》的善评。不过,这样的完全肯定性的评价在清代甚为少见,且因它们回避了《论衡》的"非圣"问题,而未能从根本上突破清代《论衡》观的藩篱。

由上可见,清人对于《论衡》的评价,总的来说也有自相矛盾的现象,即他们既不能完全接受《论衡》,同时又不能完全不接受《论衡》。这种并存于清代《论衡》评价中的貌似矛盾的现象,我们在清人关于《论衡》思想属性的议论中也可以看出来。清人对《论衡》到底属于哪一家哪一派颇感困惑。他们对《论衡》时而批评儒家、时而批评法家的做法觉得不可思议。如臧琳同上文既肯定《论衡》"非韩是矣",又指责《论衡》"得罪名教"。赵坦《书〈论衡〉后》说:"周秦而下,诸子百家杂出,以淆圣人之道,背仁义者莫若申、韩。至充之《论衡》,则又甚焉。"认为《论衡》比申、韩还申、韩;恽敬《读〈论衡〉》则说,《论衡》"为文以荀卿子为途轨,而无其才与学,所得遂止此。然视为商、韩之说者,有径庭焉",又认为《论衡》的缺点仅是"才学"问题,尚不到商、韩的地步。赵坦《书〈论衡〉后》说:"王充,汉儒之愎戾者也,故所著《论衡》八十五篇,多与圣贤之旨悖。"又其《保甓斋札记》(《清经解》卷一三一六)的"王充《论衡》"条也说:"王充《论衡》,立说乖戾不足道。"认为王充与《论衡》有悖于圣人及圣人之道,一无可取;熊伯龙《无何集》卷之首《幸偶篇》附《说二》,不厌其烦地列举了《论衡》中称孔子、孟子之处后说:"合《论衡》之全书而观之,不但九虚三增诸篇语本圣教,八十三篇(毅平按:除《问孔》、《刺孟》)何一非宗圣言者?"又其《读〈论衡〉说一段》说:"仲任盖宗仲尼者也。"又《无何集》卷之首《幸偶篇》附《说一》说:"夫仲任,孔子之徒也。"熊氏友人王清的《〈无何集〉序》也说:"《论衡》一书,发明孔子之道者也。何以发明孔子之道?曰:不信妖异,不信鬼怪也……吾博览群书,见守孔子之道而凿凿言之者,莫若《论衡》一书。"又都认为王充与《论衡》不仅无悖于圣人及圣人之道,而且还是圣人之徒和发明圣人之道者。历代著录都把《论衡》归入"杂家类",《四库全书总目》更将《论衡》贬入"杂家类"中的"杂说之属",认为"杂说之源出于《论衡》,其说或抒己意,或订俗讹,或述近闻,或综古义",只承认《论衡》是一部杂学笔记。谭献《复堂日记》卷四"阅《论衡》"条则更认为:"充于杂家为第二流,《吕览》、《淮南》,未易企也。"但是,熊伯龙《无何集》卷之首《幸偶篇》附《说一》则说:"或指《论衡》为杂家者流,其视仲任也浅矣!"为《论衡》的被归入杂家类打抱不平。至于章学诚,则更是煞费苦心地要解开《论衡》时而斥儒、时而斥法之谜,他在《文史通义》卷四《匡谬篇》中说:"王充《论衡》,则效诸《难》之文而为之。效其文者,非由其学也,乃亦标儒者而诘难之。且其所诘,传记错杂,亦不尽出儒者也,强坐儒说而为志射之的焉。王充与儒何仇乎?且其《问孔》、《刺孟》诸篇之辨难,以为儒说之非也,其文有似韩非矣。韩非绌儒,将以申刑名也;王充之意,将亦何申乎?观其深斥韩非鹿马之喻以尊儒,且其自叙,辨别流俗传讹,欲正人心风俗,此则儒者之宗旨也。然则王充以儒者而拒儒者乎?韩非宗旨,固有在矣;其文之隽,不在能斥儒也。王充泥于其文,以为不斥儒则文不隽乎?凡人相诟,多反其言以诟之,情也;斥名而诟,则反诟者必易其名,势也。今王充之斥儒,是彼斥反诟而仍用己之名也。"章学诚认为王充并非像韩非那样是个老牌正宗的法家,而是一个误入歧途的儒家;《论衡》之所以"斥儒",只是因为王充觉得不这样做文章就不漂亮。以上这些看法,无论是指责《论衡》甚于申、韩,还是主张《论衡》不至商、韩;无论是说《论衡》有悖圣人之道,还是说《论衡》发明圣人之道;无论是将《论衡》归入"杂家类",还是为《论衡》的被归入杂家类打抱不平;或如章学诚所认为的,《论衡》的斥儒是误入歧途;实际上都跳不出儒学的框框,都是囿于儒学一孔之见对《论衡》思想所作的歪曲。这些或正或反的说法,只不过表现了同一种意识形态内部的不同侧面,而不是不同意识形态之间的真正交锋。

其次,随着清代考据学的兴盛,清人开始重视《论衡》在考据学方面的价值,清代的《论衡》评价也因此而呈现出一个不同于前代的新特点。如谭宗浚《〈论衡〉跋》认为:《论衡》"议论甚详,颇资证据";不仅有助于考证"古事",而且有助于考证"当时之事"。"更有进者,史称充不为章句之学,疑其于训诂必无所解。今观是书所引,则经学宏深,迥非后人所及。"肯定了王充的经学造诣及《论衡》在证经方面的功用。臧琳同上文认为,《论衡》的《明雩》、《顺鼓》、《正说》、《书解》各篇,"略得经子端绪,兼存汉儒旧义,又为不可不读之书"。又认为:"学者以此为汉人著述中有古文故事,可节取为考索之助,则颇有益。"又其同书卷二六"不献鱼鳖"条认为:"汉人之言,终胜俗儒也。"俞樾《曲园杂纂》卷二三《读〈论衡〉》云:"礼家止此二义,《论衡》所说,又成一义,亦必汉儒旧说也。"钱大昕《十驾斋养新录》卷四"免与脱同义"条认为,王充之说可信,盖因王充为汉人,"汉人犹知古音"。梁玉绳《瞥记》卷二认为,王充之说"皆可补经传所未及"。皮锡瑞《今文尚书考证》卷二六《吕刑》"享国百年"条云:"王仲任之说似可信,仲任非不见《史记》者,而说与之异,必别有据。"黄以周《史说略》卷二《读汉礼乐志》,则引《论衡》以考证汉代礼制史料。连大骂《论衡》有悖于圣人之道的赵坦,在其《保甓斋札记》同上文中也说:"其所引《尚书》,时有古解。"都肯定了《论衡》可为"考索之助"的作用。朱学勤《结一庐遗文》卷下《明抄本〈论衡〉跋》历数《论衡》的"疏舛"之处后说:"恐学者以仲任汉人,其言可信,故附辨之,庶考古者不为所惑焉。"也是从考据角度来看待《论衡》的。周中孚同上文一语道破个中奥秘:"后之人徒以其汉人之书有资考证而重之耳!"这个"后之人",其实就是清人,因为明以前人并不重视《论衡》这方面的价值。清人骂《论衡》"非圣"、"不孝"不遗余力,仅有的肯定就是它的"有资考证"了。在这种观点的指导下,清代的考据学家们利用《论衡》做了不少经史方面的考证工作。如阎若璩《尚书古文疏证》、孙星衍《尚书今古文注疏》、皮锡瑞《今文尚书考证》、陈启源《毛诗稽古编》、陈寿祺和陈乔枞《鲁诗遗说考》、范家相《三家诗拾遗》、潘维城《论语古注集笺》、臧琳《经义杂记》、王引之《经义述闻》、钱塘《淮南天文训补注》、钱大昕《十驾斋养新录》、梁玉绳《瞥记》、王念孙《读书杂志》、赵翼《陔余丛考》、沈涛《铜熨斗斋随笔》、严可均《铁桥漫稿》等,都利用了《论衡》中的有关材料。当然,前代的学者,也有做这方面的工作。如宋洪迈《容斋随笔》卷五"元二之灾"条引《论衡》以正《后汉书》李贤注之误,鲍彪《战国策注》引《论衡》以证《战国策》史事,孙奕《履斋示儿编》卷十三"引经误"条引《论衡》以释古字,明谢肇淛《五杂组》卷一《天部》一引《论衡》以证汉代画工图雷公状,等等,都利用《论衡》来从事考据工作。不过,无论在广度抑深度上,他们都是远比不上清代学者的。

与此同时,用考据学的方法整理《论衡》的工作也开始进行。如俞樾的《曲园杂纂》,孙诒让的《札迻》中,都有关于《论衡》的考证。此外,如黄晖《论衡校释·自序》所说:"本书今古文说,大致能说得清楚,是孙星衍、陈乔枞、皮锡瑞一班人的功绩。"但是,也如他所指出的:"清儒,尤其是乾、嘉时代,校勘古书是一代的伟绩。但对于《论衡》,如卢文弨、王念孙等,都是手校群书二三十种的人,而没有一及此书……俞樾虽然是校正数十条,想是以余力致此,所以不像所校他书那样精当。"和整个清代考据学的成果相比,清人对《论衡》的整理工作确实做得不足道。产生这种现象的原因,黄晖认为是"因为他们只把《论衡》当作一种治汉儒今古文说的材料看",不无道理;但我认为归根结底还是因为清人对《论衡》"非圣"、"不孝"的总体否定限制了他们的整理工作。当熊伯龙编选《无何集》时,其友黄敬渝曾嘱其"更注全集,刊以问世"。但这一要求却为熊伯龙所拒绝,其表面理由是:"余以神怪祸福之说,时俗嫌疑,故抄数帙,以明其妄。然才疏识浅,岂能注全集者?"(《无何集》卷之首《自述二》)但实际上,恐怕也是因为《问孔》、《刺孟》诸篇在当时属于犯忌之物,所以熊伯龙才拒绝注《论衡》全书吧。从熊伯龙《无何集》不选《问孔》、《刺孟》诸篇,从他认为《问孔》、《刺孟》皆是"伪篇"等来看，的确不能说我们的这一推测是没有道理的。以熊伯龙对于《论衡》的造诣与兴趣，本来他是很有希望成为《论衡》全书的整理者的，但是他却断然拒绝了这一工作。这说明清代对于《论衡》的"非圣"、"不孝"的恶评，在根本上限制了学者们的工作热情。可以想象，如果没有对《论衡》的这个指责，清代一定会出现一个较好的《论衡》整理本，而不必把这个工作留给近人来做。清儒每每标榜考据学是与现实政治无关的"实学"，但从《论衡》在清代的遭遇来看，清代的考据学也未必如人们所说的那般清高。

最后，我们在清代的《论衡》评价中可以看到一个特异现象，那就是熊伯龙等人对《论衡》在扫除迷信方面作用的推崇。熊伯龙的《无何集》，就是用《论衡》的材料编成的。其《自述一》说："余博览古书，取释疑解惑之说，以《论衡》为最。特摘其尤者，参以他论，附以管见，名曰《无何集》，欲以醒世之惑于神怪祸福者。"其《自述二》又引其友黄敬渝之说云："吾读书数十年，欲觅异书不得。金陵肆中购得《论衡》一部，反复读之，如获奇珍。"他们对《论衡》的这种肯定，反映了人们要求破除迷信陋俗的愿望，这种愿望的出现，是与历史的进步分不开的。不过，他们对《论衡》的肯定，却有着严重的局限性。他们所取于《论衡》的，只是《论衡》对迷信陋俗的批评，却不能容忍《论衡》对孔、孟的批评，乃至把《问孔》、《刺孟》说成是"小儒伪作"而加以删削，并把《论衡》的思想曲解成是"发明孔子之道"的。清末的李慈铭也是如此，莫伯骥《五十万卷楼群书跋文》子部一《〈论衡〉通津草堂本跋》引其说认为："其《雷虚》、《论死》、《纪妖》三篇，最有名理，乃一书之警策。《纪妖篇》论鬼神会易之情状，可作《中庸》疏。"① 同样只肯定《论衡》在破除迷信方面的价值，并认为这种内容可

---

① 从莫伯骥文文脉来看，此条同样为引李慈铭之说，虽不见于《越缦堂日记》，但当别有所据，唯出处暂不详。

以为儒家经典作疏。这些都说明,熊伯龙等人的《论衡》评价,仍然不逆清代《论衡》评价的潮流,不出传统儒学思想的范畴。清代对《论衡》的根本否定,并没有因为出现了熊伯龙等人的推崇,而有任何实质性的改变。

五

《论衡》的命运,在近代产生了根本性的变化。近代的中国,已经不再如过去那样是一个封闭的文化圈,而是一个东西方文化碰撞交融的反应场。西方近代思想的传入,使人们开始用全新的眼光去重新认识传统文化。近代《论衡》评价的质的变化,就是这种重新认识的产物。所谓"质"的变化,是指思想范畴的变化。传统的《论衡》评价,无论是说《论衡》"非圣无道",还是说《论衡》"发明孔子之道",都不脱儒学思想的范畴;只有说《论衡》问孔问得好,刺孟刺得对,并进而摆脱儒学一家得失的纠缠,用新的科学观念去研究《论衡》,才算进入了一个新的境界。近代的《论衡》评价,就是这样一种从传统评价中摆脱出来的新的评价,呈现出缤纷多姿的色彩。

近代《论衡》评价的最重要的特点,就是肯定王充敢于发表己见,敢于批评圣贤。这一特点,在鸦片战争以后已微露端倪。刘熙载《艺概》卷一《文概》说:"王充《论衡》,独抒己见,思力绝人。虽时有激而近僻者,然不掩其卓诣。"虽然说得还比较隐约含糊,但已经显示了摆脱传统认识的迹象。"独抒己见"四个字,后来成了近代思想家们评价《论衡》时大加发挥的题目。章炳麟《国故论衡》中卷《论式》说:"今汉籍见存者,独有王充,不循俗迹。"① 又《检论》卷三《学变》说:"作为《论衡》,趣以正虚妄,审乡背,怀疑之论,分析百端,有所发擿,不避上圣。汉得一人焉,足以振耻,至于今,

---

① 章炳麟《国故论衡》,第84页。

亦鲜有能逮者也。"①认为王充是汉代(甚至是两千年来)独一无二的有独立见解的思想家,敢于批评圣人,敢于怀疑传统,汉代有了王充一个人,就足以振刷它的耻辱。章士钊《答张九如书》说:"吾家太炎,曾盛称《论衡》一书……允哉斯言!"对章炳麟之说极表赞同。张九如《与章士钊书》②说:"《论衡》用客观的眼光,批评史事,鞭辟入里,实为中国有数之作品。"亦肯定了《论衡》的批评精神。在《中国近三百年学术史》中,梁启超肯定《论衡》是"汉代批评哲学第一奇书"③,也和章炳麟一样,把王充看作是汉代思想家中第一人,把《论衡》看作是汉代第一奇书,强调了《论衡》的"批评"性质。张宗祥《论衡校订》三卷附记说:"充之书,自《史通》后,非之者多矣。然当谶纬盛行之日,独能发其幽思,证彼虚妄,才智过人远矣,安可执儒家之言以绳之?此非为乡先哲辨诬,有识者自能知之。"也认为应该摆脱《史通》以来用儒家思想衡量、批评《论衡》的窠臼。其《校注论衡序言》又说:"《论衡》一书,九虚三增以辟虚妄,明死无鬼,明死无知,葬当从薄,灾不自天。当谶纬盛行之世,五行说胜之时,独能标真义,疾虚妄,无援无助,奋孤笔以战古今,此真特立卓见之士,奈何以供谈助?此蔡与王所以为庸下也。不和同而随俗,不厚古而泊今,不摹仿以求名,不依违而寡实,在《太玄》、《法言》之上,居《说苑》、《新序》之前,顾乃推重刘、扬,何其谦也……人惟能不泥古昔,方能疾趋迈往;人惟能力求真是,方能大道日明。公元初纪之时,有此卓荦不群之士,神州无二,举世少双。彼俗儒者,夏虫耳,安足与之语冰哉!"④对于王充的特立卓见、卓荦不群给予了高度评价。莫伯骥在《五十万卷楼群书跋文》

---

① 《章太炎全集》(三),上海,上海人民出版社,1984年,第444页。
② 载《甲寅周刊》第一卷第四十一号,天津,甲寅周刊社,1927年1月22日;又收入黄晖《论衡校释》附编三。本书所引据《甲寅周刊》第一卷第四十一号。
③ 梁启超《中国近三百年学术史》,收入朱维铮校注《梁启超论清学史二种》,上海,复旦大学出版社,1985年,第373页。
④ 见其《论衡校注》,序言第3页。

子部一《〈论衡〉通津草堂本跋》中,更是通过东西文化的比较,纵论中国历来思想言论不自由之危害,从而肯定《论衡》的价值:"后来如金李纯甫、明李卓吾著书,每与孔、孟为难,当导源于此。言论解放,不为古今人束缚,表现怀疑派哲学精神,王氏实开其端。"和说《论衡》"与明末李贽之邪说何异"的乾隆皇帝一样,莫伯骥也看到了《论衡》与李贽等"异端"思想家的联系,但他是站在截然相反的立场上来肯定这种联系的。莫伯骥高度评价了《论衡》的"言论解放,不为古今人束缚"的特点,实际上也表达了近代人的愿望,反映了近代要求言论思想解放的呼声。近代《论衡》评价的这种特点,黄晖在《论衡校释·自序》中说得很清楚:"对《论衡》有真正的认识,还是最近二十多年的事。因为诸子是研究思想史的宝藏,研究诸子的兴趣,不减于经史。治诸子的人,尽革前儒一孔之见,实事求是,作体系的历史的探讨。不因为他问了孔子,刺了孟子,就减轻他的价值。或者在现代人看来,还要增高他的价值。"黄晖此文写于1935年,"最近二十多年",也就是20世纪初这一时期,主要是指二三十年代。黄晖认为,《论衡》的问孔、刺孟增加了《论衡》的价值,这说出了近代《论衡》得到善评的根本原因。这是《论衡》评价史上的一个重大变化!《论衡》因为"非圣"被骂了近千年,到了近代,第一次因为"非圣"而受到了赞扬。从"非圣"之不成其为问题,到"非圣"罪莫大焉,到"非圣"非得好,近两千年来《论衡》评价的这个三段式,充分证明了时代的变迁对人们眼光的影响和制约。当然,根据《论衡》对儒家的态度而决定《论衡》的价值,这仍然表明近代的《论衡》评价尚未完全摆脱儒学一家得失的纠缠,也可以说是近代《论衡》评价的一个局限。

  由于打破了儒学思想的束缚,近代的《论衡》评价出现了多姿多彩的局面,各种西方近代思想在《论衡》评价中都有所反映。有用西方哲学范畴来评价《论衡》的。如梁启超说《论衡》是"批评哲学",莫伯骥说《论衡》是"怀疑派哲学",章士钊说《论衡》的《实知》、《知实》二篇"开东方逻辑之宗,尤未宜忽"。有将《论衡》置于中国思想发展史长河中去把握的。如章炳麟《检论》卷三《学变》认为,汉晋间学术有"五变",而《论衡》为其中之"一变"。① 唐兰《读〈论衡〉》②说:"学者立言,每缘当世之风尚,言之平陂,亦系世之盛衰。"认为《论衡》亦与当时的社会风尚有关,且影响汉末魏晋间思想风尚甚巨。黄侃《汉唐玄学论》③说:"东汉作者,断推王充。《论衡》之作,取鬼神、阴阳及凡虚言、谰语,摧毁无余。自西京而降,至此时而有此作,正如久行荆棘,忽得康衢,欢忭宁有量耶……其于玄理,终不可谓之无功云。"黄晖《论衡校释·自序》说:"《论衡》是中国哲学史上一部划时代的著作……用道家的自然主义攻击这儒教的天人感应说,使中古哲学史上揭开一大波澜。"都初步抛弃了过去《论衡》评价中那种静态地看问题的方法,采用了动态的方法。有用西方文体为标准来重新评价《论衡》的文章的。如章士钊说:"此编看似碎细,然持论欲其密合,复语有时不可得避,一观欧文名著,自晤(悟)此理。邦文求简,往往并其不能简者而亦去之,自矜义法。曾涤生谓古文不适于辨理,即此等处。充文布势遣词,胡乃颇中横文矩矱?殊不可解。"关于《论衡》的文章,历来聚讼纷纭,章氏此说异军突起,给人以耳目一新之感。有从地理环境角度来评价《论衡》的。如刘师培《南北文学

---

① 《章太炎全集》(三),第 444 页。
② 载《甲寅周刊》第一卷第四十号,天津,甲寅周刊社,1927 年 1 月 15 日;又载《商报·文学周刊》第十六期,1930 年 1 月 21 日;后收入刘盼遂《论衡集解》附录;又收入《唐兰全集》,上海,上海古籍出版社,2015 年。本书所引据《唐兰全集》,第一册,第 65 页。
③ 载《时代公论》(周刊)第十一号,南京,时代公论社,1932 年 6 月 10 日;又载章太炎主编《制言》(半月刊)第十六期,苏州,章氏国学讲习会,1936 年 5 月 1 日;又载中央大学《文艺丛刊》第三卷第一期"黄季刚先生遗著专号(下)",南京,中央大学出版组,1937 年 6 月;又载中央大学《文史哲季刊》第一卷第四期,重庆,中央大学出版部,1943 年;后收入《黄侃论学杂著》,上海,中华书局上海编辑所,1964 年;上海,上海古籍出版社,1980 年;又节选入刘盼遂《论衡集解》附录。本书所引据《黄侃论学杂著》,第 482—483 页。

不同论》①说:"应邵、王充,南方之彦(邵为汝南人,充为会稽人),故《风俗通》、《论衡》二书,近于诡辩,殆南方墨者之支派与?"从地理环境的角度来看问题,在中国古代也不乏其例,如司马迁的《史记·货殖列传》,就将风土与民情结合起来考虑;但刘师培的观点出现于近代,则不能不令人联想到由严复介绍进来的孟德斯鸠的学说(王国维的《屈子文学之精神》②也将先秦思想分成南北二派,同是受近代西方思想影响的产物)。此外,有用实用主义哲学来评价《论衡》的。如胡适《王充的〈论衡〉》说:"科学方法的第一步是要能疑问。第二步是要能提出假设的解决。第三步方才是搜求证据来证明这种假设。王充的批评哲学的最大贡献就是提倡这三种态度;——疑问,假设,证验。"胡适把《论衡》说成是一部符合实用主义精神的著作,这一点常常受到人们的批评;但是,胡适的说法正如从《论衡》中汉晋人看到了"谈助",宋清人看到了"非圣",近现代人看到了"哲学"一样,实不值得奇怪。此外,还有用现代科学发现来探讨《论衡》所载之传说的。如莫伯骥《〈论衡〉通津草堂本跋》举《论衡》中"广汉杨伟能听鸟兽之音"一段,辅以《论语疏》、《左传》、《史记》等古籍中所记载能听鸟兽之音诸传说,说:"南美洲有新人种,所操土语有五百余种区别。人类愈卑陋,语言愈复杂,固世界公例。此人种则美总统游南美时发见者也。鸟兽之声,不审比新人种如何?谓能辨之,当非易易矣。"莫氏以鸟兽之声比新人种土语,固嫌迂拙;但能用科学眼光来探讨《论衡》乃至古籍中历来或被视作"谈助"、或被视作"怪论"的传说,却是难能可贵的,这开了后来人们向古籍中搜寻科学史史料的先河。凡此种种议论,都是近代思想解放的产物,远非古代的《论衡》评价所能企及。当然,有些学者承乾嘉考据学之余绪,仍然从"有资考证"这方面来理解《论衡》的意义。如孙人和《论衡举正·自序》

---

① 载《国粹学报》第一年乙巳第九号,上海,国粹学报馆,1905 年,署名"刘光汉"。
② 收入其《静庵文集续编》,《王国维遗书》第五册,上海,上海古籍书店,1983 年。

说:"至若征引故实,转述陈言,可以证经,可以考史,可以推寻百家。"①强调《论衡》有助于经史子三方面的考证工作,即是其例。梁启超也认为,可以《论衡》等汉人子史及汉人经注为辑周秦古书之资料。这种观点,在近代的《论衡》评价中也是不容忽视的,它反映了近代《论衡》评价对清代学术的继承性一面。可以认为,作为一种可贵的上古资料,《论衡》这方面的价值将永远为人们所重视,只是兴趣的焦点和取汲的角度无疑将会随着时代的进步而不断变化。

由于打破了儒学思想的束缚,由于对《论衡》的价值有了新的认识,《论衡》本身的整理也就日渐受人重视。在 20 世纪二三十年代,出现了许多有成就的《论衡》研究者,好几部有分量的《论衡》校注本。1920 年代中期,梁启超在清华国学研究院讲授《中国近三百年学术史》时,呼吁学者整理"汉代批评哲学第一奇书"《论衡》。他说,此书"卢、王皆未校及,俞荫甫、孙仲容所校,约数十条。蒋生沐(光煦)从元刻本校补今本脱文三百余字。但全书应加董治之处尚不少,我很盼好学之士能做这件工作"②。当时的清华国学研究院研究生刘盼遂(1896—1966)响应导师的号召,其《论衡集解·自序》说:"予自负笈清华园,初有志于修正是书。"经过七年的努力,终于在 1932 年完成了《论衡集解》(北京古籍出版社,1957 年);与此约略同时,黄晖(1909—1974)亦经过七年努力,于 1935 年完成了《论衡校释》(长沙商务印书馆,1938 年)。这两部著作,尤其是黄晖之作,成了现代《论衡》整理的力作。此外,任公门人杨树达(1885—1956)有《论衡》的校读本,吴承仕(1884—1939)有《论衡校释》(手校本)③,刘师培(1884—1919)有《论衡校补》,胡适(1891—1962)有《论衡校录》(手校本),齐燕铭(1907—

---

① 上海,上海古籍出版社,1990 年。
② 梁启超《中国近三百年学术史》,收入朱维铮校注《梁启超论清学史二种》,第 373 页。
③ 北京,北京师范大学出版社,1986 年,《吴检斋遗书》本。

1978)有《论衡札记》(稿本),刘文典(1889—1958)有《论衡斠补》,章士钊(1881—1973)有《论衡校读》,孙人和(1894—1969)有《论衡举正》,张宗祥(1882—1965)有《论衡校注》,马宗霍(1897—1976)有《论衡校读笺识》[①],等等,一代之名流学者,均纷纷措手于《论衡》之整理(惜大多未能问世)。在此前后,又有陈益的《评注论衡》(上海扫叶山房,1924年),许德厚的《详注论衡》(上海真美书社,1928年),高魁光的《论衡集解》(抄本,1939年),等等,此外,标点本或影印本则更多至二十余种。短短数十年间,竟有这么多的《论衡》校本或注本出现,和清代《论衡》整理的可怜状况相比有了显著的进展。这种现象出现在《论衡》评价有了质的变化的近代,不是偶然的,它说明古籍整理和时代风尚是息息相关的。

六

以上,我们对近两千年来《论衡》评价的变迁作了一个大致的勾勒。从这个勾勒中,我们可以得到若干启示。首先,我们可以看到,各个时代的社会状况和思想潮流,是决定该时代《论衡》评

---

① 张宗祥提到,戊戌变法那年(1898),他十七岁时,"得《论衡》,心喜无已";民初任职北京时,"老友聚语,皆欲致力于此书"(《校注论衡序言》),亦可见当时风气之一斑。然其校《论衡》稿,前后几十年,屡成屡废,初毁于"一·二八"日机轰炸,再失于托稿之人入狱,最终成书,已是1959年。而马宗霍之书,肇始于1930年代,也成书于1959年。然而二书出版,则又是五十年后(2010)了。学人著书出书,何如是之难哉!又,张宗祥所云"老友"之一,为朱宗莱(字蓬仙,1881—1919),1915年任北大教职。"蓬仙旋殁,未见遗书,闻朱君逖先、马君幼渔分得之,不知《论衡》有校记否?以意度之,一二年之中,未必卒业。"(《校注论衡序言》)而马宗霍却说:"笺识中……所称朱校元本,出朱宗莱手,北平书客尝持以求售,留余案头者经时。朱据坊刻王谟《汉魏丛书》本,假硖石蒋氏所藏之元至元刊本为校。俱非善本,而元刊本尤恶!朱氏一一照写,错讹触目皆是,竟有无以下笔者,书客复索高值,仍以还之。"(《论衡校读笺识序》)则朱宗莱实曾措手,然张宗祥无缘得见,却为马宗霍所见。时马在北京,张在杭州;马序作于1959年9月,张序作于同年12月;关于老友校《论衡》事,张竟失之交臂,亦可为之一叹也。

价基调的根本原因,也是我们理解各时代《论衡》评价的钥匙;反之,从各时代《论衡》评价的变化中,也可以看出各时代社会状况和思想潮流的推移变化。其次,我们可以看到,《论衡》命运的浮沉与儒学地位的升降有密切关系。从东汉到近代,《论衡》评价经历了一个"否定之否定"的过程:从唐代以前至宋元以后,《论衡》评价经历了第一个否定;从宋元以后至近代以后,《论衡》评价经历了第二个否定。这个过程正好与儒学地位的升降成反比,与思想解放的程度成正比。再次,从《论衡》评价的变迁中我们还能看到,人们的评价不能超越他们所处的时代,相反,在相当程度上是受时代制约的。每个时代的人们都可以认为他们对《论衡》有"真正的认识",但说到底也只是他们那时代的认识。因此,我们也有必要对我们这时代的《论衡》评价的局限性有较为清醒自觉的反省,尽管我们的认识也许要比前人进步和深刻得多。最后,《论衡》评价史的回顾,当然应该促使我们从新的角度,用新的方法,为新的目的,以新的观念,更深入地去探究《论衡》的奥秘,而不应满足于已有的结论。

第二章 《论衡》评论中所反映的历代文章观的变迁

在本编第一章《近两千年来〈论衡〉评价综论》中我曾说："一部名著的评价史，不仅反映了这部著作本身地位的升降浮沉，而且也反映了各个时期思想意识的演化变迁。"其中所说的"思想意识的演化变迁"，自然也是可以包括中国古代的文章观这一侧面在内的。而且，在那一章中，我也曾略略涉及了《论衡》评论中所反映的历代文章观的变迁这一内容，如谈到了晋人、宋人和明人分别从道家、古文家和时文家的角度对《论衡》文章所作的不同评论。不过，由于那一章主要着眼于《论衡》评论中所反映的儒学影响的变迁，故对其中所反映的文章观的变迁未作系统论述。为弥补这一缺陷，再作本章，以期能对这种变迁作出一个较为完整的勾勒。为论述的方便起见，我想把这种变迁划分为汉、魏晋南北朝隋唐、宋元、明、清、近代这六个阶段。这六个阶段，不仅在文章观方面有各自的特点，而且也是与整个《论衡》评论的情况同步的。

一

《论衡》（包括王充其他各书）的文章，是非常的浅显饶舌的。这一点，王充自己也是清楚的。他在《自纪篇》中说："冀俗人观书而自觉，故直露其文，集以俗言"，"充书形露易观"，"《论衡》者，论之平也。口则务在明言,笔则务在露文","充书不能纯美","充书既成,或稽合于古,不类前人","充书文重",等等。大致归纳起来,可以看出《论衡》的文章有这么几个特点:一是语言通俗("集以俗言"),二是行文直露("直露其文","形露易观","务在露文"),三是不合于古("不类前人"),四是不重推敲("不能纯美"),五是分量较多("充书文重")。这些特点,在今天来看,只能说代表了一种颇有特色的文章风格,很难说是优点或是缺点,但是在古代,却曾引起了一代又一代文人的纷纷议论,成为《论衡》评论的重要争议点之一。

汉代文章,从贾谊到蔡邕,经历了若干阶段的变化。但是不管怎么变化,汉代文章的根本特征,乃是讲究修辞,注重推敲的。尤其是王充之前的刘向、扬雄的文章,更是深覆典雅和精致简练的。在汉代文章的这种主流中,像王充《论衡》这样的浅显饶舌的文章,自然是孤立的异端的存在。这不仅相对于它之前的文章来说是如此,即相对于它以后的文章来说也是如此。因此,《论衡》的文章问世以后,就必然会受到人们的批评。而这种批评所依据的标准,自是当时占主流地位的深覆典雅的美学趣味。这方面的批评,现在已无独立存在者,仅附见于《论衡》的《自纪篇》中,是王充为自己的文风辩护时所征引的。

批评之一,是认为《论衡》的文章太浅,"或谴谓之浅",其中包括语言通俗与行文直露两个方面。当时的流行看法认为:"口辩者其言深,笔敏者其文沉。案经艺之文,贤圣之言,鸿重优雅,难卒晓睹,世读之者,训古乃下。盖贤圣之材鸿,故其文语与俗不通。玉隐石间,珠匿鱼腹,非玉工珠师,莫能采得。宝物以隐闭不见,实语亦宜深沉难测。《讥俗》之书,欲悟俗人,故形露其指,为分别之文;《论衡》之书,何为复然?岂材有浅极,不能为深覆?何文之察,与彼经艺殊轨辙也?"这种流行看法中所流露的文章趣味,显然来自于当时举世所重的经艺之文的影响。其所要求于文章的"深沉"、"鸿重优雅,难卒晓睹……训古乃下"、"与俗不通"、

"深沉难测"、"为深覆"等,便都是经艺之文所具有的特点,同时也是当时占主流地位的诸如扬雄之文的特点。从这种流行看法中,可以看出当时人要求文章深覆典雅的文章观之一斑。

批评之二,是认为《论衡》的文章不重推敲。当时的流行看法认为:"口无择言,笔无择文。文必丽以好,言必辩以巧。言瞭于耳,则事味于心;文察于目,则篇留于手。故辩言无不听,丽文无不写。今新书既在论譬,说俗为戾,又不美好,于观不快。盖师旷调音,曲无不悲;狄牙和膳,肴无澹味。然则通人造书,文无瑕秽。《吕氏》、《淮南》,悬于市门,观读之者,无訾一言。今无二书之美,文虽众盛,犹多谴毁。"这种流行看法中所流露的文章趣味,显然来自于当时文章家所重视的诸子之文的影响。当时的文章,大都是精心推敲过的;而王充的文章,却往往意之所之,一泻千里,无暇推敲。这自然会引起当时人的反感。从这种流行看法中,可以看出当时人要求文章精心推敲的文章观之一斑。

批评之三,是认为《论衡》的文体不类前人。当时的流行看法认为:"谓之饰文偶辞,或径或迂,或屈或舒;谓之论道,实事委琐,文给甘酸。谐于经不验,集于传不合;稽之子长不当,内之子云不入。文不与前相似,安得名佳好,称工巧?"这种流行看法中所流露的文章趣味,显然来自于当时流行的经传之文、司马迁和扬雄之文等的影响。人们从当时流行的文体出发,认为《论衡》的文体没有先例,既不是以修辞为主的文章,又不是以论道为主的文章,既不合于经,又不合于传,既不合于司马迁之文,又不合于扬雄之文。在今天看来,这其实正反映了《论衡》在文体上的独创性,但在当时,却被看作是不伦不类的东西。从这种流行看法中,可以看出当时人要求文章须有传统文体的文章观之一斑。

批评之四,是认为《论衡》的文章分量太多。当时的流行看法认为:"文贵约而指通,言尚省而趋明。辩士之言要而达,文人之辞寡而章。今所作新书出万言,繁不省,则读者不能尽;篇非一,则传者不能领。被躁人之名,以多为不善。语约易言,文重难得。

玉少石多,多者不为珍;龙少鱼众,少者固为神。"这种流行看法中所流露的文章趣味,显然来自于当时扬雄等人文风的影响。的确,无论在《论衡》之前抑是在《论衡》之后,像《论衡》这样以论说之文而篇幅如此浩繁者,实在是绝无仅有。当时的文风,亦贵简练精致(后来也一直如此),故人们难免对《论衡》的浩繁篇幅感到格格不入。从这种流行看法中,可以看出当时人要求文章精致简练的文章观之一斑。

总而言之,王充当时的占主流地位的文章观认为,文章应该像经艺之文那样深沉难测,鸿重优雅;应该像诸子之文那样精心推敲,语无瑕疵;应该像此前的各类文章那样具有固定的文体;应该像当时的大多数文章那样精致简练。从这种文章观出发,语言通俗,行文明白,不合于古,不加推敲,分量较多的《论衡》文章,便自然会受到批评。不仅如此,如上所述的文章趣味,不仅是为汉代所独有的,而且在一定程度上,也是为整个中国文章传统所共有的,因此,后来的各种对于《论衡》文章的批评意见,往往也都或多或少地祖述了汉人的看法。在这种意义上,可以说汉代对于《论衡》文章的评论,奠定了中国古代对于《论衡》文章的评论的基调,其重要性是值得注意的。

二

魏晋南北朝隋唐时期文章的主流是骈文,其时文章观的主流也是以骈文为中心的审美性的。因此,尽管《论衡》所从属于的东汉文章被后人视作是中世美文的源头,尽管《论衡》文章本身充满了对句式的表现,但由于它毕竟不属于美文系列,而且王充又不像司马相如那样擅长辞赋,所以《论衡》作为文章的一面之受到忽视,也自属理所当然。这种情况,与《论衡》本身在中世颇受好评的情况形成了有意思的对照。这似乎表明,中世所重视于《论衡》的,主要是它的内容,而不是它的文章。

我们注意到，在中世一些谈到王充和《论衡》的话语和文献中，大都没有对《论衡》的文章作出什么评论。如各家《后汉书》的记载，各种载籍的引用等，都是如此。刘勰《文心雕龙·神思篇》称《论衡》为"巨文"，这主要是就《论衡》的内容和篇幅而言的（"巨文"的说法令人联想到王充自己及其同时代人的"文重"的评语，不同的是刘勰是以肯定的态度来评论的），而不是《论衡》的文章。范晔《后汉书》将王充与王符、仲长统合传，而不把他归入《文苑传》，这固然与范晔重视王充而特为之立大传有关，但是否也与范晔不把王充看作是文学家有关呢？从六朝时的文章趣味来看，后一种可能性也是存在的。清人臧琳《经义杂记》卷十六"王充《论衡》"条认为，王充"止当入'文苑'、'儒林'"，除了轻视王充的意思外，也是因为在文章观上与范晔有差异，因而未能理解范晔的态度之故吧。六朝人的这种态度，直到唐代仍是如此。古文大家韩愈作《后汉三贤赞》（《昌黎先生文集》卷十二），所称赞的也主要是王充的为人，而非《论衡》的文章。虽说在没有批评《论衡》文章这一点上，韩愈与他的传人是大不相同的，但我们也注意到他并没有赞扬《论衡》的文章。总而言之，在中世涉及王充及《论衡》的话语或文献中，很少有谈及《论衡》的文章的。不仅是很少赞扬，而且也很少批评。这表明其时人很少注意到《论衡》作为文章的价值，或者说他们根本不认为《论衡》是他们心目中的"文章"。

但不是没有例外的，这就是晋人葛洪。葛洪本人是一个道家的信徒，与王充在思想上相去甚远，但在气质上，他与王充却有相通之处，因而对王充甚为心仪。他的《抱朴子外篇》，虽说在内容上与《论衡》亦相去甚远，但至少在文章方面，葛洪自认受过《论衡》的影响。为此之故，在《抱朴子·喻蔽篇》中，他从文章的角度为《论衡》作了辩护。这个辩护，连同作为其标靶的同门鲁生对《论衡》文章的批评一起，成了现存的中世绝无仅有的关于《论衡》文章的评论。

《抱朴子·喻蔽篇》引同门鲁生对《论衡》的批评云："夫琼瑶

以寡为奇,碛砾以多为贱。故庖牺卦不盈十,而弥纶二仪;老氏言不满万,而道德备举。王充著书,兼箱累袠;而乍出乍入,或儒或墨;属词比义,又不尽美。所谓陂原之蒿莠,未若步武之黍稷也。"这个批评,以《周易》、《老子》为标准,指责《论衡》在内容上既"或儒或墨",在文体上又不能为道家精约之言,反映了道家文章观的影响。不过,虽说这个批评是从道家文章观的立场出发的,但其实和汉代对《论衡》文章的批评也有相通之处,如其认为《论衡》"兼箱累袠","属词比义,又不尽美",便和汉代对《论衡》文章的分量太重和不加推敲这两条批评意见一致。

葛洪对鲁生意见所作的反驳,则表明了他在文章观上与王充的接近(其实在文章实践方面也是如此)。他认为王充"若所著文,时有小疵,犹邓林之枯枝,若沧海之流芥,未易贬也已"(《北堂书钞》卷一〇〇引),"数千万言,虽有不艳之辞,事义高远,足相掩也",在承认人们认为的"充书不能纯美"的批评的同时,又认为这是无伤大雅的"小疵"(在这一点上,显示了他的文章观与王充的文章观的微妙区别)。与此同时,他又大力肯定了"充书文重"的积极意义:"且夫作者之谓圣,述者之谓贤。徒见述作之品,未闻多少之限也。""王生学博才大,又安省乎?""言少则至理不备,辞寡即庶事不畅。是以必须篇累卷积,而纲领举也。""夫发口为言,著纸为书。书者,所以代言;言者,所以书事。若用笔不宜杂载,是议论当常守一物。"再三强调了"文重"的积极意义。在这一点上,显示了葛洪文章观与王充文章观的相似之处,也显示了《抱朴子》文章与《论衡》文章的相似之处。葛洪之所以要积极肯定"文重"的价值,也许是因为随着魏晋间思想的发展,以及思想意识的渐趋复杂,对文章的长度开始有了新的要求,而《论衡》则正开了这种新要求的先河之故吧。

不过总的来说,像鲁生和葛洪这样的评论,在当时还是甚为少见的。当时的总的趋势,是对《论衡》的文章不太关心,而只关注其内容。这也许是美文时代的必然现象吧!

三

经历过唐宋古文运动以后,包括东汉文章在内的"八代文章"的地位骤然下降。作为东汉文章的《论衡》,尽管在中世并未受到特别注意,但进入宋代却也蒙受其殃,开始受到宋人的批评。

在叙述宋人对《论衡》文章的批评之前,有必要介绍一下宋初第一个刊刻《论衡》的杨文昌的看法。他的看法,在宋人中毋宁说是特异的存在,因为他竟然赞扬了《论衡》的文章。他在《〈论衡〉序》中说:"其文取譬连类,雄辩宏博,岂止为'谈助'、'才进'而已哉,信乃士君子之先觉者也!秉笔之士,能无秘玩乎?"他的看法出现于古文派文章观尚未完全占上风的宋初,这是不难理解的。值得注意的是,在《论衡》文章的评论史上,他第一次提出并肯定了《论衡》文章"取譬连类,雄辩宏博"的特点,而且认为这一特点正是"秉笔之士"秘玩《论衡》的原因。这一看法,不仅为后来的明人所继承和发扬,成为《论衡》文章评论史上的重要看法之一,而且也无意中揭示了千百年来人们喜欢《论衡》,或既批评又喜欢《论衡》的潜在原因。也许可以说,杨文昌是继葛洪之后,发现《论衡》文章的价值的又一个人。

不过,像杨文昌这样肯定《论衡》文章的人,在宋代是绝无仅有的。因为宋代占主流地位的文章观是古文派的文章观,这种文章观不仅有一套与《论衡》文章相去甚远的美学标准,如精练、章法等,而且还非常无理地否定了东汉以后文章的价值。在这方面,晁公武的看法是颇有代表性的,其《郡斋读书志》卷十二子部杂家类《论衡》提要云:"世谓汉文章温厚尔雅,及其东也,已衰。观此书与《潜夫论》、《风俗通义》之类,比西京诸书骤不及远甚,乃知世人之言不诬。"他认为东汉文章不及西汉文章,其证据便是《论衡》等书"比西京诸书骤不及远甚"。但凭什么说《论衡》等书不及西汉诸书,他却没有拿出证据来。也许他并没有仔细分析过东西汉文章的不同,只是随声附和当时的流行看法罢了。其看法本身所反映的,也许只是古文派文章观的偏见而已。此外有意思的是,晁公武所批评的三部东汉文章中,有两部曾受到过古文运动的发起者韩愈的肯定,尽管韩愈的着眼点未必在于他们的文章。

如果说晁公武对《论衡》文章的批评只是表明了一种态度的话,高似孙的批评则要具体得多,其中可以看出古文派文章观的具体原则及它与汉代文章观的异同。其《子略》卷四"王充《论衡》"条分析了汉代文章发展的潮流,认为汉代文章日趋繁富又日益衰落:"汉承灭学之后,文、景、武、宣以来,所以崇厉表章者,非一日之力矣。故学者向风承宣,日趋于大雅多闻之习,凡所撰录,日益而岁有加,至后汉盛矣!往往规度如一律,体裁如一家。是足以隽美于一时,而不足以准的于来世。何则?事之鲜纯,言之少择也。刘向《新序》、《说苑》奇矣,亦复少探索之功,阙诠定之密,其叙事有与史背者不一。二书尚尔,况他书乎?"他认为"事之鲜纯,言之少择"是汉代文章的发展趋势和结果,而至后汉臻于顶点,王充的《论衡》便是这种发展潮流的产物,因而他批评《论衡》文章道:"而其文详,详则理义莫能核而精,辞莫能肃而括,几于芜且杂矣……客有难充书繁重者曰:'石多玉寡,寡者为珍;龙少鱼众,少者为神乎?'充曰:'文众可以胜寡矣。人无一引,吾百篇;人无一字,吾万言,为可贵矣。'予所谓乏精核而少肃括者,正此谓欤?"在批评《论衡》分量太多和不加推敲这一点上,高似孙的看法与汉人的看法是相近的,所以他还引用了《论衡·自纪篇》中王充和他人的问答之语以为佐证,这反映了古文派文章观与汉代文章观的相似性。不过和汉人不同的是,他不仅批评了《论衡》的文章风格,还指出了这种文章风格会带来的在表现"理义"方面的损失("详则理义莫能核而精"),这反映了古文派文章观在思想方面的卫道性质。此外,和汉代文章观不同的地方还在于,汉代文章观认为《论衡》的文章是汉代文章中的特异存在,而古文派文章观则认为《论衡》的文章是汉代文章发展潮流的产物。可以说,前者是从"变"的角度看问题的,后者是从"承"的角度看问题的,二者都各有自己的道理。当然,在否定《论衡》文章这一点上,二者是一脉相通的,都表现了各自的偏见。

元代人对于《论衡》文章的评论已不能看到,即如韩性之序《论衡》,都未涉及《论衡》的文章。马端临《文献通考》卷二一四《经籍考》四一子部杂家类《论衡》提要,曾转引了晁公武和高似孙两家书目的上述评论。尽管引用晁、高两家书目乃是《文献通考·经籍考》的体例之一,但既然马端临这么不加评论和增删地引用了它们,则我们有理由认为他是同意这两家的观点的。如是这样,则可以说元人对《论衡》文章的看法仍是处于宋人的延长线上的。这其实也毫不奇怪,因为元人的文章观的主流仍是承自宋代的古文派文章观。

总而言之,宋人对《论衡》文章的批评,是从秦汉古文与近代之文的差异出发的,这反映了古文运动以后人们看待《论衡》文章的眼光的变化;但在一些批评的基本点上,宋人的看法其实又是和汉代的看法一致的,这也反映了两种批评背后的文章观的相似性。

四

明代对《论衡》文章的评论,依古文辞运动的盛衰,可分为前后两个阶段,一是古文辞运动影响下的阶段,二是反古文辞运动影响下的阶段。这两个阶段对《论衡》文章的评论是相当不同的。

前一阶段,即古文辞运动影响下的阶段,对《论衡》文章的评论,可以说是处于宋元人评论的延长线上的,表现出否定性的倾向。如古文辞派"后五子"之一的胡应麟,在其《少室山房笔丛》卷十二《九流绪论》中"《论衡》"条中说,《论衡》"其文猥冗蘴沓,世所共轻","文固非所论也","读王氏《论衡》,烦猥琐屑之状,溢乎楮素之间。辩乎其所弗必辩,疑乎其所弗当疑,允矣,其词之费也"!胡应麟还是一个对《论衡》内容评价相当高的人,但他却把《论衡》的文章说得一无是处。另一位古文辞派文人谢肇淛,则在《文海披沙》卷一"《论衡》相背"条中说,《论衡》"词芜而俚",在《五杂组》卷十三《事部》一中说:"至于《鸿烈》、《论衡》,其言具在,则两汉之笔,大略可睹已!"着眼于东西汉文章的不同,仍是古文辞派的语气。郎瑛《七修续稿》辨证类"书名沿作"条,则称"王乃辞胜理者",也批评了《论衡》的文章。这些批评,指出了《论衡》文章的不加推敲的"缺点",其着眼点与汉人和宋人是一样的。这不难理解,因为明代古文辞派的文章观,原本就是继承唐宋古文派而更趋极端的,因而它们之间也就自然会表现出一致性来。

但是,到了晚明时期,随着古文辞运动的消歇和反古文辞运动的勃兴,明人对《论衡》文章的评论也出现了变化,开始摆脱古文辞派文章观的影响,形成了自己的特色。作为其背景之一的,是晚明时出现了不少《论衡》的刻本,这些刻本的从事者,有很多本身便是对《论衡》文章感兴趣的人。作为其背景之二的,是晚明时出现了不少《论衡》的评点,如刘光斗、归有光、叶绍泰、黄澍、钱谦益等人的评点。尽管其中一部分也许是假托的,但评点的大量出现本身是不容忽视的。这些评点所关注的,主要是《论衡》的文章。在这两个背景的基础上,晚明时出现了许多肯定和赞扬《论衡》文章的评论,这在此前的《论衡》文章的评论史上是未曾出现过的。

晚明文人有一反汉人宋人之说,转而称赞《论衡》文章的严密精笃者。如自称"余雅嗜仲任"的沈云楫,在《论衡》程荣本序中称赞《论衡》云:"所著《逢遇》迄《自纪》十余万言,大较旁引博证,释同异,正嫌疑。事即丝棼复逻,而前后条委深密,矩矱精笃……上裨朝家彝宪,下淑词坛听睹,令人诵之泠然。"其所看重于《论衡》的,不仅是其思想的正确,而且还包括其文章的严密,而且,他是从文章与思想相符的角度来肯定《论衡》的。这一方面与一味否定《论衡》文章的前人的观点,另一方面也与只注意文章修辞而不注意其与思想之关系的观点,形成了鲜明的对照。

为《论衡》天启本作序的傅岩,更是认为《论衡》文章兼有汉代各派文章之长而无其短,且认为《论衡》篇幅巨大是因为王充才大所致:"一代著述之士,才具各异。才大者无小言,非但不屑,纵为之,亦不工也。王仲任新书二十万言,盖尝论之:汉代,刘肆其恢诞,董扬其质茂,扬钩其沉蘖,才宜子;迁、固长于论世,其才史,故去而为记事之书;马、张词赋,包举六合,诗人之遗乎?仲任理醇辞辨,成一家言,当在荀、吕、公孙龙之际,而恶子风之驳;《自纪篇》笔老事析,使继修东汉,较蔚宗弘瞻,而薄史法之拘;其述《养性》,以四言叶读,亦自风致,足以齐于蔡、郦,开源魏邺,而厌辞习之浮。古今天地人物百家迁怪之说,洞晓靡漏,汇而为一,莫如论。"傅岩把汉代文章分为三派,一是政论,二是史传,三是辞赋,认为王充兼有三派之长,而无其短;又认为《论衡》在文体上属于最适于自由挥洒的"论",是汉代最优秀的著作。傅岩的看法,和王充的自我评价有异曲同工之妙,王充认为"论"是最好的文体,其他各派文体都有缺点。傅岩的看法,又和汉人对《论衡》的批评形成鲜明的对照,汉人认为王充的《论衡》不及政论、史传、词赋等各派文体,有点不伦不类。在傅岩的看法背后,无疑有一种对文章体裁的更为灵活的态度在起作用。何良俊《四友斋丛说》卷二十《子》二,对《论衡》的文体及传统也曾提出过自己的看法:"东汉有桓谭《新论》、王节信《潜夫论》、崔寔《政论》、仲长统《昌言》、王充《论衡》,魏有徐幹《中论》,所言虽各有意见,然不以道术名家,谓之曰论,固自别于诸子矣。"也认为王充的《论衡》有别于诸子,属于汉代新兴的"论"体,而且具有自己的独特传统。不过其对"论"体及《论衡》的评价,似尚不及傅岩的上述说法之高。

从明代开始,实行了以八股文为主要考试文体的新的科举制度,这使得读书人群起而学习八股文,并为了学习八股文而注意到许多以前被忽略的文章。正是在这种情况下,《论衡》的文章受到了来自八股文学习者方面的关注,被有些文人看作是学习八股文的榜样。亦为《论衡》天启本作序的阎光表的看法便正是如此,他说《论衡》:"笔泷灑而言溶,如千叶宝莲,层层开敷,而各有妙趣;如万叠鲸浪,滚滚翻涌,而递擅奇形。有短长之说纵横,而去其谲;有晋人之娟倩,而绌其虚;有唐人之华整,而芟其排;有宋人之名理,而削其腐。举业家得之,尤可以掀翻疑窟,直蹑天根,不但为麈尾之秃而已也。"肯定了《论衡》兼有先秦晋唐宋各代文章之长而无其失,且把《论衡》视作举业家的一大法宝。这种看法,和魏晋人视《论衡》为"谈助"的看法相比,倒是有异曲同工之妙。《论衡》的论辩式写法,无疑使举业家们得到了不少启迪。

　　明代文风,自公安、竟陵出而大变,举凡各种文章,无不带有"新奇"、"纤仄"之特征。在这种情况下,历来不登"古文"大雅之堂的《论衡》,反以它无所肖似的新鲜感吸引了不少晚明文人。在这方面,刘光斗的意见是颇具代表性的,其《论衡》天启本序云:"余好王仲任《论衡》,其亦文之昌歜、屈之芰、晳之羊枣与?凡人读书,如游名山,总此胜地,而或爱其峻巘,则取奇峰峭崿;或爱其幽深,则取邃谷荒嵓;或爱其纡折,则取回溪仄径。况春之艳冶,夏之森蔚,秋之疏秀,冬之峭劲,亦各有会心焉。故余自从事笔研来,虽攻者制举义,而于古文词独深耆;虽所喜者古文词,而于《论衡》独深耆……余喜其旷荡似漆园,辨析似仪、秦,综核似史迁,练达似孟坚,博奥似子云,而泽于理要,于是又似仲淹。是以居恒把玩,曾不去手,一编敝,辄易一编,几于韦之三绝。"他称赞《论衡》的文章兼有庄子、张仪、苏秦、司马迁、班固、扬雄等人文章或辩才的长处,说自己正是因为这一点才喜欢《论衡》的。在他这种看法的背后,也有着晚明文人要求文章新奇独特的美学标准在起作用。

　　上述种种对于《论衡》文章的评论,反映了晚明人的反传统的文章观。他们打破了门户之见,引入了新的美学标准,用更为宽容和灵活的态度来看待《论衡》文章,从而使《论衡》文章的评论在明代发生了一个转折,留下了很多前所未有的善评。

五

进入清代以后,一方面,由于受清代《论衡》评论的总体否定倾向的限制,由于清代古文辞派占据了文坛的中心地位,所以清代对于《论衡》文章的评论,又重新回到汉人和宋人的观点上去了,与晚明人形成了鲜明的对照;但另一方面,由于清代离汉代已相隔遥远,清代的考据学又提倡尊重古典,所以作为传承久远的古典著作的《论衡》,其文章也受到了一定程度的肯定,这也与汉人和宋人的倾向有所不同。

像汉人和宋人一样,很多清代学者从传统古文观出发,批评了《论衡》文章的分量太多和不加推敲的"毛病"。如朱学勤《结一庐遗文》卷下《明抄本〈论衡〉跋》认为,《论衡》文章"失之繁冗"。谭宗浚《希古堂甲集》卷二《〈论衡〉跋》认为,《论衡》文章"近于冗漫"。熊伯龙《无何集》卷之首《自述二》引其友黄敬渝之语云:"但以篇过冗长,辞多重复,醇疵参半,未尝深惬我心。"恽敬《大云山房文稿初集》卷二《读〈论衡〉》云:"吾友张皋文尝薄《论衡》,诋为鄙冗。"李慈铭认为,《论衡》文章"理浅词复,汉人之文,鲜有拙冗至此者"①。这些说法的意思大同小异,都是批评《论衡》文章的分量太多和不加推敲的。在其背后起作用的,仍是汉代开始形成的传统古文观吧。

此外,有一些评论虽没有直接批评《论衡》文章,但其实是具有这种倾向的。如据熊伯龙同上文说,其友人黄敬渝非常赞赏他对《论衡》所作的改编:"及见先生抄本,精萃简要,分选编类,增广美备,喜出望外。因口沫手胝,昼夜不倦。始信'玩扬子云之篇,乐于居千石之官;挟桓君山之书,富于积猗顿之财'非虚语也。仲

---

① 李慈铭《越缦堂读书记》(由云龙辑),第649页。

任有知,必以先生为千载知音矣!"透过这番赞扬,不难看出他对《论衡》文章的不满态度。而熊伯龙对《论衡》的改编本身,诚如近人章士钊所说的(见后),有将《论衡》文章"规范化"的目的。臧琳《经义杂记》卷十六"王充《论衡》"条则认为,《论衡》"揣摩秦、仪,文似小说"。小说在历代都被看不起,因此,臧琳的这一评论,其实也包含了对《论衡》文章的批评之意。周中孚《郑堂读书记》卷五六"《论衡》"条则强调,比起文章来,《论衡》在思想方面问题更为严重:"若只就其文而论,犹未中其要害也。"其中也包含着对《论衡》文章的批评之意。

清代有一种看法认为,《论衡》乃是后人的赝作,而非汉人所为,这同样反映了持这种看法的人对《论衡》文章的不满态度。如梁章钜《退庵随笔》卷十七《读子》一"王充《论衡》"条云:"惟其议论支离,文笔冗漫,实不类汉人所为,故余每窃疑其赝作。"他之所以怀疑《论衡》非王充所作,乃是因为《论衡》文章不符合他心目中汉代文章的理想像。又,李慈铭也根据《论衡》文章"理浅词复,汉人之文,鲜有拙冗至此者",而认为《论衡》为"蔡中郎帐中物"的传说"显出附会"①。他之所以这么认为,也是因为《论衡》的文章不符合他心目中汉代文章的理想像。在这些看法后面起作用的,乃是清人对汉代之文的尊崇态度和古文派的文章观吧。

有些学者则在承认《论衡》文章有"毛病"的同时,又试图为王充作辩护开脱之计。他们认为,《论衡》文章的这种"毛病",既然早已经王充自己说出,则现代人就不必再揪住不放了。如谭宗浚《〈论衡〉跋》云:"若其意浅语冗,过于凡近,则充《自叙(纪)篇》所称'口则务在明言,笔则务在露文,言则无不可晓,旨则无不可睹'者,早已自知之而自言之,兹不赘云。"认为既然王充自己已经意识到了,并且是有意这样做的,那就没有必要多加讨论了。又如《四库全书总目》卷一二〇子部杂家类《论衡》提要云:"至其文反

---

① 李慈铭《越缦堂读书记》(由云龙辑),第649页。

复诘难,颇伤词费,则充所谓'宅舍多,土地不得小;户口众,簿籍不得少;失实之事多,虚华之语众,指实定宜,辨争之言,安得约径'者,固已自言之矣。"认为这是情有可原的,且已自言之,所以不必深究。还有一些学者,则试图从王充的禀赋性格出发,来理解《论衡》文章这种风格的成因,如恽敬《读〈论衡〉》认为:"盖子任禀质卑薄,卑薄故迂退,迂退故言烦而意近。其为文以荀卿子为途轨,而无其才与学,所得遂止此。"认为《论衡》文章"言烦意近"的风格的根源,在于王充的禀赋性格,显示了对王充的一定程度的理解。

当然,在清代也不缺少正面肯定《论衡》文章的学者。如王谟《〈论衡〉跋》(《增订汉魏丛书》本),一反传统看法,称赞了《论衡》的文字之多:"自周秦汉魏以来,诸子文字之多,未有过于此书者也。"这种看法的背景,在于他将《论衡》看作是一部古典著作,既然是古典著作,则当然就不会嫌其篇幅之多。熊伯龙《无何集》卷之首《自述三》,则称赞了《论衡》文章的"浑灏":"自失者,恨其论之不逮于古也,古之为文浑灏,今之为文浅露,不可同日语矣。"有意思的是,一直被目为"浅露"的《论衡》文章,在熊伯龙眼里却一变而为"浑灏"了,这大概也是因为《论衡》已成为一部古典著作的缘故吧。《四库全书总目》的《论衡》提要,则指出了《论衡》文章既受批评又受欢迎的原因:"儒者颇病其芜杂,然终不能废也。"认为《论衡》文章中自有某种魅力存在。周广业《意林注》卷三,则更是反驳了一切批评《论衡》文章的人:"是书之成,人固有嫌其太繁者,《抱朴子》辨之详矣……宋儒乃以为无奇,且訾其'义乏精核,词少肃括',此又稚川所谓'守灯烛之辉,游潢污之浅'者也。"他反驳了汉人、晋人、宋人对《论衡》文章的批评,其中的"宋儒"乃是指高似孙吧。谭献《复堂日记》卷四"阅《论衡》"条,则与宋人意思正好相反,认为《论衡》有西汉遗风:"文体僿而不驳,西京之风未邈。独其出入起落,斗乱不乱,又挥之不断,为独到耳。"在这种看法的背后,一方面仍有着古文辞派文章观在起作用,另一方面也有将

《论衡》视为古典著作的观念在起作用吧。而其对《论衡》文章章法的评论,则颇接近近人章士钊的看法(见后)。李慈铭则在批评《论衡》文章的"毛病"的同时,也肯定了《论衡》文章"警俗"、"俚直"的特色:"惟言多警俗,不嫌俚直,以晓愚蒙,间亦有名理解颐者,故世争传之。"[①]指出了《论衡》受欢迎的文章方面的原因,和王充在《自纪篇》中所作的自我辩护是相通的。总而言之,上述各种看法,都程度不同地对《论衡》文章作出了善评,显示了清人文章观的另一个侧面。

如上所述,清代对《论衡》文章的评价,大都是围绕传统问题展开的。一部分文人不喜欢《论衡》的文章,一部分文人则喜欢《论衡》的文章。他们各自所持的文章观,也表现出两重性,一是古文辞派的,一是尚古典派的。

六

进入近代以后,随着文学传统的急剧变化,西方文学的传入中国和近代文学批评意识的建立,近人也开始从新的角度来看待《论衡》的文章,近代对《论衡》文章的评论,因此而出现了许多新的特点和内容。

在古文辞派文章观的影响消歇以后,近代人眼中的《论衡》,便不再是不如西汉文章的东汉文章了,而是东汉文章中之"矫矫者"了。如刘熙载《艺概》卷一《文概》云:"王充、王符、仲长统三家文,皆东京之矫矫者。分按之:大抵《论衡》奇创,略近《淮南子》;《潜夫论》醇厚,略近董广川;《昌言》俊发,略近贾长沙。范史讥三子好申一隅之说,然无害为各自成家。"其中可注意者,在于刘熙载肯定了东汉之文的存在价值,肯定了《论衡》在东汉之文中的代表性,并指出了其与西汉之文的联系。这种既肯定《论衡》文章的独创性,又指出其

---

① 李慈铭《越缦堂读书记》(由云龙辑),第649页。

传统性的评论,打破了汉人和宋人各执一隅的偏见。章炳麟亦重视《论衡》在东汉文章中的地位与代表性,其《国故论衡》中卷《论式》一方面"恨其(《论衡》)文体散杂,非可讽诵",另一方面又高度评价了《论衡》文章的历史地位:"后汉诸子渐兴,迄魏初几百种,然其深达理要者,辨事不过《论衡》,议政不过《昌言》,方人不过《人物志》,此三家差可以攀晚周。其余虽娴雅,悉腐谈也。"①认为《论衡》是后汉有价值的著作之一,且称赞《论衡》长于辨事,可以和先秦诸子媲美;而其他文章,虽然一直被认为是娴雅的(相比之下,《论衡》一直被认为是不娴雅的),但却没有什么价值。在刘熙载和章炳麟两家对《论衡》文章的高度肯定中,可以看出近代人所特有的历史性意识。正是这种历史性意识,使他们开始摆脱了传统古文观的影响,能够客观地历史地看待《论衡》的文章。

  在《论衡》文章的评论史上,章炳麟第一次从汉代学术演变史的角度,论述了形成《论衡》文章的独特风格的根本原因。其《检论》卷三《学变》云:"汉晋间学术则五变:董仲舒以阴阳定法令,垂则博士,神人大巫也。使学者人人碎义逃难,苟得利禄,而不识远略,故杨雄变之以《法言》。《法言》持论至岂易,在诸生间峻矣,王逸因之为《正部论》。以《法言》杂错无主,然己亦无高论,顾猥曰:'颜渊之箪瓢,则胜庆封之玉杯。'欲以何明?而比拟违其伦类,盖忿悁之亢辞也。华言积而不足以昭事理,故王充始变其术曰:'夫笔箸者,欲其易晓而难为,不贵难知而易造;口论务解分而可听,不务深迂而难睹也。'"②章炳麟将文风的形成与学术的演变结合起来,摆脱了仅就文章论文章的局限,具备了更为广阔的眼光,开了近现代注意从文章产生的社会背景角度分析文章风格成因的批评方法的先河。在这以后,章炳麟又指出了《论衡》学术和文章的局限性:"然善为锋芒摧陷,而无枢要足以持守,惟内心之不光

---

① 章炳麟《国故论衡》,第 84 页,第 82 页。
② 《章太炎全集》(三),第 444 页。

颖,故言辩而无继。"指出了王充以后学术和文章进一步变迁的根据,这样的分析是极具历史眼光的。

在近代,更出现了用西方文章观来重新看待和评论《论衡》文章的看法。张九如《与章士钊书》认为,《论衡》"惟嫌其中多琐碎处",而章士钊《答张九如书》则认为:"此编看似碎细,然持论欲其密合,复语有时不可得避,一观欧文名著,自晤(悟)此理。邦文求简,往往并其不能简者而亦去之,自矜义法。曾涤生谓古文不适于辨理,即此等处。充文布势遣词,胡乃颇中横文矩矱?殊不可解。钊既就此书而钩稽者,乃是最要一点。清初湖北熊伯龙以读八股文之法读《论衡》,妄事割截,别为编列,号《无何集》,即是未明此窍之故。君以琐碎为嫌,钊窃忧之。"在中国文章史上,主张"求简"的传统文章观一直占据主流地位,不合"求简"原则的《论衡》文章为此一直受到诟病。而章士钊则一反历来之说,以西方文章为参照标准,肯定了《论衡》文章适于辨理的优点,指出了传统古文不适于辨理的缺点,从而暗示:正是《论衡》式的文体,而不是传统的古文,将成为近代新文体的出发点。如联系中国近代文章由于受西方文章的影响而走向变革的历史事实来看,则章士钊这番评论的重要意义是不言而喻的。

在《五十万卷楼群书跋文》子部一《〈论衡〉通津草堂本跋》中,莫伯骥从自传文章的虚构性角度,对《论衡·自纪篇》的可信性问题提出了疑问,从而提供了《论衡》文章评论的一个新视点:"郭氏登峰编《历代自叙传文抄》一百四十篇,《论衡·自纪》亦在其中。如司马迁、班固等作,固是可诵。但金王若虚《文辨》第四云:'古人或作自传,大抵姑以托兴云尔,如五柳、醉吟、六一之类可也。子由著《颖滨遗老传》,历述平生出处言行之详,且诋訾众人之智以自见,始终万数千言,可谓好名而不知体矣。既乃破之以空相之说,而以为不必存,盖亦自觉其失也欤?'按此可知自传文有时固不甚可信也。"莫伯骥在此说得非常婉转,并没有直接提出《论衡·自纪篇》的可信性问题,但他所引王若虚批评苏辙《颖滨遗老传》语，却无疑有影射《论衡·自纪篇》之意，因为《自纪篇》也充斥了自夸与誉人的内容。自传文的可信程度问题，虽自金代王若虚即已发之，但将之引用到《论衡·自纪篇》上，由此提出（或暗示）《自纪篇》的可信性问题，却是从莫伯骥开始的。莫伯骥对《论衡》文章的这种评论角度，是此前所未曾有过的，具有一种近代性的批评精神，它促使人们从诸如"虚构性"这样的批评角度去重新认识《论衡》的文章。

除了对《论衡》文章本身的评论之外，近代还出现了对《论衡》中的文章论的评论。这是近代文学批评精神发达的产物，开了后来从像《论衡》这样的古典著作中寻求文章论的研究方法的先河。这方面的创始者之一，是近代翻译大家和古文家林纾。他的《春觉斋论文·述旨》认为，《论衡》"为最古论文之要言"，并详细评论了王充的文论，如"论贵是而不务华，事尚然而不高合"、"饰貌以强类者失形，调辞以务似者失情"等观点，并以之来评论《论衡》及其他古典著作的文章。可以说，林纾是最早超越《论衡》的文章而关心《论衡》的文章观的人之一。此后，在新生的中国文学评论史中，《论衡》的文章观便成了必须有的章节；至于《论衡》文章本身，人们却似乎反而不太关心了。这种现象，盖是从林纾这样的评论开始的吧！因此，尽管林纾的评论与《论衡》文章无关，但作为近代从《论衡》文章评论转向《论衡》文章观评论的必要一环，我想还是有必要在此略提一笔的。

总而言之，近代对《论衡》文章的评论，开始具备了与传统评论完全不同的面貌。这不仅表现在近代评论的倾向性方面，也表现在近代评论所使用的概念方面。正是由于使用了新的概念，跳出了传统概念的框框，才使近代对《论衡》文章的评论表现出了新的面貌。这一现象的出现，是与近代在文章方面的变革实践分不开的。正是因为传统古文样式的被突破和新的文章样式的出现，以及随之而来的新的文章观的产生，才使《论衡》文章受到了前所未有的重新审视吧！

第三章 《论衡》评论中所反映的理性精神与非理性精神的冲突

　　王充的《论衡》,可以说是自远古时期开始发展起来的中国人的理性精神的一大结晶,是理性精神对于非理性精神的总清算,代表了当时理性精神的最高水平。从《论衡》以后,这种理性精神也一直在不断发展,成为中国思想史的一个重要潮流;但与此同时,非理性精神却也仍是如痼疾般地盘桓不去。理性精神与非理性精神的冲突,构成了中国思想史的一个重要内容。这种冲突,也表现在历代有关《论衡》的评论之中,成为《论衡》评论中最为敏感的问题之一,其敏感程度仅次于关于《论衡》对圣贤的批判的问题。探讨这种冲突,不仅有助于我们加深对《论衡》的理性精神的重要意义的认识,而且在一定程度上也有助于我们加深对中国思想史上这一侧面的了解。为此,我们撰写本章,以图对《论衡》评论中所反映的理性精神与非理性精神的冲突作一简略回顾。其中有些内容,在本书其他章节中也曾有所涉及,为使本章完整起见,也不避重复之嫌稍加征引。

一

　　在汉魏晋南北朝隋唐时期(中世)的《论衡》评论中,理性精神与非理性精神的冲突还不是很明显。这并不是说,中世时期理性精神与非理性精神之间不存在冲突,恰恰相反,二者之间的冲突还是很激烈的。像干宝的《搜神记》这样的志怪小说的层出不穷，便反映了中世人对于非理性精神的信仰；而像范缜的《神灭论》这样的大胆之论的出现，也反映了中世思想界理性精神的进展。不过，在当时人的《论衡》评论中，却确实难以看出明显的理性精神与非理性精神的冲突。如在谢夷吾对王充的推荐之语中，在蔡邕关于《论衡》的议论中，在虞翻关于王充的介绍中，在葛洪《抱朴子》关于王充的辩护中，在谢承、袁山松和范晔《后汉书》关于王充的记载中，在刘勰《文心雕龙》对王充的评价中，都难以看出对《论衡》清算原始思维残迹的内容的评论。这说明《论衡》这方面的内容尚未引起当时人的问题意识，也就是说，尚未成为当时人争论的焦点。究其原因，恐怕在于当时的思想界比较解放，故多种意见都能并存之故吧。

虽说直接的评论中没有反映出理性精神与非理性精神的冲突，但如稍转换一下角度，看一下离我们的题目略有距离的受《论衡》影响的例子，则我们可以发现，在中世时期，《论衡》的理性精神是始终受到思想家的肯定的，否定的意见则几乎没有。

正如我在第三编第二章《〈论衡〉早期流传影响考》中曾提到过的，东汉中期的王符的《潜夫论》和东汉后期应劭的《风俗通义》，都有受过《论衡》影响的痕迹，且都有反对非理性精神的内容。如《潜夫论》的《卜列篇》对于姓名声音宅屋方向与五行有关的迷信风俗的批判，应劭《风俗通义》的《怪神篇》和《正失篇》对于各种迷信传说的批判，都是充满了理性精神的，而且都与《论衡》中的有关内容相似。因此，尽管他们没有直接提到和评论王充的《论衡》，但可以认为他们是处于《论衡》的理性精神的延长线上的。他们赞成并继承了《论衡》的理性精神，与《论衡》的作者一起，成为东汉理性精神的代表。

亦如同上文所提到过的，在《世说新语》中，也可以看到《论衡》的理性精神对晋人的影响。《方正篇》（参《晋书·阮修传》）云："阮宣子（修）论鬼神有无者，或以人死有鬼，宣子独以为无，曰:'今见鬼者,云着生时衣服;若人死有鬼,衣服复有鬼邪?'"阮宣子以衣服不能为鬼来否定人死为鬼说,正如刘孝标《世说新语》注所指出的,乃是源于王充《论衡·论死篇》的说法。阮修的这段话,尽管不是对《论衡》的直接评论,但从中可以看出他是赞成《论衡》的理性精神,反对为《论衡》所批评的非理性精神的。

北朝的著名学者颜之推,也对《论衡》的理性精神表示了肯定,并用理性精神批评了当时民间流行的阴阳之说。《颜氏家训·风操篇》云:"阴阳说云:'辰为水墓,又为土墓,故不得哭。'王充《论衡》云:'辰日不哭,哭必重丧。'今无教者,辰日有丧,不问轻重,举家清谧,不敢发声,以辞吊客。"其中所引《论衡》之语,出于《辨祟篇》,其原文是这样的:"辰日不哭,哭有重丧。戌己死者,复尸有随。一家灭门,先死之日,未必辰与戌己也。"也就是说,"辰日不哭,哭有重丧"乃是汉代习俗,王充曾用理性精神对之提出批评;颜之推引此以说明他生活的时代仍有这样的习俗,并也用理性精神对之提出了批评。由此可见,颜之推在这一方面是受过《论衡》的理性精神的影响的,并且是赞成《论衡》的理性精神的。

"辰日不哭,哭有重丧"的禁忌,直到唐代还在流传,唐代一些具有理性精神的学者,也继承了《论衡》的传统,对之进行了驳斥。如李匡文《资暇集》卷中"辰日"条云:"辰日不哭,前哲非之切矣!国朝又有故事,诚为不能明矣。今抑有孤辰不哭,其何云耶?"《旧唐书·张公谨传》云:"有司奏言:准《阴阳书》,'日子在辰,不可哭泣。'又为流俗所忌。"同书《吕才传》载吕才叙《葬书》云:"或云辰日不宜哭泣,逐莞尔而对宾客受吊。"刘盼遂《论衡集解》说:"则此辰日忌哭之说,至唐犹未衰也。"上述诸人对"辰日不哭"习俗的驳斥,其实是对《论衡》中同样内容的继承和发扬,李匡文所说的"前哲非之切矣"中的"前哲",也许正是指王充吧(或也包括颜之推)。由此可见,他们也是赞成《论衡》的理性精神的。

唐初阴阳学家吕才,在批评"辰日不哭"的习俗之外,还曾对"命禄之书"提出过驳斥,《旧唐书》才本传载其所作叙禄命文中云:"又案王充《论衡》云:'见骨体而知命禄,睹命禄而知骨体。'此即禄命之书行之久矣。"所引《论衡》之言,不知出于《论衡》何篇。王充的本意,是说看一个人的骨体可以推知他的命禄,反之,看一个人的命禄也可以推知他的骨体,而并不是说有命禄之书或骨体之书。吕才的意思,似是引王充此二语以证明"禄命之书行之久矣",并进一步对禄命之书加以驳斥。在王充的意思和吕才的意思之间,似乎有些不能衔接的地方。不过,有一点是可以肯定的,即吕才是以理性精神来批判命禄之书的,在这一点上,其精神是与《论衡》相通的。

如果说中世思想家对于《论衡》的理性精神的肯定和继承反映了中世理性精神的长足发展的话,那么中世类书及抄书中所反映的对于《论衡》批判过的非理性内容的爱好和趣味,则反映了中世非理性精神的顽强抵抗。中世的类书和抄书,曾大量引用《论衡》(参第三编第二章《〈论衡〉早期流传影响考》)。但类书和抄书所注意者,往往多为《论衡》中所记载的怪诞奇异之事,而在《论衡》中,它们大都是王充批评的对象。这一现象,反映了类书和抄书的编纂者的非理性趣味。在一定程度上,《论衡》之流行,不仅有赖于具有理性精神的人的支持,也有赖于具有非理性精神的人的兴趣,这是颇有讽刺意义的。

二

在宋元明代(近世前期)的《论衡》评论中,理性精神与非理性精神的冲突开始出现。有的学者已经注意到了《论衡》的理性精神的重要意义,并积极加以表彰;有的学者却对《论衡》的理性精神非常恼火,常常加以诋毁。这种现象在中世是看不到的。究其原因,在于儒学地位的强化影响了《论衡》这方面的评论。

宋代学者黄震,从"敬天"、"尽孝"的儒家伦理的角度,来支持非理性精神,攻击《论衡》的理性精神,他在《黄氏日抄》卷五七《读诸子》三"《论衡》"条中攻击《论衡》道:"谓龙无灵,谓雷无威,谓天地无生育之恩,而譬之人身之生虮虱,欲以尽废天地百神之祀。"这是批评《论衡》的理性精神导致不敬天的。又说:"虽人生之父母骨肉,亦以人死无知不能为鬼而忽蔑之。"这是批评《论衡》的理性精神导致不尽孝的。从后面这段话来看,黄震似乎未必真认为人死有知能为鬼。但他认为,从孝道出发,不能忽蔑故世的父母。而为了不忽蔑故世的父母,则即使认为人死有知能为鬼,也是可以的,因为这样能使后辈尽孝道;反之,如果像王充那样,认为人死无知不能为鬼,则会导致人们忽蔑故世的父母,这样就不能使后辈尽孝道。也就是说,在黄震看来,为了儒家伦理的实现,应该借助非理性精神。除此之外,黄震还以非理性的时俗的强大持久,来否定王充的理性精神的必要性。他认为王充之失在于:"凡皆发于一念之怨愤,故不自知其轻重失平如此。""凡皆以不平之念,尽欲更时俗之说;而时俗之说之通行者,终不可废。"言下之意,像龙有灵、雷有威、人死有知能为鬼等,都是"终不可废"的"时俗之说之通行者",因而是应该存在的;王充用理性精神与之战斗,则只能是枉费精神和白费力气。从这段话中,可以看出非理性的时俗即在宋代也是很强大的,也能看出,像黄震这样的学者也已浸身于其中而不能自拔了。

在黄震这样的学者用非理性精神来批评《论衡》的同时,也有些学者用理性精神来肯定《论衡》,元代的韩性即是其中的一人。在其《〈论衡〉序》中,韩性积极表彰了《论衡》的理性精神:"其为九虚三增、《论死》、《订鬼》,以祛世俗之惑,使见者晓然知然否之分。"这种对于《论衡》理性精神的直接肯定,在此前的《论衡》评论史上是很少看到的,其立场与黄震正好截然对立。不过,韩性的理性精神又是不彻底的,因为他仍为非理性精神保留了一席之地,他说:"或信其所闻而任其所见,尚有不得其事实者,况乎天人之际,性命之理,微妙而难知者乎?"也就是说,韩性认为,尽管王充的理性精神是值得肯定的,但世间存在着种种非理性所能理解的东西,所以,王充的理性精神仍是不够的。这表明他对《论衡》的理性精神还是有所保留的,同时也表明,他自己只不过是一个不彻底的理性主义者。

明代学者谢肇淛,曾肯定了《论衡》的理性精神,其《文海披沙》卷一"《论衡》相背"条云:"《论衡》一书,掊击世儒怪诞之说不遗余力,虽词芜而俚,亦称卓然自信矣!"不仅如此,他还进一步批评了《论衡》的理性精神不够彻底的地方:"至《验符》一篇,历言瑞应奇异:黄金先为酒尊,后为盟盘,动行入渊;黄龙身大于马,举头顾望;凤皇芝草,皆以为实。前后之言,自相悖舛。此岂足为帐中秘哉!"这样的批评,在此前的《论衡》评论史上也是看不到的,这表明谢肇淛是一个富于理性精神的人。其《文海披沙》卷一"汉时四讳"条,又注意到了《论衡》中所批判的四大讳在现代(明代)的情况:"汉时有四大讳:一曰讳西益宅,西益宅谓之不祥。今之住宅忌虎臂昂头,是其遗意也。二曰讳被刑为徒不上丘墓。此讳今人无之,但欲使人子孙体受全归,不令亏损,其意善矣,而非所论于无辜受刑者也。三曰讳妇人乳子,以为不吉。将举吉事,入山林,远行,度川泽者,皆不与之交通。乳子之家,亦忌恶之,丘墓庐道,逾月乃入。今但赛祀及道流上章、渔人下海则忌之,余不尔也。四曰讳举正月、五月子,以为杀父与母。今不讳也。"其中流露了为理性精神的进展而高兴的心情,其倾向性是很明显的。

三

在清代(近世后期)的《论衡》评论中,理性精神与非理性精神的冲突开始变得激烈起来。具有理性精神的人,在元明人的基础上更往前进,大力表彰《论衡》对非理性精神的批判;具有非理性精神的人,则大都持和宋人相似的态度,从儒家伦理的角度,肯定非理性精神的合理性,对《论衡》的理性精神大加诋毁。这种现象,既是与近世的时代进步,也是与当时的思想禁锢分不开的。

清代阙名的《调燮类编》卷一《乾栋》,对《论衡》关于雷的解释提出了不同意见。作者引朱熹"雷虽只是气,但有气便有形"语(《朱子语类》卷二)后说:"据此,则雷斧、雷字之说理或有之,必泥王充《论衡》,非敬天之道也。"也就是说,他并不认为雷只是一种自然现象,关于雷的解释只是一个自然问题,而认为这是一个道德问题。在他看来,对雷的态度,也就是对"天"的态度(而对"天"的态度,也就是对人间统治者的态度)。因此,从"敬天之道"出发,不能不相信关于雷的种种奇迹。在这里,非理性精神成了儒学伦理的工具,而儒学伦理则成为非理性精神的合理性的证明。这种态度,与宋代的黄震是一致的,可以说是非理性精神的近世版,从宋代开始出现,到清代占了上风。

钱大昕在其《潜研堂文集》卷二七《跋〈论衡〉》中,攻击了王充的"善恶之证不在祸福"的观点:"后世误国之臣……动谓天变不足畏……其端盖自充启之。"王充认为,人的祸福并不能证明人的善恶,即遇祸不一定是由于作恶,得福不一定是由于行善,这种观点无疑是合理的,现实的;但钱大昕却认为,人的祸福能够证明人的善恶,即得福是因为行善,遇祸是因为行恶,这种观点显然是不合理的,不现实的。而且,与《调燮类编》的作者一样,钱大昕之所以提倡祸福与善恶的因果关系,也是因为出于"敬天之道"的考虑。因为他认为如果不相信祸福与善恶的因果关系,就会使人们产生"天变不足畏"的想法,从而成为"误国之臣"。他认为历史上提倡"天变不足畏"的人(如王安石),正是从王充《论衡》的理性精神那里汲取养料的。显而易见,钱大昕之所以肯定祸福与善恶的因果关系,以及天变可畏的非理性精神,也是出于维护儒家伦理的考虑的。

谭献的《复堂日记》卷四"阅《论衡》"条,则指责王充的《论衡》"阴阳灾异,一归于虚",并认为这是"塞困之士"的"有激之言",因而"不可为典要"。在批评《论衡》理性精神的同时,又试图指出其背后隐藏的心理原因,态度比钱大昕稍为宽容;但在主张非理性精神方面,却与钱大昕没有什么区别。

臧琳的《经义杂记》卷十六"王充《论衡》"条谈到《论衡》时,曾肯定了《论衡》的理性精神:"其破往古之妖妄,订时俗之忌讳,颇足取焉。可见世之陋习,自东汉已深矣!"可见他是一个具有理性精神的人。但是,具有讽刺意味的是,当涉及儒家伦理时,他又成了一个非理性主义者了:"九虚三增,以祸福感应皆不实,经传之文多增饰,然则德不必修,恶不必戒,圣贤之言不足凭,此岂所谓信而好古者耶?"在他的内心深处,也许并不认为祸福感应会一一应验,但是为了使每个人修德戒恶,以维护儒家伦理,就应该鼓励这种感应学说的存在。他的这种态度,与《调燮类编》的作者是完全一样的,也是试图用非理性精神来支持儒家伦理,同时用儒家伦理来肯定非理性精神。如联系他前面的充满理性精神的评论,则他的这种实用主义态度可以看得更为清楚。也就是说,依据这种态度,只要不影响儒家伦理的实现,则理性精神是值得肯定的;但如影响了儒家伦理的实现,则理性精神便是不值得肯定的了。

谭宗浚的态度也是与臧琳相似的,其《希古堂甲集》卷二《〈论衡〉跋》认为,《论衡》对于鬼神、土龙致雨、祸福系于天命等非理性精神的表现的批评都是错误的:"揆其阙谬,约有数端……一曰论理之失,如谓鬼神为无凭,谓祸福不关于天命之类是也。一曰论物之失,如谓日月为不圆,土龙不能致雨之类是也。"促使他作出这种评论的原因,便也在于王充的这些批评触动了"天命"之类的儒家伦理观念。

赵坦也是站在非理性的立场上来攻击《论衡》的理性精神的,其《保甓斋文录》卷上中有一篇洋洋洒洒的《书〈论衡〉后》,对《论衡》的理性精神作了全面的攻击。他攻击了《变虚篇》的天不能知人所行的理性思想,主张"敬天之道"的非理性思想:"自古圣贤莫不畏天。畏天故朝夕兢惕,以自闲其身心,祯祥见则不敢自矜,灾异见则引以自责。自责则政修,政修则民心固。祈天保命之术,不外是也。充则以戋戋之智，而反其说。充之《变虚篇》云：'人不晓天所为，天安能知人所行？'呜呼，古之正心者，即隐微之地，尚不使少留余憾，曾谓明明上天而可息泄接之乎？使充之说行，则生人之理灭，而人将与禽兽无别，是驱昭昭之民而胥入于冥冥也，其害可胜言哉！"他攻击了《异虚篇》的"见妖改政，安能除祸"的理性思想，主张"妖孽之兴，由人心生也。心动乎下，征见乎天"的非理性思想："妖孽之兴，由人心生也。心动乎下，征见乎天。修省而不弭，则必所失者多而所改者小也，所积者久而所改者暂也。充之《异虚篇》云：'见妖改政，安能除祸！'信如是言，则将任妖孽之见而不为警省，吾恐害且迭起而莫可止矣！"他攻击了《明雩篇》的雨旸自然的理性思想，主张雨旸失时可祈祷于天的非理性思想："雨旸失其时，则必祈请于天。天高而精诚可通，且以安百姓也。古之人知之明察之审，故水则伐鼓责群阴，旱则雩祭祈苍龙。祈之而不得，务为御灾之政，理与势宜然也。充之《明雩篇》则曰：'恬居安处，不求己过，天犹自雨，雨尤自旸。'呜呼，一任天之雨旸，必且任人之自治自乱，可乎哉？夫人之所以为万物灵者，以其能自治也；极其至，则可以参天地之化育。如充之言，何其自处于无知而不自振拔乎！"他攻击了《论衡》其他各篇的理性思想："其他《商虫》、《治期》等篇，皆悖政术，不足道。"他攻击了《死伪篇》人死无知不能为鬼的理性思想，主张鬼神若有若无的非理性思想："至《死伪篇》，尽扫鬼神之说，壹似圣王之制为祭祀皆虚而无凭者。夫鬼神若有若无，圣王之不敢亵，鬼神所以厚人心而辅治道也，充乌能知之！"总而言之，贯穿于他所有这些攻击中的核心思想，乃是认为非理性东西是符合于儒家伦理的；对非理性东西的批判，会导致儒家伦理的动摇；为了维护儒家伦理的存在，有必要维护非理性的东西。正是出于这个目的，他才竭力攻击《论衡》的理性思想，并主张非理性思想的。

黄式三也在天变与政治的关系及人死是否有鬼这两个问题上攻击了《论衡》的理性精神，其《儆居集》卷四《读子集》一《读王仲任〈论衡〉》云:"汉世以灾异免三公,欲矫其说,而谓灾变非政事所召,复谬矣;讥时之厚葬,遂申墨子薄葬之说,而谓人死无知,不能为鬼,抑又谬矣!物之灵者蓍龟,皆死而有知,人独无知乎?"和前面诸家不同,黄式三似乎真心相信人死有知能为鬼,而且一本正经地以蓍龟死而有知来加以证明,似乎思想仍在殷周时代。在他的另一篇洋洋洒洒的文章《对王仲任〈雷虚〉问》(《儆居集》卷五《杂著》三)中,他又攻击了王充关于雷的理性解释,主张"敬天之怒"的非理性态度。他首先认为雷不尽为天之怒:"雷果为天怒乎?天之有雷,所以宣阳出滞,不得尽谓之天怒也。在《易》于'豫'言作乐,而其象为雷出地奋;天有雷,人有钟鼓,一而已矣。"但他又认为从儒家伦理出发,雷可以作为"天怒"来理解,这样更有利于政治的改良和人心的向善:"然《礼》言君子之道,遇有疾风迅雷甚雨则必变,虽夜必兴,《论语》记圣人之事曰:'迅雷风烈,必变。'雷之迅,其战陈之钟鼓也邪?儒者敬天之怒,无敢戏豫游,雷震恐惧修省,心懔懔于此。"所谓"迅雷风烈必变",其实乃是一种出于维护儒家伦理考虑的道德行为,并没有自然原因的科学根据。因为王充《雷虚篇》只考虑雷的自然原因,不考虑敬天之怒这一伦理因素,所以受到了黄式三的攻击:"而汉王仲任专辄发论,以明雷之非天怒,此说也,固非儒者所敢道。"他要驳倒王充的观点:"顾其言善诘辩,多端发难,不有以破之,疑于其义,而求敬天之诚,弗可得也。"于是就写了洋洋洒洒一大篇批驳文字。从今天看来,无异于痴人说梦,并不值一驳。最后他说:"仲任以雷为虚,而福虚、祸虚之说,误亦类此,而其罪至于慢天。"也就是说,王充的理性精神,触犯了在儒家伦理中被视作神圣的天,所以是不可原谅的。

与黄式三同时代的俞樾,对西方近代科学已经略有了解,知道了雷电产生的科学原理:"近世泰西人之说,以为雷者天空之电气。电气之为用至广,收而用之,可以代灯火,通言语,制器物;而人或触之,则其祸亦至烈。是气尤忌五金之物,故船桅屋柱皆忌裹铁,恐引电气下击也。其说尤言之凿凿。"因此,他不再接受世俗的"雷为天怒"的非理性解释,转而接受王充的"雷者太阳之激气"的理性解释:"按《论衡·雷虚篇》,力破世俗雷为天怒之说,而谓雷者太阳之激气。太阳用事,阴气乘之,则相校轸,校轸则激射。激射为毒,中人辄死,中木木折,中屋屋坏。其理精矣。"但即使已经好不容易走到了这一步,他却还是为了反对"天变不足畏"之说,而为非理性精神留了一个尾巴,主张"鬼神即假是气以行其诛殛之法":"然如此等事,岂得谓无神物凭之哉!窃谓雷本是气,而既有是气,则鬼神即假是气以行其诛殛之法。正如水火风皆天地间所本有,而佛说有火灾、水灾、风灾,则鬼神即假此以成其劫也。武乙僇辱天神,为暴雷震死,明载史策。必如王仲任所说,汉时画雷公,左手引连鼓,右手推椎,固失之诞妄;然竟谓无神以主之,人之遇雷而死者适然耳,则又天变不足畏之说,君子无取焉。"(以上均见其《右台仙馆笔记》卷九末条)他这种理性精神的不彻底性,使他的《论衡》评论首鼠两端,限制了他对《论衡》的认识,不能不让人感到遗憾。

不过,尽管在清代的《论衡》评论中非理性精神占了上风,但也不是听不到充满理性精神的声音的,这方面最有代表性的例子是熊伯龙,他可以说是千年以后肯定和继承王充的理性精神的第一人者。其《无何集》,就是根据《论衡》的理性精神和实际材料编成的。其卷之首《自述三》自述编纂《无何集》的缘起道:"钟陵自幼不信神仙鬼怪祸福报应之说,有言之者,辄举圣经贤传破之。人以《中庸》言前知,《易》言鬼神,《书》言祸福之说为问,钟陵不能对,然终疑而不决也。及读史,见欧阳公不信祥瑞之说,反复讽诵,深惬于心。思欲推类以广其说,然以习举业,为时文,无暇及此。尝作《适逢说》,言古今天下之事皆适逢耳;又尝作《鬼辨》,言人死之后如未生之前;作《神论》,言山神之形宜似山,水神之形宜似水。是时尚未读《论衡》也。"可见,他本是一个具有理性精神的人,无怪乎后来一遇《论衡》,便如获知己:"后越数年,京师购得

《论衡》,读之,喜曰:'予言有征矣!'读至《幸偶篇》云:'有幸有不幸,有偶有不偶',与《适逢说》同意;又读至《论死篇》云:'人未生无所知,其死归无知之本',与《鬼辨》同意;读至《纪妖篇》云:'大山有神,宜象大山之形',与《神论》同意。因欣然自喜,又爽然自失。自喜者,喜其言之竟合于古也,古人先得我心,其信然矣;自失者,恨其论之不逮于古也,古之为文浑灏,今之为文浅露,不可同日语矣。"于是他开始用《论衡》的材料编纂一部新书:"因废《适逢》、《鬼辨》诸篇,取《论衡》之辟虚妄者,选为一编,简当精要,且广集他说,以补其不足。"又据《自述二》引其友人黄敬渝之说云,《无何集》"所选多辟神怪祸福之说"。其编纂目的,正如《自述一》所说:"余博览古书,取释疑解惑之说,以《论衡》为最。特摘其尤者,参以他论,附以管见,名曰《无何集》,欲以醒世之惑于神怪祸福者。"《自述二》所说的:"余以神怪祸福之说,时俗嫌疑,故抄数帙,以明其妄。"乃是为了向非理性精神开战。此书之所以用"无何"命名,其《自述一》介绍云:"庚子初夏,灯窗读《荀子》,有曰:'雩而雨,何也?曰:无何也,犹不雩而雨也。'世人不解斯言,遂疑天地如何报佑,善恶如何吉凶,鬼神如何灵,祈禳如何验。精如仙佛,粗若果报诸般,以及山川草木之神,飞走昆虫之怪,历历可指。一有欧阳之徒,不信祥瑞,即从而举已往灵验之事以诘之。士大夫沿习成风,牢不可破,正坐不知'无何'二字耳。"但是他也知道非理性精神的入人之深,所以对自己的《无何集》能否引起人们的注意缺乏信心:"然俗儒守文失真,时俗嫌疑莫定,凡史书文集百家诸子所传记之文,其虚妄而不可信者,世已信之久矣,谁肯取斯编以正之哉!"他所担心的现象,我们在上文中已经屡见不鲜了。不过,他有一批具有理性精神的朋友,可以说是他的知音。如《自述二》载,其友黄敬渝自称也喜欢《论衡》:"吾读书数十年,欲觅异书不得。金陵肆中购得《论衡》一部,反复读之,如获奇珍。"因此,他见到熊伯龙的《无何集》时,自然也是非常高兴的:"及见先生抄本,精萃简要,分选编类,增广美备,喜出望外。因口沫手胝,昼夜不倦……仲任有知,必以先生为千载知音矣!"他们对《论衡》的理性精神的肯定与继承,反映了近世人们要求破除非理性精神的愿望。这种愿望的出现,是与历史的进步分不开的。

但是,尽管熊伯龙和他的朋友们能肯定《论衡》的理性精神,批判当时的非理性精神,但他们也不能不乞灵于圣贤的帮助。在这一点上,他们和攻击《论衡》的理性精神的人是站在同一条水平线上的。如熊伯龙之友王清的《〈无何集〉序》,便竭力证明《论衡》的理性精神是来源于圣贤的:"《论衡》一书,发明孔子之道者也。何以发明孔子之道?曰:不信妖异,不信鬼怪也……吾博览群书,见守孔子之道而凿凿言之者,莫若《论衡》一书。其《奇怪篇》,深得孔子不语怪之道也;其《卜筮篇》,深得孔子不语神之道也;其《齐世篇》,深得孔子罕言命之道也;其《变虚篇》,深得孔子请祷弗许之道也;其《感类篇》,深得孔子远鬼神之道也;其《感虚篇》,深得孔子焉能事鬼之道也;其《订鬼篇》,深得孔子焉知死之道也。是发明孔子之道者,《论衡》也。"孔子的学说,原本是具有理性精神的;但是后来的儒家学说,又的确加入了许多非理性的因素。对《论衡》理性精神的攻击,往往是假借圣人名义进行的;出于同样考虑,为了支持《论衡》的理性精神,人们也有必要从孔子学说中去寻求理论根据。当时理性精神的势力之薄弱,便也正可以从这种地方看出来吧。

曾经为宋人和许多清人攻击过的《论衡》关于雷与鬼的理性解释,在清末受到了李慈铭的肯定。莫伯骥《五十万卷楼群书跋文》子部一《〈论衡〉通津草堂本跋》引李慈铭说云:"其《雷虚》、《论死》、《纪妖》三篇,最有名理,乃一书之警策。《纪妖篇》论鬼神会易之情状,可作《中庸》疏。"可见李慈铭是赞成王充在这些问题上的理性精神的,这与宋人和许多清人的看法形成了鲜明的对照。不过,在认为《论衡》中的理性精神可以为《中庸》作疏这一点上,他的立场又和上述熊伯龙等人一样,同样反映了清代知识分子的局限性和因袭性。

四

到了近代,情况发生了根本的变化。在近代的《论衡》评论中,理性精神的声音越来越响,而非理性精神的声音则渐渐听不到了。这一方面是因为理性精神本身的进步,另一方面也端有赖于儒学思想禁锢的被打破。

有的学者因为生在近代,已不能体验王充当时的处境,故一方面对《论衡》的理性精神表示肯定,另一方面又对王充的反复诘难表示不可理解。如林纾《春觉斋论文·述旨二》云:"但以充书言之,有《福虚》、《祸虚》之目,其辩似确。其言福虚也,斥楚惠王吞蛭之谬;其言祸虚也,辨颜渊早夭、子路醢死之事不关于阴骘;咸有至理,是矣!然何必复为《纪妖》、《订鬼》二篇?妖鬼原不待辩,又多引事实以助其驰骋,则又近华矣!"从攻击《纪妖》、《订鬼》不能"厚人心而辅治道",到肯定《纪妖》、《订鬼》"最有名理",到认为"妖鬼原不待辩",正反映了理性精神战胜非理性精神的过程。而当理性精神发达以后,人们甚至认为王充的反复辩诘已无必要了。

近代思想家章炳麟的评论则使人稍感意外。其《检论》卷六《原教》云:"诸奉天神、地祇、物魅者,皆上世之左道,愚陋下材之所拥树,独奉人鬼为不诬耳。人之死,由浮屠之言,中阴不独存,必生诸趣。庄生乐焉,而说其传薪。唯儒家公孟亦言无鬼(见《墨子·公孟篇》),王充、阮瞻传其说以为典刑,独未知变化相嬗之道也(言有鬼,则为常见;徒言无鬼,不知中阴流转,则为断见)。"[①]章炳麟相信人死有鬼,但与迷信常识稍有不同,是以所谓"变化相嬗之道"来解释的。这可以说是经历了科学影响之后的非理性精神的近代版吧。

---

① 《章太炎全集》(三),第522页。

近代学者黄侃,则给予《论衡》的理性精神以最高评价。他在《汉唐玄学论》中说:"东汉作者,断推王充。《论衡》之作,取鬼神、阴阳及凡虚言、谰语,摧毁无余。自西京而降,至此时而有此作,正如久行荆棘,忽得康衢,欢忻宁有量耶!"这种高度评价,是《论衡》评论史上从未有过的。至此为止,《论衡》的理性精神已得到了全面肯定,这方面的价值已为人们所彻底认识,从而奠定了它在中国思想史上,尤其是理性思想史上的地位。

自此以后的学者,没有不肯定《论衡》的理性精神的。如孙人和的《论衡举正·自序》云:"九虚三增,启蒙砭俗。"推奖了《论衡》的理性精神。张宗祥的《论衡校订》三卷附记云:"充之书,自《史通》后,非之者多矣。然当谶纬盛行之日,独能发其幽思,证彼虚妄,才智过人远矣,安可执儒家之言以绳之?"其《校注论衡序言》又说:"《论衡》一书,九虚三增以辟虚妄,明死无鬼,明死无知,葬当从薄,灾不自天。当谶纬盛行之世,五行说胜之时,独能标真义,疾虚妄,无援无助,奋孤笔以战古今,此真特立卓见之士。"[①]也赞扬了《论衡》的理性精神。黄晖《论衡校释·自序》云:"《论衡》是中国哲学史上一部划时代的著作。自从董仲舒治《公羊》,明天人相感之说,以为天是有意志的,与人的意识相感应。大小夏侯、眭孟、京房、翼奉、李寻、刘向等都推演其说。儒家到了此时,内部起了质的变化,披着巫祝图谶的外衣,把天说得太神秘,太聪明,人的行动,是要受他的裁判,这就是一班汉儒所说的阴阳灾异的理论。这种荒谬的迷信的理论,把儒家改装成为带有宗教性的儒教,自汉武帝时起到光武时止,一直支持了一百多年,才能有小小的反动,即郑兴、尹敏、桓谭一班人。但他们只知道攻击图谶的荒谬,对这些儒教徒所持天人感应说的原理,还不能根本上击破,或者还相信这原理。到了仲任,才大胆的有计画的作正式的攻击,用道家的自然主义攻击这儒教的天人感应说,使中古哲学史上揭

---

① 见其《论衡校注》,序言第 3 页。

开一大波澜。"从理性精神与非理性精神冲突的角度,对《论衡》在中国思想史上的地位和作用作了很好的总结。

五

综上所述,历代《论衡》评论中所反映的理性精神与非理性精神的冲突,经历了各种发展变化,与中国思想史的发展潮流是息息相通的。而且,我们可以看到,这种种发展变化,尽管与儒学地位的升降是不完全一致的,但也大致上保持了平行。也就是说,在儒学影响占上风的时代,如宋代与清代,《论衡》评论中的非理性精神便也表现得比较厉害;在儒学影响较为薄弱的时代,如中世与明代,则《论衡》评论中的理性精神便表现得比较明显;在儒学影响完全式微的时代,如近代,则《论衡》评论中的理性精神更是基本上压倒了非理性精神。为什么会产生这种现象呢?倒不是因为儒学便是非理性精神的代表,而是因为儒学为了维护自己的存续,有意识地利用了非理性的东西,这一点,充分影响了历代的《论衡》评论。推而广之,为了"敬天"、"尽孝"的儒学伦理而利用非理性的东西,不是不仅影响了《论衡》的评论,而且也影响了中国社会的发展吗?因此,理性精神的发展,不仅有赖于有关自然的科学精神的发达,也端赖于有关社会的科学精神的发达吧!

第五编

《论衡》的思想

第一章 《论衡》与《原始思维》比较阅读札记

法国社会学家列维-布留尔(Lévy-Bruhl, Lucien, 1857—1939)的《原始思维》,是一部对人类思维有深刻研究的划时代的著作。① 正如达尔文让我们看到了人类躯体的进化过程一样,列维-布留尔也让我们看到了人类思维的进化过程。有意思的是,促使列维-布留尔进行这方面研究的最初契机,却是他对中国古代史学名著《史记》的阅读:"著名汉学家艾道尔德·沙文(É. Chavannes)②把他从汉文译成法文的《司马迁的史记》一书寄赠给他:这位中国史家的独特的、与欧洲背道而驰的思维方式使他大为惊讶。"③"他对于《史记》中关于星象与人事直接有关的记述大为震惊。由于有了《史记》的'启发',列维-布留尔十分热心地进一步注意有关旧中国的材料,他研究了长期在旧中国传教的一位传教士德·格罗特撰写的一部巨著《中国的宗教制度》,列维-布留尔经常在下结论前的关键时刻引用这些材料。"④也就是说,中国人的传统的思维方式,是列维-布留尔研究原始思维的出发点。不

---

① 该书是由苏联学者据列维-布留尔几种有关原始思维的著作编译而成的一个俄文选本,并取《原始思维》为书名;而后又有了根据这个俄文选本译出的中译本,收入商务印书馆的《汉译世界学术名著丛书》。
② "沙文"通译"沙畹"。
③ B. K. 尼科尔斯基《"原逻辑思维"——列维-布留尔的"工作假说"》,列维-布留尔《原始思维》,丁由译,北京,商务印书馆,1985年,第469页。
④ 丁由《原始思维》中文版译后记,列维-布留尔《原始思维》,丁由译,第498页。

过使人感到遗憾的是,列维-布留尔未能看到距司马迁《史记》的写成不过二百年、在中国产生的另一部名著《论衡》,因为《论衡》系统地收罗了大量类似于"星象与人事直接有关的记述"的材料,更充分地显现了中国古代"独特的与欧洲背道而驰的思维方式"的特征(当然,我们也应注意到,早在列维-布留尔研究原始思维的一千八百多年前,王充就已经在那里用理性思维来清算原始思维的残迹了)。本章写作的目的,正在于我认为有必要用《论衡》中所清算的大量有关"迷信陋俗"的材料,来补充《原始思维》一书中的中国材料的不足;而且,由于《论衡》所载材料多出自中国上古文献,所以在说明中国古人的传统思维方式方面,也许比格罗特的书更有价值。与此同时,我认为也有必要借鉴列维-布留尔关于原始思维的研究成果,来重新认识《论衡》中所载各种文字记载和口头流传的"迷信陋俗"的意义,而这种种"迷信陋俗"历来是仅被当作"封建的落后的"东西一笔带过的。我这样做当然谈不上标新立异,因为列维-布留尔的观点本身就是通过《史记》的触发而形成的,用它来重新认识中国古代的材料,或用中国古代的材料来补充它,也就没有什么不可以了。总之,我们希望通过对《论衡》中的有关材料与《原始思维》中的有关观点的比较阅读,求得对这两部名著的更为深入的理解。

一

列维-布留尔认为,原始表象具有两个特征,一个是它的集体性,一个是它的神秘性。所谓"神秘性",是指原始表象"暗示着原始人在所与时刻中不仅拥有客体的映象并认为它是实在的,而且还希望着或者害怕着与这客体相联系的什么东西,它们暗示着从这个东西里发出了某种确定的影响,或者这个东西受到了这种影响的作用。这个影响时而是力量,时而是神秘的威力,视客体和环境而定,但这影响始终被原始人认为是一种实在,并构成它的表象的一个主要部分"①。也就是说,列维-布留尔认为,在原始人的眼睛里,任何东西都具有神秘性。列维-布留尔列举原始民族对于动物、植物、人体器官、悬崖峭壁、江河风云、空间、方位、雷电、土地、人造的日常用具、图像、肖像、名字、影子、梦等的神秘看法为例,来说明原始表象的这种神秘性。

在《论衡》中我们也可以看到,在中国古代的传说记载中,也保留了不少典型的具有神秘性的原始表象。如古人认为,时间是神秘的,岁星(纪年者)和月亮(纪月者)都不是纯粹的自然现象,而是具有某种神秘的威力的东西,它们能够发出某种神秘的力量,危及人类的生活与生命。《調时篇》说:"世俗信起土兴功,岁、月有所食,所食之地,必有死者。假令太岁在子,岁食于酉,正月建寅,月食于巳,子、寅地兴功,则酉、巳之家见食矣。见食之家,作起厌胜,以五行之物悬金木水火。假令岁、月食西家,西家悬金;岁、月食东家,东家悬炭。设祭祀以除其凶,或空亡徙以辟其殃。"也就是说,古人认为通过太岁和月亮的神秘作用,一个地方有土木工程时,另一个相应的地方就会死人。不独起土兴功是如此,生孩子也是如此。古代的"讳举正月、五月子"的风俗,便也是岁、月禁忌的一种。《四讳篇》说:"以为正月、五月子杀父与母,不得举也。"其缘故是古人认为:"夫正月岁始,五月阳盛,子以此月生,精炽热烈,厌胜父母,父母不堪,将受其患。传相放效,莫谓不然。"也就是说,古人认为通过岁、月的神秘作用,某月所生的孩子长大了会杀死父母。不仅岁、月具有这种神秘的威力,就是"日"也具有这样的属性。古人认为,在某些日子能够做某事,而在某些日子则不能做某事,如有所违反,则人就会倒霉。《讥日篇》说:"世俗既信岁时,而又信日。举事若病、死、灾、患,大则谓之犯触岁、月,小则谓之不避日禁。"也就是说,古人认为人若得病死亡或有灾难患祸,那一定是因为岁、月或日子选得不好。《辨祟篇》说:

---

① 列维-布留尔《原始思维》,丁由译,第27—28页。

"世俗信祸祟,以为人之疾病死亡,及更患被罪,戮辱欢笑,皆有所犯。起功、移徙、祭祀、丧葬、行作、入官、嫁娶,不择吉日,不避岁、月,触鬼逢神,忌时相害。故发病生祸,絓法入罪,至于死亡,殚家灭门,皆不重慎,犯触忌讳之所致也。"古人不把岁、月、日看作是纯粹的纪时单位或工具,而是在纪时作用之外又添入了神秘因素,这正是典型的具有神秘性的原始表象。

在这种对于岁、月、日的神秘看法的基础上,民间产生了和流传着形形色色的有关岁、月、日的禁忌之书。正如《讥日篇》所说的:"时日之书,众多非一。"如安葬死人则有《葬历》:"葬避九空、地臽,及日之刚柔,月之奇耦。日吉无害,刚柔相得,奇耦相应,乃为吉良。不合此历,转为凶恶。"祭祀则有祭祀之历:"亦有吉凶。假令血忌、月杀之日固凶,以杀牲设祭,必有患祸。"洗头发则有《沐书》:"子日沐,令人爱之;卯日沐,令人白头。"裁衣服也有书:"书有吉凶。凶日制衣则有祸,吉日则有福。"学写字也有书:"学书讳丙日,云仓颉以丙日死也。"工匠也有禁忌之书:"起宅盖屋必择日。"(以上皆《讥日篇》)造房则有《图宅术》(《诘术篇》)。演奏音乐也有禁忌之书。迁徙亦有禁忌之书:"《移徙法》曰:'徙抵太岁凶,负太岁亦凶。'抵太岁名曰岁下,负太岁名曰岁破,故皆凶也。假令太岁在子,天下之人皆不得南北徙,起宅嫁娶亦皆避之。其移东西,若徙四维,相之如者,皆吉。何者? 不与太岁相触,亦不抵太岁之冲也。"(《难岁篇》)这些形形色色的关于岁、月、日的禁忌之书,在王充当时流传甚广,信者甚众,正如《讥日篇》所说的:"岁、月之传既用,日禁之书亦行。世俗之人,委心信之;辩论之士,亦不能定。是以世人举事,不考于心而合于日,不参于义而致于时。"

不仅时间是神秘的,而且古人认为方位也是神秘的,正如列维-布留尔说的:"空间的部分和东南西北的方位也有自己神秘的意义。"[①]如上文也谈到的,古人认为起土兴功的地方如正当岁、月

---

① 列维-布留尔《原始思维》,丁由译,第 30 页。

所在的方位,则另外一些地方的人便会受到祸害;迁徙不能面对着或背对着太岁所在的方位,否则也会受到祸害。又如古人认为,不能在房子的西面加盖房子,否则就会死人。《四讳篇》说:"西益宅谓之不祥,不祥必有死亡。相惧以此,故世莫敢西益宅,防禁所从来者远矣。"《淮南子·人间训》记载,"鲁哀公欲西益宅,史争之,以为西益宅不祥",结果终于没有"益"成。又如王充之时有《图宅术》一类书籍,其中认为"商家门不宜南向,徵家门不宜北向"(《诘术篇》),这是因为商在五行中属金,南方为火,金遇火则铄;徵在五行中属火,北方为水,火遇水则灭。"五行之气不相得,故五姓之宅,门有宜向。向得其宜,富贵吉昌;向失其宜,贫贱衰耗。"中国古代的方位,皆与五行相配,故不仅是纯粹的方位概念,而且还具有神秘的五行属性,从而能够对人发生神秘的威力。

在古人看来,自然界的雷电也是神秘的,它们不仅是一种纯粹的自然现象,而且也是一种具有神秘威力的东西。认为风雨雷电具有神秘属性,可以说也是原始表象的一大特点。列维-布留尔说:"我不来赘述雨、闪电、雷了,它们的标记在朱尼人(Zuni)、澳大利亚土著居民以及那些常常被持续的干旱威胁着自己的生存的部族的宗教仪式中起着十分重要的作用。"[①]《雷虚篇》说:"盛夏之时,雷电迅疾,击折树木,坏败室屋,时犯杀人。世俗以为击折树木,坏败室屋者,天取龙;其犯杀人也,谓之有阴过,饮食人以不洁净,天怒,击而杀之。隆隆之声,天怒之音,若人之响吁矣。世无愚智,莫谓不然。"《龙虚篇》也说:"盛夏之时,雷电击折树木,发坏室屋,俗谓天取龙。谓龙藏于树木之中,匿于屋室之间也。雷电击折树木,发坏屋室,则龙见于外。龙见,雷取以升天。世无愚智贤不肖,皆谓之然。"也就是说,在古人眼中,像雷电的击折树木、发坏屋室,乃至劈死人,都不是纯粹的自然现象,而是有着取龙和罚罪的神秘意义的。正因如此,当古人遇到雷雨天时,都非

---

① 列维-布留尔《原始思维》,丁由译,第30—31页。

常恐惧。《礼记·玉藻》说:"若有疾风迅雷甚雨,则必变,虽夜必兴,衣服,冠,而坐。"《论语·乡党》也说:"迅雷风烈必变。"都表明了古人对于雷电风雨的神秘属性的恐惧。

列维-布留尔认为,原始表象所具有的另一个特征,是它的"集体性"。所谓"集体性",是指原始表象不是凭个人感觉获得的,而是通过某些集体意识强加给社会中的个人的,因此,这种表象"具有必须绝对执行的、命令的性质"①。在日常生活中,则表现为社会成员必须遵守执行的风俗习惯。"实际上,原始人的意识是彻头彻尾社会化了的,原始社会中的个性完全受集体表象的支配,也就是受这样一些表象的支配:它们首先与个体心理学没有牵挂;其次,它们是从原始人最年幼时期起就把他套上了;第三,它们是世代相传的。这样的集体表象就是宗教信仰、风俗、语言。"②这三个特征,可以说具体阐发了列维-布留尔所说的原始表象的"集体性"的含义。

在《论衡》中我们也可以看到,中国古代人的原始表象也是具有"集体性"的,王充经常指出这一特征,尽管所用概念与术语与现代完全不同。《论衡》中所经常批评的"世俗"和"传书",其实就是一个"集体性"和社会性的东西。这表明相信这些原始表象的,不是个别人的个别行为,而是整个社会的集体性行为。每一个人在相信这些原始表象时,不是通过个人的感觉,而是受到"世俗"和"传书"的影响,在未经理性思考的情况下接受的。而且,这些原始表象,还是通过"世俗"和"传书"世代相传的。如《讥日篇》说:"世俗之人,委心信之;辩论之士,亦不能定。是以世人举事,不考于心而合于日,不参于义而致于时。"《雷虚篇》说:"世无愚智,莫谓不然。"《龙虚篇》说:"世无愚智贤不肖,皆谓之然。"说明这些原始表象是为世人所一致信服的。《四讳篇》说:"世传此言

---

① 列维-布留尔《原始思维》,丁由译,第27页。
② 《苏联"无神论者"出版社编辑部的话》,列维-布留尔《原始思维》,丁由译,第455—456页。

久,拘数之人,莫敢犯之。""相惧以此,故世莫敢西益宅,防禁所从来者远矣。""传相放效,莫谓不然。"说明这些原始表象是世代相传的。《四讳篇》说:"但知不可,不能知其不可之意。问其禁之者,不能知其讳;受禁行者,亦不晓其忌。连相放效。"说明这些原始表象都是在未经人们理性思考的情况下被接受的。《难岁篇》说:"俗人险心,好信禁忌,知者亦疑,莫能实定。是以儒雅服从,工伎得胜。吉凶之书,伐经典之义;工伎之说,凌儒雅之论。"说明在强大的集体性原始表象面前,即或有理性思维的人亦难与抗衡。所有以上这些话,均反映了中国古代原始表象所具有的"集体性"特征。

二

原始表象不仅具有神秘性和集体性的特征,而且在表象的关联上也不同于逻辑思维。原始表象关联的这种原逻辑特征,列维-布留尔称之为"互渗律"①。所谓"互渗律",依列维-布留尔的解释,就是:"原始人的意识已经预先充满了大量的集体表象,靠了这些集体表象,一切客体、存在物或者人制作的物品总是被想象成拥有大量神秘属性的。因而,对现象的客观联系往往根本不加考虑的原始意识,却对现象之间的这些或虚或实的神秘联系表现

---

① 我不知道"互渗"所依据的俄文原文作什么,进一步地,俄文所依据的法文原文又作什么,但从列维-布留尔起意研究原始思维的经过可以推测,也许他所采用的那个现在中译为"互渗"的法文词,原本就来自于《史记》法文译本(沙畹)的启发,是对《史记》中大量存在的"天人感应"现象的法文表现,而且,在选择一个什么样的法文词来表现这种现象时,列维-布留尔恐怕还曾绞尽脑汁。俄译本和英译本对于此词的翻译大概也是如此(英译本将此词译作"participation",也真是勉为其难了,还不如译作"telepathy"甚至"pathetic fallacy"呢)。从《原始思维》一书的内容来看,如果用"感应"一词来表现现在中译为"互渗"的现象,确实是再恰当不过的了。所以我很觉奇怪,为什么此书中译者不把"互渗"译为"感应",把"互渗律"译为"感应律"?(参见拙文《"冷山"与"互渗"》,收入拙著《胡言词典》初集,上海,上海文化出版社,2006年;初集、续集合集版,上海,复旦大学出版社,2013年)

出特别的注意。原始人的表象之间的预先形成的关联不是从经验中得来的,而且经验也无力来反对这些关联。"[1]"存在物和现象的出现,这个或那个事件的发生,也是在一定的神秘性质的条件下由一个存在物或客体传给另一个的神秘作用的结果。它们取决于被原始人以最多种多样的形式来想象的'互渗':如接触、转移、感应、远距离作用,等等。"[2]也就是说,原始表象之间的关联,不是经验的客观的关联,而是非经验的神秘的关联,这就是"互渗"或"感应"。

在《论衡》中,记载了许多这种原始表象间的互渗或"感应"现象。在古人所相信的互渗或"感应"现象中,出现得最多的自是人与天之间的感应。《论衡》中的相当一部分篇目,便是批判这种天人感应论的。如《谈天篇》说:"儒者曰:天,气也,故其去人不远。人有是非,阴为德害,天辄知之,又辄应之,近人之效也。"而人在天地之间,也能以行动影响天,使天发生种种变化。如《变虚篇》说:"说灾变之家曰:人在天地之间,犹鱼在水中矣。其能以行动天地,犹鱼鼓而振水也。鱼动而水荡,人行而气变。"因而,在古人看来,天是有意志的,天与人是能够互相感应的。

天人感应的具体表现是多种多样的。其表现之一,是古人认为人的喜怒能引起天的寒温。如《寒温篇》说:"说寒温者曰:'人君喜则温,怒则寒。'何则?喜怒发于胸中,然后行出于外,外成赏罚。赏罚,喜怒之效。故寒温渥盛,凋物伤人。"人的喜怒之所以可以使天地寒温,是因为在人与天之间存在着互渗或感应。如《寒温篇》说:"或曰:以类相招致也。喜者和温,和温赏赐,阳道施予,阳气温,故温气应之。怒者愠恚,愠恚诛杀,阴道肃杀,阴气寒,故寒气应之……秋冬断刑,小狱微原,大辟盛寒,寒随刑至,相招审矣。"也就是说,在古人看来,在"怒—寒—罚"之间和"喜—温—赏"之间,存在

---

[1]　列维-布留尔《原始思维》,丁由译,第69页。
[2]　列维-布留尔《原始思维》,丁由译,第70—71页。

着神秘的"以类相招致"的互渗和感应。与此同时,古人又认为,寒温乃是天用来警告人君为政失误的手段之一。如《谴告篇》云:"灾异非一,复以寒温为之效。人君用刑非时则寒,施赏违节则温。"如果气候反常,那一定是政治失误造成的,从而也可以通过改良政治来扭转。如《变虚篇》说:"若夫寒温失和,风雨不时,政事之家,谓之失误所致,可以善政贤行变而复也。"

天人感应的另一种表现,是古人认为人的行为能引起星象的变化。即如果人君的政治有失误,天就会让星象发生变化,以警告失误之人君;如果人君改正了失误,天就会让星象恢复正常,以安慰改正之人君。如《变虚篇》说:"传书曰:宋景公之时,荧惑守心。公惧,召子韦而问之曰:'荧惑在心,何也?'子韦曰:'荧惑,天罚也;心,宋分野也;祸当君。虽然,可移于宰相。'公曰:'宰相所使治国家也,而移死焉,不祥。'子韦曰:'可移于民。'公曰:'民死,寡人将谁为也?宁独死耳。'子韦曰:'可移于岁。'公曰:'民饥,必死。为人君而欲杀其民以自活也,其谁以我为君者乎?是寡人命固尽也,子毋复言。'子韦退走,北面再拜曰:'臣敢贺君。天之处高而耳卑,君有君人之言三,天必三赏君。今夕星必徙三舍,君延命二十一年。'公曰:'奚知之?'对曰:'君有三善,故有三赏,星必三徙。一徙行七星,星当一年,三七二十一,故君命延二十一岁。臣请伏于殿下以伺之,星必不徙,臣请死耳。'是夕也,火星果徙三舍。"从这个故事可以看出,古人认为在人的行为与星象之间存在着互渗或感应。

天人感应的另一种表现,是古人认为人的坏行为能导致灾异的产生。即如果人君为政失道,则天会用灾异来谴告他。《谴告篇》说:"论灾异者,谓古之人君为政失道,天用灾异谴告之也……天神谴告人君,犹人君责怒臣下也。故楚严王曰:'天不下灾异,天其忘予乎?'灾异为谴告,故严王惧而思之也。"而且,如果人君见到灾异还不改正错误的话,则灾异将会越来越严重。如《谴告篇》说:"儒者之说又言:人君失政,天为异;不改,灾其人民;不改,乃灾其身也。先异后灾,先教后诛之义也。""或曰:谷子云上书,陈言变异,明天之谴告,不改,后将复有,愿贯械待时。后竟复然。即不为谴告,何故复有?子云之言,故后有以示改也。"为什么人的坏行为会导致灾异的产生呢?这是因为在人与天之间存在着互渗或感应。《变动篇》说:"论灾异者,已疑于天用灾异谴告人矣,更说曰:'灾异之致,殆人君以政动天,天动气以应之。譬之以物击鼓,以椎扣钟,鼓犹天,椎犹政,钟鼓声犹天之应也。人主为于下,则天气随人而至矣。'"

天人感应的另一种表现,是古人认为人的善恶能带来天的祸福。古人认为,天在监视着人的行为。人若为善,则天必福之;人若为恶,则天必祸之。如《谈天篇》说:"人有是非,阴为德害,天辄知之,又辄应之。"又如《福虚篇》说:"世论行善者福至,为恶者祸来。福祸之应,皆天也,人为之,天应之。阳恩,人君赏其行;阴惠,天地报其德。无贵贱贤愚,莫谓不然。"又如《祸虚篇》说:"世谓受福祐者,既以为行善所致;又谓被祸害者,为恶所得。以为有沉恶伏过,天地罚之,鬼神报之。天地所罚,小大犹发;鬼神所报,远近犹至。"也就是说,在古人看来,在人的善恶与天的福祸之间,是存在着互渗和感应的。

天人感应的另一种表现,是古人认为人的行为好坏会招来不同动物的不同行为。好人会招来好动物的好行为。如《书虚篇》说:"传书言:舜葬于苍梧,象为之耕;禹葬会稽,鸟为之田。盖以圣德所致,天使鸟兽报祐之也。"坏人则会招来坏动物的坏行为。如《遭虎篇》说:"变复之家,谓虎食人者,功曹为奸所致也。其意以为,功曹众吏之率,虎亦诸禽之雄也。功曹为奸,采渔于吏,故虎食人,以象其意。"又如《商虫篇》说:"变复之家,谓虫食谷者,部吏所致也。贪则侵渔,故虫食谷。身黑头赤,则谓武官;头黑身赤,则谓文官。"如果惩治坏人,则坏动物的坏行为便会消失。如《商虫篇》说:"使加罚于虫所象类之吏,则虫灭息不复见矣。"如果起用好人,则坏动物的坏行为便可防止。如《感虚篇》说:"世称:

南阳卓公为缑氏令,蝗不入界。盖以贤明至诚,灾虫不入其县也。"由此可见,古人认为在人的行为与动物的行为之间,存在着神秘的互渗或感应。

天人感应的另一种表现,是古人认为人有阴过便会遭到雷击。如《雷虚篇》说:"盛夏之时,雷电迅疾……时犯杀人。世俗以为……其犯杀人也,谓之有阴过,饮食人以不洁净,天怒,击而杀之。隆隆之声,天怒之音,若人之响吁矣。"也就是说,古人认为在人的行为与雷电之间,也存在着神秘的互渗与感应。

天人感应的另一种表现,是古人认为人的行为能使天象发生奇怪的变化。如《感虚篇》说:"传书言:'荆轲为燕太子谋刺秦王,白虹贯日;卫先生为秦画长平之事,太白蚀昴。'此言精感天,天为变动也。"此外,燕太子丹事也能这样理解。如《感虚篇》说:"传书言:燕太子丹朝于秦,不得去,从秦王求归。秦王执留之,与之誓曰:'使日再中,天雨粟,令乌白头,马生角,厨门木象生肉足,乃得归。'当此之时,天地祐之,日为再中,天雨粟,乌白头,马生角,厨门木象生肉足。秦王以为圣,乃归之。"其中所说的日再中、天雨粟、乌白头、马生角、厨门木象生肉足等,都是根本不可能出现的天象和现象,但相信天人感应的古人却认为是可能出现的。由此可见,古人认为在人的行为与奇怪的天象之间,也存在着神秘的互渗与感应。

除天人感应之外,古人还认为人与自然界之间也存在着广泛的互渗与感应,人的行为因此而能影响自然界。如人能使太阳停止移动。《感虚篇》说:"传书言:鲁阳公与韩战,战酣,日暮,公援戈而麾之,日为之反三舍。"人能使风波止息。《感虚篇》说:"传书言:武王伐纣,渡孟津,阳侯之波,逆流而击,疾风晦冥,人马不见。于是武王左操黄钺,右执白旄,瞋目而麾之曰:'余在,天下谁敢害吾意者!'于是风霁波罢。"人能使河水流通。《感虚篇》说:"传书言:梁山崩,壅河三日不流,晋君忧之。晋伯宗以辇者之言,令景公素缟而哭之,河水为之流通。"人又能使河水却流。《书虚篇》

说:"传书言:'孔子当泗水而葬,泗水为之却流。'此言孔子之德,能使水却,不湡其墓也。"人又能使河水杀人。《书虚篇》说:"传书言:吴王夫差杀伍子胥,煮之于镬,乃以鸱夷橐投之于江。子胥恚恨,驱水为涛,以溺杀人。"人也能使长城崩塌。《感虚篇》说:"传书言:'杞梁氏之妻向城而哭,城为之崩。'此言杞梁从军不还,其妻痛之,向城而哭,至诚悲痛,精气动城,故城为之崩也。"人也能使夏天陨霜。《感虚篇》说:"传书言:邹衍无罪,见拘于燕,当夏五月,仰天而叹,天为陨霜。"也就是说,古人认为在人与自然界之间,也存在着神秘的互渗和感应。

古人又认为,人类的一些创造性行为,也会引起自然界的奇怪变化。如古人认为奏乐会引起自然的神秘变化。《感虚篇》说:"传书言:'师旷奏鼓《白雪》之曲,而神物下降,风雨暴至,平公因之癃病,晋国赤地。'或言:'师旷鼓《清角》之曲,一奏之,有云从西北起;再奏之,大风至,大雨随之,裂帷幕,破俎豆,堕廊瓦,坐者散走。平公恐惧,伏乎廊室。晋国大旱,赤地三年。平公癃病。'夫《白雪》与《清角》,或同曲而异名,其祸败同一实也。""传书言:'瓠芭鼓瑟,渊鱼出听;师旷鼓琴,六马仰秣。'或言:'师旷鼓《清徵》,一奏之,有玄鹤二八,自南方来,集于廊门之危;再奏之,而列;三奏之,延颈而鸣,舒翼而舞,音中宫商之声,声吁于天。平公大悦,坐者皆喜。"不仅奏乐,人类的其他造作行为,也会引起自然的变化。《感虚篇》云:"传书言:'仓颉作书,天雨粟,鬼夜哭。'此言文章兴而乱渐见,故其妖变致天雨粟、鬼夜哭也。""传书又言:'伯益作井,龙登玄云,神栖昆仑。'言作井有害,故龙神为变也。"也就是说,古人认为,在人类的奏乐、作书、作井等创造性行为与自然现象之间,存在着神秘的互渗或感应。

三

列维-布留尔认为,原始表象具体表现在每一社会的风俗习惯(制度)之中,要了解这些风俗习惯(制度),就有必要注意它们与原始表象的关系。"原始人的行为方式的确符合他们的思维方式;它们的集体表象(我们已经指出过它们具有神秘的和原逻辑的性质)在他们的制度中得到了表现……要理解这些制度和风俗,必须看到它们与原始人所固有的、我已经在上面尝试着确定其主要规律的那个原逻辑的和神秘的思维的关系。"①也就是说,古代的许多今天称为"迷信陋俗"的风俗习惯,其实都不是偶然出现的,而是有着原始表象的思维基础的。要深入理解这些风俗习惯,只有通过洞察其背后的原始表象才行。列维-布留尔根据这一想法,研究了"以受互渗律支配的集体表象为基础的制度",其中包括狩猎仪式、捕鱼仪式、战争仪式、以确保自然的规律性为目的的仪式、有关怀孕和分娩和幼婴的仪式、疾病和死亡时的仪式、占卜的仪式、毁灭死者财产的仪式、寡妇的地位、关于怀孕的神秘观念、杀婴的意义、孩子的命名、行成年礼仪式等各个方面。上述这些仪式,以前在中国也大都存在过,在《论衡》里也有不少记载。如果从"以受互渗律支配的集体表象为基础的制度"这一角度,来理解这些仪式或风俗习惯,我们就能对它们的性质和特征有一个更为深入的了解。

我们先来看一下《论衡》中所记载的止涝与求雨的仪式。列维-布留尔说,在"以受互渗律支配的集体表象为基础的制度"中,"那些目的在于停止干旱并保证降雨的仪式是最普遍不过的"。这种止涝或求雨仪式,大都是通过媒介物来进行的。这是因为古人认为:"当求助于感应巫术时,则同时求助于一个或几个神的存在物或精灵或灵魂,它们的干预将能引出所希望的现象。因为人们感到自己与雨的距离比之与灵魂或精灵或神的距离更远,而且他们还感到他们可以通过祷告、斋戒、梦、祭祀、舞蹈以及各种神圣的仪式而影响后者并与之交往,但人们感觉不到可以用这种办

---

① 列维-布留尔《原始思维》,丁由译,第 219—220 页。

法来直接和雨打交道。"①在《论衡》中我们可以看到,中国古代是用"鼓"和"龙"为媒介来止涝和求雨的。《顺鼓篇》说:"《春秋》之义:'大水,鼓用牲于社。'说者曰:'鼓者,攻之也。'或曰:'胁之。'胁则攻矣。阴胜,攻社以救之。"这是中国古代的止涝仪式及古人所认为的原理。但到底为什么"阴胜,攻社以救之"便能止涝?从理性思维的角度是难以理解的。在用鼓攻社与止涝之间,在古人看来无疑存在着某种神秘的互渗;而击鼓攻社以止涝的仪式,则正是根据这一互渗而建立起来的。《乱龙篇》说:"董仲舒申《春秋》之雩,设土龙以招雨,其意以云龙相致。《易》曰:'云从龙,风从虎。'以类求之,故设土龙,阴阳从类,云雨自至。"这是中国古代的求雨仪式及古人所认为的原理。但到底为什么设土龙便能招雨?从理性思维的角度也是难以理解的。这盖也是如《易》所表明的,云与龙之间在古人看来存在着某种神秘的互渗之故;而用土龙求雨的仪式,则正是根据这一互渗而建立起来的。从上述两个例子来看,中国古代的止涝与求雨仪式,与阴阳观念有密切的关系。正如《明雩篇》所说的:"变复之家,以久雨为湛,久旸为旱,旱应亢阳,湛应沉溺。"因此,《顺鼓篇》所载的击鼓止涝与《明雩篇》所载的设龙求雨,都具有神秘的阴阳从类关系,即基于阴阳原理的互渗关系。顺便提一下,止涝与求雨的仪式,直到现代还存在,如洪深的《五奎桥》一剧中,便写到了近代农村中的这种风俗;格罗特的《中国的宗教制度》一书,也谈到了过去中国依靠寺院和尚举行仪式来求雨止旱的风俗。②

我们再来看一下《论衡》中所记载的关于出生的神秘观念。列维-布留尔说:"由于原逻辑思维的一般趋向和这个思维对一切现象的神秘因素的无比兴趣,出生的生理方面在原始人的视野中消失了,它们被关于婴儿与其父母之间的图腾联系的无比重要的

---

① 列维-布留尔《原始思维》,丁由译,第241页。
② 列维-布留尔《原始思维》,丁由译,第241页。

观念遮盖住了。如同生命、疾病和死亡一样,出生也必然会以一种神秘的形式,以互渗的形式来被想象。"①中国古代的发生传说,大都具有这样的特点。这种发生传说,随着理性思维的发展,渐渐只被用于名人身上,以显示其非凡特性。正如《奇怪篇》所说的:"儒者称圣人之生,不因人气,更禀精于天。"在《论衡》中,记载了不少这方面的传说。如《奇怪篇》说:"禹母吞薏苡而生禹,故夏姓曰姒;契母吞燕卵而生契,故殷姓曰子;后稷母履大人迹而生后稷,故周姓曰姬。""谶书又言:尧母庆都野出,赤龙感己,遂生尧。《高祖本纪》言:刘媪尝息大泽之陂,梦与神遇。是时,雷电晦冥。太公往视,见蛟龙于上。已而有身,遂生高祖。"《论衡》所记载的这些发生传说,无一不是否认受孕的生理方面原因,而强调其神秘的互渗的原因的。正如列维-布留尔所引证的,古人认为:"婴儿并不是受孕的直接结果;不受孕也可以生出来。"②这正反映了古人关于出生的神秘观念。

我们再来看一下《论衡》中所记载的关于怀孕的禁忌。列维-布留尔说:"本质的共有、神秘的互渗不仅在同一个图腾集团的成员中间被想象到和感觉到。在许多原始民族那里,这种本质的共有和互渗也存在于婴儿与父亲之间、与母亲之间和与双亲之间;而且,一旦理解了这种互渗所由奠基的原则,它就变成了一个十分清楚地表现这种互渗的风俗。"③列维-布留尔接着列举了世界各地各种关于"在发现怀孕之日起到婴儿降生以后为止的期间或者父亲或者母亲或者双亲所应遵守的那些禁忌或预防措施"④,其中也有中国的例子。在《论衡》中,也记载了一种关于怀孕的禁忌。《四讳篇》说:"讳妇人乳子,以为不吉。将举吉事,入山林,远行,度川泽者,皆不与之交通。乳子之家,亦忌恶之,舍丘墓庐道

---

① 列维-布留尔《原始思维》,丁由译,第331页。
② 列维-布留尔《原始思维》,丁由译,第331页。
③ 列维-布留尔《原始思维》,丁由译,第247页。
④ 列维-布留尔《原始思维》,丁由译,第248页。

畔,逾月乃入,恶之甚也。"这种禁忌,明代还存在。明谢肇淛《文海披沙》卷一"汉时四讳"条说:"今但赛祀及道流上章、渔人下海则忌之,余不尔也。"而且,直到现代还存在。如巴金的小说《家》中,便写了觉新妻子因迫于这种禁忌而致死的故事。这种禁忌的根源,在于认为生育之事与家人及他人之间可能会发生神秘的互渗、并使他人因此而受到伤害这样一种观念。虽与列维-布留尔所说的互渗现象不大一样,但在本质上还是一致的。

不仅怀孕生产之事存在禁忌,而且新生儿与父母之间亦存在着神秘的互渗,因而产生了一些有关新生儿的禁忌的风俗。列维-布留尔说:"有关新生儿与其父母之间的关系的风俗,与有关怀孕的禁忌一样,包含了,至少在最初包含了新生儿或者正在分娩的婴儿与他的母亲或父亲或双亲之间的隐秘的互渗的观念。"①《论衡》所记载的"讳举正月、五月子"的禁忌,一方面如前所述,和基于人与时间的隐秘的互渗观念而产生的时间禁忌有关,同时也和基于亲子之间隐秘的互渗观念而产生的亲子禁忌有关。《四讳篇》说:"以为正月、五月子杀父与母,不得举也。"其缘故是古人认为:"夫正月岁始,五月阳盛,子以此月生,精炽热烈,厌胜父母,父母不堪,将受其患。"战国时的孟尝君田文就是"五月子",他的父亲田婴说:"五月子者,长与户齐,将不利其父母。"让田文的母亲把他弄死。但田文母亲仍暗中把他带大了,结果他的父母并没有因此而死掉(事见《史记·孟尝君列传》)。这说明这种禁忌由来已久,自战国至东汉一直如此;同时也说明人类的亲子之爱和理性,已开始起来反抗这种禁忌。到明代时,据谢肇淛说,"今不讳也",说明爱和理性终于取得了胜利。

不仅是刚出生不久的新生儿,而且即使是长大成人的孩子,也与父母之间存在着神秘的互渗,并产生了基于这种观念的风俗。列维-布留尔说,古人相信:"甚至在彼此相距很远的地方,也

---

① 列维-布留尔《原始思维》,丁由译,第 252 页。

能强烈地感觉到父与子的互渗。"①在《论衡》中也可以看到这方面的例子。《感虚篇》说:"传书言:曾子之孝,与母同气。曾子出薪于野,有客至而欲去,曾母曰:'愿留,参方到。'即以右手搤其左臂。曾子左臂立痛,即驰至,问母:'臂何故痛?'母曰:'今者客来欲去,吾搤臂以呼汝耳。'盖以至孝,与父母同气,体有疾病,精神辄感。"所谓"与父母同气",其实正是典型的互渗观念。这个故事说明,古人认为在亲子之间始终存在着互渗。此外,所谓"身体发肤,受之父母,不敢毁伤"(《孝经·开宗明义章》),大概也是基于这种互渗观念而产生的禁忌吧?

疾病死亡在古人看来也不是由于自然原因,而是由于神秘原因造成的。正如列维-布留尔所说的:"关于病的观念本身就是神秘的。这就是说,疾病永远被看成是由一种看不见的、触摸不到的原因造成的,而且这原因是以许多各不相同的方式来被想象的。"②在中国古代的人看来,这种神秘原因之一,便是触犯了岁、月、日、时的时间禁忌,或东西南北的方位禁忌。如《讥日篇》说:"世俗既信岁时,而又信日。举事若病、死、灾、患,大则谓之犯触岁、月,小则谓之不避日禁。"《辨祟篇》说:"世俗信祸祟,以为人之疾病死亡,及更患被罪,戮辱欢笑,皆有所犯。起功、移徙、祭祀、丧葬、行作、入官、嫁娶,不择吉日,不避岁、月,触鬼逢神,忌时相害。故发病生祸,絓法入罪,至于死亡,殚家灭门,皆不重慎,犯触忌讳之所致也。"因此,在中国古代,出现了许多有关时间与方位的禁忌,这已如上举,不再赘述。正因为古人相信疾病死亡都是由神秘原因引起的,所以他们也就相信祭祀(而不是医学)能使他们免于疾病死亡。如《祀义篇》说:"是以病作卜祟,祟得修祀,祀毕意解,意解病已,执意以为祭祀之助,勉奉不绝。"直到今天,在中国的一些农村地区,还存在着以画符或跳大神来驱病的风俗。

---

① 列维-布留尔《原始思维》,丁由译,第252页。
② 列维-布留尔《原始思维》,丁由译,第255页。

我们再来看一下《论衡》中所记载的关于死亡和死人的神秘观念，以及基于这种神秘观念而产生的仪式。列维-布留尔说："关于死亡的神秘观念，也在有关临终和死亡的许多风俗中得到了表现。这些风俗是研究者们在大多数原始民族中间发现的，如果不用原逻辑思维来解释，就根本不能理解它们。"①"几乎在任何社会集体中，不管它是什么类型，观察者都发现了在人死的时刻和在死后或短或长的一段时期中必须遵行的风俗、禁忌、仪式。"②这是因为："对原始人来说，没有不可逾越的深渊把死人与活人隔开。相反的，活人经常与死人接触。死人能够使活人得福或受祸，活人也可以给死人善待或恶报。对原始人来说，与死人来往并不比与'神灵'或者与他在自己身上感到其作用的或他认为是服从于自己的任何神秘力量进行联系更奇怪。"③从《论衡》的记载来看，中国古人的观念正是这样的。古人认为，人死以后变为鬼，有知觉，能害人。如《论死篇》说："世谓人死为鬼，有知，能害人。"《薄葬篇》说："以为死人有知，与生人无以异。""谓死如生。"《死伪篇》中举了传书记载的十四个这方面的例子。《纪妖篇》也举了若干例子。《薄葬篇》说："墨家之议右鬼，以为人死辄为神鬼而有知，能形而害人，故引杜伯之类以为效验。"正如列维-布留尔所说的，古人认为："死人甚至能够向活人的感官显露自己。死人可以以幽灵、鬼的形式让活人看见，也可以让活人听见，更不用说他们能够出现在梦中。"④这种活人与死人间的神秘的互渗的观念，使古代社会形成了厚享与厚葬死人的习俗。《薄葬篇》说："世俗内持狐疑之议，外闻杜伯之类，又见病且终者，墓中死人来与相见，故遂信是，谓死如生。闵死独葬，魂孤无副，丘墓闭藏，谷物乏匮，故作偶人，以侍尸柩，多藏食物，以歆精魂。积浸流至，或破家尽

---

① 列维-布留尔《原始思维》，丁由译，第 268 页。
② 列维-布留尔《原始思维》，丁由译，第 293 页。
③ 列维-布留尔《原始思维》，丁由译，第 294 页。
④ 列维-布留尔《原始思维》，丁由译，第 294 页。

业,以充死棺;杀人以殉葬,以快生意。非知其内无益,而奢侈之心外相慕也,以为死人有知,与生人无以异……世俗轻愚信祸福者,畏死不惧义,重死不顾生,竭财以事神,空家以送终。"《祀义篇》说:"谓死人有知,鬼神饮食,犹相宾客,宾客悦喜,报主人恩矣。"这种厚享和厚葬死人的风俗,在中国的确是源远流长,直到今天还随处可见。正如列维-布留尔指出的:"每个人都知道,自远古以来,在中国社会中,为死人操心,给活人带来了多么沉重的负担。"①除了人死为鬼以外,在中国还存在着人死为仙、得道或尸解等各种传说,这也同样反映了古代中国人认为生死可以互渗的观念。

最后,我们来看一下《论衡》中所记载的关于占卜的风俗。正如列维-布留尔所说的:"没有什么风俗比占卜的风俗更普遍的了。"②在中国古代,占卜的风俗也是相当普遍的。然则占卜对古人而言究竟意味着什么呢?列维-布留尔说:"对原始人来说,占卜乃是附加的知觉。如同我们使用工具能使我们看到肉眼看不见的微小东西或者弥补我们所不足的感觉,原始人的思维则首先和主要利用梦,然后利用魔棍、算命晶球、卜骨、龟鉴、飞鸟、神意裁判以及其他无数方法来在神秘因素及其结合为其他方法所不能揭露时搜索它们……由于原始人的思维本身的结构,占卜则是这种思维所绝对必需的。神秘因素和神秘联系在集体表象中占的统治地位愈大,用以发现它们的神秘方法愈是必要。"③在中国古代,占卜也被认为是沟通人神或人神互渗的桥梁,在王充时代这种风俗也甚流行。《卜筮篇》说:"俗信卜筮,谓卜者问天,筮者问地,蓍神龟灵,兆数报应,故舍人议而就卜筮,违可否而信吉凶。其意谓天地审告报,蓍龟真神灵也。"古人之所以相信蓍龟能够"兆数报应",乃是因为他们相信万物之间和人神之间存在着神秘

---

① 列维-布留尔《原始思维》,丁由译,第293页。
② 列维-布留尔《原始思维》,丁由译,第280页。
③ 列维-布留尔《原始思维》,丁由译,第280页。

的互渗,蓍龟则能将这种神秘的联系显示出来。正如列维-布留尔所说的:"原始人所居住的那个世界却包含着无穷无尽的神秘联系和互渗。其中一些是固定的和已经知道的……但是,又有多少其他这类联系发生着和消失着而为人所不知,其实它们又是值得最大的注意,对它们的认识又是极为重要的呵!假如这些联系自己不表现出来,那就有必要迫使它们表现出来。这就是占卜的来源,或者至少是它的主要来源之一。"① 王充所论述的中国古代的占卜观念难道不正是如此吗?

不仅占卜是这样,祭祀的风俗同样也是基于人神互渗的观念而产生的。古人认为祭祀者可以解除不幸得到幸福,不祭祀者则会失去幸福得到不幸。《祀义篇》说:"世信祭祀,以为祭祀者必有福,不祭祀者必有祸。"《解除篇》说:"世信祭祀,谓祭祀必有福;又然解除,谓解除必去凶。解除初礼,先设祭祀。"在相信祭祀可以除祸得福的风俗的背后,不也同样存在着认为人和神明可以发生神秘的互渗的想法吗?

四

以上,我们从三个方面,比较阅读了《原始思维》和《论衡》。类似的比较阅读还可以继续下去,不过本章却打算就此打住。通过比较阅读我们可以发现,在我们深入理解《论衡》所载各种"迷信陋俗"方面,列维-布留尔的《原始思维》是一部极为有用的参考书,其中所提出的"原始思维"理论是极为有用的工具,甚至比我们迄今所采用过的任何其他工具都要有用得多;同时我们也可以发现,《论衡》所载各种"迷信陋俗",对于证成列维-布留尔的"原始思维"理论,也是那么的有力和有用,当初列维-布留尔未能参考此书,真是使人太感可惜(因此我们衷心希望,有识之东西各国

---

① 列维-布留尔《原始思维》,丁由译,第280页。

汉学家,能够把《论衡》译成各种语文)。有关《论衡》思想和价值的研究,已经并且还将出现很多角度与途径,希望本章所采取的新的视角,能够为这一研究传统作出一点微薄的贡献。

第二章　论王充的悲观主义人生观

　　《论衡》的前十五篇谈性论命之文，加上《祸虚》、《福虚》诸篇，涉及几乎是人生的各个方面，如降生、寿夭、祸福、婚姻、贫富、贵贱、禀性，等等，较为全面地反映了王充对人生的看法，构成了他那自成系统的人生哲学。值得注意的是，他的人生哲学的基调，却是异常阴暗低沉的。贯穿于他的人生哲学的主线，是他那浓厚的宿命论（命定论）思想。对于这种宿命论思想，一般的看法都是持否定态度的，有人甚至认为这是王充思想中的一大弱点。但是，我们对此却不敢苟同。我们认为，王充的宿命论思想，乃是他个人的不太顺利的人生遭遇，以及笼罩他所处的那个时代的悲观主义基调的产物，也是和他的整个思想体系密切相关的，并且在他反对天人感应论时也曾起了积极的作用，因此，并不能简单地加以否定。而且，更为重要的是，王充的这种宿命论思想，不仅作为当时流行的悲观主义人生观的理论阐述，具有十分重要的历史意义，而且作为中国人的人生观的一个重要方面，直至今天也还在一定程度上发挥着作用。因此，我们认为有必要对王充的悲观主义人生观的内容和意义作进一步的具体分析，并探求这种悲观主义人生观与当时的时代思潮及王充的思想体系的关系，从而求得对王充的思想体系和当时的时代思潮以及中国人人生观的这一侧面的更为深入的理解。为此目的，我们撰写了本章。

一

在王充的悲观主义人生观中,"气"是一个最基本的概念,因此,我们先从"气"这个概念开始论述。

王充所谓的"气",是一种抽象的泛指生命本源的东西。王充认为,天地各自有"气",天地之"气"相合,便产生了万物。《自然篇》云:"天地合气,万物自生。""天者,普施气万物之中。""天之动行也,施气也,体动气乃出,物乃生矣。""谓天自然无为者何?气也。恬澹无欲,无为无事者也。""夫天覆于上,地偃于下,下气烝上,上气降下,万物自生其中间矣。"人类自然也是天地之气相合的产物。《物势篇》云:"夫天地合气,人偶自生也。"所谓"天地合气,万物自生"究竟是什么意思呢?它并不是现代科学所认为的那种通过自然界的各种物理化学生物作用导致生物出现的意思,而是类似于男女由于交合而导致怀上孩子那样的意思。所以,王充一再用男女交合来比喻"天地合气",用男女交合会怀上孩子来比喻"天地合气"会孕育万物。如《物势篇》云:"犹夫妇合气,子则自生也……因气而生,种类相产。万物生天地之间,皆一实也。"《自然篇》亦云:"犹夫妇合气,子自生矣。""由人动气也,体动气乃出,子亦生也。"也就是说,就像男女通过交合而怀上孩子一样,天地也是通过"合气"而产生万物的。

王充认为,天地是自发地"合气"的,而不是有意识地"合气"的。"天地合气"后产生的万物,天地本身并不知道,就像男女交合后孕育的孩子,父母本身也不知道一样(指受精之初)。《自然篇》云:"当其生也,天不须复与也,由子在母怀中,父不能知也。物自生,子自成,天地父母何与知哉!"王充的意思,是想用父母不知交合的结果是否会怀上孩子,来证明天地也不知道"合气"的结果是否会产生万物。就像父母交合之时并非是为了生孩子一样,"天地合气"之时也并非是为了产生万物,但孩子和万物却作为交合或"合气"的结果自然出现了。

正因为人像万物一样是"天地合气"的产物,所以王充认为,举人生的一切方面,如怀性、形体、丑好、夭寿,都是由人所禀承的天地之"气"所决定的。有的人所禀的气厚,他的"命"、"性"、形体、面貌就好,寿命就长;有的人所禀的气薄,他的"命"、"性"、形体、面貌就不好,寿命就短。正如《幸偶篇》所说的:"俱禀元气,或独为人,或为禽兽;并为人,或贵或贱,或贫或富;富或累金,贫或乞食;贵至封侯,贱至奴仆。非天禀施有左右也,人物受性有厚薄也。"这种禀气的厚薄,不是"天"有意识地决定的,而是在冥冥之中随意完成的,并且一旦禀毕,便终身无法以人为努力加以改变的。王充的宿命论思想的原点,可以说便在这里。

在"气"的概念中,王充在承认空间差异的因素的同时,排除了时间变化的因素。也就是说,由于天地是永恒不变的,是不受时间限制的,所以天地之气也是永恒不变的,是不受时间限制的。有人认为,"气"是有时间性的,是有古今变化的。《齐世篇》云:"语称上世之人侗长佼好,坚强老寿,百岁左右;下世之人短小陋丑,夭折早死。何则?上世和气纯渥,婚姻以时,人民禀善气而生,生又不伤,骨节坚定,故长大老寿,状貌美好;下世反此,故短小夭折,形面丑恶。"王充则认为"气"是没有时间性的,是没有古今变化的。同上文云:"上世之天,下世之天也,天不变易,气不改更。上世之民,下世之民也,俱禀元气。元气纯和,古今不异,则禀以为形体者,何故不同?夫禀气等,则怀性均;怀性均,则形体同;形体同,则丑好齐;丑好齐,则夭寿适。一天一地,并生万物,万物之生,俱得一气,气之薄渥,万世若一。"又云:"和气不独在古先,则圣人何故独优?"

王充关于"气"的概念已如上述,这对于理解王充的悲观主义人生观是非常重要的。因为既然每个人的命运的好坏都是由他受胎时所禀受的"气"的厚薄决定的,而"气"的禀受又是在冥冥之中由天随意完成的,则人显然对自己的一切都是无能为力的,他只能被动地承受自己的命运,而不能指望通过自己的努力来加以改变。而且,如下面将要说到的,王充认为构成人的命运的一系列概念,如"性"和"命"等,它们的好坏归根到底也是由禀气厚薄决定的。由此也可以看出,关于"气"的概念,乃是王充的悲观主义人生观的基础性概念。

二

在王充的悲观主义人生观中,"性"也是一个相当重要的概念。

王充所谓的"性",是决定一个人的本质的最基本的东西,是相对于"表"的内在的东西。王充认为可以将"性"分为三类,《命义篇》云:"亦有三性:有正,有随,有遭。正者,禀五常之性也;随者,随父母之性;遭者,遭得恶物象之故也。"所谓"禀五常之性"的"正性",便是上文所说的决定一个人的本质的最基本的东西;所谓"随父母之性"的"随性",大致是指受自父母的一些遗传品性;所谓"遭得恶物象之故"的"遭性",大致是指某种偶然的不幸经历所引起的品性方面的变化结果。王充尽管把"性"分为这三类,但他所关心的,始终只是"禀五常之性"的"正性",而不太关心"随父母之性"的"随性"和"遭得恶物象之故"的"遭性",所以他的"性"论也只是以"正性"为中心展开的。

王充认为"性"是有善恶的,即人生来就有善有恶,正如命有贵贱、才有高下一样。这是与生俱来,先天决定的。《本性篇》说:"实者,人性有善有恶,犹人才有高有下也。高不可下,下不可高。谓性无善恶,是谓人才无高下也。禀性受命,同一实也。命有贵贱,性有善恶。谓性无善恶,是谓人命无贵贱也。"他又以土地、水流、身体为喻,说明人性是有善恶的,并且是禀自天地的,是无法改变的。《本性篇》云:"九州田土之性,善恶不均,故有黄赤黑之别,上中下之差;水潦不同,故有清浊之流,东西南北之趋。人禀天地之性,怀五常之气,或仁或义,性术乖也;动作趋翔,或重或轻,性识诡也。面色或白或黑,身形或长或短,至老极死,不可变易,天性然也。皆知水土物器形性不同,而莫知善恶禀之异也。"

王充认为,"性"之所以有善恶贤愚,乃是由于人禀气有厚薄。《率性篇》云:"禀气有厚泊,故性有善恶也。""人之善恶,共一元气。气有多少,故性有贤愚。"善人禀气厚,故善而贤;凡人禀气薄,故不及善人。《率性篇》说:"人受五常,含五脏,皆具于身。禀之泊少,故其操行不及善人。"《自然篇》说:"天地为炉,造化为工,禀气不一,安能皆贤。"善人因禀气厚,故不仅善而贤,而且还自然无为,因为其所禀之气便是自然无为的;凡人则因禀气薄,故不能善而贤,也不能自然无为。《自然篇》说:"至德纯渥之人,禀天气多,故能则天,自然无为。禀气薄少,不遵道德,不似天地,故曰不肖。不肖者,不似也。不似天地,不类圣贤,故有为也。"人一旦禀气为性,便不可复变易。《非韩篇》云:"凡人禀性也,清浊贪廉,各有操行,犹草木异质,不可复变易也。"

王充一方面认为人性善恶是由禀气厚薄决定的,因而是无法"变易"的(这里的意思是无法互相交换的);但同时又认为善恶之性是可以由人为努力而改变的,即禀性善的人可由于坏的影响而渐趋于恶,禀性恶的人可由于好的影响而渐趋于善。《率性篇》云:"论人之性,定有善有恶。其善者,固自善矣;其恶者,故可教告率勉,使之为善。凡人君父,审观臣子之性,善则养育劝率,无令近恶;恶则辅保禁防,令渐于善。善渐于恶,恶化于善,成为性行。""人之性,善可变为恶,恶可变为善。""夫人之性,犹蓬纱也,在所渐染而善恶变矣。""夫性恶者,心比木石。木石犹为人用,况非木石?""性恶之人,亦不禀天善性,得圣人之教,志行变化。""夫道有真伪,真者固自与天相应,伪者人加知巧,亦与真者无以异也。"这样,性的禀受虽说是先天的,宿命的,不可以人力影响的,但性的实现却是后天的,非宿命的,可以人力影响的。在这里,王充为教育的可能性留下了一席之地。因而可以说,关于"性"的概念,是王充的悲观主义人生观中最明朗的部分,是这幅阴暗的人生图景中的唯一一道光线。这说明王充对教育并没有完全失望,从而也透露出他对人生其实也并没有完全绝望。

三

在王充的悲观主义人生观中,"命"是一个最为重要的概念,构成了他的悲观主义人生观的核心。

王充所谓的"命",类似于今天所说的"宿命"或"命运"之类的东西,是一种在人出生之前就已决定了的、任何人为努力都无法加以改变的、左右人生各个方面的支配性力量,实际上是人对影响人类生活的自己努力之外的各种力量和因素的一个集中表现。这在古今东西大概没有什么不同,除了其具体表现方式有所区别之外。

中国历史上一直有着言"命"的传统,王充曾对此作过总结。首先是孔子,《命禄篇》云:"孔子曰:'死生有命,富贵在天。'"其次是孟子,《命禄篇》云:"鲁平公欲见孟子,嬖人臧仓毁孟子而止。孟子曰:'天也!'"王充评论云:"孔子圣人,孟子贤者,诲人安道,不失是非,称言命者,有命审也。"《命禄篇》又接着举了汉代以后言命的例子:"《淮南书》曰:'仁鄙在时不在行,利害在命不在智。'"这是《淮南子》相信天命的例子;"贾生曰:'天不可与期,道不可与谋。迟速有命,焉识其时?'"这是贾谊相信天命的例子;《命义篇》云:"项羽且死,顾谓其徒曰:'吾败乃命,非用兵之过。'"王充评论云:"此言实也。实者,项羽用兵过于高祖,高祖之起,有天命焉。"这是项羽相信天命的例子;《命禄篇》云:"高祖击黥布,为流矢所中,疾甚。吕后迎良医,医曰:'可治。'高祖骂之曰:'吾以布衣提三尺剑取天下,此非天命乎?命乃在天,虽扁鹊何益?'"这是汉高祖相信天命的例子;"韩信与帝论兵,谓高祖曰:'陛下所谓天授,非智力所得。'"这是韩信相信天命的例子;"太史公曰:'富贵不违贫贱,贫贱不违富贵。'是谓从富贵为贫贱,从贫贱为富贵也。夫富贵不欲为贫贱,贫贱自至;贫贱不求为富贵,富贵自得也。"这是司马迁相信天命的例子;"扬子云曰:'遇不遇,命也!'"这是扬雄相信天命的例子。王充评论这一切说法云:"前世明是非归之于命也,命审然也。"用前世言命的传统为自己的"命"的概念作佐证,表明了他的"命"的概念乃是对前世言命传统的一个继承,同时也说明了他的宿命论思想的时代背景。

王充认为从生物到人类都有"命"。一切人生大事,如寿夭、贫富、贵贱、祸福等,都是由"命"决定的。《命禄篇》云:"凡人遇偶及遭累害,皆由命也……自王公逮庶人,圣贤及下愚,凡有首目之类,含血之属,莫不有命。"《解除篇》云:"案天下人民,夭寿贵贱,皆有禄命;操行吉凶,皆有衰盛。"将"命"的作用普及人生的一切方面,这无疑是对此前的言命传统的一个发展。

王充认为"命"和"性"一样,也是来源于人出生时所禀受的天地之气的。《初禀篇》说:"命,谓初所禀得而生也。""人生性命……初禀自然之气。""命"和"性"是同时禀得的,而不是先禀性,后受命的。《初禀篇》说:"人生受性,则受命矣。性命俱禀,同时并得,非先禀性,后乃受命也。""性"是"命"的内在表现,正如"体"是"命"的外在表现一样。《初禀篇》说:"王者一受命,内以为性,外以为体。""命"之与生俱来和先天决定,犹如生物之先天决定雌雄一样:"禀命定于身中,犹鸟之别雄雌于卵壳之中也。"

王充又认为,在"命"所禀的天地之气中,也包括了星象之气。因此,正如星有大小明暗一样,人也有尊卑贵贱。《命义篇》云:"子夏曰'死生有命,富贵在天',而不曰'死生在天,富贵有命'者……至于富贵所禀,犹性所禀之气,得众星之精。众星在天,天有其象。得富贵象则富贵,得贫贱象则贫贱,故曰在天。在天如何?天有百官,有众星。天施气,而众星布精,天所施气,众星之气在其中矣。人禀气而生,含气而长,得贵则贵,得贱则贱;贵或秩有高下，富或赀有多少，皆星位尊卑小大之所授也。故天有百官，天有众星，地有万民、五帝、三王之精。天有王梁、造父，人亦有之，禀受其气，故巧于御。"在今人看来，事实也许正好相反，即人们以地上的人名命名星象，是人有之而星亦有之。不过，王充的这种"命"和星象有关的说法，是和其"命"禀于气的说法不相矛盾的。王充还认为国命也系于众星。《命义篇》说："国命系于众星。列宿吉凶，国有祸福；众星推移，人有盛衰。"这和古人认为政治与星象有关的看法不无相似之处，是"命"与星象关系的扩大。

王充认为，"命"是有吉凶的。《命义篇》云："命自有吉凶。""祸福吉凶者，命也。""命"的吉凶是在受胎禀气时决定的。《命义篇》云："凡人受命，在父母施气之时，已得吉凶矣。"所谓"父母施气"，即是父母交合而受胎，那时候天地之气已通过父母之气传入了胎内，因而那时候已决定了此胎的"命"的吉凶。"命"的吉凶决定了人的吉凶。《偶会篇》说："命，吉凶之主也。自然之道，适偶之数，非有他气旁物厌胜感动使之然也。"因为"命"有吉凶，所以不同的人便会有不同的"吉凶"。《命义篇》云："人之有吉凶，犹岁之有丰耗。命有衰盛，物有贵贱。一岁之中，一贵一贱；一寿之间，一衰一盛。""命"的吉凶与盛衰，取决于所禀气的厚薄，而与人性的贤愚善恶没有关系。《命义篇》云："物之贵贱，不在丰耗；人之衰盛，不在贤愚。"所以有时候性善而命凶，有时候性恶而命吉。《命义篇》云："夫性与命异，或性善而命凶，或性恶而命吉……或行善而得祸，是性善而命凶；或行恶而得福，是性恶而命吉也……使命吉之人，虽不行善，未必无福；凶命之人，虽勉操行，未必无祸。《孟子》曰：'求之有道，得之有命。'性善乃能求之，命善乃能得之。性善命凶，求之不能得也。行恶者，祸随而至。"由此类推，当然也有性善命吉者和性恶命凶者，不过，王充的着眼点主要在于由性命不同而产生的善人得祸、恶人得福的人间悲剧，故着重论述了性命不同的情况，而没有论述性命相同的情况。

从"命"是先天决定的观点出发，王充反对了《白虎通义·寿命篇》的三命之说。因为三命之说认为只有一命是先天决定的,另外二命都是后天决定的,而王充则认为只有先天决定之命,而没有后天决定之命。《命义篇》云:"传曰:'说命有三,一曰正命,二曰随命,三曰遭命。'正命,谓本禀之自得吉也。性然骨善,故不假操行以求福,而吉自至,故曰正命;随命者,戮力操行而吉福至,纵情施欲而凶祸到,故曰随命;遭命者,行善得恶,非所冀望,逢遭于外,而得凶祸,故曰遭命。"在这种三命之说里,指出了影响人生的三种力量,一是先天命运的力量,二是自身努力的力量,三是外界偶然的力量。第一种是先天决定的,后二种是后天决定的。王充不是不承认后二种力量,只是他不愿意把它们也归入"命"的范畴之中,而是把第二种力量称为才智德识,把第三种力量称为"世"与"时"。王充在重视"命"的力量的同时,也重视"世"与"时"的力量,可对人自身努力的力量却持极其悲观的态度。因而,在《命义篇》中,王充批评了三命之说:"言随命则无遭命,言遭命则无随命。儒者三命之说,竟何所定?且命在初生,骨表著见,今言随操行而至,此命在末,不在本也。则富贵贫贱皆在初禀之时,不在长大之后随操行而至也。"所谓"言随命则无遭命,言遭命则无随命",意思是说三命之说中的"随命"与"遭命"的内容是相矛盾的。即如承认自身努力的力量,就不能同时承认"世"与"时"的力量;而如承认"世"与"时"的力量,则不能同时承认自身努力的力量。归根到底,王充是否定自身努力的力量的,因而他接着说:"言随操行而至,此命在末,不在本也。"又着重批评了随命论。总而言之,王充的上述引证和批评,旨在强调先天决定的"命"的力量,而否定后天决定的努力的力量,认为"命"与操行无关。

王充认为,"命"虽是先天禀气而得的,但要到后天才会显现出来。《初禀篇》云:"人生性命当富贵者,初禀自然之气;养育长大,富贵之命效矣。""禀命定于身中,犹鸟之别雄雌于卵壳之中也。卵壳孕而雌雄生,日月至而骨节强,强则雄自率将雌。雄非生长之后,或教使为雄,然后乃敢将雌,此气性刚强自为之矣。

夫王者,天下之雄也。其命当王,王命定于怀妊,犹富贵骨生,有鸟雄卵成也。非唯人鸟也,万物皆然。草木生于实核,出土为栽蘖。稍生茎叶,成为长短巨细,皆由实核。王者,长巨之最也。"在王充看来,"命"的禀承与显现,与生物的生长繁茂是一致的。只不过生物的生长繁茂禀自上一代的遗传,而"命"则是禀自于天地所施之气。而且,"天"也不是有意识地授命的,而是通过"气"的作用,自然地赋予各人以不同的"命"的。这种"命",到了人长大以后就会显现出来。当时一般人认为,"命"是到其显现时才被授予的,而王充则认为它是早就存在的,只不过以前未曾显现出来而已。

王充认为,如果说"命"是必然要实现的话,那么其实现却也许是通过偶然事件来完成的。"命"的必然性是内因,是决定性的因素,偶然事件是外因,是触发性的因素。在《偶会篇》中,针对"世谓子胥伏剑,屈原自沉,子兰、宰嚭诬谗,吴楚之君冤杀之也"的看法,王充认为:"偶二子命当绝,子兰、宰嚭适为谗,而怀王、夫差适信奸也。君适不明,臣适为谗,二子之命偶自不长。二偶三合,似若有之,其实自然,非他为也。"又云:"人臣命有吉凶,贤不肖之主与之相逢。"以下他举了很多历史事件,以证明其悲剧都是命中注定的。王充认为所有历史事件,尤其是悲剧事件的产生,都是"命"与偶发事件交相作用的结果。这当然不是说要否认受害者的不幸,也不是要抹杀施害者的罪恶,而只是说明了悲剧事件具有不可抗拒性和不可预见性。而且,王充之所以这么主张,乃是想通过强调"命"的必然性与实现的偶然性,来否认其他什么有目的的"厌胜感动"的原因,正如《偶会篇》所说的:"命,吉凶之主也。自然之道,适偶之数,非有他气旁物厌胜感动使之然也。"归根结底,"命"的吉凶本身不也是偶然的吗?所以看起来似乎很矛盾,王充强调宿命性的命,却是为了否定非自然的有目的的外界影响力。

王充认为,人的"命"里面,除了一般的"命"之外,还有"所当触值之命"。所谓"所当触值之命",是指命中注定要遇到灾难,但何时遇到却要由偶然因素决定。《气寿篇》云:"凡人禀命有二品,一曰所当触值之命……所当触值,谓兵烧压溺也……兵烧压溺,遭以所禀为命,未必有审期也。"《刺孟篇》云:"人禀性命,或当压溺兵烧,虽或慎操修行,其何益哉!"也就是说,如命中注定要遇到灾难,则任何人为努力都是无法抗拒的。这种"命",粗看起来与《白虎通义》三命之说的"遭命"有些相似,但在实质上仍是有区别的。因为"遭命"注重的是外界的偶然因素,而王充的"所当触值之命"注重的却是先天的命中注定的灾难,偶然事件只不过是实现这种"命"的触发条件罢了。孟子只注重灾难的偶发性一面,不认为这是有命的,《刺孟篇》引孟子说曰:"莫非命也,顺受其正。是故知命者不立乎岩墙之下。尽其道而死者,为正命也;桎梏而死者,非正命也。"王充批驳之云:"夫孟子之言,是谓人无触值之命也。顺操行者得正命,妄行苟为得非正,是命定于操行也。夫子不王,颜回早夭,子夏失明,伯牛为疠,四者行不顺与?何以不受正命?比干剖,子胥烹,子路菹,天下极戮,非徒桎梏也,必以桎梏效非正命,则比干、子胥行不顺也。人禀性命,或当压溺兵烧,虽或慎操修行,其何益哉!"王充认为,不能用是否有灾难来判断每个人是否得正命,得正命的人可以寿终正寝,也可以遇到灾难,这是因为在命中还有一种"所当触值之命"的缘故,它与人的操行没有关系,是善恶之人都能遇到的。

在"命"之中,除了"所当触值之命"外,还可根据不同的标准作出不同的分类。从死生寿夭和贵贱贫富的角度,可以将"命"分为死生寿夭之命和贵贱贫富之命。《命禄篇》云:"有死生寿夭之命,亦有贵贱贫富之命。"前者王充称为"寿命",后者称为"禄命"。《论衡》中所说的"命",有时候是合二者而言,有时候是指一种而言。从个人与国家的角度分类,则可以将"命"分为"国命"与"人命",前者指国家的"命",后者指个人的"命"。关于以上几种"命"的相互关系,王充认为是"国命胜人命,寿命胜禄命"。如《命义篇》云:"宋卫陈郑同日并灾,四国之民必有禄盛未当衰之人,然而俱灾,国祸陵之也。故国命胜人命,寿命胜禄命。"王充的意思,是指当一个国家的"命"中有灾难的时候,即使个人的"命"中没有灾难,也会牵连遭殃,这是因为国命胜过了人命;而且,人的寿命,也胜过人的禄命,有时富贵来而年不我待,也是令人遗憾的。值得注意的是,当王充的"命"观中引入"国命"的概念时,"命"在先天决定性之外又增加了一种不可预见的外力干扰性,使人生变得更为不可思议,也更不令人乐观了。

四

如上所述,王充把"命"分为"死生寿夭之命"的"寿命"和"贵贱贫富之命"的"禄命",由于它们的内容较多,所以我想分别加以论述,这里先讨论前者。

寿夭是由什么决定的呢?王充认为也是由禀气厚薄决定的。《无形篇》云:"人禀元气于天,各受寿夭之命。"《气寿篇》云:"凡人禀命有二品……二曰强弱寿夭之命……强弱寿夭,谓禀气渥薄也。"禀气厚的人身体好,身体好的人寿命长;禀气薄的人身体弱,身体弱的人寿命短。《气寿篇》云:"夫禀气渥则其体强,体强则其命长;气薄则其体弱,体弱则命短,命短则多病,寿短。""人之禀气,或充实而坚强,或虚劣而软弱。充实坚强,其年寿;虚劣软弱,失弃其身。"寿命又和"性"有关,《命义篇》云:"子夏曰'死生有命,富贵在天',而不曰'死生在天,富贵有命'者,何则?死生者,无象在天,以性为主。禀得坚强之性,则气渥厚而体坚强,坚强则寿命长,寿命长则不夭死;禀性软弱者,气少泊而体羸窳,羸窳则寿命短,短则蚤死。故言有命,命则性也。"

王充认为,正常的寿命应是一百岁。《气寿篇》云:"百岁之命,是其正也。""百岁之寿,盖人年之正数也,犹物至秋而死,物命之正期也。""何以明人年以百为寿也?世间有矣。"但偶然也会长于或短于一百岁:"物先秋后秋,则亦如人死或增百岁或减百也。先秋后秋为期,增百减百为数。物或出地而死,犹人始生而夭也;物或逾秋不死,亦如人年多度百至于三百也。"禀气厚的人能活到一百岁或超过一百岁:"渥强之人,必卒其寿。"历史上的圣人都是如此的。而太平之世因为气和,所以多长寿之人:"圣人禀和气,故年命得正数。气和为治平,故太平之世多长寿人。"禀气薄的人或生出来就死了:"始生而死,未产而伤,禀之薄弱也。""天地生物,物有不遂;父母生子,子有不就。物有为实,枯死而堕;人有为儿,夭命而伤。使实不枯,亦至满岁;使儿不伤,亦至百年。然为实儿而死枯者,禀气薄,则虽形体完,其虚劣气少,不能充也。"或不能活到一百岁:"不至百者,气自不足也。""寿当至于百也……不能至百,消而为夭。""若夫无所遭遇,虚居困劣,短气而死,此禀之薄,用之竭也。此与始生而死,未产而伤,一命也,皆由禀气不足,不自致于百也。"但无论是满百还是不满百,都是由与生俱来之命决定的:"不能满百者,虽非正,犹为命也。""命不可以不满百之故谓之非命也,非天有长短之命,而人各有禀受。由此言之,人受气命于天,卒与不卒,同也。""寿夭同一气,长短殊数。"医生也不能改变人的寿命,《定贤篇》云:"良医能治未当死之人命,如命穷寿尽,方用无验矣……命当死矣,扁鹊行方,不能愈病。"

禀气厚薄,又与婴儿生长有关。如禀气厚者哭声嘹亮,禀气薄者哭声嘶哑。《气寿篇》云:"儿生,号啼之声鸿朗高畅者寿,嘶喝湿下者夭。何则?禀寿夭之命,以气多少为主性也。"生儿稀者容易禀气厚,生儿密者容易禀气薄:"妇人疏字者子活,数乳者子死。何则?疏而气渥,子坚强;数而气薄,子软弱也。""怀子而前已产子死,则谓所怀不活。名之曰怀,其意以为已产之子死,故感伤之子失其性矣。所产子死,所怀子凶者,字乳亟数,气薄不能成也。虽成人形体,则易感伤,独先疾病,病独不治。"这里稍稍涉及了"禀气厚薄"的生理原因。

王充认为决定人的死生的,是命的寿夭,而不是品行的善恶。

《问孔篇》云:"孔子称曰:'死生有命,富贵在天。'若此者,人之死生自有长短,不在操行善恶也。"《治期篇》云:"夫贤人有被病而早死,恶人有完强而老寿,人之病死,不在操行为恶也。"《命义篇》云:"命当夭折,虽禀异行,终不得长。"《辨祟篇》云:"命穷,操行善,天不能续;命长,操行恶,天不能夺……世间不行道德,莫过桀、纣,妄行不轨,莫过幽、厉;桀、纣不早死,幽、厉不夭折。"《定贤篇》云:"命穷,贤不能自续。"这也就是《旧约·传道书》第七章第十五节所说的"有义人行义,反致灭亡;有恶人行恶,倒享长寿",第八章第十四节所说的"义人所遭遇的,反照恶人所行的;又有恶人所遭遇的,反照义人所行的"的意思。王充认为死生寿夭是一种自然现象,而非道德现象,所以是与人的品行无关的。

王充的这种寿命观,是其悲观主义人生观的一个重要组成部分。由于寿命取决于禀气厚薄,而禀气厚薄又是先天决定的,这种决定又是随意作出的,所以它是与人的努力与否、操行好坏无关的,是人只能接受不能改变的。这种悲观的寿命观,与先秦时期《尚书·高宗肜日》的"惟天监下民,典厥义,降年有永有不永,非天夭民,民中绝命"的说法,以及《尚书·洪范》的"五福六极"的说法、《尚书·无逸》的说法等所表现的相信人的寿命长短取决于人自身努力与否与操行好坏的乐观思想形成了鲜明的对照。

五

我们再来看"贵贱贫富之命"的"禄命"。

王充认为,人的富贫贵贱,都是在出生之时由所禀气的厚薄所决定的,并且在长大以后表现出来的。《初禀篇》说:"人生性命当富贵者,初禀自然之气;养育长大,富贵之命效矣。"王充批评了孔子的有些言命不彻底的说法。《问孔篇》云:"孔子曰:'赐不受命而货殖焉,亿则屡中。'何谓'不受命'乎?说曰:'不受当富之命,自以术知,数亿中时也。'夫人富贵在天命乎?在人知也?如在天命,术知求之不能得;如在人知,孔子何为言'死生有命,富贵在天'?夫谓富不受命而自以术知得之,贵亦可不受命而自以努力求之?世无不受贵命而自得贵,知亦无不受富命而自得富者。"由此可见,在相信富贵贫贱都取决于禀气受命这一点上,王充比他的前辈走得更远。

由于富贵贫贱之命是由禀气厚薄决定的,所以是后天的努力所不能更改的,即使将人们放在相反的位置上,仍会不可抗拒地回到自己的位置上去。《命禄篇》云:"……亦有贵贱贫富之命……命当贫贱,虽富贵之,犹涉祸患矣;命当富贵,虽贫贱之,犹逢福善矣。故命贵,从贱地自达;命贱,从富位自危。"命富贵之人的人生一切顺利,命贫贱之人的人生总是倒霉。《命禄篇》云:"故夫富贵若有神助,贫贱若有鬼祸。命贵之人,俱学独达,并仕独迁;命富之人,俱求独得,并为独成。贫贱反此,难达难迁,难得难成,获过受罪,疾病亡遗,失其富贵,贫贱矣。"

王充认为,如无富贵之命禄,则再努力亦无用。《命禄篇》云:"虽其贫贱,使富贵若凿沟伐薪,加勉力之趋,致强健之势,凿不休则沟深,斧不止则薪多,无命之人,皆得所愿,安得贫贱凶危之患哉?然则或时沟未通而遇湛,薪未多而遇虎。仕宦不贵,治产不富,凿沟遇湛,伐薪逢虎之类也。""有才不得施,有智不得行,或施而功不立,或行而事不成,虽才智如孔子,犹无成立之功。""命贫以力勤致富,富至而死;命贱以才能取贵,贵至而免。才力而致富贵,命禄不能奉持,犹器之盈量,手之持重也。器受一升,以一升则平,受之如过一升,则满溢也。手举一钧,以一钧则平,举之过一钧,则踬仆矣。"《命义篇》云:"禄当贫贱,虽有善性,终不得遂。"

但有富贵之命禄,则可不求而自得,尤其是在"自知吉"的情况下。因而,应该耐心地等待,不必苦苦地求索。《命禄篇》云:"信命者,则可幽居俟时,不须劳精苦形求索之也。犹珠玉之在山泽,不求贵价于人,人自贵之……如自知,虽逃富避贵,终不得离。'"精学不求贵,贵自至矣;力作不求富,富自到矣。富贵之福,不可求致;贫贱之祸,不可苟除也。由此言之,有富贵之命,不求自得。'"信命者曰:'自知吉,不待求也。天命吉厚,不求自得;天命凶厚,求之无益。'夫物不求而自生,则人亦有不求贵而贵者矣。人情有不教而自善者,有教而终不善者矣。天性,犹命也。"

但对"不自知"的人来说,因为不知道自己的命到底如何,所以应该求之。所谓人的努力,也只有在这种情况下才是有效的。《命禄篇》云:"天命难知,人不耐审,虽有厚命,犹不自信,故必求之也……故曰:'力胜贫,慎胜祸。'勉力勤事以致富,砥才明操以取贵;废时失务,欲望富贵,不可得也。虽云有命,当须索之。如信命不求,谓当自至,可不假而自得,不作而自成,不行而自至……有求而不得者矣,未必不求而得之者也。"这里虽为人的努力留了一席之地,但其前提仍是承认"命"的决定性。

世俗之人,认为才智行操与贫贱富贵之间是有必然的正比例联系的,《命禄篇》引他们的看法云:"世俗见人节行高,则曰:'贤哲如此,何不贵?'见人谋虑深,则曰:'辩慧如此,何不富?'……世之论事者,以才高当为将相,能下者宜为农商,见智能之士官位不至,怪而訾之曰:'是必毁于行操。'行操之士亦怪毁之曰:'是必乏于才知。'"王充则认为二者间没有必然的正比例的关系,而且事实往往是恰恰相反的。如果初禀富贵的自然之气,那么长大以后即使不贤不善,也仍然是会富贵的;如果初禀贫贱的自然之气,那么长大以后即使行善为贤,也仍然不会富贵。《命禄篇》云:"贵富有命禄,不在贤哲与辩慧。故曰:富不可以筹策得,贵不可以才能成。智虑深而无财,才能高而无官。怀银纡紫,未必稷契之才;积金累玉,未必陶朱之智。或时下愚而千金,顽鲁而典城。故宦御同才,其贵殊命;治生钧知,其富异禄。禄有贫富,知不能丰杀;命有贵贱,才不能进退。""故贵贱在命,不在智愚;贫富在禄,不在顽慧。""殊不知才知行操虽高,官位富禄有命。才智之人,以吉盛时举事而福至,人谓才知明审;凶衰祸来,谓愚闇。不知吉凶之命,盛衰之禄也。""是故才高行厚,未可保其必富贵;智寡德薄,未可信其必贫贱。或时才高行厚,命恶,废而不进;知寡德薄,命善,兴而超逾。故夫临事知愚,操行清浊,性与才也;仕宦贵贱,治产贫富,命与时也。""命则不可勉,时则不可力。知者归之于天,故坦荡恬忽。"封侯也是由"命"决定的,与人的操行无关。《祸虚篇》云:"论者以为,人之封侯,自有天命……封侯有命,非人操行所能得也。"仕宦亦是由"命"决定的,与人的操行无关。《问孔篇》云:"案贤者在世,未必为辅也。夫贤者未必为辅,犹圣人未必受命也。为帝有不圣,为辅有不贤。何则?禄命、骨法,与才异也。"《自纪篇》云:"且达者未必知,穷者未必愚。遇者则得,不遇失之。故夫命厚禄善,庸人尊显;命薄禄恶,奇俊落魄。必以偶合称材量德,则夫专城食土者材贤孔、墨。身贵而名贱,则居洁而行墨。"富饶也是由"命"决定的,与人的操行无关。《治期篇》云:"案富饶者命厚所致,非贤惠所获也。"总之,一切都是由"命"决定的,与人的操行无关。《定贤篇》云:"以仕宦得高官身富贵为贤乎?则富贵者天命也。命富贵,不为贤;命贫贱,不为不肖。必以富贵效贤不肖,是则仕宦以才不以命也。"

不过,王充也在其他地方说了一些与上述观点相反的话。如他一方面说富贵之命与才智行操之间没有必然的正比例的关系,一方面在《命禄篇》中又说:"夫命富之人,筋力自强;命贵之人,才智自高。若千里之马,头目蹄足自相副也。"这与他的"骨相"、"吉验"的思想是一致的,但与上述"禄命"的思想是略有矛盾的。又如他一再强调无富贵之命者再努力也没有用,但在《率性篇》中却说,本无富贵之命者通过努力也能取得富贵:"'赐不受命,而货殖焉'(《论语》语),赐本不受天之富命所加,货财积聚,为世富人者,得货殖之术也。夫得其术,虽不受命,犹自益饶富。"这与上述"禄命"的思想也是显相矛盾的。这说明他关于"富贵在天"的理论并不很彻底。

王充的这种禄命观,是其悲观主义人生观的一个重要组成部分。由于禄命取决于禀气厚薄,而禀气厚薄又是先天决定的,这种决定又是随意作出的,所以它是与人的努力与否、操行好坏无关的,是人只能接受不能改变的。

六

在王充的悲观主义人生观中,"体"也是一个不容忽视的概念。

王充认为,人的身体,包括骨头和皮肤,都是和人的"命"有关的,是"命"的外在表现。《命义篇》云:"命在初生,骨表著见。"又云:"人有寿夭之相,亦有贫富贵贱之法,俱见于体。故寿命修短,皆禀于天;骨法善恶,皆见于体。"《初禀篇》云:"王者一受命,内以为性,外以为体。体者,面辅骨法,生而禀之。"《骨相篇》云:"人命禀于天,则有表候于体。"

正因为"体"是"命"的外在表现,所以,与寿夭之命相配的长短之形也是不可改变的。《无形篇》云:"人禀元气于天,各受寿夭之命,以立长短之形,犹陶者用埴为簋庑,冶者用铜为桦杅矣。器形已成,不可小大;人体已定,不可减增。用气为性,性成命定。体气与形骸相抱,生死与期节相须。形不可变化,命不可减加。以陶冶言之,人命短长,可得论也。"因而,人的形体也是不能通过修道吃药而加以改变并长生不死的:"夫形不可变更,年不可减增。何则?形、气、性,天也。形为春,气为夏。人以气为寿,形随气而动。气性不均,则于体不同。""人禀气于天,气成而形立,形命相须,以至终死。形不可变化,年亦不可增加。""人,物也,受不变之形,形不可变更,年不可增减。"

正因为"体"是"命"的外在表现,所以命的吉凶会通过"体"表现出来,因而,由"体"也可以知道"命"的吉凶。《骨相篇》便是专门讨论由骨知命的问题的,其中说:"人曰命难知,命甚易知。知之何用?用之骨体。人命禀于天,则有表候于体。察表候以知命,犹察斗斛以知容矣。表候者,骨法之谓也。"并举了古代十二圣者都有怪相貌而"皆在帝王之位,或辅主忧世"的事实为例,又以高祖、陈平为例;其中又说:"案骨节之法,察皮肤之理,以审人之性命,无不应者。"又举无恤、黥布、卫青、周亚夫、邓通、倪宽为例,说明相者相人之富贵贫贱的可信,然后说:"故知命之工,察骨体之证,睹富贵贫贱……富贵之骨,不遇贫贱之苦;贫贱之相,不遭富贵之乐。"而且,知命之人还能在人富贵时,知道他将来的贫贱,在人贫贱时,知道他将来的富贵。同上文云:"知命之人,见富贵于贫贱,睹贫贱于富贵。"这种先见之明来源于对于骨体的明察。所以王充认为:"禀气于天,立形于地。察在地之形,以知在天之命,莫不得其实也。"《祸虚篇》也云:"天命之符,见于骨体。"

王充认为,"体"也是决定婚姻是否幸福的一个重要条件。他认为,只有同命的人之间结婚,其婚姻才会幸福。而由于"体"是"命"的外在表现,所以婚姻幸福应从寻求配偶的"体"的相似着手。王充认为,男女"类同气钧"(即"命"相同),便会"性体法相"相似(即"体"相似),这样的婚姻便是合适的婚姻,否则便是不合适的婚姻,甚至其中不配的一方会有死亡之祸。《骨相篇》说:"类同气钧,性体法相固自相似。异气殊类,亦两相遇。富贵之男娶得富贵之妻,女亦得富贵之男。夫二相不钧而相遇,则有立死;若未相适,有豫亡之祸也。"并以王莽姑正君及黄次公妇一再改嫁为例来说明这个理论。在王充看来,男女婚姻也是命中决定的,人们所能做的,便是努力端详双方的"性体法相"是否"类同气钧",以便配成合适的夫妇,其他的努力则都是没有用的。

王充认为不仅"命"有骨法,"性"也有骨法。《骨相篇》云:"非徒富贵贫贱有骨体也,而操行清浊亦有法理……非徒命有骨法,性亦有骨法。惟知命有明相,莫知性有骨法,此见命之表证,不见性之符验也。"并举越王、秦始皇为例,说明相者相人品行性格之准确。

顺便说一句,在身体之外,王充认为"吉验"也是人禀贵命于天的表现。《吉验篇》云:"凡人禀贵命于天,必有吉验见于地。见于地,故有天命也。验见非一,或以人物,或以祯祥,或以光气。"并举了十四个例子来证明这一点。《奇怪篇》亦云:"圣人之生,奇鸟吉物之为瑞应。""帝王之生,必有怪奇,不见于物,则效于梦矣。"王充既相信禀贵命于天之人必有吉验见于地,则亦必然会相信禀国命于天者亦必有符瑞见于地,这样,王充的政治观与其人生观也不是没有关系的,但在此我们不欲加以讨论。

王充关于"体"的看法,源于他的"命"的概念,是他的"命"的概念的一个组成部分,只有和其"命"的概念联系起来,才能加以充分理解,不能简单地以迷信来一笔抹杀。但这种"体"的概念的荒谬性,却也是不容否定的。因为正是从这种"体"的概念出发,王充可以承认"骨相"和"吉验"的存在的合理性,为诸如"奇迹"和"瑞应"这样的荒诞东西留下一席之地。而这些东西,其实正是王充所竭力批判的原始思维残迹的一个组成部分。由此也可看出,王充的"体"的概念,有碍于他的理性思想的彻底性。

七

在王充的悲观主义人生观中,与"命"几乎同等重要的,是"时"的概念。

王充所谓的"时",是指来自外界的,不取决于自己的,不可预测的,变化多端的力量。这种力量仅次于"命",对人生有巨大的支配作用。"时"与"命"的不同之处在于,"命"是在每个人的内部支配其人的力量,"时"是在每个人的外部支配其人的力量;它们的相同之处在于,它们都是与人的操行努力无关的非人所能控制的力量。王充认为,穷达祸福之来,不仅取决于"命",而且也取决于"时"。《祸虚篇》云:"凡人穷达祸福之至,大之则命,小之则时……穷达有时,遭遇有命也……案古人君臣困穷,后得达通,未必初有恶,天祸其前,卒有善,神祐其后也。一身之行,一行之操,结发终死,前后无异。然一成一败,一进一退,一穷一通,一全一坏,遭遇适然,命时当也。"《命禄篇》云:"故夫临事智愚,操行清浊,性与才也;仕宦贵贱,治产贫富,命与时也。命则不可勉,时则不可力。知者归之于天,故坦荡恬忽。"《定贤篇》云:"时厄,圣不能自免。"也就是说,"时"和"命"一样,是一种不可抗拒的力量,与人的操行没有关系,它主要来自人周围的环境,和"命"一起支配着人的一生。

如果说富贫、贵贱、寿夭、吉凶、盛衰、祸福等主要取决于"命"的话,则遭、遇、幸、偶、累、害等更多地取决于"时"。

"遭"意指意外灾难,这种意外灾难和《气寿篇》所说的那种来源于"所当触值之命"的意外灾难不一样,后者是命中注定会有的,是不可抗拒的,而前者则是偶然遇到的,是否为害取决于那人的命禄情况与灾难程度的对比。命善禄盛之人,能够摆脱灾难较轻之祸。《命义篇》云:"遭者,遭逢非常之变,若成汤囚夏台,文王厄牖里矣。以圣明之德,而有囚厄之变,可谓遭矣。变虽甚大,命善禄盛,变不为害,故称遭逢之祸……命善禄盛,遭逢之祸不能害也。"有时尽管遇祸之人命善禄盛,但所遭之祸却更大,这时便不能逃过灾难了。《命义篇》云:"历阳之都,长平之坑,其中必有命善禄盛之人,一宿同填而死,遭逢之祸大,命善禄盛不能却也。""命善禄盛"是一个人所禀受的"命","遭逢之祸"是一个人所遇到的"时",二者共同对人发生作用时,其结果取决于二者力量的对比。《命义篇》云:"譬犹水火相更也,水盛胜火,火盛胜水。"

"遇"是指与主相投的机会,也是实现禄命的条件。《命义篇》云:"遇者,遇其主而用也。虽有善命盛禄,不遇知己之主,不得效验。"可见"遇"在实现禄命方面的重要性。《逢遇篇》云:"不求自至,不作自成,是名为遇。"可见"遇"是与努力无关的,偶然得到的一种机会。世俗认为,"遇"者都是有才能品行的人,不遇者都是无才能品行的人,因而誉遇者,毁不遇者。王充则认为,"遇"、"不遇"取决于"时",而不是取决于才能品行。《逢遇篇》批评世俗的看法道:"今俗人既不能定遇不遇之论,又就遇而誉之,因不遇而毁之,是据见效,案成事,不能量操审才能也。"又提出自己的看法道:"操行有常贤,仕宦无常遇。贤不贤,才也;遇不遇,时也。才高行洁,不可保以必尊贵;能薄操浊,不可保以必卑贱。或高才洁行,不遇,退在下流;薄能浊操,遇,进在众上。世各自有以取士,士亦各自得以进。进在遇,退在不遇。处尊居显,未必贤,遇也;位卑在下,未必愚,不遇也。故遇,或抱洿行,尊于桀之朝;不遇,或持洁节,卑于尧之廷。"王充总结了历史人物的各种遭遇,指出了"遇"、"不遇"的不同情况:(1)或异操而同主;(2)或操同而主异("夫以贤事贤君,君欲为治,臣以贤才辅之,趋舍偶合,其遇固宜;以贤事恶君,君不欲为治,臣以忠行佐之,操志乖忤,不遇固宜");(3)或以贤圣之臣,遭欲为治之君,而终有不遇("才下知浅,不能用大才也……夫以大才干小才,小才不能受,不遇固宜");(4)或以大才之臣,遇大才之主,乃有遇不遇("道虽同,同中有异;志虽合,合中有离。何则? 道有精粗,志有清浊也");(5)或以伎合,合则遇,不合则不遇("说者不在善,在所说者善之;才不待贤,在所事者贤之……为善于不欲得善之主,虽善不见爱;为不善于欲得不善之主,虽不善不见憎。此以曲伎合,合则遇,不合则不遇");(6)或无伎,妄以奸巧合上志,亦有以遇者("以有补于人君,人君赖之,其遇固宜");(7)或无补益,为上所好("无细简之才,微薄之能,偶以形佳骨娴,皮媚色称。夫好容,人所好也,其遇固宜");(8)或以丑面恶色称媚于上。上述这些遇不遇的例子,虽说都能找到原因,但却取决于"时"的偶然作用,所以王充得出结论说:"故贤不肖可豫知,遇难先图。何则? 人主好恶无常,人臣所进无豫,偶合为是,适可为上。进者未必贤,退者未必愚,合幸得进,不幸失之。""世可希,主不可准也;说可转,能不可易也。"在这里,"时"具体表现为君主的作用。这种作用是来自人们周围的环境的,虽说不是命中注定的,但同样是支配人的,不可以人的努力改变的。

"幸"的概念,是指遭遇与努力相反的情况。好人遇祸为"不幸",坏人得脱为"幸"。它也取决于"时"的偶然作用,尽管有些情况下"命"也能起作用。《命义篇》云:"幸者,谓所遭触得善恶也。获罪得脱,幸也;无罪见拘,不幸也;执拘未久,蒙令得出,命善禄盛,夭灾之祸不能伤也。"三种情况中,前两种是与"命"无关的,后一种是与"命"有关的,主要都是不可捉摸的"时"在起作用。与"幸"相似的概念还有"偶"。"偶"是指与君主相投,和"遇"的概念差不多。《命义篇》云:"偶者,谓事君也。以道事君,君善其言,遂用其身,偶也;行与主乖,退而远,不偶也。退远未久,上官录召,命善禄盛,不偶之害不能留也。"三种情况中,前二种是与"命"无关的,后一种是与"命"有关的,主要都是不可捉摸的"时"在起作用。"幸"、"偶"是指同做一件事,却由于不可预见的外力而得到完全不同的结果的偶然情况,而且是与人的才能品行无关的。《定贤篇》云:"免于害者幸,而命禄吉也,非才智所能禁,操行所能却也。"《幸偶篇》云:"俱行道德,祸福不均;并为仁义,利害不同。""凡人操行,有贤有愚,及遭祸福,有幸有不幸;举事有是有非,及触赏罚,有偶有不偶。并时遭兵,隐者不中;同日被霜,蔽者不伤。中伤未必恶,隐蔽未必善,隐蔽幸,中伤不幸。俱欲纳忠,或赏或罚;并欲有益,或信或疑。赏而幸者未必真,罚而疑者未必伪,赏信者偶,罚疑不偶也。""不幸遭触而死,幸者免脱而生,不幸者不侥幸也。"不仅人类有"幸"、"偶",动物也有:"非唯人行,物亦有之……物善恶同,遭为人用,其不幸偶,犹可伤痛,况含精气之徒乎!"连圣人也会遇到不幸偶:"以圣人之才,犹不幸偶,庸人之中,被不幸偶,祸必众多矣!"总之,"幸"、"偶"是一种偶然性概念,与人的操行无关,而影响人类生活甚巨。

"累"、"害"的概念,是指人们遭到来自周围环境的损害,而且这也是与人的品行好坏没有关系的。一般世俗认为,人有不幸是因为才下行悖智昏策昧,而有幸是因为才高行合智明策明,王充则不同意这种看法。《累害篇》云:"夫不本累害所从生起,而徒归责于被累害者,智不明,闇塞于理者也。"他认为,"累害自外,不由其内","俱由外来,故为累害"。换言之,即人是否遭受累害不是由他个人努力与否决定的,而是由外来的偶然的非人力所能控制的因素造成的。《累害篇》又云:"凡人仕宦有稽留不进,行节有毁伤不全,罪过有累积不除,声名有闇昧不明,才非下,行非悖也,又知非昏,策非昧也,逢遭外祸,累害之也。"而且,不仅人类是这样,其他一切生物也莫非如此:"非唯人行,凡物皆然,生动之类,咸被累害。"这不是取决于人自己的:"修身正行,不能来福;战栗戒慎,不能避祸。祸福之至,幸不幸也。故曰:得非己力,故谓之福;来不由我,故谓之祸。"人的累害主要来自哪里呢?王充认为主要来自乡里与朝廷:"不由我者,谓之何由?由乡里与朝廷也。夫乡里有三累,朝廷有三害。累生于乡里,害发于朝廷。古今才洪行淑之人遇此多矣……夫未进也身披三累,已用也身蒙三害,虽孔丘、墨翟不能自免,颜回、曾参不能全身也。"乡里与朝廷,也可以说是"时"的组成部分吧。

在"祸"、"福"方面,王充也在强调"命"的决定力量的同时,强调了"时"的决定力量。世俗的看法,认为善有善报,恶有恶报,天道公正,赏罚无私。《福虚篇》云:"世论行善者福至,为恶者祸来。福祸之应,皆天也,人为之,天应之。阳恩,人君赏其行;阴惠,天地报其德。"《祸虚篇》云:"世谓受福祐者,既以为行善所致;又谓被祸害者,为恶所得。以为有沉恶伏过,天地罚之,鬼神报之。天地所罚,小大犹发;鬼神所报,远近犹至。"这种天祐善人、神罚恶人的想法,正是自先秦以来即盛行于社会上和充斥于经传中的乐观主义人生观的表现,按照这种想法,善有善报,恶有恶报,天地公正无私,赏罚取决于己。因此,只要努力为善,便会有好的命运;如果恣意为恶,便会有坏的命运。当时人对于这种想法,据《福虚篇》说:"无贵贱贤愚,莫谓不然。徒见行事有其文传,又见善人时遇福,故遂信之,谓之实然。"这种乐观想法,既植根于一般人的幼稚与善良,也来源于"圣贤"宣传的影响。《福虚篇》云:"斯言或时贤圣欲劝人为善,著必然之语,以明德报;或福时适,遇者以为然。如实论之,安得福祐乎!"但王充所看到的现实图景却远非如此明朗,《福虚篇》云:"天下善人寡,恶人众。善人顺道,恶人违天。然夫恶人之命不短,善人之年不长。天不命善人常享一百载之寿,恶人为殇子恶死,何哉?"这也就是《旧约·传道书》第七章第十五节所说的"有义人行义,反致灭亡;有恶人行恶,倒享长寿",第八章第十四节所说的"义人所遭遇的,反照恶人所行的;又有恶人所遭遇的,反照义人所行的"的意思。对于这种绝不容人乐观的现实图景,王充是用"命"和"时"的理由来解释的,这我们在本节开头已经引用过了。王充认为人的命运的好坏,完全不取决于他个人行为的善恶,而是取决于不以他的意志为转移的"命"与"时",这种"命"与"时"是不受人控制的,反而是控制人的。因而在《治期篇》中,他得出结论说:"祸福不在善恶,善恶之证不在祸福。"

那么,"命"与"时"的关系如何呢?王充认为只有"命"好"时"利时人才会有好的命运,否则,则仍会有坏的命运。但这种"命"好"时"利的情况,在人生中毋宁说是相当罕见的,因而人生也就只能是以不幸为主了。《命义篇》云:"故夫遭遇幸偶,或与命禄并,或与命禄离。遭遇幸偶,遂以成完,是与命禄并者也;遭遇不幸偶,遂以败伤,中不遂成,善转为恶,是与命禄离者也。故人之在世,有吉凶之性命,有盛衰之祸福,重以遭遇幸偶之逢,获从生死而卒其善恶之行,得其胸中之志,希矣!""命"和"时"一起,成了决定人生的二大主因,这就是王充的认识。

八

总括王充的上述各种概念,我们可以看出,其核心乃是宿命论思想,也就是一切由先天偶然决定、人为努力无济于事的思想。这种宿命论思想,贯穿于他的各种概念之中,成为其人生观的主旋律。在王充看来,人在降生之前便已通过禀受自然之气,而一切方面都已由先天决定了。这或许可以称为"本质先于存在"论。禀气的厚薄是如此,怀性的善恶是如此,命运的吉凶是如此,寿命的长短是如此,生活的福祸是如此,禄命的好坏是如此,形体的美丑是如此……而在这些先天性的宿命性的东西之外,还得加上"时"这种外在社会环境的因素,这也是一种个人无法左右而反要被其所左右的力量。因此总的来说,王充所描绘的人生图景,宛如一幅阴暗的地狱像,人们对于一切都束手无策,只能听凭命运和时世的主宰。这种人生观自然是非常悲观的。

那么,为什么王充会主张这种悲观主义的人生观呢?我们认为,其原因主要和至少有以下几个方面。一是王充个人的人生遭遇比较不顺利;二是他所处的时代环境为悲观主义思潮所笼罩;三是他要与当时作为乐观主义人生观之哲学基础的天人感应论作斗争。

王充的人生道路颇不平坦,老是遭受挫折与失败。他出身于细族孤门,生活于偏远之地,一生没有做过大官,仕宦的时间也很短暂。其原因不在于他不能干,而大抵是因为他不善与人相处。他之所以不善与人相处,或许由于禀自父辈的"任气"性格。他的父辈们,在人际关系方面,也大都是失败者。如据《自纪篇》说:"世祖勇任气,卒咸不撰于人。岁凶,横道伤杀,怨仇众多。会世扰乱,恐为怨仇所擒,祖父汎举家担载,就安会稽,留钱唐县,以贾贩为事。生子二人,长曰蒙,少曰诵,诵即充父。祖世任气,至蒙、诵滋甚,故蒙、诵在钱唐,勇势凌人。末复与豪家丁伯等结怨,举家徙处上虞。"可见其父辈过于任气,到处与人结怨,结果不得不辗转徙居。后来王充也以同样原因,一度徙家避难,真可谓"克绍箕裘",为其家族史又添上了一笔。禀承了父辈的任气性格,王充自己也不善与人相处。据《自纪篇》说,还在小的时候,他便已表现出不合群的倾向:"为小儿,与侪伦遨戏,不好狎侮。侪伦好掩雀、捕蝉、戏钱、林熙,充独不肯。诵奇之。"大概正因其自幼即表现得克肖乃父,所以才会受到他那"勇势凌人"的父亲的赏识吧?他"非其人,终日不言",这也注定了他不会受到上司的赏识。"充为人清重,游必择友,不好苟交。所友位虽微卑,年虽幼稚,行苟离俗,必与之友。好杰友雅徒,不泛结俗材。"就常情而论,没有人会自认是"俗材",故被他视为"俗材"者,也必会心怀不满。所以"俗材因其微过,蜚条陷之",也就是可以想象得到的结果了。由于他不善于与他人相处,因而他常常遭受挫折和失败;又因为常常遭受挫折和失败,因而他对"他人"就更感可怕。在《累害篇》中,他连篇累牍地列举了"他人"的种种可怕之处:"动百行,作万事,嫉妒之人,随而云起,枳棘之刺,钩挂容体,蜂虿之党,啄螫怀操,岂徒六哉!"而《言毒篇》,则更是对"小人之口"的可怕,作了淋漓尽致的描绘。这大抵是他自己亲身经历的写照。这样,他的"任气"的性格,他的不善与人相处,他的一再遭受挫折与失败,他对人际关系的绝望心理,都影响到了他的人生观,促成了他的悲观主义倾向,认为一切都是宿命的,人为努力是无济于事的,等等。任何玄妙高深的人生哲学,其实都可从哲学家的个人遭遇中找到间接直接的原因,在王充的场合自也不例外。清谭献《复堂日记》卷四"阅《论衡》"条说,王充"阴阳灾异,一归于虚,而笃信命遇,以为贤愚同囿于气。蹇困之士,有激之言",实为一针见血之论。

除了个人的遭遇不顺的原因之外,王充所处的笼罩着悲观主义思潮的时代环境,也是促成他的悲观主义人生哲学的一个原因。正如吉川幸次郎所指出的,先秦时期的人们,信奉乐观主义的人生哲学。他们认为天是有意志的,能够对人的行为作出反应。只要人们努力为善,天便会给予人以支持;而如果人们做了坏事,天也会马上加以惩罚。人生的祸福、吉凶、盛衰、寿夭、贫富、贵贱等,都由天根据人们的表现来加以决定。"善有善报,恶有恶报。"天地公正无私,赏罚取决于己。因此,只要努力为善,便会有好的命运;如果恣意为恶,便会有坏的命运。先秦时期的人们,充满了对于天的善意和公正的信赖,充满了对于人的努力和责任的肯定。因而他们的人生观,乃是一种乐观主义的人生观。但是从秦末汉初开始,随着社会的翻天覆地的变化,人们却开始对天的公正和善意产生了怀疑。人们认为天意是无常的,它并不能作出正确的判断。在这样的天的支配之下的人生,也就成了一种非常渺小脆弱的存在。人的努力的效果是有限度的,常常会遭到命运之神的意外打击。人生因此而受到命运的支配,而与个人的操行和努力无关。显而易见,这是一种悲观主义的人生哲学。这种悲观主义的人生哲学,在先秦时期的《论语》中已初露端倪,在汉初诗歌如《大风歌》、《垓下歌》中得到了明确的表现,在汉代和此后的六朝时期,更成为笼罩一切的时代潮流。①

王充的悲观主义人生哲学,正是以这种悲观主义时代潮流为背景而产生的。在《命禄篇》中,王充曾对发端于孔子、壮大于汉代的"言命"传统作了一番归纳整理,并且还批评了孔子的言命不彻底之处,这便正是一个反映王充对于悲观主义时代潮流具有自觉意识的例子。而且,也只有从这种时代潮流的角度,我们才能更容易理解,王充对于其师班彪的思想,尤其是由《王命论》所代表的那种宿命论思想,为什么会如此感兴趣。正如很多学者所指出的,王充的宿命论思想,受过乃师班彪《王命论》的影响,②只不过更变本加厉而已。然而,当我们把他们的关系放在当时的时代潮流中去考察时,便会发现他们都只不过是当时时代潮流的产儿而已。也正是当时的悲观主义的时代潮流,促使王充去接受和发展班彪的宿命论思想。

---

① 参见吉川幸次郎《中国诗史》,章培恒等译,合肥,安徽文艺出版社,1986年;上海,复旦大学出版社,2001年,2012年。
② 如张宗祥云:"仲任学于班叔皮,叔皮有《王命论》,仲任言命,往往合于师训。""《吉验篇》用意极似班彪《王命论》。""至若言贵贱,则归之命时;谈贫富,则属之幸偶;此则班氏《王命》之旨,受师门之遗训。"(见其《论衡校注》,第600页,第603页,序言第3页)

同时，王充的悲观主义人生观，不仅仅是当时的悲观主义时代潮流的产物，而且也是对于悲观主义的时代潮流的一个理论阐释和全面总结。换句话说，尽管悲观主义人生观早在汉初，甚至早在先秦时期即已出现，但是对于它的理论阐述和全面总结，却是由王充来完成的。而王充的这种理论阐述和全面总结，又开了后来六朝时期那种讨论命运的风气的先河。正是在这种承先启后及集大成的意义上，王充对于悲观主义人生观的理论阐述和全面总结，才是值得重视并具有历史意义的。尤其是考虑到在整个汉魏六朝时期，悲观主义人生哲学对于当时文化的深刻影响，考虑到作为人类诸种人生哲学之一，悲观主义人生哲学在人类精神史上所具有的永恒性，则王充这番理论阐述和全面总结的意义，便是怎么估计都不会过分的。

而且，正是在这一背景上，我们可以理解王充为什么要批判天人感应论。如像有的学者那样，认为王充的宿命论思想与他所抵制的天人感应论都有唯心色彩，要去寻求二者间的对立，那将是徒劳无功的；二者之间的对立，不在于唯心还是唯物，而在于对待人生的态度是乐观还是悲观。天人感应论不仅以人对自然的愚昧为前提，也以人对社会的愚昧为前提。在某种意义上，它是先秦时期流行的那种乐观主义人生观的哲学基础。因为只有通过"天人感应"，才能"善有善报，恶有恶报"，才能使公正的天意得到实现。王充持有悲观主义人生观，认为善不一定有善报，恶也不一定有恶报，人间也没有什么由天主持的公正，一切都是宿命的和偶然的，那么他必然要否定作为乐观主义人生观之哲学基础的天人感应论。而且，只有否定了天人感应论，才能最终否定乐观主义人生观，提倡他的悲观主义人生观。由此我们推测，王充之所以写九虚三增等批判天人感应论的文章，一方面固然是为了清算原始思维的残迹，同时似乎也是为了扫荡乐观主义人生观的哲学基础，为确定悲观主义人生观铺平道路。第一编第三章《〈论衡〉篇目排列内在联系考》曾指出："《论衡》篇目乃是按照写作时间的先后排列的",九虚三增等批判天人感应论的一组文章,紧接在阐述悲观主义人生观的一组文章之后,现在看来就有了新的意义了。也许王充在阐述了悲观主义人生观之后,感到有必要推翻作为乐观主义人生观之哲学基础的天人感应论,所以紧接着写了九虚三增等批判天人感应论的一组文章吧。至少在其兴趣点转移的过程中,这一联系也许也起了某种作用。《福虚篇》和《祸虚篇》的宗旨,更证明了两组文章之间的联系。当然,一俟王充开始转向批判天人感应论,他自然会顺着新的思路展开论述,以致其内容离第一组文章越来越远,宛如完全没有关系的样子,那也是写作过程中常见的现象吧。这么说来,在批判天人感应论与阐述宿命论思想之间,也就不存在什么矛盾了吧,更谈不上前者是优点而后者是缺点了吧。也许正好恰恰相反,王充的悲观主义人生观,还为他的批判天人感应论提供了一种有力的原动力呢!

同时,反过来也可以看到,王充的悲观主义人生观,在一定程度上,也是为他的反对天人感应论服务的。如他用"禄命"等宿命论思想证明祭祀的无用,《解除篇》云:"案天下人民,夭寿贵贱,皆有禄命;操行吉凶,皆有衰盛。祭祀不为福,福不由祭祀。"他用"死生有命,富贵在天"的宿命论思想,来证明禁忌的无用,《辨祟篇》云:"故《书》列七卜,《易》载八卦,从之未必有福,违之未必有祸。然而祸福之至,时也;死生之到,命也。人命悬于天,吉凶存于时。命穷,操行善,天不能续;命长,操行恶,天不能夺……世间不行道德,莫过桀、纣;妄行不轨,莫过幽、厉。桀、纣不早死,幽、厉不夭折。由此言之,逢福获喜,不在择日避时;涉患丽祸,不在触岁犯月,明矣。孔子曰:'死生有命,富贵在天。'苟有时日,诚有祸祟,圣人何惜不言?何畏不说?""人之于世,祸福有命;人之操行,亦自致之。其安居无为,祸福自至,命也;其作事起功,吉凶至身,人也。"他用"命"的禀受的必然性与实现的偶然性,来否定"厌胜感动"之类东西,《偶会篇》说:"命,吉凶之主也。自然之道,适偶之数,非有他气旁物厌胜感动使之然也。"从这些例子可以看出,在批判天人感应论时,王充的宿命论思想乃是起了积极的作用的。

总而言之,对于王充的以"宿命论"思想为核心的悲观主义人生观,我们有必要仔细分析其形成的原因,以及其出现的意义,而不能笼而统之地一笔抹杀。这样我们才能真正超越它,而迈向更为成熟的人生哲学。

第三章　论王充文论的立说基准的多重性与统一性

　　王充的《论衡》中,有许多论文的话,这些话基于不同的立说基准,往往互相矛盾,征引者既可引此以证是,亦可引彼以证非。其实,不仅文论是如此,整个《论衡》的思想方法都有这样的特征,诚如宋代黄震《黄氏日抄》卷五七《读诸子》三"《论衡》"条所说的:"随事各主一说,彼此自相背驰。"这种思想方法的不科学性,正是产生王充文论立说基准的多重性的前提。不过,在这种立说基准的多重性的深处,其实仍是具有统一性的。和所有的文论家一样,王充文论的核心,也是自我中心主义。他的一切文论,都是以肯定《论衡》为出发点的。所有各种不同的立说基准,最终都统一于这一原点。这种表层的多重性和深层的统一性的结合,乃是王充文论的根本特征。为了理解王充文论,我们既要认清作为各种具体评论之前提的立说基准的多重性,又要注意在不同的立说基准背后起作用的王充的自我中心主义,否则,我们便会对各种互相矛盾的文论感到迷惑不解,甚而被引向歧途,而这方面的例子是屡见不鲜的。本章便欲从立说基准的多重性与统一性的角度,对王充文论作一番新的审视。

一

　　当王充把人分成有文之人与无文之人两类时,他提出了第一种立说基准,即尚文的立说基准。按照这种立说基准,有文之人为优,无文之人为劣。王充之所以提出这种立说基准,是因为他自己是一个有文之人。

针对人们的"士之论高,何必以文"(《书解篇》)的疑问,王充反复强调了文对于人的重要性。王充认为,文是人的内在本质的表现,《书解篇》说:"夫人有文质乃成。"又是人的思想感情的流露,《书解篇》说:"《易》曰:'圣人之情见乎辞。'出口为言,集札为文,文辞施设,实情敷列。"又是人的学问才华的标志,《佚文篇》说:"美善不空,才高知深之验也。《易》曰:'圣人之情见于辞。'文辞美恶,足以观才。"因此,人的内在品质不同,文也就不同,《书解篇》说:"德弥盛者文弥缛,德弥彰者文弥明。大人德扩,其文炳;小人德炽,其文斑。官尊而文繁,德高而文积。"人的贤愚可以用文为标准来加以划分和区别,《书解篇》说:"衣服以品贤,贤以文为差。愚杰不别,须文以立折。"有文之人是优秀的人,《佚文篇》说:"天人以文为观,大人君子以文为操。""天晏旸者星辰晓烂,人性奇者掌文藻炳。"《超奇篇》说:"繁文之人,人之杰也。"《效力篇》说:"出文多者才知茂。"无文之人是不优秀的人,《书解篇》说:"人无文,则为仆人。""人无文德,不为圣贤。"而圣人则是文之最优者,《书解篇》说:"上天多文而后土多理,二气协和,圣贤禀受,法象本类,故多文彩。"不仅人类是这样,而且天地万物莫不如此。总而言之,王充认为"物以文为表,人以文为基"(《书解篇》),高度肯定了文对于人的重要意义。

正是从这种高度肯定文对于人的重要性的尚文思想出发,王充在论文时表彰了各种文人和各种文体。他认为班固、贾逵、傅毅、杨终、侯讽等五人的歌功颂德之文《神爵颂》是美的,《佚文篇》说:"永平中,神雀群集,孝明诏上《神爵颂》。百官颂上,文皆比瓦石,唯班固、贾逵、傅毅、杨终、侯讽五颂金玉,孝明览焉。夫以百官之众,郎吏非一,唯五人文善,非奇而何?"司马相如的辞赋、扬雄的著作等是美的:"孝武善《子虚》之赋,征司马长卿;孝成玩弄众书之多,善杨子云,出入游猎,子云乘从。使长卿、桓君山、子云作吏,书所不能盈牍,文所不能成句,则武帝何贪,成帝何欲?故曰:玩杨子云之篇,乐于居千石之官;挟桓君山之书,富于积猗顿之财。"(同上)董仲舒的策文和刘子骏的章奏也是美的:"孝武之时,诏百官对策,董仲舒策文最善。王莽时,使郎吏上奏,刘子骏章尤美。"(同上)杨终的《哀牢传》之类史地著作也是美的:"杨子山为郡上计吏,见三府为《哀牢传》不能成,归郡作上。孝明奇之,征在兰台。夫以三府掾史,丛积成才,不能成一篇;子山成之,上览其文。子山之传,岂必审是,传闻依为之有状。会三府之士,终不能为,子山为之,斯须不难。"(同上)连张霸作伪古文《尚书》,也受到了王充的推重:"孔子曰'才难',能推精思,作经百篇,才高卓遹,希有之人也。成帝赦之,多其文也。虽奸非实,次序篇句,依倚事类,有似真是,故不烧灭之。疏一椟,相遗以书,书十数札,奏记长吏,文成可观,读之满意,百不能一。张霸推精思至于百篇,汉世寡类,成帝赦之,不亦宜乎!"(同上)此外,韩非之文,陆贾《新语》,也受到了王充的称赞:"韩非之书,传在秦庭,始皇叹曰:'独不得与此人同时!'陆贾《新语》,每奏一篇,高祖左右,称曰万岁。夫叹思其人,与喜称万岁,岂可空为哉!诚见其美,欢气发于内也。"(同上)总之,有文之人都是可以敬佩的。

在表彰肯定有文之人的同时,在《书解篇》中,王充又对当时社会上流行的两种否定有文之人的看法提出了批评。一种流行看法认为:"著作者思虑闲也,未必材知出异人也。居不幽,思不至。使著作之人,总众事之凡,典国境之职,汲汲忙忙,何暇著作?试使庸人积闲暇之思,亦能成篇八十数。"王充反驳说,著作之人不是因为思虑闲,而是因为有才能,思虑闲不过是辅助因素而已;没有才能的人,"有幽室之思,虽无忧,不能著一字"。所以,"盖人材有能,无有不暇。有无材而不能思,无有知而不能著"。他以司马相如和扬雄二人为例,说他们"俱感,故才并;才同,故业钧。皆士而各著,不以思虑闲也"。另一种流行看法认为，著作之人才竭于作书，而没有能力从政。王充则认为："材知无不能，在所遭遇，遇乱则以其知立功，有起则以其材著书者也。"并举陆贾败诸吕及作《新语》为例，说明立功与立言可以并行不悖。王充批评这两种否定有文之人的流行看法，旨在维护著作之人的地位。而这著作之人，从王充所举例子来看，是包括各种体裁之文的作者在内的。

如上所述，根据王充的这种立说基准，一切有文之人都受到了表彰，而对有文之人的责难则受到了批评。但是如按照其他立说基准，则王充在此所表彰的文人又会受到批评。如在此受到肯定的司马相如等人的辞赋之文，按下述第五、第六、第九种立说基准，又会作为"华文"、"深覆典雅"之文、无用之文而受到批评。在此受到肯定的上书奏记之文，如按第三种立说基准，即重造论著说之文轻其他各类之文的立说基准，又会作为"一则为身，二则为人，繁文丽辞，无为上者"（《佚文篇》）之文而受到否定。在此受到肯定的诸子之文，如按第三种立说基准，又会作为不如"造论著说"之文的文类而受到贬低；如按第八种立说基准，即重歌功颂德的立说基准，又会作为不歌功颂德之文而受到否定。在此受到肯定的经艺之文，如按第四种立说基准，即重诸子轻经艺的立说基准，又会作为抱残守缺之文受到否定（更不用说张霸所作经艺乃是伪经了）。在此受到肯定的史传之文，如按第三种立说基准，又会作为不如"造论著说"之文的文类而受到否定。因而，在此我们必须注意的，乃是这一立说基准的尚文特征。由于尚文，所以只要是文，就都能受到肯定，而完全没有优劣等级意识在内。

二

当王充把文分为"著作"之文与"说经"之文，把文人分成"著作者"与"说经者"时，他又提出了第二种立说基准，即重"著作"之文与"著作者"，而轻"说经"之文与"说经者"的立说基准。按照这种立说基准,凡是作者自己不依傍经典而写的文章,不管是论说还是史传,都是值得肯定的,而且这样的作者也是值得肯定的;而一切依傍经典而写的东西,不管是训诂还是注释,都是不值得肯定的,而且这样的作者也是不值得肯定的。王充之所以提出这种立说基准,是因为他自己的《论衡》是"著作"之文而不是"说经"之文,他自己是"著作者"而非"说经者"。

在王充的时代,经典具有至高无上的地位,学习和传授经典的人为数众多,故一般世人都认为说经之"世儒"高于写作之"文儒"。《书解篇》引世人之说认为:"文儒不若世儒。世儒说圣人之经,解贤者之传,义理广博,无不实见,故常在官位,位最尊者为博士,门徒聚众,招会千里,身虽死亡,学传于后;文儒为华淫之说,于世无补,故无常官,弟子门徒,不见一人,身死之后,莫有绍传。此其所以不如世儒者也。"王充则不同意世人的这种流行看法,他先公平地指出"文儒"与"世儒"均有补于世:"夫世儒说经意,文儒说圣情,共起并验,俱追圣人,事殊而务同,言异而义钧,何以谓之文儒之说无补于世?"(同上)但他又强调"文儒"比"世儒"更高。这首先是因为"世儒"之事迹有待"文儒"之记载才能流传:"世儒当时虽尊,不遭文儒之书,其迹不传。""世传《诗》家鲁申公,《书》家千乘欧阳、公孙,不遭太史公,世人不闻。"(同上)而"文儒"之事迹则只靠自己之书便能流传:"古俊乂著作辞说,自用其业,自明于世。""周公制礼乐,名垂而不灭;孔子作《春秋》,闻传而不绝。周公、孔子,难以论言。汉世文章之徒,陆贾、司马迁、刘子政、杨子云,其材能若奇,其称不由人。"(同上)故"文儒"优于"世儒":"夫以业自显,孰与须人乃显?夫能纪百人,孰与廑能显其名?"(同上)其次,也是因为"世儒"比"文儒"易为:"世儒业易为,故世人学之多;其事可析第,故宫廷设其位。""文儒之业,卓绝不循,人寡其书,业虽不讲,门虽无人,书文奇伟,世人亦传。"(同上)"世儒"之文是"虚说",而"文儒"之文是"实篇",故"折累二者,孰者为贤"的答案,自不难作出了。

王充的这第二种立说基准,与他的第一种立说基准并不矛盾。在他的文论的价值序列中,如果说"无文"之人是最应该否定的,则"说经"之人就是第二该否定的。和第一种立说基准一样,他在此也称赞了一切著作之文和著作之人,其中既包括作经艺之文的周公、孔子,也包括作论说史传之文的陆贾、司马迁、刘向、扬雄。但如按照其第四种立说基准,即重诸子轻经艺的立说基准,则经艺之文又是应该受到贬低的。如按照第三种立说基准,即重造论著说之文轻其他各类之文的立说基准,则陆贾、扬雄的"造论著说"之文又应高于司马迁的史传之文和刘向的奏记之文。如按照第九种立说基准,即尚善心的立说基准,则所有这些著作之文又都不值得肯定了。

三

当王充把文(著作之文)划分成若干等级时,他又提出了第三种立说基准,即重"造论著说"之文轻其他各类之文的立说基准。按照这种立说基准,"造论著说"之文优于其他各类之文,而"造论著说"之人又优于作其他各类文体之人。王充之所以提出这种立说基准,是因为他的《论衡》乃属于"造论著说"之文,他自己也属于"造论著说"之人。

在《佚文篇》里,王充把文分为五等:"五经六艺为文,诸子传书为文,造论著说为文,上书奏记为文,文德之操为文。"虽说王充谦虚地把"造论著说"之文置于第三等,并认为"五文在世,皆当贤也",但他毕竟还是认为"造论著说"之文最值得肯定:"造论著说之文,尤宜劳焉。"为什么呢?这是因为"造论著说"之文"发胸中之思,论世俗之事","论发胸臆,文成手中",也就是写自己的文章,谈自己的看法,因而,其他各类之文皆比不上它。如第一等的"五经六艺"之文,尽管王充在《对作篇》中曾予以最高评价:"五经之兴,可谓作矣。"但在此他却说,"造论著说"之文"非徒讽古经、续故文也","非说经艺之人所能为也",借贬低说经艺之人来贬低五经六艺之文。第二等的"诸子传书"之文,王充也认为不及"造论著说"之文,其理由是:"周秦之际,诸子并作,皆论他事,不颂主上,无益于国,无补于化。造论之人,颂上恢国,国业传在千载,主德参贰日月,非适诸子书传所能并也。"以"诸子传书"不能歌功颂德为口实来加以贬低,反映了王充肯定"造论著说"之文贬低"诸子传书"之文的态度。第四等的"上书奏记"之文与第五等的"文德之操"之文,王充认为更是不能与"造论著说"之文相提并论的,这是因为:"上书陈便宜,奏记荐吏士,一则为身,二则为人,繁文丽辞,无为上者。文德之操,治身完行,徇利为私,无为主者。"总的来说,王充认为五等之文中,以"造论著说"之文为最好,不仅以下二等之文不及,就是以上二等之文亦不及:"夫如是,五文之中,论者之文多矣,则可尊明矣!"这就是王充的结论。

在《对作篇》中,王充也曾将文分成与《佚文篇》相似的几类,即第一等五经之文,称为"作",第二等书传之文,称为"述",第三等论说之文,称为"论",其次是上书奏记之文。不过,由于王充在《对作篇》中,主要是为了回答别人的"圣人作,贤者述。以贤而作者,非也。《论衡》、《政务》,可谓作者"的指责,而谈到各类之文的,所以他顾不上再夸奖"造论著说"之文,相反要把它压低,以免因被指为"作"而遇不测之祸,所以他拼命把"造论著说"之文从"作"与"述"之文那儿拉开,而向再次的"上书奏记"之文甚至说经之文方面靠近:"(《论衡》、《政务》)非作也,亦非述也,论也。论者,述之次也。五经之兴,可谓作矣;太史公书、刘子政序、班叔皮传,可谓述矣;桓君山《新论》、邹伯奇《检论》,可谓论矣。今观《论衡》、《政务》,桓、邹之二论也,非所谓作也……上书奏记,陈列便宜,皆欲辅政。今作书者,犹上书奏记,说发胸臆,文成手中,其实一也。夫上书谓之奏记,转易其名谓之书……由此言之,夫作书者,上书奏记之文也,谓之造作,上书奏记是作也……由此言之,唐林之奏,谷永之章,《论衡》、《政务》,同一趋也……祖经章句之说,先师奇说之类也。"王充的这种态度,看起来是与《佚文篇》的态度矛盾的,但骨子里其实并无不同,因为这只能看作是王充的权宜之计,而并不能看作是他的真实想法。所以就在同一篇中,他还大胆表示:"言苟有益,虽作何害?""故夫有益也,虽作无害也。"可见他并不真的认为"造论著说"之文是低级的文体。

王充的这一立说基准,与其第一、第二种立说基准,即尚文和重著作轻说经的立说基准,可以说并不矛盾,"五文在世,皆当贤也",便是根据第一、第二种立说基准而说的。但这一立说基准对第一、第二种立说基准作了补充,即在第一、第二种立说基准所肯定的所有的文和著作之文中,又进一步分出了等级。因此,就具体文人文体文章的评价而言,它可能会给人以与基于第一、第二种立说基准作出的评价相矛盾的感觉。如这里对五经六艺之文、诸子书传之文、上书奏记之文和文德之操之文都是持贬低态度的,但基于第一、第二种立说基准,则所有的文和著作之文都是受到肯定的。此外,按第四种立说基准,即重诸子轻经传的立说基准,则诸子之文也是受到肯定的。如按第五种立说基准,即重实文轻华文的立说基准,则以上各类文体基本上也都是受到肯定的。

四

当王充把"诸子"与"经传"作对比时,他又提出了第四种立说基准,即重诸子轻经传的立说基准。按照这种立说基准,一向为人所轻的诸子,其价值反而在一向为人所重的经传之上。王充之所以提出这种立说基准,是因为尽管他的《论衡》与诸子并不相同,但在广义上也未必不可以看作是诸子的流亚(其实后人也正是这么看的),因而当世人轻视诸子时,王充便自然会产生同病相怜之感,起来维护诸子的地位。

在王充的时代,一般的流行看法是重经艺轻诸子的。据《书解篇》说,当时人认为:"古今作书者非一,各穿凿失经之实,传违圣人质,故谓之蕞残,比之玉屑。故曰:'蕞残满车,不成为道;玉屑满箧,不成为宝。'前人近圣,犹为蕞残,况远圣从后复重为者乎? 其作必为妄,其言必不明,安可采用而施行?"但王充的看法却与彼不同,他认为诸子有补于经传,经传有赖于诸子:"圣人作其经,贤者造其传,述作者之意,采圣人之志,故经须传也。俱贤所为,何以独谓经传是,他书记非?"其中所说的"传"即诸子之意。世人的见解,乃是只以五经之是非为是非的表现:"彼见经传传经之文,经须而解,故谓之是。他书与经相违,更造端绪,故谓之非。若此者,矩是于五经,使言非五经,虽是,不见听。"但其实经传的情况却并不太妙:"使五经从孔门出,到今常令人不缺灭,谓之纯壹,信之可也。今五经遭亡秦之奢侈,触李斯之横议,燔烧禁防,伏生之徒,抱经深藏。汉兴,收五经,经书缺灭而不明,篇章弃散而不具。晁错之辈,各以私意,分拆文字,师徒相因相授,不知何者为是。亡秦无道,败乱之也。"在这样的情况下,同为古代著作的诸子便值得重视了:"秦虽无道,不燔诸子。诸子尺书,文篇具在,可观读以正说,可采掇以示后人。"所以,诸子应该像经传一样受到重视:"后人复作,犹前人之造也。夫俱鸿而知,皆传记所称,文义与经相薄,何以独谓文书失经之实?"而且,诸子因其完整而价值应更在经传之上:"由此言之,经缺而不完,书无佚本,经有遗篇,折累二者,孰为蕞残?"何况从成书时间先后来说,经传与诸子本末正好相反:"《易》据事象,《诗》采民以为篇,《乐》须民欢,《礼》待民平。四经有据,篇章乃成。《尚书》、《春秋》,采掇史记。史记与书无异,以民、事一意。六经之作皆有据。由此言之,书亦为本,经亦为末;末失事实,本得道质。折累二者,孰为玉屑?"总而言之,王充认为诸子的作用是异常重要的:"知屋漏者在宇下,知政失者在草野,知经误者在诸子。诸子尺书,文明实是。"并对忽视诸子的说经世儒的抱残守缺提出了批评:"说章句者,终不求解扣明,师师相传,仍为章句者,非通览之人也。"

王充这里对于经传的态度,与第三种立说基准,即重造论著说之文轻其他各类之文的立说基准相似,二者都指出了经传的不足之处;和第二种立说基准,即重著作轻说经的立说基准亦有相通之处,尽管这里贬低的是经传之文,而那里贬低的是说经者,但从中可以看出王充不喜欢经传的一贯态度;不过和第一种立说基准,即尚文的立说基准不同,在那里所有的文章都是受到肯定的。王充这里对待诸子的态度,和第一、第二种立说基准,即尚文和重著作轻说经的立说基准不相矛盾,因为诸子属于文和著作;和第五种立说基准,即重实文轻华文的立说基准,亦有共通之处,因为那里诸子作为"实文"受到了肯定;但与第三、第八种立说基准有所矛盾,因为按第三种立说基准,即重造论著说之文轻其他各类之文的立说基准,诸子被说成是有缺陷的,按第八种立说基准,即重歌功颂德的立说基准,诸子因没有歌功颂德而受到了批评。

五

当王充把文分为"华文"和"实文"这两类时,他又提出了第五种立说基准,即重实文轻华文的立说基准。按照这种立说基准,有实际道德教化作用的就是有用的文章,因而值得肯定;无实际道德教化作用的就是无用的文章,因而不宜肯定。王充之所以提出这种立说基准,是因为他自己的《论衡》便是有用之文,而他在辞赋方面又并不擅长。

王充文论的这种立说基准,充分反映在《自纪篇》的下述话中:"实言无多,而华文无寡。为世用者,百篇无害;不为用者,一章无补。"也就是说,有用的"实文"不嫌其多,无用的"华文"不嫌其寡。王充所谓的"实文",就是能"劝善惩恶"的文章,如《佚文篇》所说的:"载人之行,传人之名也。善人愿载,思勉为善;邪人恶载,力自禁裁。然则文人之笔,劝善惩恶也。"就是能"自明于世"的文章,如《书解篇》所说的:"古俊乂著作辞说,自用其业,自明于世。"就是能"处定是非"的文章,如《定贤篇》所说的:"处定是非,辩然否之实。"《对作篇》所说的:"铨轻重之言,立真伪之平。"总而言之,是有实际功用的文章。王充所谓的"华文",就是不能"处定是非"的文章,如《定贤篇》所说的:"文丽而务巨,言眇而趋深,然而不能处定是非,辩然否之实,虽文如锦绣,深如河汉,民不觉知是非之分,无益于弥为崇实之化。"就是不能"自明于世"的文章,如《书解篇》所说的:"世儒当时虽尊,不遭文儒之书,其迹不传。"就是不能"劝善惩恶"的文章,如《佚文篇》所说的:"岂徒调墨弄笔为美丽之观哉。"《超奇篇》所说的:"岂徒雕文饰辞苟为华叶之言哉。"《对作篇》所说的:"非苟调文饰辞为奇伟之观也。"总而言之,是没有实际功用的文章。

正因为王充认为文章的理想应是前者而非后者,所以,他肯定了能起劝善惩恶作用的班彪的史传和扬雄的《法言》,《佚文篇》说:"杨子云作《法言》,蜀富人赍钱十万,愿载于书。子云不听,曰:'夫富贾无仁义之行,犹圈中之鹿,栏中之牛也,安得妄载!'班叔皮续《太史公书》,载乡里人以为恶戒。邪人枉道,绳墨所弹,安得避讳?是故子云不为财劝,叔皮不为恩挠。文人之笔,独已公矣!"他肯定了能"以业自显"并"能纪百人"的汉世文章之徒,《书解篇》说:"汉世文章之徒,陆贾、司马迁、刘子政、杨子云,其材能若奇,其称不由人……夫以业自显,孰与须人乃显?夫能纪百人,孰与廑能显其名?"他又肯定了能"处定是非"的桓谭之文,《定贤篇》说:"世间为文者众矣,是非不分,然否不定,桓君山论之,可谓得实矣。"《超奇篇》说:"又作《新论》,论世间事,辩照然否,虚妄之言,伪饰之辞,莫不证定。"也正因为王充认为文章的理想应是前者而非后者,所以他否定了不能起劝善惩恶作用的华文,不能"以业自显"的说经,不能"处定是非"的辞赋。

王充认为自己的写作实践,便是用"实事"战胜"华文"的实践,他的《论衡》,便是一部能处定是非、以业自显并劝善惩恶的著作。在《佚文篇》中,他仿孔子的"诗三百,一言以蔽之,曰思无邪"

《论语·为政》)之语说:"《论衡》篇以十数,亦一言也,曰疾虚妄。"所谓"疾虚妄",不就是劝善惩恶的一个侧面吗? 当然,他的《论衡》的"劝惩"作用,与其说接近班彪和扬雄,毋宁说更接近桓谭。在《对作篇》中,他对自己《论衡》的写作动机和基本特征作了很好的概括:"故夫贤人之在世也,进则尽忠宣化,以明朝廷;退则称论贬说,以觉俗失。俗失不知还,则去道轻为非;论者不追救,则迷乱不觉悟。是故《论衡》之造也,起众书并失实,虚妄之言胜真美也。故虚妄之语不黜,则华文不见息;华文放流,则实事不见用。故《论衡》者,所以铨轻重之言,立真伪之平,非苟调文饰辞为奇伟之观也,其本皆起人间有非,故尽思极心,以讥世俗。"充分说明了《论衡》是"为世用"的实文,以及它与不为世用的华文的对立。王充的重实文轻华文的立说基准,便是根据他自己的这种写作实践提出来的。

这里对于扬雄《法言》、班彪史传、桓谭《新论》和汉世文章之徒的态度,与第一、第二种立说基准是相同的。因为按第一种立说基准,即尚文的立说基准,它们都属于"文",所以受到了肯定;按第二种立说基准,即重著作轻说经的立说基准,它们也大都属于著作,所以也受到了肯定。但按第九种立说基准,即尚善心的立说基准,则又受到了贬低,因为它们还不能称作"贤"。王充这里对于华文和辞赋的态度,与第六、第九种立说基准是相同的。因为按第六种立说基准,即重浅显易懂轻深覆典雅的立说基准,华文和辞赋是受到否定的;按第九种立说基准,即尚善心的立说基准,华文和辞赋也是受到否定的。但如按第一、第七、第八种立说基准,则华文与辞赋又是受到肯定的。因为按第一种立说基准,即尚文的立说基准,华文与辞赋属于文的一部分,所以受到了肯定;按第七种立说基准,即厚今薄古的立说基准,华文与辞赋因为是当代作品,所以受到了肯定;按第八种立说基准,即重歌功颂德的立说基准,则华文与辞赋只要歌功颂德,便也是值得肯定的。

六

当王充根据有用之文与无用之文的区分,进一步将文章风格分为浅显易懂与深覆典雅这两种时,他又提出了第六种立说基准,即重浅显易懂轻深覆典雅的立说基准。按照这种立说基准,浅显易懂的文风是值得肯定的,深覆典雅的文风是不值得肯定的。王充之所以提出这种立说基准,是因为他的《论衡》的文风便是浅显易懂而不是深覆典雅的。

王充的《论衡》的文风是浅显易懂的,《自纪篇》说:"充书形露易观。""《论衡》者,论之平也。口则务在明言,笔则务在露文。""《讥俗》之书,欲悟俗人,故形露其指,为分别之文;《论衡》之书,何为复然?"王充认为这是最好的文风,而反之则是不好的文风:"夫笔著者,欲其易晓而难为,不贵难知而易造;口论务解分而可听,不务深迂而难睹。""夫文由语也,或浅露分别,或深迂优雅,孰为辩者?""故口言以明志,言恐灭遗,故著之文字。文字与言同趋,何为犹当隐闭指意?""夫口论以分明为工,笔辩以获露为通,吏文以昭察为良。"王充认为圣贤高士之文的风格都是浅显易懂的:"高士之文雅,言无不可晓,指无不可睹。观读之者,晓然若盲之开目,聆然若聋之通耳。"面对人们提出的"经艺之文,贤圣之言,鸿重优雅,难卒晓睹,世读之者,训古乃下。盖贤圣之材鸿,故其文语与俗不通"的看法,王充提出了"古今言殊"的解释:"经传之文,贤圣之语,古今言殊,四方谈异也。当言事时,非务难知,使指意闭隐也。后人不晓,世相离远,此名曰语异,不名曰材鸿。"因为他还不便贸然攻击经传之文和贤圣之语,故只能以时代不同导致语言不同来解释。他所直接攻击的是辞赋:"深覆典雅,指意难睹,唯赋颂耳。"还有"浅文":"浅文读之难晓,名曰不巧,不名曰知明。"按照王充的这种立说基准,他自己的《论衡》的文风是好的,而辞赋的文风是不好的,"经艺之文"和"贤圣之语"则尽管王充为之作了辩护，但其实也是有欠缺的。总之，一切有通俗易懂文风的文章都是好的，而反之则是不好的。

按这种立说基准受到贬低的辞赋，按第五、第九种立说基准也曾受到贬低。因为按第五种立说基准，即重实文轻华文的立说基准，辞赋因属于不能处定是非定然否之实的华文而受到了贬低；按第九种立说基准，即尚善心的立说基准，辞赋也因非贤而受到贬低。不过，按第一、第七、第八种立说基准，则辞赋又是值得肯定的了。因为按第一种立说基准，即尚文的立说基准，辞赋作为文受到了肯定；按第七种立说基准，即厚今薄古的立说基准，辞赋作为当代作品受到了肯定；按第八种立说基准，即重歌功颂德的立说基准，辞赋作为能歌功颂德的文体受到了肯定。

七

当王充根据时代先后来评价文章时，他又提出了第七种立说基准，即厚今薄古的立说基准。按照这种立说基准，所有现代的文章都是值得肯定的，而所有古代的文章都是不宜过于肯定的。王充之所以提出这种立说基准，既是因为他具有厚今薄古的历史观，也是因为他自己的著作就是现代的文章。

根据这种立说基准，如将汉代之文与先秦之文相比，则汉代之文被给予了更多的肯定。在《齐世篇》中，王充肯定了扬雄的《太玄》和《法言》："杨子云作《太玄》，造《法言》，张伯松不肯壹观。与之并肩，故贱其言。使子云在伯松前，伯松以为金匮矣！"张伯松因为扬雄的《太玄》、《法言》是今人著作而"贱其言"，王充则正因其是今人著作而批评了张伯松的做法。在《宣汉篇》中，王充肯定了尚未问世的《汉书》："唐虞夏殷，同载在二尺四寸，儒者抽读，朝夕讲习。不见《汉书》，谓汉劣不若。亦观猎不见渔，游齐楚不愿宋鲁也。使汉有弘文之人，经传汉事，则《尚书》、《春秋》也。儒者宗之，学者习之，将袭旧六为七，今上上至高祖皆为圣帝矣！"王充当时还不知道其时班固正在作《汉书》，故还是用了假设语气，但如真有《汉书》，则王充亦定会因其是今人著作而给予肯定的。在《宣汉篇》中，王充肯定了杜抚、班固等人的《汉颂》："观杜抚、班固等所上《汉颂》，颂功德符瑞，汪涉深广，滂沛无量，逾唐虞，入皇域，三代隘辟，厥深洿沮也。"虽说这段话的主要意思是说汉德超逾前代，但也是王充这种厚今薄古立说基准的表现之一。因为正是由于杜抚和班固诸人的颂文是汉代作品，所以才受到王充的肯定的。

按照这种立说基准，如将东汉之文与西汉之文相比，则东汉之文又被给予了更多的肯定。在《案书篇》中，王充肯定了他的同时代人和同乡人的一些著作，认为连扬雄和刘向也不能超过他们："观伯奇之《元思》、太伯之《易章句》、文术之《咸铭》、君高之《越纽录》、长生之《洞历》，刘子政、杨子云不能过也。"伯奇是东番邹伯奇，太伯是临淮袁太伯，文术是临淮袁文术，君高是会稽吴君高，长生是会稽周长生，都是王充的同时代人或同乡人，因而受到了王充的高度肯定。在《案书篇》中，王充还肯定了另一批当代文人的赋颂记奏："广陵陈子廻、颜方，今尚书郎班固，兰台令史杨终、傅毅之徒，虽无篇章，赋颂记奏，文辞斐炳，赋象屈原、贾生，奏象唐林、谷永，并比以观好，其美一也，当今未显，使在百世之后，则子政、子云之党也。"因为他们都是当代文人，因而受到了王充的肯定，认为他们不亚于先秦和西汉的一些著名文人。由此可见，尽管王充在《案书篇》中也主张"才有浅深，无有古今；文有伪真，无有故新"，但当他想要主张厚今薄古的文论时，他就顾不上保持客观公正的态度了。

按王充的第三种立说基准，即重造论著说之文轻其他各类之文的立说基准，史传是归入二等的，按第九种立说基准，即尚善心的立说基准，史传之文也不被认为有什么了不起；但在这里，从厚今薄古的立说基准出发，王充可以把《汉书》一类作品推崇到经典的地位。袁太伯的《易章句》这样的说经之文，按第二种立说基准,即重著作轻说经的立说基准,是应该受到贬低的;但在这里,却因是当代人著作而受到了充分肯定。按照王充的第五、第六、第九种立说基准,即重实文轻华文、重浅显易懂轻深覆典雅和尚善心的立说基准,赋颂之文是应该受到贬低的;但在这里却由于是当代人的文章,而受到了"文辞斐炳"的称颂,被比为像"屈原、贾生",并被预言百世之后"必显"。

八

当王充根据是否歌功颂德来评价文章时,他又提出了第八种立说基准,即重歌功颂德的立说基准。按照这种立说基准,凡是歌功颂德的都是值得肯定的,不歌功颂德的则是不值得肯定的。王充之所以提出这种立说基准,是因为《论衡》中有一组歌功颂德之文,而王充在写那些文章时也比较热衷于歌功颂德(至于王充为什么写颂汉诸篇,则请参第一编第四章《〈论衡〉颂汉诸篇写作动因考》)。

根据这种立说基准,王充把歌功颂德视作文人应尽的职责,《须颂篇》说:"古之帝王建鸿德者,须鸿笔之臣褒颂纪载,鸿德乃彰,万世乃闻。""龙无云雨,不能参天;鸿笔之人,国之云雨也。载国德于传书之上,宣昭名于万世之后,厥高非徒参天也……国之功德,崇于城墙;文人之笔,劲于筑蹈。圣主德盛功立,若不褒颂纪载,奚得传驰流去无疆乎!"前代的歌功颂德之人和之作因此而受到了王充的肯定:"孔子,鸿笔之人也。""是故《周颂》三十一,《殷颂》五,《鲁颂》四,凡颂四十篇,诗人所以嘉上也。"王充又认为歌颂汉代是汉文人应尽的职责:"如千世之后,读经书不见汉美,后世怪之。故夫古之通经之臣,纪主令功,记于竹帛;颂上令德,刻于鼎铭。文人涉世,以此自勉。"王充对汉代的文章史作了回顾,肯定了那些能起这种作用的文章:"高祖以来,著书非不讲论汉:司马长卿为《封禅书》,文约不具,司马子长纪黄帝以至孝武,杨子云录宣帝以至哀、平,陈平仲纪光武,班孟坚颂孝明,汉家功德,颇可观见。"在此,王充把司马迁、扬雄、陈平仲等人的历史著作的主旨,都归结为歌功颂德,并且理出了汉代文章的一条歌功颂德的主线。在这条主线的各个环节中,王充特别称赞班固等人的颂汉之文:"孝明之时,众瑞并至,百官臣子,不为少矣,唯班固之徒称颂国德,可谓誉得其实矣。颂文谲以奇,彰汉德于百代,使帝名如日月,孰与不能言,言之不美善哉!"王充甚至把它们提高到了《诗经》里的颂的地位:"又诗颂国名《周颂》,与杜抚、班固所上《汉颂》相依类也。"王充又认为歌颂章帝的任务已理所当然地落到了自己身上,自己是汉代歌功颂德之文传统的最近继承者:"今上即命,未有褒载,《论衡》之人,为此毕精,故有《齐世》、《宣汉》、《恢国》、《验符》。"并肯定了自己的颂汉诸篇,《佚文篇》说:"造论之人,颂上恢国,国业传在千载,主德参贰日月,非适诸子书传所能并也。"同样根据这种立说基准,那些不能起歌功颂德作用的文人便受到了王充的批评。《佚文篇》认为,先秦诸子书由于没有起这种作用,所以不值得肯定:"周秦之际,诸子并作,皆论他事,不颂主上,无益于国,无补于化。"所以它们连自己的《论衡》也及不上。汉代的许多文人由于没能起到这种作用,所以也受到了王充的批评,《须颂篇》说:"方今天下太平矣,颂诗乐声,可以作未?传者不知也,故曰拘儒。""知圣主不能颂,是则喑者不能言是非也。""汉德不及六代,论者不德之故也。""国德溢炽,莫有宣褒,使圣国大汉有庸庸之名,咎在俗儒不实论也。"汉代的不能起这种作用的文章,也因此而受到了王充的批评:"汉家著书,多上及殷周,诸子并作,皆论他事,无褒颂之言。"按照是否能或是否肯歌功颂德,连文人也被分成了三等:"人有高行,或誉得其实,或欲称之不能言,或谓不善不肯陈,断此三者,孰者为贤?"在王充看来,当然是前者为贤,中者次之,后者最劣。

基于这种立说基准所作的评价,与基于其他立说基准所作的评价之间也有矛盾之处。如诸子之文,如按第一、第四种立说基准,即尚文和重诸子轻经传的立说基准,都应该得到肯定的评价,但在此却因为不歌功颂德而得到了较低的评价。又如汉代诸子,按第七种立说基准,即厚今薄古的立说基准,是可以和前贤媲美的,但在此也因没有歌功颂德而受到了较低评价。又如史传之文,按第三种立说基准,即重造论著说之文轻其他各类之文的立说基准,其地位是在诸子之文之下的,但在此却以其能歌功颂德而得到了比诸子更高的评价。又如汉代文人,按第七种立说基准,即厚今薄古的立说基准,因为是当代文人,所以受到了充分肯定,但在此却因没有歌功颂德而受到指责。又如赋颂,按第五、第六种立说基准,即重实文轻华文和重浅显易懂轻深覆典雅的立说基准,因是华文和深覆典雅之文而受到了贬低,但在此却因其能歌功颂德而受到了肯定,并被提高到了《诗经》的地位。

九

当王充根据贤与不贤来评价人物时,他又提出了第九种立说基准,即尚善心的立说基准。按照这种立说基准,只有"善心"才是"贤"的,其他一切技能、才能都不能算贤,文章当然也不能算。王充之所以提出这种立说基准,是因为他认为自己是一个有"善心"的贤人,而其他人则在他看来都不是。

《定贤篇》是《论衡》中讨论知贤问题的文章,其中提出了尚善心的立说基准。在《定贤篇》中,王充枚举了二十条世人所谓的识别贤人的标准,然后一一加以驳斥。这二十条标准是:(1)以仕宦得高官身富贵为贤;(2)以事君调合寡过为贤;(3)以朝廷选举皆归善为贤;(4)以善人所称恶人所毁可以知贤;(5)以人众所归附宾客云合者为贤;(6)以居位治人得民心歌咏之为贤;(7)以居职有成功见效为贤;(8)以孝于父弟于兄为贤;(9)以全身免害不被刑戮若南容惧《白圭》者为贤;(10)以委国去位弃富贵就贫贱为贤;(11)以避世离俗清身洁行为贤;(12)以恬憺无欲志不在于仕苟欲全身养性为贤;(13)以举义千里师将朋友无废礼为贤;(14)以经明带徒聚众为贤;(15)以通览古今秘隐传记无所不记为贤;(16)以权诈卓谲能将兵御众为贤;(17)以辩于口言甘辞巧为贤;(18)以敏于笔文墨雨集为贤;(19)以敏于赋颂为弘丽之文为贤;(20)以清节自守不降志辱身为贤。这二十条标准,几乎囊括了当时人心目中所有的"成功"情况,但却被王充全部否定了,并提出了他自己的知贤标准:"然而必欲知之,观善心也。夫贤者,才能未必高也而心明,智力未必多而举是。何以观心? 必以言。有善心,则有善言。以言而察行,有善言,则有善行矣!"也就是说,世俗的二十条标准所侧重的都是智力、才能、地位、手腕等外在因素,而王充的"善心"标准所侧重的则是内心因素。

正是从这种是否有善心的立说基准出发,王充对辞赋和史传等文体作了否定性的评价。《定贤篇》说:"以敏于赋颂、为弘丽之文为贤乎? 则夫司马长卿、杨子云是也。文丽而务巨,言眇而趋深,然而不能处定是非,辩然否之实,虽文如锦绣,深如河汉,民不觉知是非之分,无益于弥为崇实之化。"这个评价中所包含的功利思想,我们在讨论第五种立说基准时已经涉及;在此所要注意的,是王充作出这个评价的前提。因为只有"善心"才是"贤"的,所以作为技能之一的辞赋当然不能不被否定了,这就是王充这条评论的出发点。《定贤篇》又说:"以通览古今、秘隐传记无所不记为贤乎? 是则儒者之次也。才高好事,勤学不舍,若专成之苗裔,有世祖遗文,得成其篇业,观览讽诵。若典官文书,若太史公及刘子政之徒,有主领书记之职,则有博览通达之名矣。"这个评价的前提,同样是认为只有"善心"才是"贤"的,所以,作为技能之一的博览当然不能不被否定了。

按第五、第六种立说基准,即重实文轻华文和重浅显易懂轻深覆典雅的立说基准,辞赋之文是不值得肯定的,在此的评价也与彼相同。不过,如按第一、第七、第八种立说基准,即尚文、厚今薄古和重歌功颂德的立说基准,辞赋也曾受到肯定评价。不仅辞赋是如此,史传之文和史传作家也是如此。如按第一、第二、第五、第七、第八种立说基准,即尚文、重著作轻说经、重实文轻华文、厚今薄古、重歌功颂德的立说基准,它们都是应该受到肯定评价的,但在此却也作为一种和"善心"无关的才能而受到了否定的评价。似乎可以这么说,《定贤篇》中对于司马相如赋、扬雄赋,以及刘向、司马迁文章的否定,并不是将它们与其他文章比较后作出的评价,而是将它们与有"善心"之人比较后作出的评价,而这种评价对于评论文章来说,自然是不公平不合适的。因此,当我们在引用这里的文论时,有必要注意作为其前提的立说基准的问题。

十

综上所述,在王充的文论中,大致存在着九种立说基准,一是尚文的立说基准,二是重著作轻说经的立说基准,三是重造论著说之文轻其他各类之文的立说基准,四是重诸子轻经传的立说基准,五是重实文轻华文的立说基准,六是重浅显易懂轻深覆典雅的立说基准,七是厚今薄古的立说基准,八是重歌功颂德的立说基准,九是尚善心的立说基准。这九种立说基准之间的关系,或是互相补充的,或是互相交叉的;由此产生的具体评论,也或是相近的,或是矛盾的,这我们在上面已随处举出。王充文论立说基准的这种多重性,一方面来自于他那"随事立说"的思想方法,另一方面也来自于他那潜在的自我中心主义。就前者而言,由于思想方法的不科学性,导致他往往看不到自己文论的自相矛盾之处;就后者而言,则所有这些在表面上"随事立说"的文论,其实都统一于苦心维护《论衡》的地位这一原点上。我们只要抓住了这两个方面,也就能大致理清王充文论的头绪和脉络了。由于王充文论发源于这些多重而又统一的立说基准,所以当我们处理其具体观点时,就有必要注意作为其前提的立说基准的差异,而不能不顾其立说基准的前提而随便加以发挥。在此基础上,我们才能进一步考察,王充文论中哪些东西是中国文论史上的进步的东西,即有助于文学发展的东西,哪些东西是中国文论史上倒退的东西,即有碍于文学发展的东西,并最终确定王充文论在中国文论史上的位置。

第四章　论王充的功利主义文章观

　　功利主义文章观在中国可谓源远流长，刘若愚的《中国文学理论》一书，曾对其历史作过简洁的勾勒。在该书中，刘若愚也谈到了王充，认为其文论是中国功利主义文论史上的重要一环，这无疑是非常正确的。综观王充的文论，他对于文的本质的认识，对于文的起因的看法，对于文的作用的见解，对于各种文体的轩轾，对于文章风格的要求，对于具体文人的评价，无一不带有功利主义色彩，无一不是以功利主义为轴心的。因此，如用功利主义的概念来分析王充的文论，可以说是找到了一把很好的钥匙。

　　在此需要说明的是，《论衡》中所谈到的"文"，尽管也含有诸如辞赋这样的即在今天看来也属于文学范畴的文体，但主要指的是包括汉代以及汉代以前各种文字样式在内的广义的文章，而非现代意义上的"文学"（literature），甚至也非六朝时萧统《文选序》所谓"事出于沉思，义归乎翰藻"意义上的"文"，所以，我们在本章中不使用"功利主义文学观"，而使用"功利主义文章观"的提法。①

一

　　我们先来看一下王充在文的本质问题上的功利主义看法。在中国文论史上，王充是最早提出"文"、"德"之论的人之一，正如

---

① 关于这一点，我后来的想法略有改变，体现在本编附章《宋时烈与王充：功利主义文学观的普遍性问题》中。为存历史原貌，本章不作修改。

章炳麟《国故论衡》中卷《文学总略》所说的:"文德之论,发诸王充《论衡》。"①所谓"文"、"德"之论,就是关于文与人的关系的看法,亦即关于文的本质的看法。王充的"文"、"德"之论认为,"文"与"德"是相辅相成、缺一不可的两个方面,"文"是"德"的表现,"德"是"文"的基础。《书解篇》中的一段话,很好地阐述了这一观点。针对别人"士之论高,何必以文"的疑问,王充回答:"夫人有文质乃成。物有华而不实,未有实而不华者。《易》曰:'圣人之情见乎辞。'出口为言,集札为文,文辞施设,实情敷列。夫文德,世服也。空书为文,实行为德,著之于衣为服。"在《佚文篇》的下述这段话中,王充也表示了与《书解篇》相似的见解:"美善不空,才高知深之验也。《易》曰:'圣人之情见于辞。'文辞美恶,足以观才。"也就是说,王充的"文"、"德"之论认为,"文"是人的"德"(或"质"、"情"、"才")的外在表现,它的根本作用,就是使人的"德"(或"质"、"情"、"才")得到完成。换句话说,文本身只是外在的东西,枝叶的东西,次要的东西,而"德"(或"质"、"情"、"才")才是内在的东西,根本的东西,首要的东西。王充的本意,固然是强调"文"的重要性,但他并不认为"文"有独立的价值,而只承认它的工具性作用。这种对于文的本质的看法,无疑和"言之无文,行而不远"(《左传·襄公二十五年》)的儒家文论一样,是非常富于功利主义色彩的。

正是从这种功利性的"文"、"德"之论出发,王充把"文"看作是衡量"德"(或"质"、"情"、"才")的尺度和手段,将"文"的等差与人的"愚杰"联系了起来。如《书解篇》说:"德弥盛者文弥缛,德弥彰者文弥明。大人德扩,其文炳;小人德炽,其文斑。官尊而文繁,德高而文积。华而睆者,大夫之箦,曾子寝疾,命元起易。由此言之,衣服以品贤,贤以文为差。愚杰不别,须文以立折。"也就是说,在王充看来,就像衣服随着人的官品高下而有等差一样,文

---

① 章炳麟《国故论衡》,第55页。

也是根据大人小人、杰者愚者、德高德低等而有等差的。正因为"文"是人的"德"(或"质"、"情"、"才")的表现,所以就可以成为识别人之愚杰的标志,这种看法,同样是非常富于功利色彩的。将"文"的高下与人的"愚杰"结合起来考虑,这成了后来中国文化所特有的肯定性的"文德合致"论或否定性的"文人无行"论的滥觞。"德"既然有待于"文"才能表现,"文"既然是衡量"德"的尺度,则有"德"有"位"之人自应有"文",这也是从汉代开始形成的官吏重视文学修养的传统的一个理论阐述吧!同时,既然"文"是"德"的表现,"德"是"文"的内核,则文人不能无德,无德不成文人,这也成了后来日趋严厉的责备"文人无行"的传统的一个理论阐述吧!可以说,王充对于文的本质的上述看法,为中国文化强调文德合致或文位合致的传统提供了理论武器,而这正反映了其功利性的特色。

王充还把这种"文"、"德"之论扩展到了自然万物,认为人的"文"、"德"是直接与自然界的"文"、"德"相联系并来自自然界的,这成了后来刘勰《文心雕龙》中类似看法的先驱。《书解篇》说:"非唯于人,物亦咸然。龙鳞有文,于蛇为神;凤羽五色,于鸟为君;虎猛,毛蚡蜦;龟知,背负文。四者体不质,于物为圣贤。且夫山无林,则为土山;地无毛,则为泻土;人无文,则为仆人。土山无麋鹿,泻土无五谷,人无文德,不为圣贤。上天多文而后土多理,二气协和,圣贤禀受,法象本类,故多文彩。"王充一方面将人的"文"、"德"推向自然万物,另一方面又用自然万物的"文"、"德"来反证人的"文"、"德"的合理性,这一点也为刘勰《文心雕龙》所继承了。

二

我们再来看一下王充在文的起因问题上的功利主义看法。王充认为,所有的作者都是为了劝善惩恶的教化目的而写作的,所有的著作也都是为了劝善惩恶的教化目的而被写成的。如在《对作篇》中，针对别人的"贤圣不空生，必有以用其心。上自孔、墨之党，下至荀、孟之徒，教训必作垂文，何也"的疑问，王充回答道："圣人作经，贤者传记，匡济薄俗，驱民使之归实诚也。案《六略》之书万三千篇，增善消恶，割截横拓，驱役游慢，期便道善，归正道焉。"对于一些具体典籍的产生原因，王充也作了功利主义的解释。如关于《春秋》，王充在《对作篇》中说："孔子作《春秋》，周民弊也，故采毫毛之善，贬纤介之恶，拨乱世，反诸正，人道浃，王道备，所以检柙靡薄之俗者，悉具密致……是故周道不弊，则民不文薄，民不文薄，《春秋》不作。"关于《孟子》，王充说："杨、墨之学不乱儒义，则孟子之传不造。"关于《韩非子》，王充说："韩国不小弱，法度不坏废，则韩非之书不为。"关于陆贾《新语》，王充说："高祖不辨得天下，马上之计未转，则陆贾之语不奏。"关于桓谭《新论》，王充说："众事不失实，凡论不坏乱，则桓谭之论不起。"王充关于以上这些典籍的产生原因的解释，与司马迁《史记·太史公自序》关于有些古代典籍的产生原因的解释形成了鲜明的对照。司马迁认为一切著作都是由于作者的"发愤"而被写成的，而王充则认为一切著作都是由于作者的教化目的而被写成的。在《对作篇》中，王充总结道："故夫贤圣之兴文也，起事不空为，因因不妄作，作有益于化，化有补于正……故夫贤人之在世也，进则尽忠宣化，以明朝廷；退则称论贬说，以觉俗失。俗失不知还，则去道轻为非；论者不追救，则迷乱不觉悟。"总之，王充是以功利主义观点来解释所有作者的写作动机和一切著作的产生原因的。

王充对于文的起因的这种功利主义解释，显然来自于他自己的写作实践。他的《论衡》和其他著作，便是为了"以觉俗失"这样的功利动机而写成的。先看《论衡》的写作动机，《对作篇》说："是故《论衡》之造也，起众书并失实，虚妄之言胜真美也。故虚妄之语不黜，则华文不见息；华文放流，则实事不见用。故《论衡》者，所以铨轻重之言，立真伪之平，非苟调文饰辞为奇伟之观也，其本皆起人间有非,故尽思极心,以讥世俗。""虚妄显于真,实诚乱于伪,世人不悟,是非不定,紫朱杂厕,瓦玉集糅,以情言之,岂吾心所能忍哉……冀悟迷惑之心,使知虚实之分。实虚之分定,而后华伪之文灭。华伪之文灭,则纯诚之化日以挚矣。"《自纪篇》也说:"又伤伪书俗文多不实诚,故为《论衡》之书。"总之,王充是为了扫除虚妄之言、开悟迷惑之心的功利目的而写作《论衡》的,并不是为了"调文饰辞为奇伟之观"(《对作篇》)的审美目的而写作《论衡》的。不仅《论衡》是这样,王充的其他各书也是这样,也都具有直接的功利动机。如关于《讥俗》、《节义》之书,《自纪篇》说:"俗性贪进忽退,收成弃败。充升擢在位之时,众人蚁附;废退穷居,旧故叛去。志俗人之寡恩,故闲居作《讥俗》、《节义》十二篇。"即从其题也可以知道,是为"讥俗"的教化目的而作的。关于《政务》之书,《自纪篇》说:"又闵人君之政,徒欲治人,不得其宜,不晓其务,愁精苦思,不睹所趋,故作《政务》之书。"可见是关于政治的实用之书。关于《养性》之书,《自纪篇》说:"乃作《养性》之书,凡十六篇。养气自守,适食节酒,闭明塞聪,爱精自保,适辅服药引导,庶冀性命可延,斯须不老。"虽说无关教化目的,但也是实用性很强的书。由此可见,王充的著作大都具有直接的功利目的,而不是为文学感染力而作的,王充正是因此而推论所有著作都起源于实际功利目的的。

三

我们再来看一下王充在文的作用问题上的功利主义看法。王充认为,文应该是具有实际功用的东西,而不能仅仅是美辞丽句的堆砌;人的善恶有赖于文才能得到发扬或遏止,而文也只有在具备劝善惩恶功能时才具有其价值。如《佚文篇》说:"夫文人文章,岂徒调墨弄笔为美丽之观哉,载人之行,传人之名也。善人愿载,思勉为善;邪人恶载,力自禁裁。然则文人之笔,劝善惩恶也。谥法所以章善,即以著恶也。加一字之谥,人犹劝惩,闻知之者,莫不自勉;况极笔墨之力,定善恶之实,言行毕载,文以千数,传流于世,成为丹青,故可尊也。"王充否定了文的"调墨弄笔为美丽之观"的审美价值(在《超奇篇》中王充也说:"岂徒雕文饰辞苟为华叶之言哉。"在《对作篇》中王充也说:"非苟调文饰辞为奇伟之观也。")而肯定了文的"载人之行,传人之名"的实用价值。他还认为,普通人会因为文的这种"劝善惩恶"作用而受到约束,并为文人能起这么大的道德教化作用而感到自豪。王充的这种心情,颇类似于古代西方宣称自己的诗歌将比亚历山大的功业更久长的诗人的心情,其中可以看到从汉代开始出现的文人为文自豪的告白,并成为三国时曹丕"文章,经国之大业,不朽之盛事"(《典论·论文》)的宣言的先声。不过,王充的这种告白也是非常富于功利性的。王充还以自豪的心情讲述了有关文的劝善惩恶作用的两个实际例子,《佚文篇》说:"杨子云作《法言》,蜀富人赍钱十万,愿载于书。子云不听,曰:'夫富贾无仁义之行,犹圈中之鹿,栏中之牛也,安得妄载!'班叔皮续《太史公书》,载乡里人以为恶戒。"王充对于扬雄和班彪运用文人的特权起劝善惩恶的教化作用的做法非常称道:"邪人枉道,绳墨所弹,安得避讳?是故子云不为财劝,叔皮不为恩挠。文人之笔,独已公矣!"王充还认为,文人的记载不仅对当世有劝善惩恶的教化作用,而且对后世也有同样的作用,所以更不应该随便着笔:"贤圣定意于笔,笔集成文,文具情显,后人观之,以见正邪,安宜妄记!"从这种对于文的作用的功利主义观点出发,王充对没有这种劝善惩恶的教化作用的弘丽之文提出了严厉的批评,《定贤篇》说:"文丽而务巨,言眇而趋深,然而不能处定是非,辩然否之实,虽文如锦绣,深如河汉,民不觉知是非之分,无益于弥为崇实之化。"在王充看来,"文丽而务巨,言眇而趋深","文如锦绣,深如河汉"的"弘丽之文",是完全没有价值的,因为它们"不能处定是非,辩然否之实","民不觉知是非之分,无益于弥为崇实之化",即没有劝善惩恶的教化作用。所以,在王充看来,文的作用只能是功利性的,而不能是审美性的。

四

正因为对文的作用抱有这种功利性的看法,所以王充在文的各种体裁中,比较重视实用性的文体,而相对轻视非实用性的文体。所谓实用性文体,是指经传、诸子、论说、书奏、颂赞等各类具有教化作用或实际功用的文体;所谓非实用性文体,是指辞赋这样的仅以传达美感为目标的文体。

从重视实用性文体的角度出发,王充在"说经"与"著作"的对立中站在"著作"一边,其所持理由就是"说经"之世儒不能使自己的事迹得到记载并流传下去,而"著作"之文儒则不仅能使自己,而且也能使别人的事迹得到记载并流传下去。《书解篇》说:"案古俊义著作辞说,自用其业,自明于世;世儒当时虽尊,不遭文儒之书,其迹不传。周公制礼乐,名垂而不灭;孔子作《春秋》,闻传而不绝。周公、孔子,难以论言。汉世文章之徒,陆贾、司马迁、刘子政、杨子云,其材能若奇,其称不由人。世传《诗》家鲁申公,《书》家千乘欧阳、公孙,不遭太史公,世人不闻。夫以业自显,孰与须人乃显?夫能纪百人,孰与廑能显其名?"王充在此所表彰的,主要是史学家和政论家,他们能使自己也能使别人不朽,所以王充认为他们的"著作"有价值;而说经之徒则做不到这一点,所以不及著作之人。

此外,上书奏议之文也因其实际政治作用而受到了王充的肯定。《超奇篇》说:"观谷永之陈说,唐林之直言,刘向之切议,以知为本,笔墨之文,将而送之,岂徒雕文饰辞苟为华叶之言哉。"也就是说,由于他们的上书奏议都是"以知为本"而以文辅之的,而不是"徒雕文饰辞苟为华叶之言"的,所以是值得肯定的文体。

不过,王充又认为,上书奏议之文若和以《论衡》为代表的"造论著说"之文相比,则其实际功利作用又要小得多,因为它尚不能处定是非和释疑解惑。《佚文篇》说:"发胸中之思,论世俗之事,非徒讽古经、续故文也。论发胸臆，文成手中，非说经艺之人所能为也。"又《案书篇》说："两刃相割，利钝乃知；二论相订，是非乃见。是故韩非之《四难》，桓宽之《盐铁》，君山《新论》之类也。世人或疑，言非是伪，论者实之，故难为也。"也就是说，"造论著说"之文之所以值得肯定，是因为它有"论世俗之事"和"是非乃见"的实际功利作用，并且这一切都是作者自己"发胸中之思"和"论发胸臆"的结果。

从王充对"造论著说"之文、上书奏议之文和"著作"之文加以肯定的理由来看，也就不难理解他为什么要否定辞赋之文了。这是因为辞赋之文是以语言的美感为目标的文体，而不是以功利作用为目标的文体。王充在《自纪篇》中批评辞赋之文道："深覆典雅，指意难睹，唯赋颂耳。"在《定贤篇》中又道："以敏于赋颂、为弘丽之文为贤乎？则夫司马长卿、杨子云是也。文丽而务巨，言眇而趋深，然而不能处定是非，辩然否之实，虽文如锦绣，深如河汉，民不觉知是非之分，无益于弥为崇实之化。"王充这里固然是为了提出他的定贤标准，而特意否定"敏于赋颂、为弘丽之文"者的，但他对辞赋的否定态度却是一以贯之的，我们看《自纪篇》的同样批评便可明白。王充否定辞赋之文的理由是辞赋"不能处定是非，辩然否之实"，"民不觉知是非之分，无益于弥为崇实之化"，亦即没有道德教化作用，而只有"文如锦绣，深如河汉"，"文丽而务巨，言眇而趋深"的娱乐感官的审美作用。顺便说一句，王充在《佚文篇》中曾将文分为五等，即五经六艺之文、诸子传书之文、造论著说之文、上书奏记之文、文德之操之文，却没有辞赋之文的位置，由此亦可看出他对辞赋之文的否定态度。也许在王充看来，辞赋之文由于没有功利性，所以还是不入流的文体吧！

五

同样因为对文的作用抱有功利主义看法，所以王充在文的各种风格中,比较重视通俗易懂的风格,而相对轻视深覆典雅的风格。之所以这样,是因为王充认为,前一种风格能够直接显示文章的宗旨,因而有助于道德教化作用的圆满实现,而后一种风格则不能直接显露文章的宗旨,因而有碍于道德教化作用的圆满实现。也就是说,前者有利于实现文章的功利性,后者则不利于实现文章的功利性。从文风与文体的关系来看,实用性文体的风格自然容易倾向于前者,而非实用性文体的风格则自然容易倾向于后者。

王充自己的文章是用通俗易懂的风格写成的,正如《自纪篇》所说的:"充书形露易观","《讥俗》之书,欲悟俗人,故形露其指,为分别之文",而《论衡》之书又复如此。这自是王充写作时的功利动机使然,同时它又促使王充提倡这种文风。在为自己的文风辩护的《自纪篇》中,王充展开了自己的功利主义风格论。他认为文章应是通俗易懂的:"口则务在明言,笔则务在露文。高士之文雅,言无不可晓,指无不可睹。观读之者,晓然若盲之开目,聆然若聋之通耳。""夫口论以分明为工,笔辩以获露为通,吏文以昭察为良。"认为通俗易懂的文风胜于深覆典雅的文风:"夫笔著者,欲其易晓而难为,不贵难知而易造;口论务解分而可听,不务深迂而难睹。孟子相贤,以眸子明瞭者;察文,以义可晓。""夫文由语也,或浅露分别,或深迂优雅,孰为辩者?故口言以明志,言恐灭遗,故著之文字。文字与言同趋,何为犹当隐闭指意?"他批评了深覆典雅的赋颂之文:"深覆典雅,指意难睹,唯赋颂耳。"并解释说,经传之文之所以风格古奥,是因为时代久隔之故,而不是故意要求古奥的:"经传之文,贤圣之语,古今言殊,四方谈异也。当言事时,非务难知,使指意闭隐也。后人不晓,世相离远,此名曰语异,不名曰材鸿。浅文读之难晓,名曰不巧,不名曰知明。"又认为文风应适合读者对象的程度:"冀俗人观书而自觉,故直露其文,集以俗言。或谴谓之浅。答曰:以圣典而示小雅,以雅言而说丘野,不得所晓,无不逆者……故鸿丽深懿之言,关于大而不通于小。

不得已而强听,入胸者少……俗晓形露之言,勉以深鸿之文,犹和神仙之药以治瓿欬,制貂狐之裘以取薪菜也……何以为辩?喻深以浅;何以为智?喻难以易。贤圣铨材之所宜,故文能为深浅之差。"也就是说,王充是为了更好地实现自己文章的功利目的,才有意使文章通俗易懂的,因为只有通俗易懂的文风,才能使一般读者了解作者所要传达的想法,从而使作者的功利目的能够实现,否则,就会达不到这样的目的。

出于同样考虑,王充反对精巧纯美的文风,肯定质实朴拙的文风。《自纪篇》说:"夫养实者不育华,调行者不饰辞。丰草多落英,茂林多枯枝。为文欲显白其为,安能令文而无谴毁?救火拯溺,义不得好;辩论是非,言不得巧。入泽随龟,不暇调足;深渊捕蛟,不暇定手。言奸辞简,指趋妙远;语甘文峭,务意浅小。"又《本性篇》说:"鄸文茂记,繁如荣华,恢谐剧谈,甘如饴蜜,未必得实。"也就是说,王充之所以要强调并保持"言奸辞简"的文风,是因为"辩论是非,言不得巧",即文章的功利作用使然。而且,王充不仅不认为这是无可奈何的,还认为这比"语甘文峭"的文风更好。

也是从实现功利目的出发,王充反对文章必须合类于古的要求,而提出必须根据实际功利需要创新的说法。在《自纪篇》中,针对别人"充书既成,或稽合于古,不类前人"的指责,王充回答道:"饰貌以强类者失形,调辞以务似者失情。"也就是说,王充认为不能为了"调辞务似"而"失情","情"比"辞"更为重要。王充之所以不愿意让文风类于古人,主要是因为他怕因此使自己的文章变得古奥难解,因此而不能实现其处定是非、晓悟俗人的功利目的。总而言之,王充的功利主义风格论的核心,乃是让文章风格为文章的功利目的服务,为此就必须通俗易懂、质实朴拙与不合于古。

六

从功利主义的文章观出发,王充在评价文人时,也相应地根据其文章的实际功用的大小而作出轩轾。文章有实际功用的文人,就是值得肯定的文人;文章无实际功用的文人,就是应该否定的文人;其文章的实际功用越大,便越应该受到推崇;其文章的实际功用越小,就越应该受到贬低。这种功利主义的文人观,可以说是王充评价前当代文人的主要标准。

在王充所评论过的许多文人中,我们仅取王充最为推崇的桓谭为例,来看看王充为什么给予他以最高的评价。《佚文篇》曾说:"挟桓君山之书,富于积猗顿之财。"为什么这么说呢?王充认为这是因为桓谭的文章能够处定是非,辩照然否,即有强烈的功利性。《超奇篇》说:"又作《新论》,论世间事,辩照然否,虚妄之言,伪饰之辞,莫不证定。"《定贤篇》说:"世间为文者众矣,是非不分,然否不定,桓君山论之,可谓得实矣。论文以察实,则君山汉之贤人也。"《对作篇》说:"众事不失实,凡论不坏乱,则桓谭之论不起。"王充认为桓谭的《新论》甚至可以和孔子的《春秋》相提并论,《定贤篇》说:"孔子不王,素王之业,在于《春秋》;然则桓君山不相,素丞相之迹,存于《新论》者也。"为什么桓谭可以和孔子相提并论,《新论》可以和《春秋》相提并论呢?无非也是因为二者和二书都有劝善惩恶的教化作用而已,正如《案书篇》所说的:"孔子作《春秋》,采毫毛之善,贬纤介之恶。可褒,则明其善以义其行;可贬,则明其恶以讥其操。《新论》之义,与《春秋》会一也。"王充认为汉代文人都比不上桓谭,之所以这么说,也是因为在功利作用上他们不及桓谭。如《超奇篇》在表彰了桓谭《新论》的能"辩照然否"和"证定""虚妄之言,伪饰之辞"后说,"彼子长、子云说论之徒,君山为甲";《定贤篇》否定了司马相如和扬雄的辞赋,否定了司马迁和刘向的政论文,却充分肯定了桓谭的文章;《案书篇》将桓谭与董仲舒比较:"仲舒之言道德政治,可嘉美也;质定世事,论说世疑,桓君山莫上也。故仲舒之文可及,而君山之论难追也。"总而言之,其他人的文章尽管也可能有功利作用和教化作用,但在"质定世事"和"论说世疑"方面,都及不上桓谭,换言之,在功利性的程度上,都不及桓谭。这可以说就是王充之所以给予桓谭以最高评价的根本理由。

在对其他文人的评价上面,王充同样也是用功利主义为标准的,在此我们就不再一一举例了。

七

综上所述,王充在有关文的本质、文的起因、文的作用、文类等级、文章风格、文人轩轾等各个方面,都发表了富于功利主义色彩的看法。这些富于功利主义色彩的看法,不仅来源于源远流长的儒家文论传统,也来源于王充自己的写作实践。王充在强调文的功利性的时候,充分肯定了文的价值,这对于提高文的地位,自然具有促进作用。在这一方面,他是站在发端于孔子、壮大于汉代、成熟于魏晋的文学意识的同一面的。但是,王充在强调文的功利性的时候,也否定了文的审美性,这对于以审美价值为目的的纯文学的发展,自然具有阻碍作用。在这一方面,他又是站在从汉代开始觉醒的审美性文学意识的对立面的。从对后来的影响来说,王充的功利主义文章观的作用也是具有两重性的。一方面,它作为中国处于正统地位的功利主义文论史上的一环,发挥着对文学的否定作用;同时,又经常为中国处于非正统地位的唯美主义文论所吸收(典型的例子如刘勰《文心雕龙》关于文学发生论的自然主义观点所受王充文论之影响)。所以我们在今天来处理王充的文论时,一定要在注意其功利主义的基调的前提下,一面汲取其中合理的东西,一面更注意其局限性。而且,由于功利主义文论在中国文学史上一直处于主导地位,并且今天也还是这样,故注意其局限性的一面毋宁说是更为重要的。

附章　宋时烈与王充：功利主义文学观的普遍性问题

关于朝鲜时期道学家宋时烈（号尤庵，1607—1689）的文学观，据浅见所及，在韩国已有两篇论文作了专门研究，在中国则尚未有人付予注意。韩国的这两篇论文，一篇是金学主的《尤庵的诗观与诗》①，一篇是李香培的《尤庵宋时烈的文学论研究》②。其中尤其是李香培的论文，大量地发掘和整理了宋时烈文学观的材料，对宋时烈的文学观作了仔细的分析，可说是迄今为止对宋时烈文学观的一个最全面的研究。两篇论文在研究视角上有一个共同点，即都是从"道学"角度来把握宋时烈文学观的基本特征的。这应该说是确凿不移的至论，我对此亦表完全赞同。

不过，我过去曾经接触过汉代思想家王充（27—约97），对于王充的文学观稍有了解。③ 现在看了宋时烈的文学观，觉得与王充的相合之处颇多。然而宋时烈是一个纯然的道学家，一个儒家思想的坚定信仰者，而王充却是一个"异端"思想家，一个所有思想（包括儒家思想）的怀疑者和批判者，他们可以说正好分别处于

---

① 载斯文学会编《尤庵先生300周忌纪念尤庵思想研究论丛》，韩国大田，1992年，原题为《尤庵의 诗观과 诗》。
② 载儒城汉学会编《儒城汉学》第二辑（鹤山赵钟业博士退任纪念号），韩国大田，1996年，原题为《尤庵宋时烈의 文学论 研究》。
③ 参见本编第三章《论王充文论的立说基准的多重性与统一性》和第四章《论王充的功利主义文章观》。

传统思想的两端。在这两个截然不同的人的文学观中,怎么会有那么多的相似之处呢?我对此不能不感到兴味盎然。

与此同时,我不禁联想起了另一件事情,即现代中国的文人们,曾经公开地宣称要与传统思想——大概主要是指儒家思想——决裂,为此而对过去占有正统地位的儒家文学观,尤其是像宋时烈那样的道学家文学观,发起过一次又一次的冲击;然而他们所主张的"革命"文学观,比如像长期占有正统地位的"现实主义"文学观,其中却有相当的部分,与传统的儒家文学观一致。而且有意思的是,在传统的儒家文学观"受难"的同时,在现代中国的各种文学史或批评史论著中,王充的文学观却仍然受到了肯定的评价,尽管它与传统的儒家文学观颇有相似之处。

简而言之,虽说在王充、道学家和现代中国文人之间存在着巨大的思想和精神断层,但是他们的文学观中却隐然具有某种相通的东西。这种相通的东西,就是对于文学的功利主义态度,人们一般称之为功利主义文学观。所谓功利主义文学观,借用刘若愚的话来说,就是"基于文学是达到政治、社会、道德,或教育目的的手段这种概念"[①]。

因而我们认为,除了思想流派的属性(比如王充的"异端性",宋时烈的"道学性",现代中国文人的"革命性")之外,我们还可用更为宏观和超越的眼光,从诸如功利主义文学观这样的角度,去看待他们的文学观的共同点,并由此加深对于功利主义文学观的普遍性的认识,也进而加深对于一般的文学理论的普遍性的认识。

本章即试图通过对于宋时烈和王充的文学观的比较,来从一个侧面接近功利主义文学观的普遍性问题(在涉及宋时烈的文学观时,现有的两篇韩国学者的论文,指示了宋时烈文学观材料的出处和线索,为本章的写作提供了便利,谨此说明,并申谢意)。

---

① 刘若愚《中国文学理论》,杜国清译,台北,联经出版事业股份有限公司,1981年,第227页。

一

功利主义文学观的最基本的要点,便是认为文学本身并不是独立自足的存在,而只不过是达成其他目的的"工具"。宋时烈和王充的文学观都具有这种特点。

从总体上来说,宋时烈和王充都是"文"的肯定论者;然则他们的肯定"文",并不是因为重视"文"的审美价值,而是因为重视"文"的功利价值。对他们来说,"文"始终只是第二性的,而其所要达成的目的才是第一性的。

宋时烈就是这么认为的。他在《百拙韩相国文集序》中说:"事业其实也,文章其华也。见其华而知其实,则非徒不相掩,而反相有助矣。然则彼与此自将相为终始矣,何待余言之赘乎!"(《宋子大全》卷一三七)也就是说,在宋时烈看来,文章是"华",而事业是"实",见"华"可以知"实",所以"华"不是不重要的,甚至是可以助"实"的;然而比起"华"来,"实"自然是更为重要的,没有"实","华"便无所附着。在《洪忍斋遗集序》中,宋时烈也说过类似的话:"则公之不朽于后者,必不待诗文;而唯诗文者,亦公英华之发,则亦何可泯没耶?"(《宋子大全》卷一三七)如果说诗文是"英华"的话,那么事业就是"实质",在宋时烈看来,虽然"英华"不可泯没,但显然"实质"是更重要的,是更易使人不朽的。当然,对道学家宋时烈来说,最根本的"实",其实不是"事业",而是儒家思想之"道";毋宁说,比起儒家思想之"道"来,连"事业"也只能说是"华"了。比如他在《市南俞公神道碑铭》中说:"窃谓故者文章事业,皆出于此学。后世自为一物,而学为无用之空言矣。"(《宋子大全》卷一六二)所谓"此学",即指"道学",亦即是指儒家思想之"道",宋时烈认为这才是文章、事业之"华"所由附着之"实"。

宋时烈的"华"、"实"之论,使我们联想到了王充的"华"、"实"之论,二者实在是非常的相似。王充在《论衡》(下引王充文均出

《论衡》,不再一一注明)的《书解篇》中说:"夫人有文质乃成。物有华而不实,未有实而不华者。《易》曰:'圣人之情见乎辞。'出口为言,集札为文,文辞施设,实情敷列。夫文德,世服也。空书为文,实行为德,著之于衣为服。"有意思的是,在谈到"文"与"德"、"质"、"情"的关系时,王充也是用"华"与"实"来作比喻的。在王充看来,"文"是很重要的,没有"文",便不能成"质",便不能达"情",便不能表"德",宛如衣上没有文采,又如植物结实却不开花;然而比起"文"来,"德"、"质"、"情"是更重要的,是"文"的基础,没有它们,就不会有"文",宛如文采的无衣可附,又如植物不结实而徒有花。当然,对"异端"思想家王充来说,其所谓的"德"、"质"、"情"之"实",却不会是儒家思想之"道",而应是一种更为抽象的东西。

正是因为重视"文"的功利价值,把它看作是达成"实"的工具,所以宋时烈和王充都主张"道文一致"论或"文德合致"论,而不赞成厚此薄彼或偏于一隅者。这是因为无论偏向于哪一隅,都将导致于"实"有所损失。

李香培文认为,宋时烈是"道文一致"论者,这诚然是不移之论。宋时烈乃是作为一个道学家,而又认识到"文"对于"道"的重要性,所以才主张"道文一致"的。在《谿谷张公神道碑铭》中,他引述张维的看法,来批评道文不一致论者:"最以文与道判以为二为末学之陋,此韩、欧之所不免而朱子之所深斥者也。"(《宋子大全》卷一五六)也就是说,在宋时烈看来,"文"与"道"是应该而且可以一致的,做不到这一点的人都是"末学之陋",即不是纯然的道学家,连韩愈和欧阳修亦未能免于此责。从"道文一致"论出发,他批评了厚此薄彼或偏于一隅者。如其《语录》中记载,他批评了文不符道者,认为这乃有损于道:"静庵学问禀质超越一世,而其文则未善。是知道学自道学,文章自文章耳。"(《宋子大全》附录卷十八崔慎录下)这里看起来宋时烈是主张"文"、"道"两分,其实他是不满于赵光祖未能以文符道,不免于道学也功亏一篑耳。与此同时,他也批评了"文"中无"道"者,认为那样的"文"乃是"无用之空言"。如他在《市南俞公神道碑铭》中说:"窃谓故者文章事业,皆出于此学。后世自为一物,而学为无用之空言矣。"(同前)"无用之空言"当然亦是有损于"道"的,因而亦属宋时烈反对之列。在他看来,只有像朱熹那样"道文一致",才是道学家应该追求的目标。如其《语录》中记载:"问:朱子道德,孔子后一人也,文章何如?先生曰:朱子之文,无所不具,而从心所欲,吐辞为文,则窃恐文章亦莫如朱子也。"(同前)宋时烈认为朱熹是最高的道学家,因为他做到了"道文一致"。

　　王充也是一个"文德合致"论者。他是作为一个思想家,又认识到"文"对于阐述思想的重要性,才强调"文德合致"论的。在《书解篇》中,他阐述了"文"、"德"的相关性:"德弥盛者文弥缛,德弥彰者文弥明。大人德扩,其文炳;小人德炽,其文斑。官尊而文繁,德高而文积。华而睆者,大夫之簀,曾子寝疾,命元起易。由此言之,衣服以品贤,贤以文为差。愚杰不别,须文以立折。"王充这里的"文德合致"论,与上述宋时烈的"道文一致"论,看起来不太一样,因为宋时烈是强调"道"、"文"应该一致,而事实上存在着不一致的现象;而王充则强调"文"、"德"天然合致,事实上不会存在不一致的现象。不过在主张"道文一致"或"文德合致"这一点上,两人其实却是具有共同点的。而且,王充在这里为了强调文的重要性,有无条件地赞美有文者的倾向;而在其他一些地方,他其实也是批评过无"德"之"文"或无"文"之"德"的。

　　如上所述,虽然在功利目的的具体内容上,宋时烈和王充的看法大相径庭,但在强调"文"的功利价值,强调"道文一致"或"文德合致"方面,宋时烈和王充的看法却非常相似。

二

　　正因为把"文"看作是达成其他目的的"工具",而不是独立自足的存在,所以宋时烈和王充都不主张作"无用"之文,而是强调要为功利目的而写作。只不过由于他们的思想不一,所以他们的功利目的也不同。

宋时烈之文,皆收录在《宋子大全》里,在朝鲜时期文人的文集中,这也是一部相当庞大的著作了。对于自己所写的数量众多的文章,宋时烈充满信心地认为它们都是"有用"之文,即都是有助于达成儒家思想之"道"的。如其《语录》中记载,他自称:"吾平生未尝作如此杂说文字,又未尝无故作无用之文也。"(《宋子大全》附录卷十八崔慎录下)宋时烈的这番夫子自道,阐明了他的文章的写作动机。所谓"杂说文字",又所谓"无用之文",指的自然是"思想不纯"或"没有思想"的文章,也就是有违或无关于儒家思想之"道"的文章。作为一个道学家的宋时烈,自称是从不作此类文章的。虽然"无故"二字,似乎表明他偶尔也写"无用之文",但总是出于不得已的行为,并不违背他的基本立场。崔俊夏的《尤庵宋时烈的传文学研究》[1]指出,宋时烈的大部分的传记,都是为了宣扬"忠孝节义"之类儒家价值观念而写成的;赵钟业的《尤庵先生的道义诗研究》[2]指出,宋时烈诗歌的内容,大都与道学和义理有关,而并不是"吟风弄月"之作;李英徽的《尤庵先生的箴铭类研究》[3]指出,宋时烈利用箴铭类文体,来传达思想、教化他人和自我省察,发挥了文学的社会性效用。由此可见,宋时烈的绝大部分诗文,都是为功利目的而写成的,都具有强烈的功利动机,与其《语录》中的夫子自道相符。

王充在谈到自己著作的写作动机时,也一再强调是为了"疾虚妄"和"讥世俗"等功利目的的,而不是徒为"调文饰辞为奇伟之

---

[1] 载宋子研究所编《宋子学论丛》创刊号,韩国大田,1994年,原题为《尤庵宋时烈의"传"文学 研究》。
[2] 载宋子研究所编《宋子学论丛》第二辑,韩国大田,1995年,原题为《尤庵先生의 道义诗 研究》。
[3] 载《宋子学论丛》第二辑,原题为《尤庵先生의 箴铭类 研究》。

观"的审美目的的。如关于《论衡》的写作动机,他在《对作篇》中说:"是故《论衡》之造也,起众书并失实,虚妄之言胜真美也。故虚妄之语不黜,则华文不见息;华文放流,则实事不见用。故《论衡》者,所以铨轻重之言,立真伪之平,非苟调文饰辞为奇伟之观也,其本皆起人间有非,故尽思极心,以讥世俗。"又说:"虚妄显于真,实诚乱于伪,世人不悟,是非不定,紫朱杂厕,瓦玉集糅,以情言之,岂吾心所能忍哉……冀悟迷惑之心,使知虚实之分。实虚之分定,而后华伪之文灭。华伪之文灭,则纯诚之化日以孳矣。"他在《自纪篇》中也说:"又伤伪书俗文多不实诚,故为《论衡》之书。"关于他的其他几部著作,如《讥俗》、《节义》、《政务》、《养性》等书的写作动机,王充也发表了类似的看法。值得注意的是,类似"非苟调文饰辞为奇伟之观"的话,在《论衡》中一共出现过三次(另外两次分别见于《佚文篇》和《超奇篇》)。由此可见,王充著作的写作动机具有强烈的反审美价值和肯定功利价值的倾向。

宋时烈和王充不仅自己不作"无用之文",而且认为其他所有有价值的文章,也都是为了功利目的而写成的;反过来,只有那些没有价值的文章,才仅仅是为了审美目的而写成的。

宋时烈在《六吾堂遗稿跋》中,称赞善叔的诗歌说:"人谓《春秋》因乱而作,又谓《小雅》怨诽而不乱,又以杜工部所作为诗史;若此编者,可谓义兼之矣。"(《宋子大全》卷一四八)宋时烈称赞的三部古典著作中,除了《小雅》是因其风格以外,《春秋》和杜诗都是因其功利价值(《春秋》针砭乱世,杜诗描写战乱)而受到宋时烈的肯定的。宋时烈认为善叔的诗歌既具《春秋》式的功利价值,又有《小雅》式的温柔敦厚的风格,因而是值得称赞和肯定的。在《泽堂李公谥状》中,他称赞李植的文章说:"发明理趣,经纬治道,皆不为无实之空言也。"(《宋子大全》卷二〇三)也肯定了李植文章的能"不为无实之空言"。显而易见,宋时烈这里的评论标准,仍是重视写作的功利动机的。

关于《春秋》的写作动机,王充也有极为相似的发言。如他在

《对作篇》中说:"孔子作《春秋》,周民弊也,故采毫毛之善,贬纤介之恶,拨乱世,反诸正,人道浃,王道备,所以检柙靡薄之俗者,悉具密致……是故周道不弊,则民不文薄,民不文薄,《春秋》不作。"也就是说,王充也认为,孔子是为功利目的而写作《春秋》的。此外,王充还谈到其他许多古典著作的写作动机,也大都是用相似的观点来作解释的。因而他在《对作篇》中总结说,圣贤们都是为了功利目的而写作的:"故夫贤圣之兴文也,起事不空为,因因不妄作,作有益于化,化有补于正……故夫贤人之在世也,进则尽忠宣化,以明朝廷;退则称论贬说,以觉俗失。俗失不知还,则去道轻为非;论者不追救,则迷乱不觉悟。"也就是说,在王充看来,几乎所有有价值的文章,都是"圣贤"为功利目的而写就的,都是"作有益于化,化有补于正"的。

与此同时,对宋时烈和王充来说,"文"不仅应该为功利目的而写成,而且也应该能对读者发生切实的"积极"影响,无论这种"积极"影响是儒家式的"端正人心",抑是王充式的"劝善惩恶"。

在宋时烈看来,"文"应该对读者起到人伦教化作用,把读者引导到儒家思想的轨道上来。对于能起到这种人伦教化作用的"文",宋时烈常常是不吝予以赞辞的。比如在《泽堂集序》中,他称赞李植的文章:"可以羽翼斯文,裨补世道。"(《宋子大全》卷一三八)在《泽堂李公谥状》中,他又称赞李植的诗歌:"足以风厉一世,感发人之善心,非无益之吟咏也。"(同前)所谓"羽翼斯文,裨补世道",又所谓"风厉一世,感发人之善心",便都是宋时烈对于"文"的功利作用的要求。

在王充看来,"文"也应该是具有"劝善惩恶"功用的东西,而不应该仅是"调墨弄笔为美丽之观"的空文。他在《佚文篇》中说:"夫文人文章,岂徒调墨弄笔为美丽之观哉,载人之行,传人之名也。善人愿载,思勉为善;邪人恶载,力自禁裁。然则文人之笔,劝善惩恶也。谥法所以章善,即以著恶也。加一字之谥,人犹劝惩,闻知之者,莫不自勉;况极笔墨之力,定善恶之实,言行毕载,文以千数,传流于世,成为丹青?故可尊也!"王充对于"文"的"劝善惩恶"作用抱有极大的信心,并对能起这种作用的文人抱有相当的敬意。如他在《佚文篇》中,称赞了扬雄和班彪:"杨子云作《法言》,蜀富人赍钱十万,愿载于书,子云不听,曰:'夫富贾无仁义之行,犹圈中之鹿,栏中之牛也,安得妄载!'班叔皮续《太史公书》,载乡里人以为恶戒。邪人枉道,绳墨所弹,安得避讳?是故子云不为财劝,叔皮不为恩挠。文人之笔,独已公矣!"扬雄作《法言》,班彪续《太史公书》,都能注意到文章的"劝善惩恶"功用,因而都受到了王充"独已公矣"的善评。

如上所述,虽然在写作动机的具体内容上,以及在对读者影响的具体方向上,宋时烈和王充的看法各不相同,但在强调应为功利目的而写作,应对读者发生"积极"的影响这些方面,宋时烈和王充的看法却相当接近。

三

正因为把"文"看作是达成其他目的的"工具",而不是独立自足的存在,所以在各种文体之中,宋时烈和王充都比较喜欢较能起"工具"作用的文体,而不喜欢较不能起"工具"作用的文体;或者在某种文体较能起"工具"作用时便称赞它,在其较不能起"工具"作用时便批评它。尤其是对于那些审美价值较强的文体,比如宋时烈时代的诗歌,王充时代的辞赋,宋时烈和王充更是关注于它们的"动向",即它们在功利价值与审美价值之间的偏重问题。如果它们偏重于审美价值,他们就对它们持贬低态度;如果它们偏重于功利价值,他们就对它们持肯定态度。

在宋时烈的时代,对于一般的文人们来说,作诗是一种必不可少的修养。即使宋时烈也不例外,也作了不少诗歌。不过正如金学主、李香培二文所指出的,宋时烈曾多次发表意见,贬低诗歌的重要性,否定作诗的必要性。比如其《语录》中记载:"问:士之不能作绝句、律诗者,何如?先生曰:诗词作之可也,不作亦可也。不能作诗词,何害之有?"(《宋子大全》附录卷十八崔慎录下)为什么诗词"不作亦可",且不作"何害之有"呢?他在《经筵讲义》中的说法,大概可以回答这一问题:"不要人学作诗文,恐其僻于一边,故不要为之矣。"(《宋子大全》拾遗卷九)盖是恐人"僻于一边"之故。那么,"僻于一边"又是什么意思呢?猜想起来,盖是耽于诗词的审美价值,而忘却了它的功利价值吧?正因如此,所以宋时烈一边提醒学子们注意,"伊川平生只作小诗一首矣"(《宋子大全》拾遗卷九《经筵讲义》),即道学家亦并不太重视作诗;一边连声名显赫的杜诗也不愿教给学子:"有人欲学杜诗,先生却之曰:'此等诗词,吾所不知者也。'辞而不诲。"(《宋子大全》附录卷十八崔慎录下)意思是杜诗也有让人太耽于审美价值的危险。其实不限于诗词,推至极端,正如上文所引《经筵讲义》中提到的,连"诗文"——包括文章,也是可以不作的。这就像认为作文有害于"道"的二程兄弟一样,有点走向事实上不是文学观的"反理论"了。①

在王充的时代,最流行的文体是辞赋而不是诗歌,一般的文人也几乎都热衷于辞赋创作。然而王充主要是一个思想家,而不是一个辞赋家(他流传至今的辞赋作品,只有《果赋》的一句残句),所以他不喜欢辞赋,而是喜欢论说文。不过反过来也可以认为,也许正因为他喜欢论说文,而不喜欢辞赋,所以他才成了一个思想家,而不是一个辞赋家吧。然则为什么王充不喜欢辞赋呢?那是因为在王充看来,辞赋的审美价值太强,而其功利价值则太弱,这被他看作是辞赋的一个致命弱点。他在《自纪篇》中批评辞赋说:"深覆典雅,指意难睹,唯赋颂耳。"在《定贤篇》中批评辞赋说:"以敏于赋颂、为弘丽之文为贤乎?则夫司马长卿、杨子云是也。文丽而务巨,言眇而趋深,然而不能处定是非,辩然否之实,

---

① 刘若愚《中国文学理论》,杜国清译,第 244 页。

虽文如锦绣,深如河汉,民不觉知是非之分,无益于弥为崇实之化。"正是因为辞赋太富于审美价值,而太缺乏功利价值,所以自它问世之日起,就一直受到儒家文人的指责;喜欢它的文人们,则试图用"曲终奏雅"的方法,来稍稍弥补它的这一"缺陷";①而到了王充,则干脆大笔一挥,把它整个儿给否定了。自然,王充对于辞赋的否定,出发点与儒家文人不同。儒家文人的出发点,是认为辞赋不能起人伦教化作用;而王充的出发点,则是认为辞赋缺乏"处定是非"的辩理能力!

在宋时烈的心目中,如上所述,诗词或诗文都是可以不作的,如果它们只是偏重于审美价值,而忘却了功利价值的话;然而如果它们能偏重于功利价值的话,则自然又当别论了。在那样的时候,宋时烈不仅不贬低它们,而且反要肯定它们。在《书闵台叟所编五伦诗后》中,他称赞了闵台叟所编的《五伦诗》,因为它偏重于功利价值,能起人伦教化作用;同时,它还对诗歌的功利价值作了如下阐发:"然必以诗为主者,岂非以讽咏抑扬之间,其感人易以入,而兴起其好善恶恶之心,如朱子之训也耶……而诗之为用,亦岂他书之可比哉!"(《宋子大全》卷一四七)他在此所主张的诗歌有用论,与上文所述的诗歌不作论,看起来是互相矛盾的,但其实却并不矛盾。其关键即在于诗歌能否起功利作用:能起功利作用的话,便当"为主",便为"他书"所不可比;不能起功利作用的话,便可"不作",便也"不要人学作"。

由于辞赋即使"曲终奏雅",即使"劝百讽一",也不能像诗歌那样起到什么功利作用,所以在王充的心目中,它几乎是完全"无用"的文体。然而在《案书篇》中,他提到一批当代文人时,却对他们的辞赋赞誉有加:"广陵陈子廻、颜方,今尚书郎班固,兰台令史杨终、傅毅之徒,虽无篇章,赋颂记奏,文辞斐炳,赋象屈原、贾生,

---

① 参见拙文《汉代文学史序说》,载韩国蔚山大学校《人文论丛》第 8 辑,1995 年;后收入拙著《中国古典文学论集》。

奏象唐林、谷永,并比以观好,其美一也,当今未显,使在百世之后,则子政、子云之党也。"这又是为什么呢?原来,这是因为虽然辞赋不能"处定是非",不能"辩然否之实",即没有什么功利价值,但从长远来看,从文化全体来看,辞赋却能代表一代人文,成为一个时代的文化点缀,起到文饰当代政治的作用,所以仍是具有"积极"意义的,从而受到了王充的肯定。在这里起决定作用的,仍然不是辞赋的审美价值,而是其广义上的功利价值。

如上所述,虽然在文体的具体评价标准上,宋时烈和王充的看法各不相同,但是在根据文体的功利价值来评价文体上,宋时烈和王充的看法却是基本一致的。

四

正因为把"文"看作是达成其他目的的工具,而不是独立自足的存在,所以在文章的各种风格中,宋时烈和王充都肯定明白易晓的文风,反对华而不实的文风。这是因为在他们看来,前一种文风能够较好地起到"文"的功利作用,有助于功利目的的圆满实现;而后一种文风则不能很好地起到"文"的功利作用,有碍于功利目的的圆满实现。

宋时烈自己所作的文章,就像他所推崇的朱熹的文章一样,大抵是明白易晓的。在评论他人的文章时,他也采取了同样的标准,肯定了明白易晓的文风。比如他在《沙溪先生遗稿序》中,称赞了金长生文风的"质实浑厚":"我文元公先生,一生沉潜理窟,不事著述。或不得已而见于文字,则质实浑厚,绝去华饰。故见者曰:大朴未散也。"(《宋子大全》卷一三九)在其杂著《偶记》中,他又引朱熹之语,肯定了"明白磊落"的文风:"至其为文,则又务为明白磊落,指切事情,而无含糊宛卷、睢盱侧媚之态,使读之者不过一再,即晓然知其为论某事出某策,而彼此无疑也。"(《宋子大全》卷一三二)也就是说,在宋时烈看来,理想的文风应是"质实浑厚"、"绝去华饰"、"大朴未散"的,应是"明白磊落"、"指切事情"、令人"晓然"易知的。只有具有这种文风的文章,才适于表现儒家思想之"道",才能对读者发生切实的"积极"影响。反之,那种充满"华饰"的文风,那种"含糊窩卷"、"睢盱侧媚"的文风,则因不适于表现儒家思想之"道",不能对读者发生切实的"积极"影响,而受到了宋时烈的批评。如在同上《偶记》中,他又引朱熹之语,批评了华而不实的文风:"制行立言,专以酝藉袭藏、圆熟软美为尚。使与之居者,穷年而莫测其中之所怀;听其言者,终日而不知其意之所乡。"(同前)在《晴峰集序》中,他对这种文风作了更痛烈的批评:"然辞语之富丽,节族之清越,则其所谓性情者,虽或不纯乎天理之正,而反为其笼罩掩盖者多矣。于是乎淫哇混乎宫徵,繁促间乎黄簇,真伪之辨,不易而甚难矣。"(《宋子大全》卷一三八)华而不实的文风的具体表现,便是"酝藉袭藏"、"圆熟软美",便是"辞语之富丽"、"节族之清越"。宋时烈之所以反对这种文风,正在于其或能"笼罩掩盖"人之"性情",使它不能"纯乎天理之正",亦即妨碍"存天理,灭人欲"的"道"的实现。换句话说,也就是这种文风过于偏重于审美价值,而忽视了"文"的功利价值,所以才受到了宋时烈的批评。而宋时烈这么主张的理论根据,则是儒家的文学观。其《沙溪先生遗稿序》说:"《语》曰:辞达而已。宋子释之曰:不以富丽为工。"(同前)其《晴峰集序》说:"故《鲁论》曰:有言者不必有德。"(同前)这些说法,和他的看法一样,是他的看法之所本。他在《沙溪先生遗稿序》中总结说:"然则学之为道,岂文华之可与哉!"(同前)明确地表示了反对"文华"的立场。

　　王充自己的文章,也是用明白易晓的文风写成的,正如他在《自纪篇》中所说的:"充书形露易观",《讥俗》之书,欲悟俗人,故形露其指,为分别之文",而《论衡》之书也是这样。基于他自己的写作实践,他所认为的理想的文风,也是明白易晓的。如他在《自纪篇》中说:"口则务在明言,笔则务在露文。高士之文雅,言无不可晓,指无不可睹。观读之者,晓然若盲之开目,聆然若聋之通耳。""夫口论以分明为工,笔辩以获露为通,吏文以昭察为良。"其说法与宋时烈在《偶记》中的说法相似,都强调文章应该明白易晓,认为这才是理想的文风,因为它有助于功利目的的实现。与此同时,王充也批评了华而不实的文风,认为它有碍于功利目的的实现。他在《自纪篇》中说:"夫养实者不育华,调行者不饰辞。丰草多落英,茂林多枯枝。为文欲显白其为,安能令文而无谴毁?救火拯溺,义不得好;辩论是非,言不得巧。入泽随龟,不暇调足;深渊捕蛟,不暇定手。言奸辞简,指趋妙远;语甘文峭,务意浅小。"他在《本性篇》中也说:"鄦文茂记,繁如荣华,恢谐剧谈,甘如饴蜜,未必得实。"也就是说,王充之所以反对"语甘文峭"的文风,反对"繁如荣华"的文风,乃是因为这种文风"未必得实",这种文风"务意浅小",也就是有碍于功利目的的实现。

如上所述,虽然在用明白易晓的文风来达成什么功利目的上,宋时烈和王充的看法各不相同,但是在肯定明白易晓的文风、反对华而不实的文风、更好地达成功利目的这一点上,宋时烈和王充的看法却十分相似。

五

正因为把"文"看作是达成其他目的的工具,而不是独立自足的存在,所以在评价文人时,宋时烈和王充也根据其如何运用"文"之工具来为功利目的服务,而定其地位的高下,决其文章的优劣,尽管他们各自所喜欢的文人其实是风马牛不相及的。

宋时烈评论中、朝历代文人,大抵视其文是否载"道",而定其评语之褒贬,其间有一以贯之者。对于中国的文人或作品,他也根据上述标准,施予善评或恶评,并不稍假词色。如他在《风玉亭记》中说:"余窃以为左徒之赋骚,百代之所尊,而朱先生犹病其不知学于北方,以求周公、仲尼之道。而至于子瞻之铁心石肠,则又其下者也。退之之谀辞,子厚之恐笔,则非君子之所道。"(《宋子大全》卷一四三)在中国文学史上,楚辞与《诗经》并称两大源头,但因为不知学周公、孔子之道,所以受到了朱熹的批评,而宋时烈亦同意其说;至于韩愈、柳宗元和苏轼的文章,宋时烈认为其中不合于"道"之处更多,所以对他们的评价更是等而下之。而在韩愈和苏轼之间,根据其文是否"载道",宋时烈又进一步评出高下,其《语录》中记载:"曰:人言韩长于文,短于诗,苏诗文俱长云,何如?曰:苏文无《原道》等文,苏诗无《南山》等诗,苏、韩优劣,不难辨也。"(《宋子大全》附录卷十八崔慎录下)由于韩愈写了《原道》之类"载道"之文,起到了宋时烈认为文章应起的功利作用,所以被宋时烈置于苏轼之上,由此可见宋时烈评价文人的标准。而按照宋时烈评价文人的标准,像朱熹这样的中国文人,自然会受到最高的评价,正如其《语录》中所说的:"朱子之文,无所不具,而从心所欲,吐辞为文,则窃恐文章亦莫如朱子也。"(同前)这是因为朱熹实现了"道文一致"和"文以载道"的"理想"。

对于本朝文人,宋时烈亦根据同样的标准,施予善评或恶评。对于文章能够"载道"的文人,宋时烈总是予以善评。如在《沙溪先生遗稿序》中,他称赞其师金长生说:"我文元公先生,一生沉潜理窟……以故其所论说,悫谨精确,擗扑不破。盖一主于朱子,虽程子之说,苟有异同,则亦不无从违,况其余乎。"(《宋子大全》卷一三九)其给予善评的理由,即是因为其师之文章皆能"一主于朱子",达成"载道"之目的,故而"悫谨精确,擗扑不破"。又如他在《海峰集序》中评论海峰之文说:"其谓公文汉而诗唐者,虽曰近之,而以吾所见,则熟悉晦翁之书而兴起乎?"(《宋子大全》卷一三九)其给予善评的理由,同样是因为海峰能"熟悉晦翁之书而兴起",即其文能够像朱熹文一样,达成"载道"之目的,而并非是因为其能"文汉而诗唐",即向汉唐人学习作诗文的技巧。又如他在《豁谷张公神道碑铭》中评论张维之文说:"若论其文章,则浑浩流转,泊然而止,中藏万物,变化无穷。然必依于经训,理胜义正,不为空言。其视明朝巨公,震耀张皇,自为并驾马、韩,而无其实者,公盖将姑舍是矣。是盖上窥韩、欧,而义理则主于程、朱。故上下五六百年间,无可与轩轾者矣。"(《宋子大全》卷一五六)宋时烈这里对于张维之文的称赞,因为是在碑铭中说的,所以恐怕要打点折扣。因为在其《语录》中,宋时烈对张维之文的评论却是颇有微辞的:"谿谷之文虽可谓集大成于我朝,而但语多背驰于朱子。人言谿谷为老子之学,未知其然耶?"(《宋子大全》附录卷十七崔慎录上)大概这样的话只能对门生说,在碑铭里却是写不得的。不过即使两段评论有所矛盾,但是宋时烈评论的标准却是一以贯之的,那就是若"语多背驰于朱子",亦即文章有违于"道",便是不好的文人;反之,如果"依于经训,理胜义正,不为空言",如果"义理则主于程、朱",亦即文章能够"载道",那便是好的文人。正是从宋时烈对于张维的矛盾评价中,我们可以更深切地洞察宋时烈评价文人的标准。

王充评价文人的主要标准,亦是视其文是否能"处定是非","辩照然否",即是否能很好地起到功利作用,而定其之优劣的。其文能够很好地起到功利作用的文人,便会受到王充的善评;其文不能够很好地起到功利作用的文人,便会受到王充的恶评。而在所有前代和当代文人中,王充之所以给予桓谭以最高评价,乃是因为桓谭之文最能"处定是非","辩照然否",即最能起到文章的功利作用。他在《超奇篇》中评论桓谭说:"又作《新论》,论世间事,辩照然否,虚妄之言,伪饰之辞,莫不证定。"他在《定贤篇》中说:"世间为文者众矣。是非不分,然否不定,桓君山论之,可谓得实矣。论文以察实,则君山汉之贤人也。"王充认为汉代其他文人都及不上桓谭,这是因为他们的文章不能"处定是非","辩照然否",亦即不能很好地起到功利作用。所以《定贤篇》否定了司马相如和扬雄的辞赋,否定了司马迁和刘向的史传文和政论文,而独独肯定了桓谭的文章。

如上所述,无论是像宋时烈那样,把文章能否"载道",还是像王充那样,把文章能否"处定是非","辩照然否",作为评价文人优劣的标准,其实根据的都是文章的功利价值,而不是文章的审美价值。在这一点上,宋时烈和王充可说是一脉相通的。

六

　　以上,我们从若干个方面,比较了宋时烈和王充的文学观,指出了在功利主义态度方面,他们的文学观所具有的共同点。不过与此同时我们也不可忘了,他们之间存在着一个基本的区别,即正如本章开头所说的,宋时烈是一个纯然的道学家,一个儒家思想的坚定信仰者,而王充却是一个"异端"思想家,一个所有思想(包括儒家思想)的怀疑者和批判者。因此,他们的文学观虽具有相似的功利主义倾向,但是在具体的功利目的等许多问题上,他们的文学观之间却存在着深刻的差异。不过,认识他们的文学观之间的差异,同样有助于我们了解功利主义文学观的普遍性。毋宁说,他们的文学观之间的差异越是深刻,对于我们了解功利主义文学观的普遍性便越是会有所帮助。

　　虽然宋时烈和王充都认为文学本身并不是独立自足的存在,而不过是达成其他目的的工具,但在具体想要达成什么功利目的上,宋时烈和王充的看法却大相径庭。对于道学家宋时烈来说,他希望"文"所达成的功利目的,是传达儒家思想之"道",尤其是传达宋代以后新儒学的"道学",是《河西先生神道碑铭》中所说的"理性情而涵道德"(《宋子大全》卷一五四)。然而对于"异端"思想家王充来说,他希望"文"所达成的功利目的,却是要在某种程度上破坏"道",也就是怀疑和批判包括儒家思想在内的各种思想,为此他不惜"问孔"、"刺孟",与道学家视为神圣不可侵犯的孔、孟之道作对。

　　虽然宋时烈和王充都主张要为功利目的而写作,要让"文"对读者发生切实的"积极"影响,但在具体的写作动机和影响方向上,宋时烈和王充的看法却大相径庭。对于道学家宋时烈来说,他的写作动机是为了端正风俗人心,对读者起人伦教化作用,让儒家思想普及社会的所有方面,使每一个人都成为儒家社会里的善良臣民。而对于"异端"思想家王充来说,他的写作动机却是为了"疾虚妄"和"讥世俗",为了"铨轻重之言,立真伪之平",为了"冀悟迷惑之心,使知虚实之分",也就是说,是为了批判各家思想中他认为是错误的部分,宣传他所认为是正确的部分,使人人都知道什么是真理,什么是谬误,从而都具备向善避恶之心。而其所谓"轻重"、"真伪"、"虚实"、"善恶"的概念,却基本上与儒家思想之"道"无关,不能用儒家思想之"道"来衡量。

虽然宋时烈和王充都主张要根据是否有功利价值来评价文体的优劣,即肯定能起功利作用的文体,否定不能起功利作用的文体,但在对于文体的具体要求上,宋时烈和王充的看法却仍有一些差异。对于宋时烈来说,他主要希望诗文能起"载道"作用,以其审美价值为"载道"目的服务。而对于王充来说,他却更喜欢适于说理的论说文,而不喜欢徒有审美价值的辞赋(除非辞赋也能起"润色鸿业"的功利作用)。所以宋时烈对文体的要求更富"载道"性,王充对文体的要求更富"学术"性。

虽然宋时烈和王充都肯定明白易晓的文风,反对华而不实的文风,但在具体的肯定和反对的理由上,宋时烈和王充之间却还是有所不同的。对于道学家宋时烈来说,明白易晓的文风更适于表现儒家思想之"道",更能对读者发生切实的"积极"影响,华而不实的文风却易让读者迷失于文章的审美价值,而忘了去体会儒家思想之"道"。而对于"异端"思想家王充来说,明白易晓的文风这一"批判的武器",更适于用来进行"武器的批判",华而不实的文风却会削弱批判的锋芒,减弱文章的论辩力量。

虽然宋时烈和王充都根据其文是否能起功利作用来定文人优劣,但因为他们各自所抱的功利目的不同,所以他们眼中的文人的优劣也便不同。对于道学家宋时烈来说,最高的文人当然是朱熹,以及其他中、朝理学家们,而柳宗元、苏轼甚至韩愈,都不易入他的法眼,因为他们的文章不能尽合于"道"。而对于"异端"思想家王充来说，最高的文人却是桓谭，一个像他那样的"异端"思想家，他的精神上的先驱者，而司马相如甚至司马迁都受到了贬低，因为他们的批判精神还不够充足。朱熹和桓谭之间的距离，就像宋时烈和王充之间的一样遥远。

就像这样，宋时烈和王充这两个截然不同的人物，却具有极为相似的功利主义文学观；但虽然他们同具功利主义文学观，却又各抱截然不同的功利目的。我们可以设想一下，假如在冥冥的他界，让宋时烈和王充各自发表对于对方的评论，则也许宋时烈会写出一篇抨击王充之"异端邪说"的"载道"之文，同时会对其他文人不写此类"有用"之文大为生气；王充则会写出一篇论证宋时烈之"虚妄"的"造论著说"之文，并会为其他文人的未能做到这一点大发感慨。他们也许都会对对方说"道不同不相为谋"，但相信他们是会用类似的口气来说的。

七

以上，我们比较了宋时烈和王充这两个生活于不同时代、分属于不同国度、各具有不同信念的人的文学观，指出了二者之间的同与异。那么，我们为何要作这番看起来"不伦不类"的比较呢？这乃是因为如本章开头所说的，我们想借此接近功利主义文学观的普遍性这个问题；而宋时烈和王充正因其分处传统思想的两端，所以最适于作为论证这个问题的代表性例子。

关于功利主义文学观的普遍性问题，刘若愚在其《中国文学理论》一书中已有所暗示，其中第六章《实用理论》开头说："实用理论……由于得到儒家的赞许，它在中国传统批评中，是最有影响力的。"[①] 也就是说，尽管他认为功利主义文学观因受到儒家思想的支持，所以与儒家思想的关系最为密切，也尽管他关于功利

---

① 刘若愚《中国文学理论》，杜国清译，第 227 页。

主义文学观所举的绝大部分例子,都来自于儒家的文献,但他仍小心翼翼地不将二者视为一体之物。在该章中,他从孔子的"实用理论",一直叙述到周敦颐的"文以载道"论,其中也穿插了对于王充文学观的评论:"具有独立精神的思想家王充,对其他问题持有许多非正统的见解,但仍表现出文学的实用概念。他所强调的是道德功用,因为他认为文学是劝善阻恶的手段。"①他仍小心翼翼地不把王充的文学观归入儒家之流。而在该章的末尾,他还提到:"中国实用理论与西方实用理论,例如贺瑞斯、席德尼,以及马克斯主义的批评家所主张者,其间的类似点极为明显而无详述的必要。"②说明功利主义文学观不仅为中国文学,而且也为西方文学所具有。在该章中,他还引述亚伯拉姆斯关于柏拉图的下述评论,认为稍作修正后即可适用于孔子:"柏拉图的宇宙的结构以及他的辩证法的方式,都不允许我们把诗当做诗——当做具有它本身的标准和存在理由的一种特殊产物。在柏氏《对话》中,只有一个可能的方向,以及一个论题,那就是:改善社会状况和个人的品格;因此,艺术的问题永远无法与真理、正义和道德的问题分开。"③说明孔子的功利主义文学观与柏拉图的相当一致。综合所有以上这些内容,我们可以得出一个结论,即刘若愚在此书中,已经暗示了功利主义文学观的普遍性问题。

功利主义文学观的"普遍性"的意思,也就是指功利主义文学观具有超越思想流派、超越时代和国境的性质。它不仅为儒家文人所具有,也为非儒家或反儒家文人所具有;不仅为古代文人所具有,也为现代文人所具有;不仅为中国文人所具有,也为韩国文人所具有;不仅为东洋文人所具有,也为西洋文人所具有;不仅为"正统"文人所具有;也为"异端"或"革命"文人所具有。

而功利主义文学观之所以会产生,产生以后之所以会具有普

---

① 刘若愚《中国文学理论》,杜国清译,第239页。
② 刘若愚《中国文学理论》,杜国清译,第248页。
③ 刘若愚《中国文学理论》,杜国清译,第230页。

遍性，依我们的看法，不仅是基于某一思想流派的特殊信条，也是植根于我们最基本的人性。也就是说，在我们的人性之中，总有一部分对于"社会责任感"的概念感到兴趣，总有一部分对于纯然的审美价值感到怀疑，这样就孕育了功利主义文学观。无论是宋时烈这样的"道学性"的功利主义文学观，还是王充这样的"异端性"的功利主义文学观，还是现代中国文人的"革命性"的功利主义文学观，其实都发源于这一人性的基础。

正因为功利主义文学观具有普遍性，所以我们觉得，也许应该一边在"道学"的范畴内，一边又超越"道学"的范畴，去认识和把握宋时烈的文学观，对宋时烈文学观的实质作更深层次的理解，进而也对整个道学家系统的文学观的实质作更深层次的理解。

从文学史发展的实际来看，功利主义文学观所起的作用可能是双重的：一边它提醒文人注意自己的社会责任，从而促进了文学朝向为社会为人生的更严肃的方向发展；一边它又警告文人不要太沉湎于文学的审美价值，从而阻碍了文学按照自身的特性和规律健康发展。在宋时烈和王充的文学观中，我们也能同时看到这两个侧面。而同时看到这两个侧面，乃是公正评价他们的文学观，即对他们的文学观作价值判断的前提。

最后，我们所联想到的是，当我们试图像刘若愚那样，建立"中国式"的文学理论体系，以与西洋的文学理论体系作对照，而综合成具有世界意义的文学理论体系时，我们不应该忘却同属东亚汉文学圈的东亚其他各国的汉文学理论，诸如像宋时烈这样的文学观的存在，而应该一并加以考虑；与此同时，当我们探讨诸如宋时烈这样的文学观时，也似乎应该联系中国文学理论的传统，以及世界文学理论的背景，来一并加以考虑。

主要征引文献目录

一

《论衡》,汉王充撰,上海,上海人民出版社,1974年。

《论衡注释》,汉王充撰,北京大学历史系《论衡》注释小组注释,北京,中华书局,1979年。

《论衡校释》,汉王充撰,吴承仕校释,北京,北京师范大学出版社,《吴检斋遗书》本,1986年。

《论衡校释》(附《论衡集解》),汉王充撰,黄晖校释,刘盼遂集解,北京,中华书局,《新编诸子集成》本,1990年。

《论衡举正》,汉王充撰,孙人和举正,上海,上海古籍出版社,1990年。

《论衡校笺》,汉王充撰,杨宝忠校笺,石家庄,河北教育出版社,1999年。

《论衡校注》,汉王充撰,张宗祥校注,上海,上海古籍出版社,《中华要籍集释丛书》本,2010年。

《论衡校读笺识》,汉王充撰,马宗霍校读笺识,北京,中华书局,《新编诸子集成续编》本,2010年。

《宋本论衡》,汉王充撰,北京,国家图书馆出版社,《国学基本典籍丛刊》本,2017年。

《无何集》,清熊伯龙撰,北京,中华书局,1979年。

《王充年谱》,黄晖撰,收入其《论衡校释》附编二。

《王充卷》,蒋祖怡撰,郑州,中州书画社,1983年。
《王充年谱》,蒋祖怡撰,收入其《王充卷》。
《王充年谱》,钟肇鹏撰,济南,齐鲁书社,1983年。

二

《尚书正义》,汉孔安国传,唐孔颖达等正义,北京,中华书局,影印《十三经注疏》本,1980年。

《尚书古文疏证》,清阎若璩撰,上海,上海古籍出版社,影印清刻本,1987年。

《尚书今古文注疏》,清孙星衍撰,北京,中华书局,《十三经清人注疏》本,1986年。

《今文尚书考证》,清皮锡瑞撰,北京,中华书局,《十三经清人注疏》本,1989年。

《毛诗稽古编》,清陈启源撰,上海,上海书店出版社,影印《清经解》本,1988年。

《鲁诗遗说考》,清陈寿祺撰,清陈乔枞述,《续修四库全书》本。

《三家诗拾遗》,清范家相撰,《丛书集成初编》本。

《礼记正义》,汉郑玄注,唐孔颖达等正义,北京,中华书局,影印《十三经注疏》本,1980年。

《春秋左传正义》,晋杜预注,唐孔颖达等正义,北京,中华书局,影印《十三经注疏》本,1980年。

《论语注疏》,魏何晏等注,宋邢昺疏,北京,中华书局,影印《十三经注疏》本,1980年。

《论语古注集笺》,清潘维城撰,《续修四库全书》本。

《孝经注疏》,唐玄宗注,宋邢昺疏,北京,中华书局,影印《十三经注疏》本,1980年。

《四书考异》,清翟灏撰,《续修四库全书》本。

《经义杂记》,清臧琳撰,《续修四库全书》本。
《经义述闻》,清王引之撰,《续修四库全书》本。
《经典释文》,唐陆德明撰,《四部丛刊初编》本。
《广韵》,宋陈彭年撰,《四部丛刊初编》本。

三

《史记》,汉司马迁撰,宋裴骃集解,唐司马贞索隐,唐张守节正义,北京,中华书局,1959年。
《汉书》,汉班固撰,唐颜师古注,北京,中华书局,1962年。
《后汉书》,宋范晔撰,唐李贤等注,北京,中华书局,1965年。
《八家后汉书辑注》,吴谢承等撰,周天游辑注,上海,上海古籍出版社,1986年。
《后汉艺文志》,清姚振宗撰,北京,中华书局,《二十五史补编》本,1955年。
《三国志》,晋陈寿撰,宋裴松之注,北京,中华书局,1959年。
《晋书》,唐房玄龄等撰,北京,中华书局,1974年。
《宋书》,梁沈约撰,北京,中华书局,1974年。
《梁书》,唐姚思廉撰,北京,中华书局,1973年。
《魏书》,北齐魏收撰,北京,中华书局,1974年。
《北齐书》,唐李百药撰,北京,中华书局,1972年。
《隋书》,唐魏徵、令狐德棻撰,北京,中华书局,1973年。
《北史》,唐李延寿撰,北京,中华书局,1974年。
《旧唐书》,后晋刘昫等撰,北京,中华书局,1975年。
《新唐书》,宋欧阳修、宋祁撰,北京,中华书局,1975年。
《十七史商榷》,清王鸣盛撰,南京,凤凰出版社,2008年。
《廿二史考异》,清钱大昕撰,南京,凤凰出版社,2008年。
《廿二史劄记校证》,清赵翼撰,王树民校证,北京,中华书局,1984年,2013年。

《国语》,吴韦昭注,上海,上海古籍出版社,1978年。

《战国策》,汉刘向集录,宋姚宏、鲍彪等注,上海,上海古籍出版社,1978年。

《东观汉记校注》,汉刘珍等撰,吴树平校注,郑州,中州古籍出版社,1987年。

《后汉纪校注》,东晋袁宏撰,周天游校注,天津,天津古籍出版社,1987年。

《两汉纪》,《汉纪》,汉荀悦撰,《后汉纪》,东晋袁宏撰,北京,中华书局,2002年。

《藏书》,明李贽撰,北京,中华书局,1959年。

《建安七子年谱》,俞绍初撰,收入《建安七子集》附录四,北京,中华书局,2005年。

《水经注校证》,北魏郦道元撰,陈桥驿校证,北京,中华书局,2007年。

《通志》,宋郑樵撰,杭州,浙江古籍出版社,影印《十通》本,2000年。

《文献通考》,元马端临撰,杭州,浙江古籍出版社,影印《十通》本,2000年。

《日本国见在书目录:集证と研究》,[日]藤原佐世撰,[日]矢岛玄亮集证,东京,汲古书院,1984年。

《日本国见在书目录详考》,[日]藤原佐世撰,孙猛详考,上海,上海古籍出版社,2015年。

《郡斋读书志校证》,宋晁公武撰,孙猛校证,上海,上海古籍出版社,1990年。

《子略》,宋高似孙撰,《丛书集成初编》本。

《直斋书录解题》,宋陈振孙撰,上海,上海古籍出版社,1987年。

《四库全书总目》,清纪昀等撰,北京,中华书局,影印清杭州刻本,1965年。

《四库提要辨证》，余嘉锡撰，北京，中华书局，1980年。
《郑堂读书记》，清周中孚撰，上海，上海书店出版社，2009年。
《越缦堂读书记》，清李慈铭撰，由云龙辑，上海，上海书店出版社，2000年。
《五十万卷楼群书跋文》，莫伯骥撰，北京，北京图书馆出版社，《国家图书馆藏古籍题跋丛刊》本，2002年。
《笺经室所见宋元书题跋》，曹元忠撰，苏州，江苏省立苏州图书馆，《吴中文学小丛书》本，1940年。
《经籍访古志》，[日本]涩江全善、森立之撰，上海，上海古籍出版社，《日藏中国古籍书志》本，2014年。
《古文旧书考》，[日本]岛田翰撰，上海，上海古籍出版社，《日藏中国古籍书志》本，2014年。
《史通通释》，唐刘知幾撰，清浦起龙通释，上海，上海古籍出版社，1978年。
《读通鉴论》，清王夫之撰，北京，中华书局，1975年。
《文史通义校注》，清章学诚撰，叶瑛校注，北京，中华书局，1985年。
《史说略》，清黄以周撰，清刻《儆季杂著》本。

四

《淮南鸿烈集解》，汉刘安等撰，刘文典集解，北京，中华书局，《新编诸子集成》本，1989年。
《淮南子集释》，汉刘安等撰，何宁集释，北京，中华书局，《新编诸子集成》本，1998年。
《淮南天文训补注》，汉刘安等撰，清钱塘补注，《续修四库全书》本。
《法言义疏》，汉扬雄撰，汪荣宝义疏，北京，中华书局，《新编诸子集成》本，1987年。

《白虎通疏证》,汉班固撰,清陈立疏证,北京,中华书局,《新编诸子集成》本,1994年。

《新论》,汉桓谭撰,上海,上海人民出版社,1977年。

《潜夫论笺》,汉王符撰,清汪继培笺,彭铎校正,北京,中华书局,《新编诸子集成》本,1979年。

《风俗通义校释》,汉应劭撰,吴树平校释,天津,天津人民出版社,1980年。

《风俗通义校注》,汉应劭撰,王利器校注,北京,中华书局,1981年。

《独断》,汉蔡邕撰,《四部丛刊三编》本。

《抱朴子内篇校释》(增订本),晋葛洪撰,王明校释,北京,中华书局,《新编诸子集成》本,1985年。

《抱朴子外篇校笺》,晋葛洪撰,杨明照校笺,北京,中华书局,《新编诸子集成》本,上册,1991年,下册,1997年。

《世说新语笺疏》,宋刘义庆撰,梁刘孝标注,余嘉锡笺疏,周祖谟、余淑宜整理,北京,中华书局,1983年。

《世说新语校笺》,宋刘义庆撰,梁刘孝标注,徐震堮校笺,北京,中华书局,1984年。

《颜氏家训集解》(增补本),北齐颜之推撰,王利器集解,北京,中华书局,《新编诸子集成》本,1993年。

《意林注》,唐马总撰,清周广业注,《聚学轩丛书》本。

《意林校释》,唐马总撰,王天海、王韧校释,北京,中华书局,《新编诸子集成续编》本,2014年。

《酉阳杂俎》,唐段成式撰,北京,中华书局,1981年。

《酉阳杂俎校笺》,唐段成式撰,许逸民校笺,北京,中华书局,2015年。

《资暇集》,唐李匡文撰,北京,中华书局,2012年。

《太平广记》,宋李昉等撰,北京,中华书局,1961年。

《太平广记索引》,王秀梅、王泓冰编,北京,中华书局,

1996年。

《青箱杂记》,宋吴处厚撰,北京,中华书局,1985年。

《履斋示儿编》,宋孙奕撰,北京,中华书局,《学术笔记丛刊》本,2014年。

《邵氏闻见后录》,宋邵博撰,北京,中华书局,1983年。

《容斋随笔》,宋洪迈撰,上海,上海古籍出版社,1978年。

《朱子语类》,宋朱熹撰,宋黎靖德编,北京,中华书局,1994年。

《黄氏日抄》,宋黄震撰,《景印文渊阁四库全书》本。

《困学纪闻》,宋王应麟撰,《四部丛刊三编》本。

《双槐岁钞》,明黄瑜撰,北京,中华书局,1999年。

《七修续稿》,明郎瑛撰,《续修四库全书》本。

《四友斋丛说》,明何良俊撰,北京,中华书局,1959年。

《少室山房笔丛》,明胡应麟撰,《景印文渊阁四库全书》本。

《焦氏笔乘》,明焦竑撰,上海,上海古籍出版社,1986年。

《文海披沙》,明谢肇淛撰,《续修四库全书》本。

《五杂组》,明谢肇淛撰,《续修四库全书》本。

《调燮类编》,清无名氏撰,《丛书集成初编》本。

《瞥记》,清梁玉绳撰,《续修四库全书》本。

《陔余丛考》,清赵翼撰,北京,中华书局,《学术笔记丛刊》本,1963年。

《十驾斋养新录》,清钱大昕撰,《续修四库全书》本。

《读书杂志》,清王念孙撰,南京,江苏古籍出版社,1985年。

《对策》,清陈鱣撰,《丛书集成初编》本。

《铜熨斗斋随笔》,清沈涛撰,《续修四库全书》本。

《退庵随笔》,清梁章钜撰,《续修四库全书》本。

《保甓斋札记》,清赵坦撰,上海,上海书店出版社,影印《清经解》本,1988年。

《札迻》,清孙诒让撰,北京,中华书局,《学术笔记丛刊》本,

1989年。

《曲园杂纂》,清俞樾撰,光绪九年重定《春在堂全书》本。

《右台仙馆笔记》,清俞樾撰,上海,上海古籍出版社,1986年。

《复堂日记》,清谭献撰,石家庄,河北教育出版社,《近世学人日记丛书》本,2001年。

《广弘明集》,唐释道宣撰,《四部丛刊初编》本。

《集古今佛道论衡》,唐释道宣撰,《大正新修大藏经》本。

《续集古今佛道论衡》,唐释智昇撰,《大正新修大藏经》本。

《一切经音义》,唐释慧琳撰,《续修四库全书》本。

《北堂书钞》,隋虞世南撰,北京,清华大学出版社,《唐代四大类书》本,2003年。

《艺文类聚》,唐欧阳询撰,附索引,李剑雄、刘德权编,上海,上海古籍出版社,1982年。

《初学记》,唐徐坚等撰,北京,中华书局,1980年。

《初学记索引》,许逸民编,北京,中华书局,1980年。

《稽瑞》,唐刘赓撰,《丛书集成初编》本。

《白氏六帖》,唐白居易撰,北京,清华大学出版社,《唐代四大类书》本,2003年。

《太平御览》,宋李昉等撰,北京,中华书局,影宋本,1960年。

《事类赋注》,宋吴淑撰注,北京,中华书局,1989年。

《新编古今事文类聚》,宋祝穆撰,北京,北京图书馆出版社,《中华再造善本》影印元泰定三年庐陵武溪书院刻本,2005年。

五

《昌黎先生文集》,唐韩愈撰,《四部丛刊初编》本。

《道古堂文集》,清杭世骏撰,清乾隆四十一年汪氏振绮堂刻本。

《潜研堂文集》,清钱大昕撰,《四部丛刊初编》本。

《大云山房文稿》,清恽敬撰,清嘉庆二十年刻本。
《铁桥漫稿》,清严可均撰,《续修四库全书》本。
《儆居集》,清黄式三撰,清刻《儆居遗书》本。
《保甓斋文录》,清赵坦撰,清道光间刻本。
《结一庐遗文》,清朱学勤撰,清光绪三十四年刻本。
《希古堂集》,清谭宗浚撰,《续修四库全书》本。
《安越堂外集》,清平步青撰,清刻本。
《宋子大全》,朝鲜宋时烈撰,朝鲜正祖十一年(1787)刻本。
《文选》,梁萧统编,唐李善注,北京,中华书局,影印清嘉庆胡克家刻本,1977年。
《唐文粹》,明姚铉编,《四部丛刊初编》本。
《宋文鉴》,宋吕祖谦编,北京,中华书局,1992年。
《文心雕龙注》,梁刘勰撰,范文澜注,北京,人民文学出版社,1978年。
《文心雕龙索引》,朱迎平编,上海,上海古籍出版社,1987年。
《文则》,宋陈骙撰,上海,复旦大学出版社,《历代文话》本,2007年。
《艺概》,清刘熙载撰,上海,上海古籍出版社,1978年。
《春觉斋论文》,林纾撰,上海,复旦大学出版社,《历代文话》本,2007年。
《镜花缘》,清李汝珍撰,北京,人民文学出版社,1979年。

六

《书林清话》,叶德辉撰,北京,中华书局,1957年。
《检论》,收入《章太炎全集》(三),章炳麟撰,上海,上海人民出版社,1984年。
《国故论衡》,章炳麟撰,上海,上海古籍出版社,2003年。
《中国历史研究法》,梁启超撰,上海,商务印书馆,1933年。

《中国近三百年学术史》,梁启超撰,收入朱维铮校注《梁启超论清学史二种》,上海,复旦大学出版社,1985年。

《王国维遗书》,王国维撰,上海,上海古籍书店,1983年。

《国史旧闻》第一分册,陈登原撰,北京,三联书店,1958年。

《古书通例》,余嘉锡撰,上海,上海古籍出版社,1985年。

《中国史纲要》第一册,翦伯赞主编,北京,人民出版社,1979年。

《中国哲学史》第二册,任继愈主编,北京,人民出版社,1979年。

《管锥编》(全四册),钱钟书撰,北京,中华书局,1979年。

《中国文学理论》,[美国]刘若愚撰,杜国清译,台北,联经出版事业,1981年。

《原始思维》,[法国]列维-布留尔撰,丁由译,北京,商务印书馆,1985年。

《中国诗史》,[日本]吉川幸次郎撰,[日本]高桥和巳编,章培恒等译,合肥,安徽文艺出版社,1986年;上海,复旦大学出版社,2001年,2012年。

《中国古典文学论集》,邵毅平撰,韩国蔚山,蔚山大学校出版部,1996年;初集、二集合集版,上海,上海古籍出版社,2013年。

《越南汉喃文献目录提要》,王小盾等编,台北,"中研院"中国文哲研究所,2002年。

《朝鲜时代书目丛刊》,张伯伟编,北京,中华书局,2004年。

《韩国所藏中国汉籍总目》,[韩国]全寅初主编,首尔,学古房,2005年。

七

《南北文学不同论》,刘师培撰(署名"刘光汉"),载《国粹学报》第一年乙巳第九号,上海,国粹学报馆,1905年。

《王充学说的梗概和治学方法》,张右源撰,载东南大学、南京高师国学研究会编《国学丛刊》第二卷第三期,上海,商务印书馆,1924年。

《与章士钊书》,张九如撰,载《甲寅周刊》第一卷第四十一号,天津,甲寅周刊社,1927年1月22日;又收入黄晖《论衡校释》附编三。

《答张九如书》,章士钊撰,载《甲寅周刊》第一卷第四十一号,天津,甲寅周刊社,1927年1月22日;又收入黄晖《论衡校释》附编三。

《王充的〈论衡〉》,胡适撰,载《现代学生》第一卷第四、六、八、九期,上海,现代学生社,1931年;又收入黄晖《论衡校释》附编四。

《王充〈论衡〉篇数残佚考》,刘盼遂撰,载《学文》第一卷第五期,北平,1932年5月;又收入《古史辨》第四册,北平,朴社,1933年;又收入黄晖《论衡校释》附编五、蒋祖怡《王充卷》。

《〈论衡〉中无伪篇考》,容肇祖撰,载天津《大公报·史地周刊》第九十一期,1936年6月26日;又收入黄晖《论衡校释》附编五、蒋祖怡《王充卷》。

《汉唐玄学论》,黄侃撰,载《时代公论》(周刊)第十一号,南京,时代公论社,1932年6月10日;又载章太炎主编《制言》(半月刊)第十六期,苏州,章氏国学讲习会,1936年5月1日;又载中央大学《文艺丛刊》第三卷第一期"黄季刚先生遗著专号(下)",南京,中央大学出版组,1937年6月;又载中央大学《文史哲季刊》第一卷第四期,重庆,中央大学出版部,1943年;后收入《黄侃论学杂著》,上海,中华书局上海编辑所,1964年;上海,上海古籍出版社,1980年;又节选入刘盼遂《论衡集解》附录。

《论衡校订》三卷附记,张宗祥撰,节选入刘盼遂《论衡集解》附录、蒋祖怡《王充卷》。

《读论衡》,唐兰撰,载《甲寅周刊》第一卷第四十号,天津,甲寅周刊社,1927年1月15日;又载《商报·文学周刊》第十六期,

1930年1月21日；后收入刘盼遂《论衡集解》附录；又收入《唐兰全集》，上海，上海古籍出版社，2015年。

《王充著作考》，朱谦之撰，载《文史》第一辑，北京，中华书局，1962年；又收入蒋祖怡《王充卷》。

《〈论衡〉的构成及其唯物主义的特点》，吴则虞撰，载《哲学研究》1962年第4期。

《〈论衡〉篇数考》，蒋祖怡撰，载《中华文史论丛》第二辑，北京，中华书局，1962年；后收入其《王充卷》。

《论王充的〈政务〉之书》，蒋祖怡撰，载《杭州大学学报》1963年10月号；后收入其《王充卷》。

《论王充的〈养性〉之书》，蒋祖怡撰，收入其《王充卷》。

《王充是农民阶级的思想家吗》，童默庵撰，载《光明日报》1964年2月21日。

《关于王充思想的评价问题——与童默庵同志商榷》，孔繁撰，载《光明日报》1964年3月27日。

《〈风俗通义〉杂考》，吴树平撰，载《文史》第七辑，北京，中华书局，1979年。

《刘知幾实录史学探源》，许冠三撰，载《中华文史论丛》1982年第二辑，上海，上海古籍出版社。

八

《论衡》，汉王充撰，江户、大阪、京都，日本宽延三年（1750）刊本。

《论衡の研究》，[日]佐藤匡玄撰，东京，创文社，1981年。

《论衡》（全三册），汉王充撰，[日]山田胜美译，东京，明治书院，《新释汉文大系》本，上册，1976年，中册，1979年，下册，1984年。

《论衡》，汉王充撰，[日]大泷一雄选译，东京，平凡社，《东洋文库》本,1965年,《中国古典文学全集》本,1961年,1972年。

《论衡》,汉王充撰,[日本]绵本诚选译,东京,明德出版社,《中国古典新书》本,1983年。

《忆良の沉疴自哀文と论衡》,[日本]赤阪可奈子撰,载《日本文学研究》第37号,1998年2月。

《王充·〈论衡〉关系研究论著目录》,[日本]井ノ口哲也撰,附于户川芳郎《汉代の学术と文化》,东京,研文出版,2002年。

九

《尤庵의 诗观과 诗》(《尤庵的诗观与诗》),[韩国]金学主撰,载斯文学会编《尤庵先生300周忌纪念尤庵思想研究论丛》,韩国大田,1992年。

《尤庵宋时烈의 文学论 研究》(《尤庵宋时烈的文学论研究》),[韩国]李香培撰,载儒城汉学会编《儒城汉学》第二辑(鹤山赵钟业博士退任纪念号),韩国大田,1996年。

《尤庵宋时烈의"传"文学 研究》(《尤庵宋时烈的传文学研究》),[韩国]崔俊夏撰,载宋子研究所编《宋子学论丛》创刊号,韩国大田,1994年。

《尤庵先生의 道义诗 研究》(《尤庵先生的道义诗研究》),[韩国]赵钟业撰,载宋子研究所编《宋子学论丛》第二辑,韩国大田,1995年。

《尤庵先生의 箴铭类 研究》(《尤庵先生的箴铭类研究》),[韩国]李英徽撰,载宋子研究所编《宋子学论丛》第二辑,韩国大田,1995年。

附:本目录中部分丛书出版信息一览

《四部丛刊初编》、《续编》、《三编》,上海,上海书店出版社,

1984—1989年重印本。

《丛书集成初编》,上海,商务印书馆,1935—1937年;北京,中华书局,1991年补印未出者。

《景印文渊阁四库全书》,台北,台湾商务印书馆,1986年。

《续修四库全书》,上海,上海古籍出版社,2002年。

韩国版后记

我对于《论衡》的研究,始于1980年代初,那时候,我正师从蒋天枢先生,在复旦大学念研究生。我的专业是先秦两汉文学,《论衡》自然也在涉猎范围之内。从接触到《论衡》时起,我就被它的特异精神迷住了,因而在先秦两汉诸典籍中,我特别地偏爱于它。那时碰巧看到了朱谦之的《王充著作考》一文,于是针对其中的不能令人满意之处,我写下了最初两篇有关《论衡》的论文,那就是收入本书第一编的《王充三次撰集〈论衡〉说平议》,收入本书第二编的《论王充〈讥俗〉〈节义〉〈政务〉〈养性〉等书不在今本〈论衡〉之中》,它们的副标题分别是"朱谦之《王充著作考》商兑"一和二。后者于1984年初发表于《复旦学报》,那是我发表关于《论衡》的研究论文之始。

中国国内对于《论衡》的研究,在"文革"期间的1970年代中,曾因为"评法批儒"的关系,而热闹流行过一阵子。可是进入1980年代以后,"美学热"、"文化热"等此起彼伏,而《论衡》研究却反而成了冷门。不过我向来不喜欢凑热闹,反而颇有人弃我取的别扭心理,所以尽管明知《论衡》研究已"不合时宜",却还是出于对于《论衡》的偏爱,一发而不可收地写下了十几篇论文。在这十余年里,我去过日本,又来到韩国,于是这些在寂寞中写就的论文,便也就跟随着我的行踪,而零零落落地散发在中国、日本和韩国的各学术刊物上。至1994年末,最后一篇论文也终于发表完毕,离开第一篇论文的发表,算起来正好已整整十年了。

于是就萌生了将这些论文结集出版的愿望,以便对自己的这一研究工作作一总结。当我将这一想法告诉蔚山大学校出版部的金珍部长时,想不到竟得到了他的快诺。作为一个中国学者,能够在韩国出版用中文撰写的学术著作,并借此和韩国的中文学界进行学术交流,这对于我来说真是一个望外之喜。对于给予我这个机会的金珍部长,我要表示由衷的感谢。

由于本书各论文的写作前后历时有十余年之久,因此各论文间语气不一或矛盾重复之处恐在所难免,趁这次将它们结集成书的机会,我尽可能对之作了一些调整和修订。同时,又重新核对了一遍引文,改正了若干错字和错处。不过各论文的内容观点,则大致上一仍其旧。

本书各论文的写作和发表情况如下:

1. 《论衡》造于永平末定于建初之年考

    1987年1月完稿。

2. 王充三次撰集《论衡》说平议

    1984年3月完稿。

3. 《论衡》篇目排列内在联系考

    1987年8月完稿。

4. 《论衡》颂汉诸篇写作动因考

    1988年12月完稿。

    以上四篇合为《〈论衡〉成书四考》,载韩国蔚山大学校《人文论丛》第3辑,1993年1月。

5. 论王充《讥俗》《节义》《政务》《养性》等书不在今本《论衡》之中

    1983年9月完稿。

    载《复旦学报》1984年第一期。

6. 王充《讥俗》《节义》《政务》《养性》等书考

    1988年12月完稿。

    载日本创价大学《言语文化研究》第15号,1991年3月。

7. 蔡邕入吴始得《论衡》说献疑

   1984年4月完稿。

   载《文史》第二十六辑,1986年5月。

8. 《论衡》早期流传影响考

   1987年10月完稿。

   载日本创价大学《言语文化研究》第12号,1989年3月。

9. 近两千年来《论衡》评价综论

   1985年12月完稿;1995年3月增补。

   前半以《明代以前〈论衡〉评价综论》为题,载《上海教育学院学报》1986年第二期;后半以《清代与近代〈论衡〉评价综论》为题,载《上海教育学院学报》1987年第一期。(收入本书时有较多增补。)

10. 《论衡》评论中所反映的历代文章观的变迁

    1989年9月完稿。

11. 《论衡》评论中所反映的理性精神与非理性精神的冲突

    1989年9月完稿。

    以上二篇合为《〈论衡〉评论史研究二题》,载韩国岭南中国语文学会《中国语文学》第21辑,1993年6月。

12. 《论衡》与《原始思维》比较阅读札记

    1989年7月完稿。

    载韩国蔚山大学校《人文论丛》第4辑,1993年9月。

13. 论王充的悲观主义人生观

    1989年7月完稿;1993年8月增补。

14. 论王充文论的立说基准的多重性与统一性

    1989年2月完稿。

15. 论王充的功利主义文章观

    1989年2月完稿。

    以上三篇合为《王充思想三论》,载韩国蔚山大学校《人文论丛》第 6 辑,1994 年 9 月。

近两千年来,有关王充以及《论衡》的一切,诸如记载、评论和研究等,不管其具体倾向性如何不同,都已经确实地形成为一种传统,一如有关任何其他历史人物或典籍的一样。这一传统不仅会不断地向未来伸展,而且也正在不断地超越国度。但愿因了我们曾经付出的心血和热忱,本书能够无愧于这一悠久的传统。

邵毅平
1995 年 4 月 25 日识于蔚山大学校
2009 年 4 月 25 日修改于复旦大学

国内版后记

本书的韩国版(繁体字版)出版于 1995 年,国内版(简体字版)则始终没有出版过。由于韩国版的印刷数量和发行范围都很有限,韩国以外的《论衡》研究者自然不易利用本书,因此,这次借助复旦大学出版资助基金的支持,本书能够得到出版国内版的机会,真是让我喜出望外的事情。希望本书国内版的出版,有助于推动国内《论衡》研究的发展,加强与国际《论衡》研究界的对话。

形成本书各章节的各论文,曾先后在中国、日本和韩国的各学术刊物上发表;本书的韩国版,又由我所曾执教的韩国蔚山大学校出版部出版。因而可以说,本书的形成,既受惠于海内外汉学界通力合作的氛围,也受到了尤其是海外汉学界的关注和检验。在中国国内,本书中若干发表于韩国的论文,一度还被误认为韩国学界的研究成果,而受到了中国学者的善评。本书所考证出的各种结论,如关于《论衡》的成书时间和过程、《论衡》篇目排列的内在联系、《论衡》颂汉诸篇的写作动因、《论衡》与王充其他各书的关系、《论衡》的早期流传影响史、《论衡》的评论史等,也已为海内外许多《论衡》研究者所接受,并被认为是《论衡》研究的重要成果。于此我深感欣慰。

本书这次的国内版,在内容和结构上,均一仍韩国版之旧,未作大的改动;所做的修订工作,除改正了若干新发现的错处外,主要是重新核对了韩国版因文献条件限制而未能核对原书的部分引文(原先转引自黄晖《论衡校释》附编、刘盼遂《论衡集解》附录者)。此外,这次还增加了一篇附章《宋时烈与王充:功利主义文学观的普遍性问题》,它曾先后发表于韩国大田南涧祠儒会编《尤庵文化祭》第二辑(大田,1996年)、复旦大学韩国研究中心编《韩国研究论丛》第九辑(北京,中国社会科学出版社,2002年),现按照其内容性质,附于本书第五编内。又补编了一个《主要征引文献目录》,附于书后,以方便读者覆按。本书所引古籍(包括《论衡》)之文字及句读,均择善而从,未必全同于通常所见者,希读者谅之。

  本书各论文的写作,距今已有二十余年了;本书韩国版的出版,距今也有十余年了。在这段时间里,海内外的《论衡》研究都有了长足的进展,本书的国内版却未能对之作出反应。这既是因为我的学术兴趣早已转移,也是出于保存本书历史原貌的考虑。本书作为我的第一部学术著作,其中多有不能让自己满意之处,虽心知肚明,现在却又难以改变。那么就让它"立此存照",既留下我个人研究道路的一段粗浅轨迹,也成为后来研究者的一块垫脚之石吧!

  本书国内版的出版,端赖各方面的支持:章培恒先生、黄霖教授、杨明教授、骆玉明教授、陈尚君教授先后美言推荐本书;复旦大学出版资助基金管委会各委员鼎力支持本书出版;青岛殷婴宁同学协助查核原书,切磋琢磨;上海龚养耿先生悉心校对,指谬纠错;责任编辑宋文涛博士精心编辑,锦上添花……对于他们,我都要表示深深的感谢!

邵毅平
2009年5月22日识于沪上胡言作坊

重修版后记

本书韩国版(繁体字版)出版于 1995 年,国内修订版(简体字版)出版于 2009 年,受到了读书界和学术界的关注,本书中所考证出的各种结论,也渐为相关研究者们所接受。如孙猛教授的《日本国见在书目录详考》(上海,上海古籍出版社,2015 年),其王充《论衡》条、蔡邕《独断》条等,于《论衡》及《独断》的成书时间、《论衡》的篇数及篇目排列方式、《论衡》在蔡邕入吴前即已传到中土等各个方面,皆以本书的拙见取代了既有的成说。本人为此深受鼓舞,正好国内修订版也已售罄,遂决意再次修订重版,纳入"复旦学术文库",俾于学术传统添砖加瓦,于复旦文脉略尽绵薄。

此次修订重版,改正了一些新发现的阙误,更新了若干文献的信息,补入了张宗祥、马宗霍、钱钟书、吴则虞诸家之说,并将原来收入拙著《中国古典文学论集》(初集、二集合集版,上海,上海古籍出版社,2013 年)的《〈论衡〉在东亚的流传及和刻本〈论衡〉》一文(载《东亚出版文化研究》Ⅲ《星月夜》,日本,2010 年;节略文《和刻本〈论衡〉琐记》,载上海图书馆历史文献研究所编《历史文献》第十四辑,上海,上海古籍出版社,2010 年)抽出,补入本书第三编,作为该编之附章,以使该编更为完全,同时相应删去了该编第二章第三节中与日本有关的一段内容,其余内容观点则均未作改动。

上述补入的一文里,提到了山田胜美的《论衡》日文全译本,这不禁让我想起了一件往事。三十年前我初访日本时,曾想去拜会山田胜美先生,听说小尾郊一先生与他熟,便拜托小尾先生代为联络，小尾先生还给我写了介绍函。一天清晨，电话铃响，是小尾先生打来的，上来就问，去拜访过山田先生了没有？我说还没呢，正打算最近去。他说不用去了，山田先生刚去世了……我还记得自己拿着听筒，无语地愣在那里的样子。补入上面那篇文章，也算是对两位学界前辈的一个纪念吧。

自1984年初次发表关于《论衡》的论文以来，转眼三十余年就过去了，虽然我的学术兴趣早已转移，但对《论衡》的偏爱却始终未曾稍减。如果时间也有乡愁的话，那就让我乘此修订重版的机会，缅怀一下曾经的岁月吧！

最后，对赐予本书重版机会的宋文涛先生，精心编辑本书的吴湛博士，指出本书阙误的李岑博士等，谨表示衷心的感谢！

邵毅平
2018年5月22日识于沪上圆方阁

附录:邵毅平著译目录

一、著　　书

《中国诗歌:智慧的水珠》　杭州,浙江人民出版社,1991年初版;台北,国际村文库书店,1993年初版;上海,复旦大学出版社,2008年修订版(易名为《诗歌:智慧的水珠》)。

《洞达人性的智慧》　杭州,浙江人民出版社,1992年初版;台北,国际村文库书店,1993年初版;上海,复旦大学出版社,2008年修订版(易名为《小说:洞达人性的智慧》)。

《传统中国商人的文学呈现》　深圳,海天出版社,1993年初版;上海,上海古籍出版社,2010年修订版(易名为《文学与商人:传统中国商人的文学呈现》)。

《论衡研究》　韩国蔚山,蔚山大学校出版部,1995年初版;上海,复旦大学出版社,2009年修订版,2018年重修版。

《中国文学史》(合著)　上海,复旦大学出版社,1996年初版。

《中国古典文学论集》　初集,韩国蔚山,蔚山大学校出版部,1996年初版;初集、二集合集版,上海,上海古籍出版社,2013年初版。

《中日文学关系论集》　韩国河阳,大邱晓星CATHOLIC大学校出版部,1998年初版;上海,上海古籍出版社,2011年修订版;上海,中西书局,2018年重修版。

《韩国的智慧:地缘文化的命运与挑战》　台北,国际村文库书店,1996年初版;上海,上海古籍出版社,2005年修订版(易名为《朝鲜半岛:地缘环境的挑战与应战》);上海,中西书局,2017年重修版(易名为《半岛智慧:地缘环境的挑战与应战》)。

《无穷花盛开的江山:韩国纪游》 上海,复旦大学出版社,2001年初版;上海,中西书局,2017年修订版(易名为《韩国纪行:无穷花盛开的锦绣江山》)。

《黄海余晖:中华文化在朝鲜半岛及韩国》 昆明,云南人民出版社,2003年初版;上海,中西书局,2017年修订版(易名为《青丘汉潮:中华文化的遗存与影响》)。

《中国文学中的商人世界》 上海,复旦大学出版社,2005年初版,2007年第二版,2016年第三版;韩文版:朴京男等译,首尔,소명出版,2017年初版。

《胡言词典》(笔名"胡言") 初集,上海,上海文化出版社,2006年初版;初集、续集合集版,上海,复旦大学出版社,2013年初版。

《诗骚一百句》 上海,复旦大学出版社,2007年初版;南京,译林出版社,2018年修订版(易名为《诗骚百句》)。

《东洋的幻象:中日法文学中的中国与日本》 上海,上海锦绣文章出版社,2010年初版;北京,商务印书馆,2018年修订版(去除副标题)。

《马赛鱼汤》 上海,复旦大学出版社,2015年初版。

《东亚汉诗文交流唱酬研究》(编) 上海,中西书局,2015年初版。

《今月集:国学与杂学随笔》 上海,上海文化出版社,2018年初版。

二、译　　书

吉川幸次郎《中国诗史》(合译) 合肥,安徽文艺出版社,

1986年初版;上海,复旦大学出版社,2001年初版,2012年第二版。

吉川幸次郎《宋元明诗概说》(合译)　郑州,中州古籍出版社,1987年初版,1999年初印;上海,复旦大学出版社,2012年初版。

小尾郊一《中国文学中所表现的自然与自然观》　上海,上海古籍出版社,1989年初版,2014年第二版。

王水照等编选《日本学者中国词学论文集》(合译)　上海,上海古籍出版社,1991年初版。

小野四平《中国近代白话短篇小说研究》(合译)　上海,上海古籍出版社,1997年初版。

村上哲见《宋词研究(南宋篇)》(合译)　上海,上海古籍出版社,2012年初版。

图书在版编目(CIP)数据

论衡研究/邵毅平著. —2 版. —上海:复旦大学出版社,2018.11
(复旦学术文库)
ISBN 978-7-309-13935-8

Ⅰ.①论… Ⅱ.①邵… Ⅲ.①《论衡》-研究 Ⅳ.①B234.85

中国版本图书馆 CIP 数据核字(2018)第 213883 号

论衡研究(第 2 版)
邵毅平　著
责任编辑/吴　湛

复旦大学出版社有限公司出版发行
上海市国权路 579 号　邮编:200433
网址:fupnet@ fudanpress.com　http://www.fudanpress.com
门市零售:86-21-65642857　团体订购:86-21-65118853
外埠邮购:86-21-65109143　出版部电话:86-21-65642845
上海盛通时代印刷有限公司

开本 890 × 1240　1/32　印张 12.125　字数 299 千
2009 年 6 月第 1 版　2018 年 11 月第 2 版第 1 次印刷

ISBN 978-7-309-13935-8/B・675
定价:58.00 元

如有印装质量问题,请向复旦大学出版社有限公司出版部调换。
版权所有　侵权必究